戰亂與革命中的

東北大學

張在軍———著

致張先生在軍：

　在这物欲横溢，从亚如流的年代，研究民国時代的大学，不思是学术，更是品德———！

盛雪

2014年9月30日
于宗申

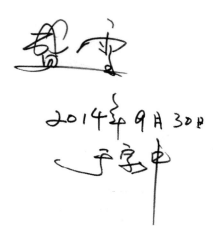

▲ 原東北大學校長臧啟芳長孫女臧錫紅（盛雪）為本書作者題詞

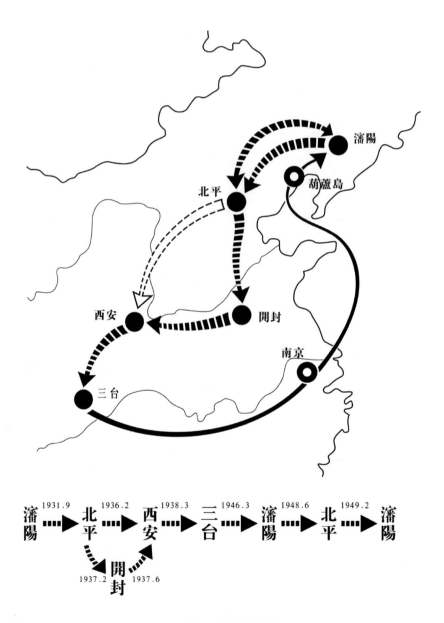

瀋陽 1931.9 北平 1936.2 西安 1938.3 三台 1946.3 瀋陽 1948.6 北平 1949.2 瀋陽

1937.2 開封 1937.6

▲ 東北大學流亡路線圖

引言　這是一部國難史

　　一九三一年九月十八日晚上，日本關東軍的一聲炮響，讓東北大學成為近代中國第一所流亡大學。

　　從此，東北大學師生背井離鄉，流離燕市，轉徙長安，借住開封，南渡潼川，及至抗日戰爭勝利之後復原瀋陽，遼瀋會戰打響之際再遷北平，最後伴隨著中共建國而解體。

　　八次遷徙，十八年的流亡路，讓東北大學成為中國流亡時間最長的大學，堪稱中國最苦難的大學。

　　東北大學的命運，始終與「不抵抗將軍」張學良聯繫在一起。東北大學因張學良而發展、壯大，也因張學良而流徙、衰敗。

　　東北大學的命運，也始終與國家的命運聯繫在一起。從東北淪陷、華北危局、西安事變，直到迎接北平易幟，都有東大的身影。

　　東北大學走向流亡之後，其命運經歷了兩大轉捩點：

　　一九三七年一月，國民政府教育部對東大進行「接收」，改為國立；

　　一九四九年一月，中共東北局教育部對東大進行「處理」，繼而肢解。

　　東北大學的命運，就是東三省的命運。東北大學的流亡史，其實就是一部國難史。

序

臧英年[1]

　　我很佩服此書作者張在軍先生的遠見、執著和成就，寫出這本好書，在一個起伏動盪的大時代下，用東北大學的歷史為主軸和牽引，就事論事，影射全域，發人深省，引人慎思。

校運與國運同步

　　從1923年4月26日瀋陽東北大學建校直到1950年春季解體的過程裏，十足反映出在中國動亂的大環境裏一所高等學府如何掙扎求生，千辛萬苦，流離失所，校址多遷；東大師生員工如何盡其在我、堅毅不拔的建校、護校、遷校、興校不已；也反映出在中國，科教興國的處境是如何的艱難，而卓絕奮鬥的結果還是讓這一擁有輝煌成就的高等學府在政治優先的考慮和處置下解體消失了。針對這一個情況進行思量，我們應有何領悟和推論呢？

憶往與理解並行

一、張氏父子的可貴

　　論及東北大學就必然要講到建校的張作霖和張學良父子。他們的具體成就是：

---

[1]　臧英年，1932年生於天津，前東北大學校長臧啟芳的次子。近數十年來以美籍華人身分推動中美建交和民間交流，義務獻身大陸控制烟害工作，倡言海峽兩岸合作、和解、統一。在台時他曾擔任何應欽將軍的上尉侍從官出訪歐美。在美國和中國大陸數所高等院校執教。1967年赴美後曾任華盛頓大學釣魚臺運動委員會主席，全美華人協會西雅圖分會會長等職務。現在中國大陸擔任吳階平醫學基金會控烟項目召集人，中央電視臺和中國國際廣播電臺英語節目時事評論員，也不斷在海內外多家中文報刊撰寫評論。

1. 科教興國付之實施。張作霖是草莽英雄，和文人學者相去甚遠，但是他看到若在東北可以辦一座高等學府，就自然增加了振興東北，科教領先，實力加強，抵禦外敵的力量。擁有這種見識，又拍板興建東北大學是難能可貴的。少帥張學良秉承父志，加以跟進，便也是錦上添花，相得益彰。

2. 捐錢助學自解私囊。這是張學良的作為，他把錢花在刀口上，是恰得其所、恰得其時，充沛了東大的實力和建設，可以吸引全國著名教授前來就職，各執教鞭，也給就讀學子創造了理想的學習環境。九一八事變前，張校長資助數十名畢業成績優秀的學生前往美、英、德三國深造。他們學成返國後不少成為名師，在教育界貢獻良多。

3. 敦請學者建設學府。張學良有自知之明，瞭解教學要敦請學者專家主持，對教務的運作他就不加過問。先父臧啟芳於1926年春執教於東北大學，後任法學院院長，和其他各院的院長都是歐美深造學成返國的稱職學人。

4. 愛護學生全力以赴。三十年代在北平和西安數次學運啟動，學生走上街頭和軍警對峙時，流血事件一觸即發，張學良都親自出馬，疏通當局，安撫學生，化解對抗。東北大學遷校時，他也用心支持，力促其成。

5. 金玉良言餘音猶存。他對學生講話時都一再強調自省在先，自強在後，懷技在身，報國有日。對國家式微外敵入侵的看法也是「物必自腐而後蟲生」和「自力更生強敵卻步」。這都是掌握要點，一言中的。

二、後繼有人的貢獻

東大建校後最初的三位校長是王永江、劉尚清和張學良。其後以代校長身分主持校務的有寧恩承、王卓然和周鯨文。其中寧恩承和周鯨文對東大的建設頗有貢獻。九一八事變時東大情勢告急，寧恩承安頓校務，臨危不亂，坐鎮校園，最後撤離，令人敬佩。1990年代末，我曾多次路經舊金山，看望甯恩承老先生，我們坐談終日，說南道北，其樂無窮。周鯨文於1936年在北平期間受到敦請，主掌東大校務數月，也發揮了穩定和改善校局的正面效果。如今我和他的兒子周昆交往不斷，也進一步瞭解到周鯨文愛校和愛國的情思。

三、先父掌校的作為

正如本書作者張在軍所言，先父臧啟芳是主掌東大校務任期最長的一位校長。他1937年到任，1947年離職，主持校政達10年之久，又面臨了東大多次遷校（北平到開封，到西安，到三台，返瀋陽）和長期辦學的嚴峻考驗。我覺得先父對東北大學的貢獻有以下各點：

一是臨危受命，繼往開來。張學良因1936年西安事變兵諫後遭受軟禁，東大失去領導，陷入群龍無首的困境，難以自拔。停辦東大的聲浪已風雲大作，此時先父堅持立場，力陳東大不能停辦的理由。後經摯友齊鐵生推薦，上峰同意，先父於1937年1月接掌東大校務，離開江蘇省無錫區督察專員任所。這既是一個維持東大繼續生存的要務，也是一個引人指責的根源。有些東北人士，包括東大師生，認為這一任命是中央政府要從張學良手裏搶走東大的指揮權，用CC派（注：指國府要員陳果夫、陳立夫兩兄弟）背景的先父介入，達成任務。殊不知先父不是求名求利，而是用心良苦的要維持東大存在，讓家鄉子弟有就學和棲身之所。先父曾在陳果夫（時任江蘇省主席）麾下任職，也是陳氏有「知人善任」之賢，而非「自成派系」之私。（那時日本已霸占東北，陳氏乃啟用先父和王德溥等東北名士在江蘇省任職，先父在江蘇先後主政鹽城和無錫兩行政督察區，政績良好，市民稱慶。）

東北大學面臨第二次存亡危機是東大於1937年在西安立足後，又有上峰指令東大西遷到青海的蠻荒之地，果應命實施，大多數教職員是不會前往的，東大的命運也自然中止了。先父的應變措施是及時在四川三台獲得了當地縣長鄭獻徵的支持，而遷校入川，先斬後奏，在木已成舟的情況下也獲得教育部的追認。這一奮鬥的成功又來之何易呢。總之，先父要維護東大的存在，是志在必成，盡其在我的。

二是唯才是用，公正透明。先父掌校任職的準則是：「我聘請教授一向無畛域之見，我所求的是學問品格，不問他是哪校出身，哪省人士，哪國留學，這可以從先後在東大任教的教授名冊中看出來。」此一準則實施的結果是，群賢畢至，飽學之士紛紛到來，使東大成為眾多優秀學人的薈萃之所，而讓學生們獲益匪淺。有名師在校，東大教學和研究的領域也不斷發展，讓東大進入國內一流學府之列。

　　三是百鳥齊鳴，百花齊放。先父全心全意在學校提倡思想開放，學術自由。各種社團和活動，各種觀點和展示都蜂擁而出，各擅勝場，不一而足。要維持這種風氣和環境，是需要見識和勇氣的。再有，1943年東大首先響應「十萬青年十萬軍」的號召，有數十位同學棄筆從戎，加入了青年軍，其中也包括了正就讀東大的我的大哥臧朋年。

　　四是清廉正直，樹立校風。先父以身作則，不貪一分錢，不做一點假。每逢上級檢查單位到東大查帳審閱，都是帳目分明，一絲不苟，迅速查明，圓滿結束。那時，校長之職也是收入菲薄。在三台八年的抗日期間，家中變賣了以往收藏的略有價值的物品，補充家用。家母手存的一些金銀飾物也全部投入「獻機救國」的行動裏。

　　五是事成身退，有始有終。抗日戰爭勝利後，先父以東大校長，教育部特派員和東北行營教育處處長三重身分前往東北，接收東北教育設施和恢復教育運作。只可惜那時國共內鬥已經爆發，接收大員，先父除外，大多濫權貪腐，這便也加速了國府失敗，退守台灣的進程。先父見大勢已去，難以作為，便於1947年4月辭去東大校長之職，再於1948年12月率未成年子女過上海，遷廈門。1949年6月告別大陸，渡海赴台了。1950年秋我在台灣考取了台灣大學和海軍機械學校，為了減少先父的經濟負擔，決定投入了免費就學的海軍機校。其後在台灣海軍服役達十三年。

　　今年九月我的譯著《進攻日本》一書經廣西師範大學出版社發行問世，書中內容闡述了二戰時期日軍在亞太地區的暴行及美軍投擲原子彈的真相，我在書內的「獻詞」裏寫下：「謹將此譯作獻給我的先父臧啟芳和先母臧王淑清。他們樹立了愛國護家、心胸坦蕩、助人為樂、正直高尚的典範。」

四、作者著書的成就

　　我細讀此書得知作者張在軍先生寫書的準備很完善，寫書的「本錢」很充足。他有豐富的民國教育史研究寫作的經驗，為寫書收集參閱和整理了大量的資料，此書也編排有序，順暢易讀，全書問世補充了研究東大校史的一些空白，並引發了讀者的深思和感嘆。

　　書內出現了一些長住大陸的東大校友過往的陳述，他們有的指責先父「奪權謀利」，有的放言先父「貪污腐化」，有的推論先父「為何反對張學良」

……我要認真的告訴他們，這都是庸人自擾，不得其當；隔霧看花，難窺其實。他們為了適應環境及配合時勢，言論立場極左極偏，不論是「自以為是的發言」、「違背良心的編造」，還是「投機取巧的作為」，都是違背事實的，不值識者一笑。我和書中提及的不少人都曾直接交往，暢所欲言，其中包括寧恩承、白世昌、金錫如、殷寶璨、郭衣洞（柏楊）、徐放、于學謙和許多赴台東大校友，他們對先父的觀察、理解和公正評價應該更有依據和令人取信。

反思與前瞻一體

2014年11月上旬，亞太經合組織會議在北京勝利召開，中國的地位和影響十分突出。亞太地區的繁榮進步和整體合作又跨出了一大步。此時此刻，我們可針對中國形勢做一盤點。

一、中國以往的失誤

今日中國正暢談「區域合作」，「科技興國」，「依法治國」，「政治改革」和「以民為本」等種種話題和目標。但唯有獨立思考，見解深入，論得其用，用得其所的真知灼見和建國方略出現，並付之實施，否則以上的種種目標是難以兌現的。於是，高等知識分子和大權在握的領導幹部便要率先負起責任，愛國利民，義無反顧。

新中國早年以往最大的失誤便是，各種運動太頻繁，打擊面太廣，尤其對知識分子進行殘忍無情的打擊，冠以「臭老九」的惡名，認定「知識越多越反動」。結果使有頭腦有知識的人在各種全民運動下備受摧殘和折磨，而心存恐懼，惶惶不可終日，只能苟且偷生、但求自保和保護家人，也有許多學者名人因身受迫害，生不如死，以自殺了斷，死後還被冠以「反動分子自絕於人」的黑帽子。50年代初的梁漱溟老先生在全國政協開會時挺身而出，仗義執言，直接頂撞了毛澤東而身遭重創。彭德懷元帥在參加廬山會議時「為民請命」上書毛主席而身陷噩運。長住大陸的我的長兄臧朋年也因出身世家，自己又是「青年軍」和「臭老九」雙重身分而備受折磨，僅以身免。

二、中國當前的挑戰

當前中國的處境十分艱險。官商勾結，暢行無阻，創造財富的高科技、高產值的產品付之闕如。為增加就業機會和盲目追求「國內生產總值」的增長，中國已成為低端產品「世界工廠」的所在地，同時也付出了諸如破壞環境，浪費資源；貪腐當道，民怨沖天；貧富懸殊，人心不穩；道德淪喪、敗行普及；權威得逞，法治難行等慘重代價，這豈是家國之福！

如今，治國掌權達65年的共產黨也已感到危機四伏，有「亡黨敗國」的傾向出現了，近年來中國國家領導人也言已及此。當前政府也採取了一些應急和維穩措施，將行使已久的一些落伍措施廢除。這包括取消勞教制度，改善戶籍嚴控，放寬獨生子女政策。此外，也加快步伐管束幹部行為，嚴懲貪污腐化，提倡以法治國等等。這是要逐漸脫離「以人治國」和「人比法大」的陋習，並要在貫徹以黨治國的前提下維持社會的穩定和進步。而實際上這是難以兩者兼顧的。因為「以黨治國」至上至尊，就是黨比法大，而抵觸破壞了「依法治國」的基本要求。

三、中國今後的出路

中國當前以「一國兩制」包容港澳兩地，以後也希望擴至台灣，形成兩岸和平統一。但全世界沒有一黨專政堅持到底，和一國兩制持之永久的成功先例。所以共產黨最後退出一黨專政和中國實現「一國一制」的前景是難以回避和理所當然。台灣已奠定民主政治運作的基礎，當地環境優美、民風樸實，成為吸引大陸同胞的旅遊勝地，也為大陸發展提供了參考模式。因而中國當前的領導層和專家學者們都要積極出謀獻策，制定施政方針，讓中國逐漸過渡，最後走向自由民主，大功告成的理想目標。先讓言論自由和基層選舉在黨內和國內特定的地區認真有效實施，就可成為中國政治改革的試驗區。如今世界上先進發達的國家都早已奠定了重視教育，保護專利，科教興國，注重人權，以民為主的運作常規和基本模式，這也是中國努力發展的方向。

後語

　　在東北大學前後近30年興衰的過程裏我們看到國家和社會的大環境對教育的發展可以產生「助成之」和「摧毀之」的重大影響。而國家政策主導者，教育工作者和學校師生有真知灼見，責任感，認知感和奮鬥精神也可以達到弦歌不綴，排除萬難，教育發達和國家振興的良好結果。

　　如今中國要脫離困境，自立自強，一定要勵精圖治、體制改革和認真推動尊重人才，用心培養，科教興國，鼓勵創新的國策，有妥善的通盤計劃，有充分的資源支持，有貫徹實施「百年樹人」目標的決心和行動。

　　老實講，中國國民要接受號召，實現其「中國夢」，能達到「安居樂業，平安是福」的境界就心滿意足了。而政府領導也必須責無旁貸的去創造一個和諧、和平、和樂的大好環境，從而人盡其才、物盡其用、貨暢其流，讓中國人有更佳的條件、士氣和保障去實現他們的理想和宿夢。唯有人人強，才能國家強；唯有人人富，才能國家富。

2014年11月中旬，北京

目次

引言　這是一部國難史 · *5*

序／臧英年 · *6*

序　章　九一八之夜 · *17*

　　一、本莊繁的決定 · *18*

　　二、張學良的悔恨 · *27*

第一章　流離燕市（1931.9-1937.2） · · · · · · · · · · · *37*

　　一、炮彈從校園上空飛過 · · · · · · · · · · · · · · · · · · · *38*

　　二、國難當頭，士報國恩 · · · · · · · · · · · · · · · · · · · *41*

　　三、短暫的輝煌 · *45*

　　四、離家，流亡到北平 · *50*

　　五、北平東北大學 · *55*

　　六、延閣飛香成煙雲 · *60*

　　七、留學生束裝歸國 · *63*

　　八、學生軍事訓練 · *68*

　　九、奧運場上的第一個中國人 · · · · · · · · · · · · · · · · *73*

　　十、張學良旅歐前後 · *78*

　　十一、寧恩承去職，王卓然主校 · · · · · · · · · · · · · · *86*

　　十二、于鳳至創建家政系 · · · · · · · · · · · · · · · · · · · *91*

　　十三、站在「一二九運動」的最前列 · · · · · · · · · · · · *93*

十四、「一二・一六」大遊行 · *102*

十五、參加南下宣傳團 · *108*

十六、反西遷運動 · *113*

十七、大逮捕始末 · *117*

十八、辦抗日的大學 · *124*

十九、「一二一二」大示威 · *128*

二十、同學會與學生會的衝突事件 · · · · · · · · · · · · · · · *133*

二十一、反「接收」運動 · *136*

第二章　轉徙長安（1936.2-1938.3） · · · · · · · · · · · · · · · · *143*

一、西安分校 · *144*

二、豔晚事件 · *150*

三、抗日救亡運動 · *155*

四、西安事變 · *160*

五、借住開封，變身國立 · *165*

六、慰勞會與戰地服務團 · *174*

第三章　南渡潼川（1938.3-1946.9） · · · · · · · · · · · · · · · · *179*

一、蔣鼎文密勸南遷 · *180*

二、蜀道難 · *184*

三、杜甫寄寓處 · *188*

四、寶光寺的軍訓生活 · *193*

五、辦學經費與衣食住行 · *196*

六、組織變化與人事更迭 · *203*

七、名師匯聚，盛極一時 · *206*

八、「精明人物」臧啟芳 · *211*

九、草堂寺圖書館 · *218*

十、國史研究部與文科研究所 · *222*

十一、從草堂書院到草堂國專 · *227*

十二、學術刊物與學術團體 · *232*

十三、疾病與校醫 ·························· 238

十四、天災與物價 242

十五、日禍與防空 246

十六、閒情與雅興 253

十七、高而公與讀書會、《合唱群》 258

十八、雨後春筍般的壁報 263

十九、東北問題研究社 266

二十、徐放與黑土地社 270

二十一、十萬青年十萬軍 274

二十二、學潮催生學生自治會 279

二十三、抗敵國劇社與實驗劇團 282

二十四、文協川北分會 287

二十五、學習社與祖國社 291

二十六、學聲社與民青社 297

二十七、抗戰勝利了 302

二十八、東大對三台的影響 308

第四章　復員瀋陽（1946.6-1948.6） ·········· 313

一、三千公里回鄉路 ···················· 314

二、方永蒸籌辦先修班 318

三、回到母親的懷抱 323

四、包圍朱家驊 327

五、從冬令營到集中營 332

六、從大學生宿舍到政治犯監獄 ··········· 338

七、學習社的活動 ····················· 343

第五章　再遷北平（1948.6-1949.2） ·········· 347

一、鐵獅子胡同和光明殿 ················· 349

二、「七五」慘案 354

三、「七九」大遊行 ···················· 361

　　四、社團活動 ・・・・・・・・・・・・・・・・・・・・ *368*

　　五、城頭變幻大紅旗 ・・・・・・・・・・・・・・・・ *373*

尾　章　中共建國前後 ・・・・・・・・・・・・・・・・・ *379*

附錄一　「我們也辦東北大學」──中共解放區東北大學 ・・・・ *385*

附錄二　東北大學的人物蹤跡──也紀念臧啟芳先生 / 朱學淵 ・・・ *397*

直書信史在民間（節選）──讀《百年不風流：辛亥革命風雲人物
學術研討會暨先賢臧啟芳追思會論文集》 / 楚寒 ・・・・・・・ *405*

主要參考文獻 ・・・・・・・・・・・・・・・・・・・・・・ *413*

後記 ・・・・・・・・・・・・・・・・・・・・・・・・・・ *417*

序章　九一八之夜

高粱葉子青又青，九月十八來了日本兵；

先占火藥庫，後占北大營。

殺人放火真是凶！殺人放火真是凶！

中國的軍隊好幾十萬，恭恭敬敬地讓出了瀋陽城。

——東北民歌〈九一八小調〉

一、本莊繁的決定

1931年9月18日的晚上，關東軍司令官本莊繁[1]視察了日本駐遼陽的第二師團後剛剛返回旅順，準備洗浴入睡。

副官躡手躡腳地走來，小心翼翼地向他報告：「司令官，三宅參謀長來電話報告，奉天的中國軍隊和我守備隊發生了戰鬥，請您立即去司令部……」

本莊繁憑著一個老軍人的敏感，知道遲早會發生的事情而今提前發生了。

情況是當晚關東軍值星官小西大尉最早報告的。他收到了奉天發來的緊急電報，報告了一個驚天動地的消息：

今晚十時半左右，中國軍隊在奉天北大營西側破壞了南滿鐵路，襲擊我守備隊，同我趕赴現場的獨立守備第二營發生激戰。[2]

事關重大，小西大尉立即報告給參謀部總務軍官片倉大尉。片倉緊急通知石原、竹下、新井、中野等參謀到三宅參謀長官邸集合，他自己匆忙跑向三宅官邸。

---

[1] 本莊繁（1876-1945），日本兵庫縣人。日本陸軍大學畢業。參加過日俄戰爭。1908年起任駐華公使館武官，駐北京、上海等地。回國後任參謀本部中國課長。1919年再次被派到中國，任第八聯隊隊長，1921年任張作霖顧問不久即升為陸軍少將。1926年3月，他一手製造「大沽口事件」後受到日本軍部中央的賞識，很快升為中將，任陸軍第十師團長。1931年任關東軍司令官，積極策劃侵略中國的「九一八」事變，1932年7月調回日本任軍事參議官。1933年4月，裕仁天皇欽命他為侍從武官長，不久晉升為陸軍大將，又授「端雲」勳章，賜為貴族，位尊男爵。日本無條件投降後，剖腹自殺。遺《本莊日記》等。

[2] 據徐光榮：《血色殘曆——侵華日軍發動的九一八事變》（石家莊：花山文藝出版社，1998年），第88頁。

　　三宅急急看了電報，立即給本莊繁司令官掛電話，請求司令官速到司令部
來。他並命令全體軍官到司令部集合，必須刻不容緩地決定初步作戰的最高
決策。

　　晚十一點剛過，本莊繁帶著住友副官來到司令部，三宅參謀長馬上根據緊
急電報向司令官作了情況報告。

　　為了爭取作戰的主動權，首先命令軍隊主力向瀋陽集中，還是命令立即出
動？本莊繁皺了皺眉，略一沉思。

　　石原莞爾在一旁提出了堅決的主張：「立即向全軍下達出動、攻擊命
令！」石原莞爾是關東軍的作戰主任參謀，他根據日蓮宗的信仰和歐洲戰史研
究，構思了預言性的世界認識論——「世界最終戰論」。其內容是日本與美國
之間，即將爆發爭奪世界領導權的最終戰爭。因此石原鼓吹日本應佔據滿蒙並
進行開發，為戰爭做準備。他的思想極大地影響了關東軍的參謀們，在日本國
內也有很多中層軍官認為應以武力解決滿蒙問題。[3]

　　本莊繁看看石原，又看看三宅和各位參謀，他想聽聽謀士們的意見。這時
的關東軍司令部像即將爆炸的定時炸彈，時鐘指針鋼鋼鋼地以金屬般的果斷走
向一個重大的決定。

　　本莊繁一臉陰沉地坐在靠椅上，搖曳的燭火使他的臉像粗糙的玻璃，透出
它後面的思維活動。而他的耳邊響著石原的催促。

　　本莊繁到達旅順的十幾天中，就一直在琢磨著石原提出的作戰計劃。只
是他沒想到需要他下決心的時刻來得這麼快。關東軍的「柳條湖計劃」原定於
1931年9月28日實施。

　　其實，從1894年中日甲午戰爭開始，經過1904年的日俄戰爭，日本的侵
略魔爪就已伸進中國的東北。從1906年起，在中國東北地區設置了一系列侵略
機構，如「南滿鐵路股份公司」、「關東都督府」（後分為「關東廳」和「關
東軍司令部」）以及日本駐奉天總領事館等等，作為推行大陸政策，實行殖民
統治的工具。1927年6月至7月，日本田中內閣召開專門研究對華政策的「東方
會議」，進一步明確了新的對華政策。會後，日本首相田中義一將會議討論決

---

[3]　[日]菊池秀明著、馬曉娟譯：《末代王朝與近代中國》（桂林：廣西師範大學出版社，2014
　　年），第277頁。

定的方針政策，擬定了一個上奏日本天皇的祕密檔：《帝國對滿蒙根本政策》
（即《田中奏摺》）。檔中明確提出了「惟欲征服支那，必先征服滿蒙，如欲
征服世界，必先征服支那」的侵略路線。

　　1928年4月，林久治郎出任日本駐奉天總領事。上任伊始，他與陸軍特務
機關的秦真次少將，奉天省政府軍事顧問土肥原賢二大佐就時事問題進行了會
談，「他們兩人的意見是，張作霖對日本的態度歷來很不馴順，有必要趁此時
機從東三省把張鏟除，而另以他人代之；總參議楊宇霆是張作霖手下權勢極盛
的人物，他對日本也一直持不恭順的態度，尤其是去年以來他的排日態度更是
不能容忍的，故對楊也必須在這時與張作霖一同除掉，當說到用何人來代替張
作霖的時候，他們兩人都認為張作霖之子張學良最為合適。」[4]6月4日凌晨，
張作霖乘坐的專列從關內返回奉天，途經瀋陽附近皇姑屯時遭關東軍預設的
炸藥襲擊，史稱「皇姑屯事件」。據齊世英口述自傳中說：「我見楊宇霆（字
鄰葛）和劉尚清，他們對這件事說得很詳細：張作霖遇炸時身受重傷，尚能
說話，旋即昏迷，日本急欲知道張遇炸後的情況，欲見張，始終不給見，及
張死，也秘不發喪，等張學良回來，安排停當，才於6月21日正式發表死訊。
當時日本原欲在張死後即動手，可是始終不知道張有沒有死，不敢輕舉妄動。
這完全是當時奉天督軍署參謀長兼奉天兵工廠總辦臧式毅及奉天省長劉尚清處
置得當，以致能渡過難關，否則『九一八事變』恐怕要提前在這個時候爆發
了。」[5]

　　皇姑屯事件之後，日本天皇自身對軍部單幹也不置「不可」，想作「沉默
的帝王」。軍部遂以天皇統帥權為後盾，幹預政治的行為愈演愈烈，從此日本
失去了控制事態發展的閘口，奔向毀滅的道路。

　　1928年7月2日，東三省議會一致推舉張學良為東三省保安總司令兼奉天省
保安司令，標誌著張學良繼承父業，主政東北。可以說，張學良上臺正中日本
人下懷。然而是年底，張學良宣布東三省易幟，與南京政府實行統一合作，無
異於與日本對抗。

4　王也平譯：《「九一八」事變──奉天總領事林久治郎遺稿》（瀋陽：遼寧教育出版社，1987
　年），第6頁。
5　齊世英口述、林忠勝記錄：〈赴日學習軍事〉，《齊世英口述自傳》（北京：中國大百科全書出
　版社，2011年），第77頁。

　　1929年7月，蔣介石唆使張學良奪回蘇聯在東北的中東鐵路主權，引發蘇聯遠東軍出兵中國。張學良的部隊在與蘇軍交戰過程中，一敗塗地。中蘇紛爭的失敗，對如日中天的張學良無異於當頭一棒，而且給日本關東軍留下「東北軍不行，貌似強大，實則不堪一擊」的印象。這也是後來關東軍肆無忌憚發動戰爭的原因之一。

　　1929年世界經濟危機波及到日本，於三十年代初爆發了「昭和經濟危機」。日本軍國主義分子認為，日本要擺脫經濟危機，就「只有占領中國東北，才能解決」[6]。於是，他們開始大造輿論，進行政治策劃，擴軍備戰一天天升級，武力進攻東北只是時間問題了。

　　1930年，蔣、閻、馮發動的中原大戰爆發。9月間，張學良為幫助蔣介石，將東北軍主力開進關內，張學良本人也長駐北平。1931年，石友三叛變，張學良再次抽調東北軍一部分主力入關討伐石氏，兩次抽調東北軍開進關內部隊已達15萬人。遼寧省境內僅留駐省城的步兵第7旅，以及分駐錦州和通遼的步兵第12旅、騎兵第3旅和步兵第20旅。加上張海鵬、于芷山所掌握的洮遼和東邊兩個鎮守使所屬的兩個省防旅在內，全部兵力只有5個旅左右。換言之，張學良在關內的兵力有11.5萬多人，約占其東北邊防軍總兵力（26.8萬）的百分之四十強。[7]這對於堅持以武力解決滿蒙問題的日本軍國主義者來說，「是最重要的天賜良機」[8]。早在1929年5月，岡村寧次大佐、東條英機大佐以及關東軍參謀板垣征四郎大佐和石原莞爾中佐等人就宣稱，「滿蒙問題用外交方式無法解決，必須以軍事實力驅逐張學良」[9]，以武力解決滿蒙問題已成為陸軍省部主要課長等幕僚的堅定信念。於是，板垣、石原和花谷正等人便組成了祕密發動柳條湖事件的陰謀集團，並著手制定了製造這一事件的計劃，物色人選。1931年春，關東軍高級參謀板垣征四郎等人制定了〈解決滿蒙問題方案〉，規定了發動事變的具體地點，即把瀋陽作為首戰地區。他們認為，「開戰後短期內集結全部兵力於奉天」[10]，

6　[日]今井清一：《太平洋戰爭史》（第一卷）（北京：商務印書館，1959年），第254頁。

7　參見臧運祜：〈九一八事變前後日本的華北謀略〉，王芸主編：《北京檔案史料》2001年3期（北京：新華出版社，2001年），第280頁。

8　日本防衛廳戰史室編纂：《日本軍國主義侵華資料長編》（上）（成都：四川人民出版社，1987年），第192頁。

9　同上，第183頁。

10　同上，第186頁。

「將奉天附近之敵主力軍加以擊破，即能控制東北四省之中樞」[11]。瀋陽既是當時東北四省區（遼寧省、吉林省、黑龍江省、東省特別區）的政治、經濟、文化中心，也是東北軍司令部所在地。

1931年6月底，關東軍又進一步制定了在柳條湖地段炸毀鐵軌的詳細計劃。作戰方案指出，日軍必須「以全力進行決戰。在一夜之間占領奉天，在列國干涉尚未開始以前，必須迅速完全占領預定地域」。其精神實質是，搶先發動，速戰速決。8月上旬，關東軍曾密令在瀋陽四平街（即中街）組成的裝甲列車、步兵、炮兵聯合部隊做好出動準備。關東軍還在北大營附近連續進行實戰演習，多次貼近北大營圍牆。與此同時，中國東北的日本在鄉軍人（即由日本退伍軍人、預備役軍人、後備役軍人和受過短期訓練的人員所組成的右翼軍人）組織也於9月8日接到密令，分別到瀋陽、長春、哈爾濱報到。瀋陽關東軍於9月10日前後多次召集日僑開會，以「萬寶山事件」[12]、「中村事件」[13]借題發揮，大做文章，竭力煽動日僑仇華情緒，並發給槍支進行軍事訓練。種種跡象表明，日本關東軍在瘋狂地準備戰爭，當時的東北已是戰雲密布，戰爭一觸即發。然而蔣介石在中村事件發生後，曾於8月16日致電張學良稱：「無論日本軍隊此後如何在東北尋釁，我方應予不抵抗，力避衝突，吾兄萬勿逞一時之憤，置國家民族於不顧。」[14]張旋電令東北各軍負責長官一體遵照執行，並於9月6日致電瀋陽北大營王以哲旅長：「中日關係現甚嚴重，我軍與日軍相處須格外謹慎。無論受如何挑釁，俱應忍耐，不准衝突，以免事端。」[15]

---

[11] 轉引自譚譯主編：《「九·一八」抗戰史》（瀋陽：遼寧人民出版社，1991年），第18頁。

[12] 萬寶山位於長春西北約三十公里處，是個朝鮮人聚集區。1931年5月，住萬寶山的漢奸郝永德和188名朝鮮農民為引水開渠，與當地的漢族農民發生了衝突。7月，朝鮮人準備撤走，事情本可結束之時，日本駐長春領事田代重德派遣日本員警到現場「保護朝鮮人」，鎮壓中國農民。同時，日本通過《朝鮮日報》記者金利三捏造新聞，稱200多朝鮮人被殺，從而掀起朝鮮半島大規模的排華活動。當地華僑被殺一百多人，打傷數百人，財產損失無數。7月14日，金利三在報紙上發表「謝罪聲明書」，承認自己是受日本指使捏造了虛假新聞。陰謀敗露，金利三被暗殺滅口。中日政府為此事進行了數次交涉談判，都沒有結果。

[13] 1931年6月初，日本間諜中村震太郎等人化妝成中國農民，前往大興安嶺一帶進行軍事地理調查。26日，中村等人途徑洮南時，被駐防該地的東北興安屯墾軍第三團關玉衡部逮捕並秘密處死。日本政府和軍部借此事件，向中國政府提出強烈抗議和無理要求，大造侵華輿論。張學良迫於壓力，將關玉衡押解至瀋陽。9月17日，關玉衡被帶去向日本駐瀋陽總領事林久治郎陳述經過；次日，九一八事變爆發。

[14] 轉引自張友坤等編著：《張學良年譜》（修訂版）（北京：社會科學文獻出版社，2009年），第400頁。

[15] 同上，第402頁。

　　日本軍部在定期人事更動中，本莊繁於1931年8月1日接替菱刈隆就任關東軍司令官。據花谷正供認：「在這樣重要的時期，由他出任軍司令官，實在很適當，中央人事局，一定經過再三的考慮，才做這樣的決定的。……根據我們平常的觀察，我們認為有事時，他必定很可靠。」[16]本莊繁上任後，立即發出「滿洲形勢緊張，必須做好準備」的指令，並審查了石原莞爾擬制的「柳條湖計劃」。按此計劃，製造瀋陽事件的時間定在9月28日。

　　這一計劃是嚴格保密的，即使對日本外務省也緘口不言。以幣原外相為首的日本外務省忠實地執行日本天皇和政府的侵華政策，在變中國東北為日本殖民地的問題上，與陸軍中央部並無分歧。但是，在選擇手段與時機上，常與軍部的意見相左。

　　儘管關東軍對「柳條湖計劃」守口如瓶，外務省還是有所耳聞。9月初，日本國內就已盛傳關東軍將要在中國東北採取軍事行動，以至新聞記者竟向若槻首相提出了何時出兵的問題。這不能不引起外務省的注意。石原莞爾為了應付外務省，就對今田、花谷、三谷等放風說：「9月下旬的『柳條湖計劃』，不搞了。」

　　實際上，關東軍不但沒有放棄原定計劃，反而加緊執行著。9月14日當撫順守備隊長川上精一召開警備會議，宣稱將要於18日舉行攻占瀋陽城演習一事，很快就被奉天總領事林久治郎得知，並報告給幣原外相。幣原外相連夜驅車往訪南次郎陸相和金谷範三參謀長，南次郎和金谷均以「不知」內情而搪塞。第二天，在內閣會議上，幣原外相再次詢問南次郎，南次郎仍裝聾作啞、含糊其辭，說：「我需要調查。」

　　恰在這時，陸軍中央部和參謀本部作戰部長建川美次都收到了關東軍參謀長三宅的電報。給中央軍部的密電稱：「鑒於事態急迫，關東軍與中央軍部多加聯絡，請派小磯局長或建川部長來奉洽導。」給建川的電報內容是：「關東軍遵照上月指示之中央方針，正努力謀求事態之緩和，但張政權對我多有輕視，最近之暴虐侮辱實所難忍。為使日本政府對現狀有所認識，希貴官與小磯軍務局長親來此視察。」關東軍的意圖是使中央軍部下決心發動戰爭。但在中央軍部的首腦會議上，雖為關東軍準備行使武力的行為進行了辯護，考慮到外

[16] 轉引自譚譯主編：《「九‧一八」抗戰史》（瀋陽：遼寧人民出版社，1991年），第21頁。

務省等各方面的壓力，還是決定「勸說」關東軍暫緩行動。由於小磯軍務局長公務繁忙，難以脫身，決定派遣建川部長去中國，一方面視察現狀，一方面執行「勸說」關東軍的使命。

建川美次作為堅決主張對中國東北使用武力的強硬派，是關東軍計劃的支持者。派建川去東北執行「勸說」使命，無異於抱薪救火，做表面文章。建川對自己的使命頗感為難，便在軍部中央會議後把參謀本部俄國班班長橋本欣五郎中佐叫到房間，橋本在建川的暗示下，立即給關東軍拍了電報。電報是使用建川和板垣約定好的密碼拍發的，共三封，第一封是：「事情已敗露，必須堅決行動。」第二封是：「已決定派建川前往滿洲，要儘快動手，以免添麻煩。」第三封是：「即使在建川到後，也要趕在他執行使命前動手。」

9月15日晚九時，建川從東京乘火車出發，然後改乘輪船，「慢悠悠」地潛往東北。

就在建川從東京啟程的時候，瀋陽正降著夜雨。這天下午，板垣征四郎與石原莞爾隨本莊繁從長春來到了瀋陽，板垣看到橋本發來的三封密電後，立即找石原商量對策。他們都認為，絕不能就此罷手，使煞費苦心而即將實現的事業毀於一旦。經過一番密謀，兩個人已胸有成竹，決定當晚召開有關人員會議。

板垣與石原主持會議，參加者有特務機關的花谷正、東北邊防軍軍事顧問輔佐官今田新太郎、步兵第二十九聯隊第一大隊長名倉栗、獨立守備第二大隊副兒島正範、該大隊第一中隊長小野正雄、第三中隊長川島正，稍後，奉天憲兵隊隊長三谷清也趕來參加。會上，首先由花谷宣讀了橋本欣五郎的三封電報，然後就此進行討論。討論繼續到翌日凌晨兩點，暫停執行與立即執行這兩種意見相持不下。板垣征四郎決定用「鉛筆占卜法」決定可否。他拿起一支鉛筆，筆尖朝下立起來，用食指按著上端說：「若倒向右邊就暫時停止，倒向左邊就執行。」於是大家屏息注視。板垣輕輕將食指抬起，鉛筆迅速倒向右邊，於是，宣布計劃暫時停止執行。三谷、今田、川島、小野感到沮喪，憤然離去。

板垣和石原見此情形，心中有數。凌晨七點，石原打電話給三谷憲兵隊長說有要事相商。三谷急忙趕到板垣與石原所住瀋陽館，石原對他說：「如果守備隊想幹就幹吧！立即通知今田，讓川島中隊長負責執行任務！」於是，終於決定動手。

　　9月18日，是農曆八月初七，星期五。這天晚上，一彎冷月掛在天際，寒星稀疏，長空欲墜。

　　22時20分，駐瀋陽的日本鐵道獨立守備隊第二大隊第三中隊所部河本末守中尉帶領幾名士兵，以巡查鐵路為名，在瀋陽柳條湖南滿鐵路附近（距張作霖被炸地點僅六公里左右），選擇了北大營南大約八百米的地點，親自在鐵軌上裝置了騎兵用的小型炸彈，並點上火。轟——，「雖然發出巨響，但實際破壞很小（上行和下行線路僅有一米左右受損，外加兩根枕木），緊接而至的開往奉天的火車都可以通過」。[17]

　　然後，日軍在爆炸現場擺了幾具身穿中國士兵服裝的沒有血跡的屍體，充當炸鐵路的凶犯，偽造了一個中國人炸鐵路的假現場；同時，河本末守採取賊喊捉賊的伎倆，用隨身攜帶的電話機向守備隊第二大隊本部和奉天特務機關報告：「北大營西方鐵路線被中國正規軍所破壞。三四百名中國軍隊正向柳條湖分遣隊攻擊前進之中。我巡邏兵正與中國軍隊交戰。」

　　在特務機關坐鎮的板垣如焦似渴地等待著這一消息，聽到報告後如瘋似狂地根據預定計劃發出一連串戰令：

　　1.命獨立守備隊第二大隊「掃蕩」北大營之敵；

　　2.命步兵第二十九聯隊攻擊瀋陽城；

　　3.命獨立守備隊第五大隊（駐鐵嶺）由北面攻擊北大營，受獨立守備隊第二大隊長指揮；

　　4.要求第二師團的主力增援。

　　十一時左右，獨立守備隊院內的24釐米榴彈炮開始向東北軍駐地北大營射擊，炮聲隆隆，隔三五分鐘發射一發炮彈，巨大的轟擊聲震撼著瀋陽城。

　　這時候，在旅順關東軍司令部，本莊繁司令官與參謀們正進行著緊張的謀劃。幕僚們都注視著他，等待著他的決斷。最初，本莊繁拒絕了石原莞爾要求全面進攻的主張，只同意命令駐奉天部隊集結到奉天。但是，石原關於「應堅決致敵人中樞於死命」的要求，得到了各位幕僚的支持。正在這時，19日零時20分左右，接到板垣發來的第二封電報：

---

[17] [日]菊池秀明著、馬曉娟譯：《末代王朝與近代中國》（桂林：廣西師範大學出版社，2014年），第276頁。

> 北大營之敵炸毀了南滿鐵路，其兵力為3-4個連隊，虎石臺連隊在11時許
> 和五六百敵軍交戰中，占領了北大營一角。敵軍正在增援機槍和步兵炮
> 兵部隊，我正在苦戰。

面對這一情況，本莊繁雙目緊閉，眉頭緊鎖。過了好一會兒，他才站立起來毅然表態：「好，由本職負完全責任，幹吧！」隨後，斷然作出了「關東軍全線出擊奉天軍」的決定。

19日凌晨3時半，本莊繁親率關東軍司令部及第三十聯隊登上列車，向瀋陽進發。但他並沒急於向東京發電報，他要讓這個歷史性的事件在他手裏成為既定事實。

奉天總領事林久治郎力圖讓事態終止，卻無能為力。他在回憶錄中說：「由於萬寶山問題和中村大尉事件的發生，軍部的活動更愈益露骨。從陸軍省、參謀本部的要員開始直到地方駐軍的團隊長等，竟對政治、外交問題公然發表言論，甚至散發印刷品廣為宣傳。他們違反《軍人敕諭》中『軍人不得幹預政治』的條律，視政府為無物。而因循姑息的政府當政者，面對著在滿洲有發起某種行動的嚴重形勢，竟然無力加以管束，終致遺憾地爆發了奉天事件。由於事先早有預謀，故我軍的行動進展異常迅猛，我雖傾注全力想使它中止，但已是離弦之箭不能再回來了。板垣參謀於當日午間來到奉天，下榻於特務機關，我即派領事親自與他晤面，又用電話跟他講明上述道理，想說服他中止此次事變，然而一旦斷然行動，隆隆炮聲已使軍部異常興奮，叫它停下腳步已經是不可能的了。到第二天拂曉，我只能密切注意事態發展，力求我方的軍事行動不致在國際法上釀成過失，除此別無任何辦法了。」「在現地，無論如何也無法使軍事行動停止了。但我忖度，只要此次軍事行動並非出於我國政府的方針，我政府就應該有能力加以制止，故自事變爆發之始，我隨時隨地都將事態報告給東京；甚至連撫順會議的情形，我當時並未重視，也未作為公事處理，不禁內心暗自失悔，這時也不怕貽人以『明日黃花』之譏，一並也向政府做了報告，請求中央採取獵施，制止事態的進一步擴大。」[18]

---

[18] 王也平譯：《「九一八」事變——奉天總領事林久治郎遺稿》（瀋陽：遼寧教育出版社，1987年），第130-131頁。

日本政府（若槻內閣）得知「九一八」事件後，立即採取了不擴大方針，並取得了天皇的同意，但事態的發展卻是按著本莊繁司令官的獨自決定發展著。而且政府和天皇事後也表示同意。於是，關東軍及林銑十郎統領的朝鮮駐軍，就越來越毫無顧忌地擴大戰火。

二、張學良的悔恨

北大營是張學良東北軍第七旅的駐地。七旅是東北軍勁旅，約一萬二千人，旅長王以哲中將，軍官都是經陸軍軍官學校或講武堂畢業，也有畢業於日本陸軍士官學校。士兵一般具有初小文化，也有中學畢業生，裝備精良。日軍把第七旅作為主攻目標也是必然的。

北大營位於瀋陽城北約四公里，東距東大營約十公里，西距南滿鐵路約四百米，距柳條湖村約五百米；營垣呈正方形，每邊長兩千米，四周土圍子兩米高，兩側有一米深、三米寬的幹壕溝，並設有鐵絲網。營房建築的形式是按連縱隊、營方隊、團縱隊形式蓋的。四周築有土圍子和外壕，東西南北四個卡子門各設哨所，都有士兵守衛。南北卡子門外是街道和商店住戶。後來在東邊修建一個團的營房。營垣內正北面有前後重疊的三個大院，旅司令部在前面居中的大院，第七旅所轄三個團，六一九團的第一、二營住營垣外東面營房，第三營住營內西北角營房；六二○團住營內東側營房；六二一團住營內西側營房。營房西側距柳條湖日軍炸毀鐵路處只有五百米，所以日軍進攻北大營時，首先衝進六二一團各營兵舍。

第六二○團三營九連上尉連長姜明文，親身經受過日軍炮火的洗禮，據他回憶：

> 這天正是全旅發放八月份官兵薪餉之日，上午我由團部領到支票，到大北門裏東三省官銀號領取現金，回連後給官兵發餉。晚九點熄燈號後，士兵均已入寢，十時許突然從西邊傳來地雷爆炸的巨響；不久又是一陣密集的槍聲。此時我正躺在床上，看張恨水著的小說《春明外史》。聞聲後判斷是日本軍在挑釁，立即傳令各排士兵起來著裝，領取槍彈，到集合場上集合。

星期五按旅司令部的規定，是我的「宿假」（即回家住宿日），因為我是營值星官，營長（于天寵）又不在營，所以沒有回家。我著裝後即到集合場，等候各連隊伍集合。約十幾分鐘，各連均已跑步到集合場。檢點人數後，我簡單地說明方才發生的地雷聲和槍聲的情況。當時群情激憤，即按照旅裏事先的部署，向既設的陣地前進。我這個連尚未完全走出營門（第三營、團迫擊炮連、通信排和團部住在一個院內），中校團副朱芝榮由團部出來喊：「姜連長把隊伍帶回來。」於是我令各連仍回集合場待命。我們營的四個連長（第十連長王德義，第十一連長楊再山，第十二連長廖雲龍）來到中校團副朱芝榮跟前。朱說：「旅長來電話啦，叫隊伍不要動，把槍交回庫房裏，士兵回宿舍睡覺。日本人如果進營來，由官長出來交涉；要什麼給什麼，不要打。」我們四個人聽到這幾句話，都憤怒地說：「要命也給嗎？」朱芝榮說：「這是旅長的命令嘛。」在那個時代，講的是「軍人以服從為天職」，只好把隊伍各自帶回本連。當時我向本連士兵說：「都把子彈袋扎好（每個士兵有兩條子彈袋，兩百發子彈），手榴彈帶好，槍不准離手，在床上休息，聽到我的哨音馬上出來集合。」我向各排長把旅長的電話命令告訴他們；並叫他們好好掌握住士兵，我就到團部聽消息去了。

……日本兵在爆炸鐵路後，緊跟著一陣密集槍聲，不久即衝入北大營土圍子，進入六二一團各連兵舍。士兵在睡夢中驚醒，來不及穿衣服，更沒有領取槍彈的時間。槍彈平時都放在槍庫裏，連部住的那幢房子有槍庫、服裝庫、雜械庫、辦公室、連長室。日本兵衝入兵舍，見人即用刺刀扎，士兵赤手空拳，紛紛向東逃跑；有的只穿襯衣，有的打赤腳，甚至有赤背的，倉皇狼狽不堪言狀。他們經過我營門口時，喘籲籲地說：「日本人進來啦，不放槍淨用刺刀扎，我們連衣服都來不及穿了。」當時我們把這些士兵收容起來，讓他們穿上衣服；有富餘槍的也發給他們；沒有槍就發給他們手榴彈（按規定每連有「七九」捷克式步槍一百二十支、捷克式輕機槍十二挺，因兵額不足，或差勤、病假等所以有富餘槍）。

當我再次集合各連隊伍時，日本兵發射的炮彈，落在我們營的講堂、兵舍、廚房、庫房等處，但都沒有爆炸，說明彈頭上是沒有「引信」的。稍頃日本兵到了北大營大操場內，吹起前進號、衝鋒號。槍聲

不斷，聽其聲音都是放的「空包」；因為沒有「子溜子」聲音。這種「空包」是軍隊平時演習時用的，當時我們在營門口臨時堆些裝土的麻袋作掩體，並派士兵爬到樹上瞭望，雖然在夜間也能影影綽綽地看到一些。在樹上的士兵有時向大操場放幾槍。這樣日本兵始終沒有朝我們這個方向前進，沒有接近我們的營房。這種情形一直延續到夜間十二點多鐘。

在十一點多鐘時，團長王鐵漢騎馬由家裏繞道來到團部；接著到各營走了一遭，立即和旅長王以哲通電話。這時我正在團部。王鐵漢在電話中除了報告當時情況外，只有連連地答應「是……是……是」。最後他說：「請旅長放心，我絕對聽你的命令。」電話撂下後，立即召集各營、連長來團部。他向大家說：「旅長來電話啦，說：『司令長官（指張學良）已接到南京蔣總司令（指蔣介石）的電話，叫我們不要抵抗；必要時可以退出去，留待政府向日本交涉。』」

十二點以後，大操場上的日本兵，忽然槍聲大作，前進號、衝鋒號吹個不停。聽其聲音完全是實彈。不久槍聲稀落，轉致靜寂無嘩。我們當時以為日本兵退卻了，是上邊交涉的結果，實則不是，而是敵人把兵力都運動到東、北兩個方面的土圍子外去了。此時和旅長的電話已經不通。一直持續到十九日四點多鐘，王鐵漢也沒有和旅長聯繫上，急的像熱鍋上的螞蟻，遂又召集各營、連長商量。他說：「現在和旅長的電話已經不通了。六二一團在二臺子一帶收容，六一九團已退出營房向東去了，旅部和直屬連也都走了。我們怎麼辦？」大家齊聲說：「既有電話告訴必要時退出去，現在電話不通了，我們也走唄！」王鐵漢說：「好吧！我們都由北面出去。先到榆林堡——大窪一帶集合。」決定後，各連長率領本連士兵衝上北面的土圍子。剛一登上壕頂，外面槍聲大作，日本兵已經把我們包圍了。我們立即以熾烈的火力還擊，將對方的火力壓制下去，遂即越壕逃出，一時官兵各不相顧。我率領本連士兵，經過我們自種的大白菜地，向北小山跑去。日寇用火力追擊，幸無傷亡，遂繼續向榆林堡前進。[19]

19 姜明文：〈「九‧一八」事變親歷記〉，政協遼寧省文史委編：《「九一八」事變‧抗日烽火》（遼寧文史資料精粹第三卷）（瀋陽：遼寧人民出版社，1999年），第43-46頁。

　　當時任東北邊防司令長官公署副官處副處長李濟川，也是瀋陽事變的見證者：

　　我八點到家，吃完晚飯正是十點二十五分，忽聽響了第一炮。我趕緊去邊防公署。到大東門時，城門已閉，這時已響了第四炮。我對守門員警說：「你們的廳長（員警廳長黃顯聲）在廳沒有？趕快打電話或派人去找。」到公署門前，見有衛隊二十四團吳營長（名忘記）帶領兩排衛隊守衛公署。我到副官處，只見值日副官蕭滌五一人。我趕到辦公廳給榮參謀長打電話；榮隨即到公署。不久，北大營步兵第七旅來電話（打電話人的名字忘記）告急說「西門外有日軍行動」，電話是榮接的，他問：「你們旅長呢？」回答不在營。五分鐘後，王旅長（王以哲，字鼎芳）到，他對榮說：「戰事已經發動，怎麼辦呢？」榮說：「往北平給副司令打電話，請示一下。」於是，榮親自給張學良打電話。接電話的是張的侍衛副官長譚海。他說：「副司令陪美國駐華武官到前門開明劇院看戲去了。」榮問：「對東北局勢，副司令有什麼指示？」譚在電話中說：「副司令指示，要慎重從事，遵照中央的命令，堅決不要抵抗！」

　　這時東北電政監督朱光沐來電話，約榮參謀長和我到電政局，為的是向北平通話方便。當時我和電話室說：「誰來電話，可向電政局找我。」於是和王旅長、榮參謀長一同去電政局。這時北大營第七旅又來電話告急，說：「日軍由柳條湖出發，已突破西卡門。」榮臻告訴他們：「無論如何，就是日軍進入營內，也不准抵抗，武器都要收入庫內。」對方問：「日軍要命怎麼辦？」榮說：「軍人以服從為天職，要命就給他。」剛說完話，奉天典獄長倪文藻也來電話告急，說：「日軍爬城，在城上向獄內開槍射擊。」我說：「鳳山（倪文藻字）哪，在這種嚴重情況下，不能派軍前去保護，只有你們沉著固守。」

　　這時東北航空處參謀長陳海華（字建文）也來電話說：「情況危急，我們機場有四十二架待飛的飛機，怎麼辦？」我說：「建文，趕緊飛錦州，飛去一架是一架，錦州不可能降落，遼河以西任何地方都行。」

　　臧式毅來電話，讓我們到他公館去。我告訴電政局，再來電話時往省長公館打。這時榮參謀長還想往北平打電話，可是線路已被破壞，打不通。同時小西門員警也都告急，說「日軍攻城，如果城門不開，他們就用炮打。」我告訴他們聽命令，暫時不開。倪典獄長又來電話說：「城上站滿日本兵，用機槍向院內掃射，在禁犯人已有暴動行為。」我說：「在此情況下，你開門放。」航空處參謀長陳海華來電話：「我支持不了啦，各方派人找飛行員，一個也沒找到。」我問榮參謀長怎麼辦，榮說：「讓陳參謀長酌情處理吧！」就這樣，機場內的飛機及其他設備，拱手讓給日寇。

　　這時，秘電處處長張志欣來了，拿著南京軍委會十萬火急電報，原文是：「頃准日本公使館照會，內開：陸軍省奏明天皇，准予關東軍在南滿附屬地內自動演習。屆時望吾軍固守防地，切勿妄動，以免誤會，切切此令。軍事委員會筱。」大家看完電報，心情穩定了，認為沒事了。臧式毅說：「快到拂曉了，他們的『演習』也要結束了。」

　　語未畢，北大營第七旅來電話，請旅長速即回去。我問什麼事，回話說：「日軍滿院都是，已砸開槍庫，打死中校軍械官。」王以哲聞訊後，對榮臻、臧式毅說：「在這樣嚴重的情況下，是否將在外，君命有所不受？日本硬說我們破壞柳條湖鐵道，難道我們就不能還手嗎？」榮說：「鼎芳，你回去吧，隨時來電話，有事聽命令。」王遂出門，但他的汽車已被日寇掠去，中途受阻折回。

　　事後得知，北大營第七旅絕大多數官兵，並沒有執行「不准抵抗，把槍放到倉庫裏，挺著死」的命令。在日軍逼近營垣四周的鐵絲網時，官兵們奮不顧身地抗擊裝備優良、人數眾多的敵人。由深夜二時許，激戰一個多小時，傷亡很大，在求援無望的情況下才突圍，撤退到東山嘴子集結待命。[20]

---

20 李濟川口述，馮應春、于俊滿整理：〈「九‧一八」事變紀略〉，政協遼寧省文史委編：《「九一八」事變‧抗日烽火》（遼寧文史資料精粹第三卷）（瀋陽：遼寧人民出版社，1999年），第38-40頁。

　　日軍見第七旅官兵撤走，在搶掠之餘，將北大營縱火焚毀，景象十分慘烈。據滿鐵奉天事務所所長栗野與憲兵隊長三谷少佐在19日視察時所見：「戰後已經過一晝夜的北大營，營內各處仍在燃燒，死屍遍地，死馬也到處可見。其中有脫下軍服，換上便衣，準備逃跑未成而被打死的；還有尚未斷氣的，其狀頗為淒慘。留在營房內的炸藥，一部分仍有爆炸的危險，故未敢近前。未遭兵變的營房內，到處丟著中國兵的物品等。」[21]

　　奉天總領事林久治郎在回憶錄中如此記述交戰雙方：「中方當時駐守北大營的是王以哲旅長所部的第七旅，突然遭到我軍的襲擊，異常震驚，也許是受到上峰不抵抗的命令而有意避戰，竟然被兵員僅有六百人的我第二獨立守備大隊窮打猛追，北大營於天亮時分完全為我佔領；進攻省城的第二十九聯隊，也在進軍途中蕩除了巡警隊等的抗阻，於黎明四時進入城內，於天亮之際全部占領了奉天。與此同時，在長春也向南門外的中國兵營發起攻擊，其中一部立即投降，另一部則頑強抵抗，十九日上午演成激戰，接近正午時方才勉強平定。是役，我軍也死傷官兵百數十名。」[22]

　　「九一八」之夜，日本關東軍製造了柳條湖事件，也製造了東北軍第七旅三百多將士血染北大營的歷史悲劇。[23]這裏有個問題：事變發生之夜，張學良究竟在幹什麼？

　　流傳較廣的版本是，張學良在北平前門外中和戲院觀看梅蘭芳的《宇宙鋒》。據張學良的弟弟張學銘回憶，一向愛聽梅戲的張學良因傷寒症住協和醫院已久，心情煩悶，「九一八」當晚，因病有好轉，且為了招待宋哲元等將領，便離院趕至中和戲院觀看梅劇《宇宙鋒》，隨行人員有護士、警衛等，因此，他定了三個包廂。梅夫人福芝芳也證實，「九一八」當晚，梅蘭芳的確在中和戲院上演全本《宇宙鋒》，她是在長安街的平安電影院看完一場電影後才趕到中和戲院去的。在戲院，她看見張學良和趙四小姐坐在一間包廂裏看戲。

---

[21] 徐光榮：《血色殘曆──侵華日軍發動的九一八事變》（石家莊：花山文藝出版社，1998年），第107-108頁。

[22] 王也平譯：《「九一八」事變──奉天總領事林久治郎遺稿》（瀋陽：遼寧教育出版社，1987年），第131頁。

[23] 據榮臻當時報告，第七旅這一夜「死亡官長5員，士兵夫144名，負傷官長14名，士兵夫172名，統計傷亡官士兵夫335名」。但據日本參謀本部《滿洲事變作戰經過概要》載，中國官兵死亡320名。

臺上的梅蘭芳也看到了張學良，當他演到趙女在金殿裝瘋時，瞥見有個人匆匆走進包廂，伏在張學良耳邊嘀咕了幾句，他不知道那人是張學良的侍衛副官長譚海。因為隔得遠，梅蘭芳無法看到張學良的表情，只看到張學良唿地站起身來，大踏步走出包廂，隨後，他的隨行人員、陪同他看戲的人陸續離開了戲院。戲還未演完，卻突然一下子走了二、三十人，這不僅使其他觀眾納悶，也讓臺上的梅蘭芳有所不解，不過，他斷定一定是出了什麼大事。就張學良的身分和地位，他若不是突遇政治上或軍事上的大事，絕不會放棄他一向喜愛的梅劇，特別是他最愛看的戲就是《宇宙鋒》，而「金殿裝瘋」又是此戲的高潮，早在幾分鐘前，他還隨著梅蘭芳的唱腔，很陶醉地輕打著拍子呢。第二天的新聞——「九一八」事變爆發證實了梅蘭芳的猜測。

1990年6月，日本廣播協會電視臺（NHK）採訪張學良時，九十高齡的他回憶說：「當時我身體不好，正在北京（當時稱北平）醫院養病，病剛好。那天我是請英國大使看梅蘭芳唱戲。聽到報告後，我馬上返回住所，指示部下不要抵抗。因為我不明白當時是怎麼個情形，所以我當時是沉靜一下，看看到底是怎麼一個事情。」[24]

有台灣學者披露，早年任張學良副官，後在台任職的何世禮在日記中記載：「九一八」事變之夜，張學良正在陪同何世禮的父親何東爵士看戲。看到半場，突然接到電報，張學良閱後，沒有與何東告別，即匆匆而去，未再露面。何東當時還有些不高興，覺得張學良有失禮節。第二天，在報上看到日軍發動瀋陽事變的消息，才明白其中緣由。[25]

然而近年出版的盛成[26]回憶錄，裏面有一節「九一八當晚遇見張學良」的記載，其回憶的細節、人物、地點與歷史情景高度契合：

[24] [日]白井勝美著、劉立善譯：《日本昭和史的最後證人張學良》（瀋陽：遼寧大學出版社，1993年），第68-69頁。

[25] 孟醒：〈「九一八」之夜，張學良到底在哪裏？〉，《南方都市報》2012年9月16日。

[26] 盛成（1899-1996）：江蘇儀征人。自幼聰穎好學，少年時代追隨孫中山先生參加辛亥革命。1914年，考入上海震旦大學讀法語預科。1919年底，開始留法勤工儉學之旅。1928年，到巴黎大學主講中國科學課程。三十年代初回國，他先後到北京大學、廣西大學、中山大學等高校執教。抗戰期間，他投筆從戎，擔任過上海十九路軍政治部主任等職。1948年，應聘到台灣大學擔任教授。1965年，他脫離台灣到美國，繼而再去法國。1978年回到中國大陸，長期在北京語言學院任教。

「九一八」這天，我去華樂戲院看褚民誼唱戲。褚是南京行政院的秘書長，他不在南京辦公，跑到北平演戲，請帖送到了張繼手裏，張繼又打電話給我，我們就一起去了。

……

這天，褚民誼唱的戲是《空城計》，演諸葛亮的是他的秘書。張學良也去了戲院，包廂就在我們旁邊。

正看戲時，東北來了急電。因為張學良下令任何人不准進他包廂，結果送電報的人找到了我們這兒。張繼讓我問一問情形，來人告訴我是東北來的緊急電報。我慢慢敲了敲張的門，門沒有開。戲散後，我對張學良說：「漢卿，有一個緊急電報給你。」張一看很著急，拿著電報就走了。

後來有人寫文章，說張學良「九一八」這天和影星胡蝶跳舞，來了電報也不理，是不符合事實的。[27]

子夜時分，張學良根據參謀長榮臻的緊急電報，在北平協和醫院召集戢翼翹、于學忠、萬福麟、鮑文樾等將領開會。

「日人圖謀東北，由來已久」，張學良在會上說，「這次挑釁的舉動，來勢很大，可能要興起大的戰爭。我們軍人的天職，守土有責，本應和他們一拼，不過日軍不僅是一個聯隊，它全國的兵力可源源而來，絕非我一人及我東北一隅之力所能應付。現在我們既已聽命於中央，所有軍事外交均系全國性的問題，我們只應速報中央，聽候指示。我們是主張抗戰的，但須全國抗戰，如能全國抗戰，東北軍在第一線作戰，是義不容辭的。總之，期望這次事件，不致於使事態擴大，以免兵連禍接，波及全國。」[28]

不抵抗政策致使東北的大好河山很快就斷送了，給中華民族帶來了沉重的災難。這一政策究竟出自誰手？耄耋之年的張學良十分肯定地對唐德剛教授說是出自於他自己：

[27] 盛成：《盛成回憶錄》（太原：山西人民出版社，2012年），第29-30頁。

[28] 唐德剛記錄、王書君著述：《張學良世紀傳奇》上卷（濟南：山東友誼出版社，2002年），第428頁。

　　我鄭重地聲明，就是關於不抵抗的事情。九一八事變不抵抗，不但書裏這樣說，現在很多人都在說，說這是中央的命令，來替我洗刷。不是這樣的。那個不抵抗的命令是我下的，說不抵抗是中央的命令，不是的，絕對不是的。

　　……

　　我現在就給你講這個不抵抗的事情。當時，因為奉天與日本的關係很緊張，發生了中村事件等好幾個事情。那麼我就有了關於日本方面的情報，說日本要來挑釁，想藉著挑釁來擴大雙方的矛盾。明白嗎，我已經有了這樣的情報。所以，那個不抵抗的命令是我下的。我下的所謂不抵抗命令，是指計你不要跟他衝突，他來挑釁，你離開他，躲開他。[29]

　　「這個說法可是歷史的大翻案，我們五十多年來，光知道是蔣公讓你不抵抗的。」唐德剛教授感歎道。

　　「那個時候，蔣公根本就不負責任，他不負這責任，我也根本沒有向他請示的必要」，張學良說：「我要請示也是向南京政府請，沒有打電報給他，你說是不是？」[30]

　　問題很明顯，蔣介石並沒有直接命令張學良不抵抗，但他在對日問題上和蔣介石的看法卻是一致的，因而對於事變發生前後蔣介石所提出的「一切聽命於中央，等候國聯裁決」的指示奉為圭臬。

　　東北高層一部分人主張不管南京政府態度如何，應堅決抵抗，因為為民守土，責無旁貸。遺憾的是，張學良沒有這樣做。結果，面對日本的野蠻入侵，東北大好河山頃刻淪陷，這也是嚴重失職，咎無可辭。因此，張學良受到全國人民的譴責也是必然的，這也是他後來一直深感後悔的：

　　九一八事變我判斷錯誤了！所以，後來國人罵我，我說你罵我九一八事變不抵抗，我一點兒不服，不認這個賬，我沒有錯。可是你要罵我作為一個封疆大吏，沒有把日本的情形看明白，那我承認。為什麼呢？我當

[29] 唐德剛記錄、王書君著述：《張學良世紀傳奇》上卷（濟南：山東友誼出版社，2002年），第431頁。
[30] 同上，第435頁。

時判斷日本不能這麼做，這樣對他不利。你知道，我這個人是膽大妄為的，如果我知道當時日本人要這麼幹，我會跟日本拼命的。[31]

張學良說他沒看清日本人的意圖，所以日軍向瀋陽轟擊的炮聲一響，他的厄運就開始了。同時，中華民族的厄運也開始了。

其實日本自己也並沒有看清，「石原莞爾本來主張滿蒙領有論，即軍事占領東三省後，日本進行直接統治，但陸軍中央表示該計劃有困難。因此在事變爆發四天後的9月22日，關東軍不得不把目標變更為建立獨立國家，表面上還不得不採用更溫和的『建立親日政權』的說法。」[32]

歷史就這麼詭異，日本關東軍司令官本莊繁沒得到天皇和政府授權，擅自發動進攻中國東北軍的決定；而中國東北軍司令官張學良也沒得到蔣介石不抵抗的明令，擅自發出了不抵抗日軍的決定。兩個擅自決定，一進一退，改寫了歷史的進程。

---

[31] 同上，第424-425頁。
[32] [日]菊池秀明著、馬曉娟譯：《末代王朝與近代中國》（桂林：廣西師範大學出版社，2014年），第280頁。

第一章　流離燕市（*1931.9-1937.2*）

　　1931年「九一八」事變之後，三個月的時間裏，日本關東軍占領了東三省，整個世界為之瞠目結舌。中國歷史發展的方向，甚至世界歷史發展的方向因為日本占領東北這一可怕的事件而發生了改變。次年三月，日軍占領的東北出現了偽滿洲國，它包括遼寧、吉林、黑龍江三省，後來又將熱河置於統治之下。

　　1933年三月，乘蔣介石熱衷於反共內戰的時機，日軍打進山海關，熱河主席湯玉麟不戰而退，全境陷落。日軍繼續向長城各口進攻，直指河北。張學良在保定會見蔣介石，引咎辭職，出洋考察。華北無人支撐。

　　在火燒眉毛的時候，蔣介石派黃郛北來「跳火坑」——出任行政院駐北平政務整理委員會委員長，負責對日交涉停戰問題。1933年5月31日，與日本關東軍簽訂了《塘沽協定》。根據這項協定，國民政府實際上承認了日軍占領長城及山海關以北地區的合法化，並把長城以南的察北、冀東二十餘縣劃為不設防地區，使整個華北門戶洞開。

　　1935年春，黃郛托病回到莫幹山。此後，日本先後在華北挑起「張北事件」和「河北事件」，強逼何應欽簽訂了《何梅協定》，河北、平津等地的國民黨黨部及中央軍退出華北。

　　在逼走中央軍、東北軍後，日本又迫不及待地進行第二步驟——華北政權的「真空化」。轉瞬間風雲變幻，時局緊張。

一、炮彈從校園上空飛過

　　在日軍詭稱鐵路被破壞的柳條湖西邊，約三里就是張學良任校長的東北大學校園。東北大學西南九里，則是日本人架設大炮的據點，關東軍攻打北大營的炮彈須經過東北大學上空向東飛射到北大營。

　　1931年9月18日這天下午，美國木德博士來東北大學講演，晚上七時，校秘書長、代校長寧恩承[1]招待他在市內青年會西餐部吃飯。飯後八時半寧恩承返回

---

[1] 1931年3月2日，東北政務委員會決定廢除東北大學副校長制，設秘書長一人。張學良特邀寧恩承任秘書長，代行校長職務。寧恩承（1901.3.18-2000.2.15），遼寧省遼中縣人，少時牧豬，十歲進學堂，後來考入南開大學。1925年受張學良資助赴倫敦大學和牛津大學專攻財政金融學；1929年回國任瀋陽邊業銀行總稽核；1930-1933年任東北大學秘書長、代張學良主持校務，使東北大

北陵校園，路經工業區接近日本附屬地，有日籍巡捕三三兩兩，拿著燈籠，沿街巡察。汽車經過時，他們提著燈籠看著，並未阻車。寧恩承以為出了搶劫案件。日警巡察街道是常有的事，不以為怪。九時到家，按平時一樣十時就寢。

　　剛進入睡夢中，忽然一個極大爆炸之聲，聲震屋宇，窗門動搖，寧恩承被震醒了。他以為東北大學工廠鍋爐爆炸了，立即打電話詢問工廠看守人員，他們回答說工廠平安無事。他大為驚異，這爆炸是什麼呢？由哪兒來的？寧恩承披衣出門，在門口大道上西望，只見新月當空，一般夜景，寂靜如常，沒有發現什麼異樣。再打電話問問學校各部門，也沒什麼消息。

　　寧恩承沿著大中路走向校長辦公室的灰樓，一邊向西走，一邊想這大爆炸究竟是什麼事呢？心思起伏，踽踽獨行，務要尋求爆炸之源。他後來在回憶錄中寫道：

　　　　我方走到辦公樓門前十碼，忽然一個大炮彈經我頭上飛過，一道火光，索索作響，由西向東如流星一般飛去。夜深人靜，大炮彈由頭上掠過，聲音特別清晰。我不禁大吃一驚，知道大事不好了，日本人開始攻打我方駐軍北大營。我急忙入辦公室打電話給大帥府榮臻參謀長，問明是什麼事。榮參謀長是瀋陽的留守司令，代理張學良主持東北一切軍務。我向大帥府打電話打了許久，只聽對方鈴響，沒人接話。我再打電話給省主席臧士毅。他先問我：「學生全在校嗎？」我說：「全已睡覺了。」他說：「日本人攻打北大營，學生不要鬧事。」

　　　　「日本人攻打北大營」一句話，比大炮彈由頭上飛過更可怕。我立即驚覺發生了大事。我再打電話給教育廳長兼省府秘書長金靜庵，他也說日本人進攻北大營，他還力說必須管好學生，不可讓他們出校鬧事，「國難當頭，我們必須忍辱負重。」[2]

巨大的爆炸聲同時也驚醒了東北大學的一些學生，據文預科民二十級的何浚洲回憶：

　　學走向鼎盛。後任華北四省稅務局局長、財政部顧問、中國農業銀行總稽核、瀋陽世和公銀行總經理等要職。1959年移民美國。
[2]　寧恩承：《百年回首》（瀋陽：東北大學出版社，1999年），第236-237頁。

1931年9月18日晚十點多鐘，我正在東北大學文法院宿舍酣睡，突然被爆炸聲驚醒，和一些同學到院中仰望看見天空中一發接一發的炮彈，從日本站附近射來，經過我校上空，落在北大營方面。爆炸聲驚天動地，濃煙四起。少許，猶出現綠色火焰，響如鞭炮，大家都懷疑是北大營火藥庫被炸起火了。繼而由北大營也發出槍炮響聲，過了半夜時，炮火逐漸星稀。滿院師生紛紛議論：有的說這一定是日本鬼子侵略行動，有的說好像前幾天那樣的日軍演習，有的說是部分日本鬼子的暴動，吵吵嚷嚷，不一而足。正在莫衷一是的時候，周天放、臧啟芳[3]二位院長來到，說這可能是日本鬼子又耍什麼花招。現在電話不通，究竟是什麼事，還不清楚，不要在院中亂嚷，要鎮靜，要躲在暗處，千萬不要深夜外跑，免遭意外，給同學們一番安慰。[4]

　　日軍攻打北大營事件是緊急大事。東北大學鄰近北大營。作為一校之長，寧恩承必須採取一切緊急行動應付危局，他立即召集事務人員李莊、敖世珍兩人，吩咐他們把所有的馬燈、孔明燈集中起來，排在體育場附近，把體育場的更衣室全部打開。寧恩承的計劃是，如果學校的電源為日軍破壞，全校昏黑了，把孔明燈點起來，由女生宿舍沿路設燈，把二百個女生由宿舍領到體育場的更衣室暫避。學校體育場是鋼筋水泥建築物，可以防槍防彈。「東北大學女生宿舍中二百名女生是最大的危險品，日本軍人如果攻入我校，後果不堪設想」，寧恩承想：「如果二百女生有了安全地帶就減少我心中最大憂慮了。二千多男生任他們各自照顧自己，其不能照顧自己、維護自己的男生，聽天由命。」

---

[3]　臧啟芳（1894-1961），字哲先，又字哲軒，號蟄軒。遼寧蓋平人。1912年入南京民國大學。翌年，轉讀北京國民大學（後易名中國大學）商業預科。1919年應文官高等考試，分發北京政府財政部實習。旋赴美國留學，研究財政學、經濟學。1923年返國，任中國大學經濟系教授。1925年任商務印書館奉天分館經理。1926年兼東北大學教授，1928年任東大法學院院長。1930年10月任天津市長。1934年起先後任江蘇省第四區、第二區行政督察專員。1937年1月至1947年10月，任國立東北大學校長。1948年任財政部顧問、中央大學教授等職。1949年去台灣。著有《經濟學》、《蟄軒詞草》。譯有《經濟思想史》等

[4]　何俊洲：〈「九‧一八」歷難記〉，政協遼寧省文史委編：《「九一八」事變‧抗日烽火》（遼寧文史資料精粹第三卷）（瀋陽：遼寧人民出版社，1999年），第102頁。

　　十一時後，月兒西下，夜色漸漸陰沉了。日軍的大炮每隔幾分鐘有一次，每次經東北大學上空飛過。假如炮彈落下校園，房屋著了火或傷了人，如何處理。寧恩承找到東大校醫剛時大夫，請他留守在家裏，聽候電話，預備救死扶傷。

　　十一時半以後，寧恩承巡察了女生宿舍，告訴管理員金陟佳在危急之時如何領女生去體育場暫避。事實上大多數女生已沉入睡鄉，沒聽得炮聲，因為炮聲在十里以外，門窗緊閉，已酣睡的年輕姑娘，這時還不知外邊發生了驚天動地的大事。

　　隨後，寧恩承命令學校工廠看守人員把易燃物品移到較安全地帶。理工樓中化學室的易爆藥品，加封隔離以免擴大燃燒。

　　十二時再打電話給大帥府、省政府、教育廳，均沒有人接應電話了。「我自知已陷入孤立絕援之地了。十二時半，我走出辦公樓，心思沉重，踽踽獨行，返回校長宿舍途中，遇見幾個學生，問長問短，我強顏為笑告訴他們，日本人攻打北大營與我們無關，一切措置我已有辦法，不必害怕。苗可秀是我在途中遇見的學生中之一，他向我說：『我們必須沉著謹慎』，他是中國文學系的學生，後來率領義勇軍抗日三年，身經百戰，為敵所獲，殺身成仁。他建議『沉著謹慎』雖嫌空泛，仍算有主張的人。」[5]

　　凌晨一時以後，炮聲已停，只聽見遠遠的機關槍聲。校園裏萬籟無聲，寧恩承獨坐房中，心緒萬端，感到疲勞。二時以後，便和衣睡著了。

二、國難當頭，士報國恩

　　9月19日清晨，東北大學許多教授來寧恩承宿舍打聽消息，有些驚慌失措。一位教授說：「這樣嚴重時候，秘書長還能睡覺？」寧恩承說：「不睡覺我們抱頭大哭也不能解決問題。」

　　五時後，寧恩承客廳已擠滿了驚慌的教授和學生。校園中沒有落炮彈，更沒有搶劫，表面上一切平安。只是大難臨頭人心恐惶，好像處於颱風的中心風眼之中，雖然風眼中有一小塊的安靜，四周狂風暴雨衝殺之力正在施虐。

---

[5]　寧恩承：《百年回首》（瀋陽：東北大學出版社，1999年），第238頁。

　　寧恩承決定六時召開全校大會，報告時局消息。未到六點，理工大樓已擠滿了人群，學生、教職員、工人、巡警全都來了。寧恩承開始向他們鄭重地講話：

　　　　昨晚十點半日軍攻打北大營。半夜十二時以後，大帥府、省政府已經沒有人接電話。現在北大營火光沖天，正在燃燒之中，你們全可看見。我的消息，只是這一點點。

　　　　日本在瀋陽駐軍只三千人，攻打北大營、兵工廠，占領省政府、大帥府，尚感人手不足，大概不會派兵攻占我們大學文化機關。我們目前的安靜（按，疑為「安全」之誤）不成問題，將來如何發展，會發生什麼危險，那就不可知了。我和諸位一樣，同在校園，沒有特別消息可以奉告，只是大帥府、兵工廠、北大營全被日本小鬼攻占了，我將盡我的一切能力維護東北大學，給教授學生提供一切安全辦法。如有任何逃生之路，我一定告訴你們我要盡我全力來幫助你們。

　　　　我在英國上過學。英國是海島之國，遠航漁船常有沉船。英國人有一傳統，一艘船將沉沒的時候，船上的婦女小孩先下船，先上救生艇，其次是男的乘客，再次是船工水手，最後是船長。如果船沉得太快，船長來不及逃生，這船長就隨船沉入海底。今天我是東北大學的船長，我們這條船處在風浪之中，不知要有什麼危險。我向諸位保證，我一定遵守英國傳統，籌畫安全出險辦法，如果遇上危險，逃生的次序一定按我所說次序實行：婦孺先離船，其次是教授學生，再次是職工，我是永守舵位，盡力讓大家先逃生。

　　　　中國向有國家養士的傳統。古人說：「士報國恩」，今天國難當頭，我們全是一國的善士，應有「士報國恩」的準備。如果暴風暴雨不久就過去了，大家平安無事豈不好。反之，如果發生任何危險，應該恪守「士報國恩」的信條，就一切無恐無懼了。[6]

　　這一段講話，全場聽眾，寂靜無聲。六十年後有一部分學生還記得「士報國恩」的話。

6　寧恩承：《百年回首》（瀋陽：東北大學出版社，1999年），第239-240頁。

散會後，寧恩承令會計主任解禦風把學生們的伙食費先發還給學生，東北大學規定開學之初學生須把學費膳費交給會計處保管，學生每月伙食費由會計領取應用。九月是開學的第一個月，膳費全在學校鐵櫃之中。膳費發還以後，鐵櫃空空如也。寧恩承又令會計主任把鐵櫃永久打開，以示存款已空，校內之人不能求借，校外強徒放棄搶劫意圖。

一夜虛驚之後，瀋陽全市已陷入敵手，人們四處奔逃。北邊陶然里，有兩三家十四五歲的女孩都被奸污了，財產更是搶奪一空；一見青年男子，硬說是匪，許多被綁走；南邊離浪樹通（日本人住區名）近的地方更加危險，那些浪人都拿刀拿槍的說殺就殺，說搶就搶。寧恩承放心不下最困擾的難題仍是這二百女生，萬一日本兵來校把女生拉走幾個，如何應付呢？寧恩承傳諭女生部金主任，凡家在瀋陽市或瀋陽市內有親友可投奔者任其自由回家或投靠親友，沒有投奔的人全部送入小河沿英國人的醫學院躲避一時。

日軍占了瀋陽全市而南滿鐵路和北寧鐵路照常通行無阻，許多東大學生、教授乘火車分去南北東西，各自逃生去了。到達小河沿醫院的女生，一兩天內也已星散。

黃昏降臨了。黑夜再一次帶來憂慮和恐慌。一些學生說學校四周的流氓可能乘夜入校搶劫，必須有所防備。寧恩承召集部分學生組成三隊義勇隊，學生們稱為棒子隊，預備抗擊土匪。領隊的頭頭是郝更生、宋君複和德國人布希（體育教練），隊員劉長春等人多數是體育系的。這支義勇隊三隊共三十人，分在各處守夜防賊，但並沒發生任何事故。

20日的晨光依舊光照東北大地，經過一天兩夜的驚慌，學生、教授走了許多人，東大校園中漸漸沉寂了。到了午前十一時，發生大驚慌，學生們看見兩部插著日本軍旗汽車，由瀋陽市區奔馳向北陵東北大學而來。學生們以為是日本人來接收或攻打學校，全體大嘩，有些人驚慌四散，有些人逃到附近村莊躲避。寧恩承在辦公樓正襟危坐，等著大難的來臨，默想在全校大會講過的沉船故事，和「士報國恩」的大義，既然禍難臨頭，只有硬著頭皮頂住。

兩輛汽車很快到校長辦公樓前停下，車上走出來的不是日本人，而是四個美國人，是哥倫比亞大學教授張伯倫和他的姪女等人。他們四人原定去上海開會，會期是十月初，他們藉機會由美國東行漫遊歐亞各國，經西伯利亞到東北，然後去上海。未想到9月18日他們到了哈爾濱，遭遇日本人攻打瀋陽。他們

到了瀋陽，發現老朋友寧恩承仍在東北大學，乃驅車來訪。事變緊急期間，西洋人的汽車必須在車頭插掛日本軍旗方可通行，這是遵照日方的規定。他們到了東北沒見到任何一個官方負責人，卻見到舊識，極為欣喜，極力贊譽寧恩承困守校園的英勇。美國朋友重述南開大學張伯苓校長的名言「大學是不沉的大船」，「大學的貢獻勝過許多軍艦」。

到了23日上午，東大校園真的來了日本人，不過不是軍人而是文人。他是南滿中學堂校長中島守人。他說本莊繁司令官請他前來慰問，如有什麼可幫忙的地方他一定盡力云云。寧恩承說：「我是中國官方人員，雖然我們是教育界中人，我仍然站在中國的立場。在現在環境之下我不能接受日本帝國的任何援助，而且我們大學之中的教授學生多已離校了，沒有什麼困難需要外援，謝謝你的好意。」中島聽罷，很是失望，然後留下名片就走了。

9月24日，東北大學校園中已漸沉寂。人去樓空，學生們已四方星散了。東三省總督趙爾巽之子趙世輝家有專車離瀋，寧恩承找北寧鐵路局車務處長交涉，把要去津京的教授全送走了。這裏有一插曲值得記述，丘昌渭教授原在東北大學任教，是年秋他受聘為北京大學政治系主任教授，他去了北京，他的夫人周淑清仍留在瀋陽東大教英文，她獨自帶有一初生四個月的女孩。趙家專車接洽好了以後，寧恩承對她說：「明天有一節專車離瀋陽去天津，你可以帶小孩附車同行。」不曾料想，她說她不怕，她決定隨同其他教授一起行動。

24日這天，寧恩承家的老小也隨同教授大隊去了北京，家中只剩下他孤家寡人一個。九平方公里的東大校園已十分空寂了，只有事務處敖世珍、李茳兩人和幾個工友。翌日，他令工友們把各處門窗全部關閉鎖上。寧恩承獨自一個人步行入城——

「憂憤淒慘地離開了我的家，不知何年何月我再返還我家園。……我穿上一件藍色大褂，走向北市場工業區；回首校園，愁思萬斛。走路本是可以消除煩惱，街頭漫步、屋中踱步，可以減少煩惱，但是今天的淒涼慘別不是走路可以消除的，半里地一回頭屢屢北望。行行復行行……」[7]

---

[7] 寧恩承：《百年回首》（瀋陽：東北大學出版社，1999年），第247-248頁。

三、短暫的輝煌

　　二十世紀二十年代，日本帝國主義將其侵略勢力伸到中國東北之後，不僅進行了殘酷的掠奪，還開辦各類學校，實行奴化教育，進行文化侵略。這時，興辦教育，發展經濟，振興東北，是東北民眾的當務之急。1921年春，時任東三省巡閱使、奉天督軍兼省長的張作霖，採納了奉天省代省長王永江和教育廳長謝蔭昌「欲使東北富強，不受外人侵略，必須興辦教育，培養各方面人才」創辦大學的意見，作為抵制外敵侵略的一項舉措。是年10月25日，奉天省會議根據張作霖建議，一致表決通過了聯合吉、黑兩省創辦東北大學的議案。所需經費也由三省分擔，只是吉黑兩省比奉天要少一些。因吉林擬自辦大學，結果張作霖決定經費由奉、黑兩省分擔，為九與一之比。

　　然而就在籌備處設立不久，興辦東北大學一事竟引起了日本人的注意。日本駐奉天總領事向當時奉天省公署提出「勸告」：「你們不必辦大學，你們要造就理工人才，可以上我們的旅順工專，學醫可以到我們的南滿醫大，學文、學法可以到日本去，我們可以給予官費優待及一切便利。」張作霖聽了王永江報告日本阻撓東北自辦大學的卑劣行為，很是氣惱，說：「小鬼子是怕我們自強啊，那就更得非辦不可，而且我們也能把大學辦好，我就不信那個勁兒。」[8]張作霖對日本的誘惑根本未加理睬，毅然決定創辦東北大學。

　　1922年春，在奉天省公署內設立東北大學籌備委員會，制定了東北大學規程和東北大學組織大綱，規定「東北大學由奉天、吉林、黑龍江及所轄蒙旗合力組織之」，「大學設於奉天城」，「大學暫定六科，分年組織」，擬將東北大學辦成包括文、理、工、農、商、法等學科的綜合性大學。籌委會公推王永江兼任東北大學校長。

　　1923年4月26日，奉天省公署頒發「東北大學之印」校章，即日開始啟用，東北大學正式宣告成立。暑期招收第一屆預科學生，分文、法、理、工、四科，兩年畢業，可直接升入大學本科。1925年暑期招收第一屆本科學生，分

---

[8]　熊曉梅主編：《東大傳統》（瀋陽：遼寧人民出版社，2008年），第58頁。

文、理、法、工四個學科共九個系，四年畢業，畢業後授予學士學位。此外，1926年5月又增設東北大學附屬高中，分文科和理科兩部分，畢業後經過考試，升入大學本科。還成立東北大學夜校專修科，招收在職的公教人員，有政法專修科和數理專修科兩個班，修業三年，成績及格，發給大專畢業證書。還設有師範性質的一種專修科，享受官費待遇，也是三年畢業，畢業後任中學教員。

1927年11月1日，東大第一任校長王永江病故，同月8日奉天省省長劉尚清兼第二任校長。是年冬天，學校添辦師範部，招英文、數理專修科兩個班。翌年7月，師範部教育學系正式成立，文科添設哲學系，法科添設經濟學系，工科添設建築學系。

1928年8月，劉尚清校長因事辭職，經東北臨時保安委員會委託，東北保安委員會委員長張學良兼第三任校長。9月14日，東大教授、職員200餘人，學生1300餘人濟濟一堂，舉行開學典禮，張學良發表演講，語重心長地說：

「現在敝人在名義上雖然是大學校長，然而我在學問方面，卻是非常的幼稚，尚未受過大學教育。在年齡方面也與諸同學相仿，所以，我對於大學校長的位置，很有抱愧的地方。而保安委員會曾以余之地位，推以本大學校長的重任，這不過是勉強而已。所以我很不願與諸同學稱為師生，不過同學罷了。所以我更願常與諸位青年朋友接近，就是我內人亦欲她往東北大學受教……我們很願嗣後時常到校與諸同學接觸。至於校長、學生，不過是名義上的問題罷了。

「學問方面更是重要，好的要特別奮勉，劣的要極力改善。現在我們中國正在風雨飄搖之中，所以，我們中國人的中國，諸位同胞都得努力奮救她的危險。況且人才方面又是特別需要呢。

「我很希望大家，將來處身社會，要本著自己的人格，拿來從前在校時的熱心，來處置社會。拿從前批評旁人的話，來整理社會。人人如此，則社會國家就沒有不富強的道理。

「方才我說現在中國需要人才，不是指大人物而言，恐怕大人物多了，不但國家不能富強，反倒要亂。……我說的人才，是指專門人才而言。他學的是工，就要作工，學的是農，就要作農。不要存著當官的心理。然而現在中國的學生，如果試問他們畢業後的事業，他們都說要為國做大事業，那麼，豈不是要重開爭端了嗎？所以，專門人才要作專門事業。

「諸同學要專心研究，以圖用之於來日，造成中國人才，人民中堅，求學事小，國家事大，才不辜負國家興學的本質，和職員教授的苦心哩。」[9]

張學良任職不久，就著手於大學的改革與擴充。首先是把原有的文、法、理、工四個學科，改為四個學院，即文學院、法學院、理學院、工學院，原來的學科領導人學長，改稱院長。接著，又新成立教育學院和農學院。還進行收買英國教會設立的盛京醫科大學及附屬醫院，改為東北大學醫學院，也計劃成立商學院或者財經學院，把東北大學辦成為八大學院綜合的標準大學。學校為擴建校舍，需要鉅款，省庫負擔困難，張學良慨然捐私款近兩百萬元，建築漢卿南樓、北樓，漢卿宿舍和圖書館。同時還修建了中國第一座現代化體育場，在這裏舉辦過中、日、德三國遠東運動會，以及華北的和東北三省的運動會。《東北大學週刊》中記載著中文系教授劉異（豢龍）描述東北大學校景的賦文：「校之中部，為漢卿南樓，即文學院；漢卿北樓，即法學院；迤東為理工學院，迤西為教育學院。各科講座，分設其中，皆層樓競峙，杰閣通明，朱棟雲浮，綺窗鬥麗。可以邀談天之客，會絕塵之子，高論雄辯，逸俗蕩氛，狙丘稷下，方斯蔑矣。紫幅雲開五色煙，銀岡虛館尚依然，玉笙終日調鸞鳳，部被人呼碧落仙。漢卿南樓東，即圖書館，曾構飛星，駕瓦流耀，績彩煥發，爛焉鋪翠，寧芬涵秘，苞諸赤綠，搴羽陵之丹篆，森群玉之仙華，逍遙文雅，校讎圖籍，亦石渠天祿之所也。」[10]從上文的描寫中可以想像，昔日的東大校園是何等壯麗，環境是何等幽雅。

當年國內兵荒馬亂，北平南京均不安定，北平各校還經常欠薪、減薪。東北大學相對來說安定很多，常年辦學經費居全國之首，為160萬銀元（北京大學常年經費是90萬銀元，清華大學雖有庚子賠款補貼也只有120萬銀元）。寧恩承回憶說：「東北大學教授月薪360元，天津南開大學240元，北大、清華300元。重賞之下必有勇夫，關內許多名人學者連袂出關不是無因的，文法學院計有黃侃、章士釗、羅文幹、邱昌渭、吳柳隅、李正剛諸君；理工學院有馮祖恂、劉仙洲、梁思成、林徽音、莊長恭、王董豪、張豫生諸君；教育學院有陳雪屏、

9 畢萬聞主編：《張學良文集》（1）（北京：新華出版社，1992年），第120-122頁。原載《盛京時報》1928年9月18日。
10 轉引自丁義浩等主編：《漫遊東大》（瀋陽：東北大學出版社，2013年），第18頁。

郝更生、高梓、吳蘊瑞、宋君複諸君，皆全國知名之士。」[11]1928年4月26日，梁啟超懷著對子女的極大關懷，給正在歐洲度蜜月的梁思成寫了一封信：「你們回來的職業，正在向各方面籌畫進行（雖然未知你們自己打何主意），一是東北大學教授，（東北為勢最順，但你們去也有許多不方便處，若你能得清華，徽音能得燕京，那是最好不過了。）一是清華學校教授，成否皆未可知……」[12]6月19日，梁思成夫婦在旅途中，東北大學先將聘書送到梁啟超手裏。後來梁思成夫婦來到東北大學創建了中國第一個建築學系。1930年，章士釗歐遊歸來，受聘東北大學文法學院教授，月薪800銀元，為教授中最高者。

在辦學方針上，張學良主張「德、智、體、群、美五育並重」。他曾明確指出，東大辦學目的「在培養實用人才，建設新東北，以促進國家現代化，而消弭鄰邦的野心」。他曾表示：武的要靠辦好講武堂，文的要靠辦好東北大學。此外，張學良還打破男尊女卑封建思想，在各系招收女生，給婦女界以研究高深學術之機會，「表現了男女地位平等，開東北風氣之先」。

東北大學在二十年代末三十年代初進入了歷史上輝煌的鼎盛時期。據1929年3月末出版的《東北大學概覽》統計在校學生數如下：文學院203人、法學院261人、理學院155人、工學院326人、教育學院238人，總計1183人。

教師資歷部分統計：教授100人（其中博士13人、碩士30人、學士26人），講師13人、助教授7人、教員8人、助教1人。[13]

到1930年秋，東北大學已有6個學院24個系8個專修科，在校學生三千多人，超過北大一千人，教職員工四百餘人。校舍壯麗，設備充足，良師薈萃，學風淳樸，各項指標均在國內稱冠，東北大學真正成為東北民眾的希望之所。

然而，「九一八」事變一聲炮響，讓東北大學的盛景轉瞬即逝，損失驚人。從魏向前〈「九一八」事變給東北大學造成的破壞和損失〉一文看，僅就物質損失來說，包括五個方面：

1、圖書資料、教學設備。東北大學圖書館藏書6.5萬冊。這些圖書中大多數是從國外購買的各專業原版書籍，也有國內的珍本，連同長期訂閱的國內外

[11] 寧恩承：《百年回首》（瀋陽：東北大學出版社，1999年），第206頁。

[12] 張品興編：《梁啟超家書》（北京：中國文聯出版社，2000年），第530-531頁。

[13] 據楊興坡：〈東北大學校史側記〉，《東北大學建校65周年紀念專刊》（自印本，1988年），第96頁。

各種雜誌600餘種，全部損失殆盡。歷史學家金景芳[14]自傳中說：「由於『九・一八』事變，東北大學及其他公私藏書流散出來的頗多，在瀋陽南門外出現很多舊書鋪。每家前屋、後屋都堆滿古籍，問價異常便宜。我以工資有限，養家以外，所餘無多，不能恣意收購。當時僅購得帶有李審用手跡的《三禮古注》、陳奐《陳氏詩毛氏傳疏》、浦起龍《史通通釋》、王念孫《廣雅疏證》及木版大字《公羊傳注疏》和正續《清經解》零散本若干種。在這些書中，尤以李審用書錄有在大學課堂上聽課筆記，最為珍貴。我讀了以後，彷彿置身在大學課堂聽名教授講課。」[15]

　　到1931年，東北大學有各種實驗室39個。從僅有的檔案能查到的儀器設備物理系有3395件，天文學系14件，工學院10151件，1928年底至1929年初東北大學進口的儀器設備368箱，等等。此外1930年公布的物理、化學、生物（包括動植物標本）、紡織和建築等系的儀器設備，還有大量教具，這些全遭破壞。

　　2、東北大學工廠損失情況。東大建校之初就設有大學工廠，用於學生實習和生產。工廠在校南一公里處，占地338畝，工廠建設投資170萬大洋，設備多數是從國外進口。工廠下設十個分廠，包括機車修理廠、客貨車修理廠、翻砂廠、鐵工廠、鉚工廠、汽錘廠、鍋爐廠、發電廠、鍋爐維修廠和印刷廠等。工廠有職工七百餘人。1930年《東北大學工廠概況》一書寫到：工廠規章制度完備，產品適合經濟發展要求，因此效益顯著。僅鐵工廠就已經修理鐵路機車69輛、客車288輛、貨車805輛、行李車4輛。1927-1928年獲利潤343.96萬大洋。由於「九一八」事變，工廠停產，工人失業，工廠被日本人佔有。

　　3、校園被強佔，建築遭破壞。東北大學校園被日寇強佔十四年，佔用的費用無法計算。學校建築損失更加嚴重。1946年東北大學回遷瀋陽時，不得不全面維修。當時維修工程包括理工科大白樓、圖書館、漢卿南北樓、教育學院教室和宿舍、文法學院宿舍等共十六項工程。維修費用近百萬大洋。

---

[14] 金景芳（1902-2001），遼寧省義縣人，歷史學家、文獻學家。1923年畢業於遼寧省立第四師範學校。1940年考入樂山復性書院，師從馬一浮等先生從事儒學研究。1936年在西安任東北大學工學院秘書。1938年任東北中學國文教員。1941年到四川三台的東北大學工作，先後任文書組主任、中文系講師、副教授、教授。1949年後任東北文物管理處研究員、東北圖書館研究員兼研究組組長。1954年調入東北人民大學（後更名「吉林大學」），歷任歷史系教授、系主任、博士生導師。

[15] 金景芳：〈我的生活經歷〉，《金景芳自傳》（成都：巴蜀書社，1993年），第13頁。

4、輾轉遷徙，顛沛流離。「九一八」事變後，東北大學師生先後流亡到北平、西安和四川，最後又遷回瀋陽。除廣大師生付出的辛苦之外，花掉的交通費、每到一地的建房費、租房費、重新採購圖書和儀器設備等費用，不計其數。

5、歷史檔案損失嚴重。由於「九一八」事變，東北大學數次遷校，歷史檔案遭到嚴重破壞，很多珍貴的資料丟失，給學校後來總結辦學經驗和正常使用帶來極大的不便。這筆損失更是無法計算。[16]

據不完全統計，「九一八」事變給東北大學造成的有形損失約8億美元。[17]

「九一八」事變給東北大學造成的最大損失莫過於對學校師資隊伍的嚴重破壞。據檔案記載，東北大學在事變前的上百名教授中，九成以上來自世界各國的名牌大學。如美國的哈佛大學、麻省理工學院、哥倫比亞大學、康奈爾大學，德國的柏林大學，英國的牛津大學，日本的早稻田大學等等。其中博士29名、碩士64名。這在當時國內高校中極為少見，是一筆巨大的財富，是辦一流大學的基礎。特別是在這上百名教授中間，有一大批各學科的學術泰斗、鼻祖和大師級的學者。但是，日寇的炮火使他們被迫離開東北大學，分散到國內其他各個高校。可以說，這是東北大學歷史上最為慘痛的和無法挽回的損失。

四、離家，流亡到北平

日本關東軍一個晚上兵不血刃就占領了瀋陽，誰經歷過這樣的事變呢？事變的第二天早上，校園裏就亂套了。學生沒有人組織，只好各自紛紛逃命。他們顧命唯恐不及，就顧不了自己的行李、衣物了。當時家住在瀋陽市內的學生，悄悄繞道溜回家去，可苦了外地的學生，特別是住在哈大線上的，不敢乘坐日本人的火車，只好三人一群，兩人一夥，隨著大批逃難的人流，盲目逃跑。一開始，奔法庫縣往北跑，但跑出不遠，突然從高粱地裏躥出一夥劫道的強盜。跑在前邊的學生被搶個精光，後邊的馬上往回跑。由於迷失了方向，稀

---

[16] 據魏向前：〈「九一八」事變給東北大學造成的破壞和損失〉，魏向前等主編：《東大逸事》（瀋陽：東北大學出版社，2003年），第43-44頁。

[17] 楊佩禎等主編：《東北大學八十年》載：「學校圖書、儀器、設備、建築等各種損失合計793134191.74美元。」（瀋陽：東北大學出版社，2003年，第96頁）

裏糊塗跑到瀋陽駐軍營房附近，只見煙火沖天，軍隊早已撤走，只留幾個看房餵馬的人。不大一會兒，就從營房裏跑出一個十五六歲的孩子，邊跑邊哭叫，原來他的一隻手被日軍用戰刀砍掉了！經濟系學生張霽野經過南滿鐵路橋洞和小西邊門，摸回到家裏：

> 　　敲了兩下家門，伯母出來問一聲，急忙把門打開。看見我她高興了，媽媽像我離家很長時間地盼著我。走進屋裏，佛爺前的香爐裏點著香火。看見這個情景，我明白了她們祈禱佛爺保佑我平安回來。這一閃念把我引得很遠，她們為我祈禱。有誰知道還有多少母親在為自己的孩子祈禱啊！
>
> 　　晚飯後我躺在炕上。與其說是有些累，不如說心裏有一種說不出的難過滋味。媽媽看出我的心思了，用寬解的口氣說：「不是咱們一個人啊，車到山前必有路。」
>
> 　　路在那裏呢？誰來引路呢？一切都在茫然之中。展現眼前的是亡國奴的生活──十家一把菜刀，夜裏不許關門。
>
> 　　不管發生什麼事情，人們總要生活，儘管商店還關著門，街上已經有了行人。經售油鹽的雜貨鋪開了一個窗口，糧店開了一扇窄窄的門，伯父也照常去幫人送煤了。
>
> 　　伯父每天回來都講些街上情況和聽到的日本兵的暴行，「皇姑屯每天都有火車開往關內。」聽到這句話，我考慮離開瀋陽了。當然，這要和媽媽商量，可以想像，丈夫死去十幾年，在兵荒馬亂的時刻讓自己辛辛苦苦撫養快要成人的孩子離開自己，將是怎樣的心情和滋味啊！然而，當我提出這個想法後，媽媽沉思一下很快就同意了。說：「去闖吧，如果能呆下去讓你弟弟也去。」完全出乎我的意料，媽媽不僅未加阻攔，而且連猶豫躊躇的樣子也沒有。她那樣爽快、果斷，像小時候上街鼓勵我向生人問路一樣，是單單讓我去闖麼？不，在為我縫棉袍時媽媽說出了她的真意：「你看朝鮮人！這裏沒有你們的出路啊！」既是說明她的真意，也是為我增加離家的勇氣，加強我離家的決心。
>
> 　　媽媽為我準備好衣服和行李，在一個露水很重的早晨和弟弟送我到皇姑屯火車站，把我送上火車。

火車慢慢開動了，我從車廂的窗口向他們揮手，他們呆呆地站在月臺上一動不動。這時我沒有心情去咀嚼離別的滋味，咬著牙，帶著對日本帝國主義的仇恨離開瀋陽。[18]

徐景明所在俄文系同班的五六名男生，為了相互照應、壯膽，始終結成一夥，抱成一團，但辨不清方向，一會兒向東跑，一會兒向西跑，沒有定向目標。後來有個人說：「我們逃到北平吧！」可當時的瀋陽火車站（今北站）早已被日本人占領，他們只好奔皇姑屯車站。

好不容易跑到皇姑屯時，已日落西山，這幾個學生都一天沒吃東西了，可誰也不想吃啥。看到車站上人山人海，都不要命地搶著上車，但車上早已超員。只見車上的人手推腳踢，不讓下邊的人上去，一倒一片。他們也不敢靠近，沒法上車。徐景明回憶說：

> 正為難時，又聽說另外有個火車站，說是要花錢買票才讓上車。可當時車站上沒有人售票，我們正在發愁的時候，突然來了個鐵路員工打扮的人，手中拿著自己做的簡易車票，票面上只印有「皇姑屯至北平」的字樣，每張票售價二十元，比原有票價高一點。我們幾個人一起湊錢買了票，都很慶幸，拿著「車票」上了車。可馬上就明白了原來我們花錢「買票」受了騙，我們所上的「火車」，沒有火車頭，是開不走的廢車。我們哭笑不得，沒辦法，只好垂頭喪氣地走下來了。後來，又聽說那邊有一列運煤的貨車，是拉難民的，我們一個一個都爬上去了。但直等到半夜，那趟車還不開。身上穿的單薄衣服都被露水淋濕了。這時我們才感到又冷又餓，難受得很。要買吃的，手裏又沒錢，即使有錢，也買不到吃的，只好仍留在車上。
>
> 後來，看見相鄰的客車上往上坐人了，才半信半疑地轉移到那個車廂裏。在車廂裏有兩個日本兵，手持上了刺刀的槍，把每個難民手中的包袱都給挑開了。我們五六個人相依為命，擠坐一團。鬼子用刺刀對著

[18] 張霽野：〈早年的回憶〉，相樹春等主編：《我們走過的路》（北京：今日中國出版社，1993年），第266-267頁。

我們問：「你們什麼的幹活？」有一個膽大的同學答道：「我們是逃難的老百姓！」才免得被刺刀挑開衣物。這時車已開始西進，有人聽見外邊有飛機的聲音。接著有人說：「火車的上空有四架日本飛機。」車裏人都提心吊膽，就怕飛機「下蛋」，火車開到打虎山車站停了下來，就在這時，聽到連續爆炸的聲音。車站附近的中國軍人的三匹馬被炸死了。

　　稍停以後，火車轉向南進。不一會，車又停下來，車廂裏有一名婦女，抱著一歲左右的男孩大便。費了好大勁才擠到車窗前，這個婦女剛把孩子伸到窗外，車突然開動了，那婦女手中的孩子突然掉到窗外不見了。孩子的媽媽哭叫著要往外跳，被旁邊人拽住。於是孩子媽揪頭髮，捶胸大哭……接著，有人發現車窗外面，有血水自上流下來。原來外面車頂上也有難民擠坐，車過隧洞時，頭被撞傷而流血了。[19]

徐景明一夥人就這樣逃到了北平。而1930年從東大附中畢業後直接進入東大的董樹屏流亡北平的經歷又有所不同：

　　事變後的第七天，我和十幾個同學一起輕裝徒步，越過敵人封鎖線，長途跋涉走到大虎山火車站，搭車來到天津，以「借讀生」身分落腳於天津北洋大學。危亡之際，我們怎能有心思閉門讀書呢?!我們東北流亡學生就會同北洋大學學生每天都走上街頭，宣傳抗日收復東北失地，到日租界旭街邊境示威，查封日貨，動員群眾同仇敵愾。然而國民黨政府采取不抵抗政策，幻想依靠國際聯盟按國際公法來解決。廣大愛國師生深為不滿。在進步力量支持下，北洋大學學生和我們東北流亡學生組成一個南下請願團。在天寒地凍的十月，我們數百名學生到天津老站臥軌，勸說乘客們下車；讓我們去南京呼籲團結一致抗日，國民黨當局無可奈何，不得不允許我們去到南京。我們在南京遊行宣傳抗日，收復東北失地，到國民黨政府請願，要求出兵東北收復失地。蔣介石、陳立夫等被迫接見了我們，但以「攘外必須先安內」，「救國不忘讀書」「國際法

---

[19] 徐景明：〈開始流亡的東北大學〉，齊紅深編著：《流亡——抗戰時期東北流亡學生口述》（鄭州：大象出版社，2008年），第67-68頁。

自有公論」等謬論說教一番，企圖軟化學生抗日運動。正由於反動的國民黨政府的不抵抗政策，使得侵略成性的日本帝國主義又想在天津製造事端。我們請願團聽說日軍要在天津發動第二個「九一八」以後，不得不返回天津。當時天津局勢黑雲密布、急風暴雨就要降臨，北洋大學當局宣布學校對全體師生人身安全無力保障，決定提前放寒假。我們無家可歸的東大學生再次流亡到了北平。[20]

法學院趙鴻翥[21]教授後來回憶從瀋陽到北平的這段歷程時，這樣描述：「大部師生見敵寇無退意，乃……集團乘北寧路專車西上，倉促就道，校中印信檔卷，以及公私圖書衣物，均未及運出，全部損失，不可估計。車行三日始抵北平，師生中多囊空如洗，沿站乞食，有忍饑數日而未得一飽者，其顛沛情況實難罄述。」[22]

中文系劉永濟教授帶著妻女搭乘難民車撤入關內時，「火車走走停停，沿途只見逃難的群眾和一簇簇士兵。火車搖晃了三天三夜」，他們「只能吞咽一點點乾糧，口渴難慰，在一次火車停車時，正好有一批士兵燒了一大鍋洗澡水，車上的人便一擁而下，將這鍋未開的水，搶得乾乾淨淨。」[23]在火車上，劉永濟還一句句教給六歲女兒劉茂舒唱他寫的軍歌〈滿江紅〉：

禹域堯封，是誰使，金甌破缺？君不見，銘盂書鼎，幾多豪傑。交趾銅標勳蹟壯，燕然勒石咸名烈。忍都將神冑化輿臺，肝腸裂。

天柱倒，坤維折。填海志，終難滅。挽黃河淨洗，神州腥血。兩眼莫懸閶闔上，支身直掃蛟龍穴。把乾坤大事共擔承，今番決。

[20] 董樹屏：〈「九一八事變」前後在東大〉，《東北大學建校65周年紀念專刊》（自印本，1988年），第175-176頁。

[21] 趙鴻翥（1887-1960），字鴻翥，遼寧省大窪縣人。北京大學法律系畢業。曾任奉天、瀋陽、遼陽地方審判廳推事，東三省高等審判廳檢察所檢察長、東北大學法學院教授。1935年以後，先後任國民黨武昌行營軍法處副處長，西北「剿匪」總部、抗日西北聯軍軍事委員會、江蘇綏靖公署軍法處少將處長。1938年，任國民黨陝西省襄城地方法院院長。抗戰勝利後，任東北大學法律系教授、系主任、法學院院長等職務。1949年之後，任東北財經學院教授。1958年，以「歷史反革命」罪判刑五年，不久病死獄中。

[22] 轉引自：〈永不停息的文化列車〉，丁義浩主編：《漫遊東大》（瀋陽：東北大學出版社，2013年），第39頁。

[23] 劉茂舒：〈難忘的九‧一八〉，武漢大學台北校友會編：《珞珈》（1996年）第127期。

六十多年後，劉茂舒回憶乃父說，「他那充滿悲憤、鏗鏘有力的歌聲，至今猶在耳際。」

五、北平東北大學

「九一八」事變後，東北大學逃難學生，先後到北平的不下六七百人，約為原在校生的三分之一。他們初到北平的狼狽窘態，我們可在徐景明的回憶中窺見一斑：

> 到北平不久，即由「流亡處理」大員安排在各省的「會館」裏。我們同車逃難的幾個小學生，住在江西會館裏，睡在樓上走廊的地板上，沒有被褥，都枕胳膊和衣而睡。吃的是大鍋粥，事先把流亡學生分成許多隊，每天按每隊人數發給定量的小米和鹹菜。由學生輪流煮粥。由於鍋大水多，學生又沒有煮大鍋飯的經驗，幾乎每頓都吃「鍋底糊，鍋上生」的小米粥。吃飯時，每人都是一手端一碗粥，一手拿塊大鹹菜。粥很稀，不用筷子，撮起嘴唇「咻溜」一聲喝光完事，只管「了」而不管飽。嘴快的能喝上第二碗，嘴慢的只能喝一碗，半饑半飽。那時，當局說要東北大學搞軍訓，將來要打回東北老家，但既無軍裝，又無槍支，沒有組織訓練，實際是一盤散沙。當局美其名曰「復學於北平」，然而既缺教室，又少教授，實際上大批學生都無所事事，只好遊大街，逛小巷。有的學生喝大鍋粥沒吃飽，進飯館吃一頓後，掏出「奉票」付錢時，飯館主人才「傻眼」了，弄得哭笑不得。「奉票」在北平早已不用了。但「免費進餐」只能享受一次，不到三天，所有的飯館都不謀而合，不再接待東北學生了。這時東北逃來的學生，無家可歸，無書可讀，無飯可吃，頗有「哀鴻遍野」之勢！東北大學的學生，在北平一個多月以後，看到復學無望，軍訓不成，天氣漸冷，衣著單薄，因此，有不少學生便返回東北。[24]

---

[24] 徐景明：〈開始流亡的東北大學〉，齊紅深編著：《流亡——抗戰時期東北流亡學生口述》（鄭州：大象出版社，2008年），第68頁。

　　事實上，東大師生抵達北平後，教授們組成了「教授代表會」，由文法學院院長劉百昭、教育學院院長姬振鐸負責推動工作。為協助「教授代表會」能有效地進行工作，學生成立了由陳彥之等十一人組成的「東北大學臨時學生會」。張學良在順成王府召見逃來北平的東北大學全體教授，對他們進行了安慰，每人發臨時補助費現大洋兩百元。劉茂舒回憶乃父劉永濟教授逃到北平沒有工作，閒住了一年，用完所有積蓄，還背了一身的債。[25]

　　為了復校，校方首先借到安慶會館、江西會館、奉天會館等處進行收容。後借到東城南兵馬司前稅務監督署舊址（該處後為女子家政專修科用，稱為東校），乃於10月18日在此勉強復課，後來成為東大第二分校校址。在這裏，八十餘間房舍收容了男女學生三百餘人，「宿舍中既無床鋪，學生以地為席，移磚為枕。飯廳則桌凳皆無，倚室而立食者，閱十月餘。」「各級學生各在宿舍上課，教員坐講授，學生環立敬聽，遇有筆記，則俯床書寫……然師生精神，始終不懈。」[26]東北大學校部後遷入西直門裏崇元觀五號原陸軍大學舊址，以此為總校，以彰儀門大街原國貨陳館為第一分校。寧恩承是1931年10月初到的北平，據他回憶：

> 我未到北京以前已有好幾百學生逃難先到了北京，分別暫住彰儀門的國貨陳列館，及東城南兵馬司原稅務處官房和西直門裏原陸軍大學舊址，分散三處。這些學生無衣無食艱苦萬分。打勝仗時帶兵容易，打敗仗時收容亂兵很困難。由極輝煌大學變成流亡難民，處處辛酸，步步艱苦，張少帥雖然仍是當政，可是前方軍務緊急，今天丟了兩個縣，明日哈爾濱被占了。東北大學的困難是較小輕微的事。不可擾亂張少帥軍國大事，一切困難問題由我獨撐，自己想法解決。好在國難當頭學生們義憤填膺，許多人講殺敵救國，對於饑寒交迫他們全可忍受，他們的熱血可抵抗饑寒。他們和我彼此體貼，彼此諒解，所謂同安樂難，共患難易，在這次流亡中得一證明。一部分學生組織義勇軍，在彰儀門宿舍每日操練，由對劉德鄰、于學恩、關印忱等為首。另有出關深入敵後的學生，

---

[25] 劉茂舒：〈難忘的九‧一八〉，武漢大學台北校友會編：《珞珈》（1996年4月）第127期。

[26] 轉引自：〈永不停息的文化列車〉，丁義浩主編：《漫遊東大》（瀋陽：東北大學出版社，2013年），第40-41頁。

如張德厚、張雅軒等往返關裏關外，原留在東大未進關的義勇軍領袖如
苗可秀、趙同等學生與在校學生通氣作抗敵工作，全是安定校中情緒的
因素。[27]

1932年2月，錦州東北交通大學（系張作霖以北京交通部名義於1927年9月
建立，亦稱唐山大學錦州分校，校長由張學良兼任）兩班學生150人和十幾位教
授群龍無首，無家可歸，仿徨無路之中找到寧恩承，請求收容。校方借得北平
彰儀門大街原國貨陳館所舊址（時為北師大校舍），把這兩班學生和教師們收
為東北大學之一部，設立交通學院（後改為工學院），亦稱南校。由劉百昭兼
任代院長。他們得到棲生之所，皆大歡喜。

當年國內私人辦學之風甚盛。民國初年，東北的另一個軍閥馮德麟之子馮
庸（1901-1981），亦捐贈其父遺產，於1927年10月10日在瀋陽西郊渾河北岸
創辦私立馮庸大學。該校為「造成新中國的青年」，「以精神的鍛鍊和體格的
養成為宗旨」。馮信仰國家主義，對其學生灌輸軍國主義思想，允許中國青年
黨在學生中發展黨徒。「九一八」後逃難來平，在西直門內原陸軍大學校址復
校，馮庸即聘請教官對學生進行嚴格的軍事訓練，並率領學生軍參加淞滬和
長城抗戰。《塘沽協定》後學生返校，因經費困難，張學良遂於1933年7月1日
派員接管了馮庸大學，並以其校址為東北大學校部和文、法兩學院院址，又稱
北校。

為了給從偽滿逃來北平的東北青年補習功課，換取中華民國的高中畢業文憑
（當時國民政府教育部不承認偽滿高中畢業生學歷），東大遂又在東總布胡同原
俄文法政大學舊址，招考東北籍高中畢業青年，成立東北大學補習班。從此，以
東北大學為主體，合併馮庸大學、東北交通大學等，辦起了北平東北大學。

寧恩承說：「流亡困苦之中，要有一些應急之方應付環境。『需要是發明
之母』。為求學生的安身，繼續求學，我發明了『借讀』方法。東大在流亡之
中，支離破碎，設備奇缺，圖書不全，教授不齊，不得不借重他山之石，因此
向北大、清華、南開等未受戰禍的學借讀。所謂『借讀』是請求他們收容我校
一部分學生，遵守各校規章，但不經入學考試。他們仍算東北大學學生，由東

---

[27] 寧恩承：《百年回首》（瀋陽：東北大學出版社，1999年），第225-226頁。

北大學發給畢業證書，只是免除入學考試。如果要經入學考試，有些學生就不可能入校了。這種協議，由蔣夢麟、梅貽琦、張伯苓三校同意，一部分東大學生就轉入北大、清華、南開了，他們多能隨班及格在三校畢業，未經東大發文憑。」[28]關於借讀生活，一位到南開大學借讀的東大化學系學生，在1932年《東北大學校刊》上撰文，筆觸輕鬆幽默，卻難掩借讀生活的苦澀和對母校的眷念：「已有九歲的東北大學，已經由瀋陽被迫而到北平。他（東北大學）的孩子太多，因為自己有些照顧不周，所以把一部分送到他的夥伴（南開大學）那裏寄養。這些孩子們固然感謝他的夥伴能代為撫養的好意，同時還是想念東北大學。因為只有東北大學一切都願意，一切都舒適，東北大學為著這些孩子的前程打算。這些孩子們當然要遵守著這種意旨努力前進。」[29]南開大學對東北學生幫助良多，從當時《南大週刊》的一則新聞就可看出來：「自日本破壞遼吉以後，東北同學首當其衝，近來經濟情形極感困難。所幸東北同學向有學會組織，近已由代表向校長請求，結果學校暫墊，其手續乃由齋務郭屏藩先生書借單一份，同學持此，即可交費。東北同學從此當無餓莩之慮也！」[30]

還有申請到其他院校借讀的學生。董樹屏回憶1931年11月復校之後，「在軍訓的業餘時間，我和幾位同學仍堅持到平大工學院機械系借讀，基本學完了大二第一學期的課程，如微分方程、機械學、材料力學、水力學、工廠實習等。」又說：「我和幾位志同道合的同學，想把大學念完，走上『工業救國』的道路。考慮到當時母校在二、三年內重建工學院教學設備非常困難，我們提請學校介紹到南京中央大學借讀，半年後通過轉學考試成為正式生。」[31]旅居台灣的何秀閣說：「我紡織系第二、三屆同學，轉南通大學借讀（予為三屆），以余紡系主任張朵山（佶）夫子，亦轉任該校紡織系主任故也。」[32]

農學院學生到北京者二十人，起初在彰儀門上課，但卻沒有地方實習。中

[28] 寧恩承：《百年回首》（瀋陽：東北大學出版社，1999年），第226-227頁。

[29] 轉引自〈永不停息的文化列車〉，丁義浩主編：《漫遊東大》（瀋陽：東北大學出版社，2013年），第40頁。

[30] 王文俊等編：《南開大學校史資料選》（天津：南開大學出版社，1989年），第522頁。原載〈東北同學膳費有著〉，《南大週刊》1931年10月6日第114期。

[31] 董樹屏：〈「九一八事變」前後在東大〉，《東北大學建校65周年紀念專刊》（自印本，1988年），第177頁。

[32] 何秀閣：〈八十憶往——我悲歡交集的讀書生涯〉，相樹春等主編：《我們走過的路》（北京：今日中國出版社，1993年），第79頁。

國有農學專業的大學很少，南京金陵大學有農學院，那是教會學校，不接受東大的學生。開封有河南大學農學院，屢經洽商便把東大這批學生收容了。當即決定送他們到河南開封，臨行時只有十四人。他們行前會同來向寧恩承校長辭行。他們丟了家鄉，來到北平，現在又要流浪南行到一個陌生的地方，很是依依難舍。寧恩承給他們每人十元錢，作為火車費，對他們說：「現在國難當頭，我們丟了家鄉，丟了學校，離開父母遠去河南，我很傷感，別賦上起首兩句『春草碧色，春水綠波，送君南浦，傷如之何！』生離死別一向是傷心的事。現在你們無依無靠，繼續流亡，一切要靠你們自己了。到河南後，務須努力用功，學成專業，將來報效國家，對人要謹慎，看看人家顏色，不可多說一句話；不可多走一步路，祝福你們一路平安。」[33] 幾個學生熱淚盈眶，偷偷擦幹眼淚走了。另據河南大學校史資料載，「東大教授許振英、林世澤等率農學院學生南下開封，來到河南大學，除了該校四年級的學生以借讀名義讀到畢業外，其餘三年級以下的學生都辦理了轉學手續，成為河南大學的正式學生。……東北大學師生來到開封後被安置在河大農學院。背井離鄉的東北學子們時刻不忘國難家仇，他們不住學生宿舍，而自願住在駐豫軍官教導團，與軍人一起聞雞起舞，操練佇列，以鍛鍊身體，振奮精神，隨時準備應付戰時情況，河大師生莫不感慨。在一次總理紀念周上，校務主任杜岫僧號召全體師生向東大學生學習，重視軍事訓練，健身強體，整飭服裝，培養良好的習慣，形成鄭重認真的做事風氣。河南大學給予了東北同胞無微不致的關懷，儘管當時本校的經濟也較為窘困，但仍負擔了東大學生的住宿、實習以及各項雜費。按兩校原來商定，東大學生的伙食、服裝等費用由原學校每年補助每生八百元，但由於東北淪陷，東大經濟無著，也未能照此辦理。許心武校長一方面積極向教育部申請酌給適當補助……另一方面他在全校大會上強調『全國無論國立、省立、私立各大學，都有互助的義務』，號召大家盡己所能給予東大師生以幫助。」[34]

還有一部分學生送到南京軍校和浙江筧橋空軍學校，空軍學校和軍官學校均不要學費，適於沒飯吃拿不出學費的流亡學生。抗戰時中國第一次飛臨日本

---

[33] 寧恩承：《百年回首》（瀋陽：東北大學出版社，1999年），第227頁。
[34] 陳寧寧：《河南大學抗日流亡辦學紀實》（開封：河南大學出版社，2012年），第7-8頁。

東京的飛將軍佟彥博和勝利後東北行轅情報首腦章大光,即是寧恩承資助去南京投筆從戎的學生。[35]經寧恩承幫助借讀他校分送軍校者幾十人,其他入關學生多是自尋出路,自己設法轉入他校。例如郭維城即是自己設法轉入上海復旦大學,王文景轉入女師大,等等全是自己圖謀的。另有一些進步分子憤於國家危亡,組織民族先鋒隊,加入共產黨。

東北大學遷入北平後,張學良多方努力,為辦學籌備經費。1932年由北平政務委員會按期(35日為一期)撥給補助費12530元大洋。財政部決定於煙酒稅下,月撥6000元大洋。1933年9月,南京政府決定每月撥給東北大學補助費25000元大洋,11月又決定每年補助設備費20000元大洋。1934年3月,鐵道部令北京路局撥給東北大學交通學院補助費每月2850元大洋,至翌年該院學生畢業為止。11月南京國民政府中央第174次政治會議通過決議,補助東北大學設備費每年20000元大洋,以十年為限。儘管政府給予一點補貼,也難以滿足辦學經費的需要,學校還必須多方籌措資金。

在當時極端困難的條件下,東北大學依然對在校學生全部實行公費,除吃住公費供給外,教材也由學校免費提供,沒衣服的發給軍衣。對畢業生的工作分配,張學良也親自安置,盡量使其各盡所能,各得其所。在當時畢業就是失業的年代,這對學生安心在校學習,免去失業之憂,起了積極的作用。

六、延閣飛香成煙雲

「九一八」事變前夕,1931年9月2日出版的《東北大學校刊》第24號,以〈本校圖書館落成〉為題進行了報導:「本校鑒於圖書館之重要亟謀建築,劉前副校長創修,寧秘書長繼續監辦,現已落成。此館系鋼骨水泥花石三層樓一所,光線空氣均極適宜。全部房屋皆以防火避濕材料造成。正門裏面地址輔以大理石,美麗足壯觀瞻,寬大實可人意。館內面積甚廣大,閱書庭內同時能容五百人。辟之內面均鑲以減聲沙粉,即大聲疾呼觸牆亦無聲浪傳播,閱者能安心靜讀。書庫之容量能藏書三十萬卷,外有雜志閱覽室、報紙閱覽室、各

---

[35] 寧恩承:〈東北大學話滄桑〉,相樹春等主編:《我們走過的路》(北京:今日中國出版社,1993年),第26頁。

系研究室，尤皆特別清潔雅致。國內各大學之圖書館當以本校為巨擘，於8月26日將各院圖書悉遷入新館，真是高樓大廈引人入勝，課餘同學到館閱書大有樂以忘倦之勢云。」[36] 這座圖書館大樓建成時，中文系教授劉異賦〈芸館聳翠〉詩云：

> 延閣飛香入五雲，星辰晚就受知聞。車書何日銷兵氣，重定琅環萬國文。

　　圖書館新館建成後，接管了前清兩級師範學堂、瀋陽高師、奉天文專幾個學校的圖書，又採購大量中外圖書，所以藏書甚富。館內藏書共分三部：文法院藏書約45000冊，理工院藏書約10000冊，教育院藏書約10000冊，計五學院藏書籍共約65000餘冊。為管理好這些書籍，還特意聘請中國第一個圖書館學博士、獲芝加哥大學圖書館學博士學位的桂質柏就任館長。

　　圖書館於9月6日正式開放十餘天之後，「九一八」事變爆發，東北大學被迫流亡。圖書館員工隨同師生倉皇逃到北平時，許多人除了一身衣服，什麼也沒携帶出來，更別說書籍器材了。「母校初期遷北平，僅係暫時性質。故一切圖書儀器及體育用具等，均原封未動……」。[37] 1932年初，東大校方向北師大借得彰儀門大街校舍的一部分為校舍後，學校急於開課，學生渴望讀書，但因經費沒有著落，師生生活都沒有保障，圖書設備更是力不從心。當時讀物只有北平晨報館捐贈的《晨報》一份，及教授捐贈《大公報》一份。沒有閱覽室，只能放在宿舍的一角，師生爭先閱讀，報紙不到一日就體無完膚了。「嗣有學生于學思、谷中憲二人，目睹當時艱苦情形，設法謀補濟之道，遂覓得校院三層樓上空室一所，發起成立閱覽室。披荊斬棘，躬自整理，拾師大研究院廢棄之黑板，起以四足，權作閱覽桌。又架長木為凳，藉破碎門板陳列雜志。用破櫃斷磚疊充書架。因陋就簡，勉強為用。」[38] 當時郵局轉來瀋陽本校圖書及教員學

---

[36] 轉引自王恩德主編：《延閣飛香——東北大學圖書館建館九十周年紀念集》（瀋陽：東北大學出版社，2013年），第8頁。

[37] 轉引自王恩德主編：《延閣飛香——東北大學圖書館建館九十周年紀念集》（瀋陽：東北大學出版社，2013年），第12頁。原載孫鵬越：《滿腹辛酸話遷校》，國立東北大學旅台校友會編：《國立東北大學六十周年紀念特刊》1983年版。

[38] 轉引自楊佩禎、丁立新：《東北大學史蹟畫卷》（瀋陽：東北大學出版社，2011年），第74頁。原載《東北大學圖書館概覽》1936年版。

生所訂的雜誌刊物，堆存於兵馬司校辦公室內無人領取，於是閱覽室又和校方商議，全部收集過來，重新加以整理典藏，專供師生閱覽，這就是流亡北平草創時期的圖書館。

在具備了一定數量的圖書和設備後，于學思、谷中憲與一些同學分工合作，將房間劃分為辦公、閱覽、藏書等部，定時開放、按手續辦理借閱圖書。此時圖書館已初具規模。但因為純屬學生團體創辦，所以定名為東北大學圖書館閱覽社。當時圖書館最重要的工作就是設法收集圖書，除了向教授、同學收集殘篇斷簡代為保管外，還向各方發起募捐活動。此後，圖書日益增多，規模也逐漸擴大，至1932年8月，校方追認閱覽社為學校組織下的一個部門，並委派于學思擔任社內主任，閱讀社的其他成員為義務幹事，管理各項事務。當時的校方雖然瞭解學生的需求，也對圖書館予以重視，但因經費緊張，除在思想上給予指導外，確無法在財力上給予資助。截至1932年12月底，總計收集到館的中西文書籍一千八百餘冊、中西文雜志八千六百餘冊。1933年1月，經教務會議決議每月撥給圖書館費用三十元，圖書館才開始有了自己的經費。這就是流亡北平時閱覽社時期的圖書館。

1933年3月，王卓然[39]秘書長來到北平校區後，隨著圖書日益增多，已具備一定的規模，於是將閱覽社改為圖書館。圖書館的圖書經費由原來的每月三十元增至三百元，並且對編目、整理、典藏等方面進行改進，圖書館中的一切開始逐漸與現代圖書制度相互適應。1933年7月在總校設圖書館之外，並此第一、二分校分設分校圖書館。此後，隨著圖書不斷增加，設備不斷改進；書庫不斷擴大，將破碎的書閣替換成新書架，最初的木架換成了鋼架；增加了閱覽室，添置了新桌椅，一改以往的簡陋，不斷向合理化邁進，以滿足讀者的需求。

1936年出版的《東北大學圖書館概覽》對北平時期的館藏情況做了詳細的描述：

<hr>

[39] 王卓然（1893-1975），字回波，遼寧撫順人。1911年考入奉天兩級師範。1919年考入北平師範大學，兩年後，畢業回奉天任省教育廳視學。1923年秋，獲官費到美國哥倫比亞大學深造。1928年8月回國，任東北大學教授、東三省保安總司令部諮議兼作張學良子女的家庭教師。1933-1935年出任東北大學秘書長、代校長。1937年盧溝橋事變後被選為國民參政會參政員。1946年，與許德珩等科技、文化界知名人士發起成立了「九三學社」。1949年後，任國務院參事室參事，從事文字改革和科普工作。

本館以情形特殊，收集圖書概以實際應用為宗旨，孤本善籍非敢問津，
因亦不敢以此相尚也。且以成立歷史簡短，所藏書籍自屬有限，茲將最
近統計圖表列下：

書類	種數	冊數
中文書籍	11527種	27272冊
西文書籍	2276種	2326冊
日文書籍	701種	1025冊
報刊匯訂冊	29種	615冊
中文雜誌匯訂冊	318種	1127冊
西文雜誌匯訂冊	101種	184冊
總計	14952種	32549冊

七、留學生束裝歸國

　　張學良思想開放，致力革新，銳意進取，尤其重視學習西方國家先進的科
學技術。學習歐美所長，以為「振興東北」而用，這是他的一貫主張。為此，
張學良廣聘留學歐美的專家、教授到東北大學任教，購置外國的先進教學設備
和儀器，理、工兩學院的專業課教學均採用英美等國家的大學教材。他還決
定，各系考第一名的畢業生，由學校資助，公費出國留學深造，作為對優秀畢
業生的一種獎勵制度。比如，1927年7月畢業學生被選派出國留學的，據工學院
機械系第一屆畢業生金錫如回憶，「當時全校共8人。工學院3名：土木系劉樹
勳，電機系王際強，機械系金錫如；理學院2名：物理系崔九卿，數學系沈啟
異；文學院1名：英語系陳克孚；法學院2名：政治系應德田，法律系白世昌。
應德田、崔九卿、劉樹勳、王際強、金錫如5人留學美國，應德田在底特律大
學攻讀政治；崔九卿到康奈爾大學攻讀物理；劉樹勳到伊利諾斯大學攻讀鋼結
構；我和王際強到普渡大學分別攻讀鐵路機械和電力輸送。」[40]
　　張學良主政東北後，派遣留學生的去向，較多的由日本轉向歐美西方國
家。據1930年1月調查統計，遼寧省籍學生在1928年下半年和1929年，被以公

---

[40] 金錫如：〈回憶「九‧一八」事變在美國〉，相樹春等主編：《我們走過的路》（北京：今日中
　　國出版社，1993年），第67頁。

費或私費派遣，去美國的有劉廷欽、張為政、楊樹森、李西山、田鴻實、王際強、高步孔、金錫如、劉樹勳、應德田、崔九卿、關輔德、張煥鐸、吳叔班、曲凌、王玉玢、王廷相、薛鴻志、周鯨文、趙萬毅、趙清寰、邊蠻衡、高志伸等23人，分別在美國康乃爾大學、芝加哥大學、普渡大學等學校學習；去德國的有李昌時、彭長棋、趙鈺、龐文炳、于靜名、王濟眾、沈啟巽、王景梅、魏華昆、楊宗煜、夏金鐸、溫乃言、胡葆珩、陶鷗龍、王寶民、李世鐸、夏志一、劉繼漢、王崇雲、孫繼先、邵文純、張葆元、孫孝思等23人，分別在德國柏林大學、布來斯勞大學、耒布基西大學等學校學習；去英國的有楊為楨、陳克孚、白世昌、高光達、郭永權、李葆實、吳毓秀、張海濤、虞廣綿、郭興鎬等十人，分別在愛丁堡大學、愛丁堡師範學院、阿伯丁大學、波爾頓工商專門學校等學校學習；去比利時的有安忠義、汪竹雲、孫錫麟、丘化成、楊文機、荊機恒、張維漢、李鞏、劉化樵、辛裕如等十人，分別在列日大學、王爾可專門學校、魯文大學、數學專門學校等學校學習；去法國的有張學文、朱介芳、臧鈞等三人，分別在法國航空學校、巴黎大學文學院、巴黎工業專門學校學習。1930年是遼寧省在國外留學人數最多的時期，這一年，全省在日本各大學高等專門學校學習公費領取獎金的學生已有90人，新派遣考入指定日本各大學及高等專門學校特預科學生還有27人，另有各縣在外人所辦學校畢業到日本留學的20人。[41]

在被選派的學生出國之前，校長要親自與他們談話，進行鼓勵。金錫如回憶：「出國前夕，張學良校長召集我們以秘書身分到他的北陵別墅工作一段時間，他一方面是親自教誨我們要愛自己的祖國，愛自己的家鄉，東北東有日本、北有俄國，我們若不奮發圖強、振興東北，前途不樂觀。告誡我們要胸懷大志，刻苦學習，學成後回來報效祖國，使我們增強了愛國意識。另一方面，他還讓我們熟悉外國的一些禮儀，以及處理一般政府機關中的公文程式，以增強辦事能力，還讓我們不忘瞭解外國的情況和風土人情及教育、文化事業的發展等。同時，要求我們在以後的學習中多交往外國朋友，擴大東北地區對外的影響，並一再要求我們加強體育鍛鍊，增強體質。在此期間，校長一有空就和我們打網球，……在東大的學習和工作過程中，我們深深感到校長循循善誘十

---

[41] 孫景悅等：《張學良與遼寧教育》（香港：同澤出版社，1993年），第269-270頁。

分親切，增強了我們年輕人的信心和意志。也體會到了校長辦學思想的深謀遠慮。」[42]

1985年初，晚年的陳克孚在西安接受東大校友拜訪時說：「那是1929年我畢業的時候，漢公校長決定，在東大首屆畢業生中，各班名列第一名的學生，全部公費留學。一共是七個人，其中有我和白世昌等。出國留學，當然高興。一天，我去校長的別墅辭行，校長對我說，現在離出國的時間還早，你在我這裏先住下。這使我感動地不知如何是好。在校長身邊，一住就是兩個月，校長親自教我們吃西餐的方法，教我們西方的風俗、習慣和禮節，為出國後做準備，這是多麼難忘的兩個月啊！」[43]應德田回憶：「我們留學生於（1929年）九月初出國。出國前，張學良將軍勉勵我們發憤讀書，將來能成為國家有用之材。他還送給我一個照相機留念，並說：每年除學校公費外，另津貼五百元，作為旅行參觀等活動費用。」[44]

東大選派留學生之事，在「九一八」事變之後嘎然而止。寧恩承說：「東北大學資送海外留學生十二人分在英、美、德三國。東北淪陷後，大學經費來源中斷。他們不得不束裝歸國，也是我的問題。先是東北大學於1929年決定資送畢業學生成績最優、各班考第一名者分送美、英、德三國留學。由大學資助，這群人中有金錫如、應德田、白世昌、陳克孚、趙玉昌、王際訓、劉樹勳、沈其巽等。我把回國旅費分別匯給他們，這些人不久就回到北京了。我把他們安置在校中，請他們幫助教學，這些人義憤填膺，熱情萬丈，極力要幫助母校。他們說不受薪給，實際上那是熱情之下的說法，沒錢吃飯，總不能餓死以後再教書，我一人每月發給生活費一百元，他們極為滿意，毫無怨言。東大流亡時代的第一、第二年很得力於這些人維持殘局。後來日久情疏，兩年以後我離開東大，另就河北財政特派員職，東大校務由王卓然主持，這批東大留學生就逐漸分散了。」[45]

金錫如當年在美國普渡大學取得碩士學位後，轉入伊利諾斯大學繼續攻讀機車製造專業博士學位時，「九一八」事件爆發了。他說：

---

[42] 據丁曉春、魏向前主編：《張學良與東北大學》（瀋陽：東北大學出版社，2003年），第71頁。
[43] 劉志學：〈訪陳克孚〉，東北大學北京校友會編：《東北大學校友通訊》1985年3期。
[44] 應德田：《張學良與西安事變》（北京：中華書局，1980年），第8頁。
[45] 寧恩承：《百年回首》（瀋陽：東北大學出版社，1999年），第228頁。

　　爆發的第二天，消息就傳到校園，使我悲憤交集。悲的是家鄉淪陷，憤的是竟有非東北籍的國民黨學生，向我大聲疾呼──「你們的東北丟了！」。東北是中國的東北，不只是東北人的東北，稍有愛國心的人也不會用這種口吻講話的。事變發生後，我們的生活、學費隨之發生問題。只好趕赴芝加哥中國大使館求援。可萬萬沒有想到，大使館竟不承認我們是中國人，只是東北人。他們只負責國家派遣的留學生，而不管省派留學生，真是莫名其妙。無奈，向學校的中國留學生學生會求助，又遭到把持會務的國民黨學生的反對。不得已向學校的外國學生指導處救援，得到了飯票的補助。哪曾想，卻遭到中國學生會的反對，認為我們有失國家的體面。氣憤之餘，只有出賣勞動力，自謀生活，邊勞動邊讀書，為飯館洗碗、為教授擦地板、為圖書館清書等等零星工作。學校通過中國學生會組織宣講「九‧一八」事變的真相，可是學生會領導人為了自己收取演講費，不讓我們講。我們只好去聽，以糾正他們演講中的錯誤。如：北大營在瀋陽城南面，對日帝不譴責而是污蔑東北行政的失誤，不符合國民黨中央治國精神等等謬論。引起一群國民黨學生大為不滿，說我們是赤化分子，以致回國後在政治上還受到一定的影響。

　　為了應付生活的緊張，我們不管公費、自費，決定集體生活，自力更生、互相支援。每人每日所得，一律交公為集體所有，組織伙食，輪流當廚。個人的必需用費，由大家評議後予以支付。這樣不但未影響學習，反而鼓勵我們更好地讀書。直到1932年初，東北大學漢卿校長由京寄來最後一筆費用，並說明今後不再供給。我們研究後，決定用寄來的公費作為我們旅費（包括自費東北學生在內），買最低等船票集體回國。事件之後，我們從上海登岸，回到了自己的祖國。當時的上海，形勢甚為混亂。我們未在上海停留，隨即北上北平。多數人回到家中，少數人寄居小旅館，等待找事謀生。[46]

――――――――――
[46] 金錫如：〈回憶「九‧一八」事變在美國〉，相樹春等主編：《我們走過的路》（北京：今日中國出版社，1993年），第67-68頁。

金錫如返回祖國後，先後在北京大學、湖南大學、廣西大學等校任教授，歷任東北大學工學院長，重慶大學副校長、校長。

還有陳克孚和白世昌，當年在英國愛丁堡大學學習了兩年半，還沒有等到畢業，發生了「九一八」事變，學習費用中斷了。當時陳克孚給張學良校長寫了一封信，說明了情況，要求輟學回國參加抗日工作，「校長很快給我一封很長的復電，指示我繼續學習直到畢業，並要我繼續擔任蘇格蘭中國友好協會的蘇格蘭方面的秘書，在英國擴大宣傳日寇侵占我東北的殘暴罪行。隨後，我就先後收到校長和校長的母親[47]，以他們私人的錢，給我寄來的學習費用，直到畢業和獲得碩士學位。」[48]在愛丁堡大學的畢業典禮大會上，該校校長丘吉爾先生說：自愛丁堡大學成立以來，陳克孚先生是第一個有色人種取得碩士學位榮譽的人。陳克孚後來回國成為東北大學教授，並於1947年冬接替陸侃如出任文學院院長。

應德田起初在美國的伊利諾大學學習政治，後來轉到密西根大學攻讀市政專業。「九一八」的炮火，使他放棄了繼續在國外求學的念頭，於1932年2月和十幾個留美同學一道返回硝煙彌漫的祖國。「張學良將軍在北平西城北溝沿順承王府張將軍公館（今趙登禹路政協禮堂之北）舉行宴會，歡迎我們這一批歸國留學生。在宴會上，三年多不見的張學良將軍無論是形容面貌還是思想行動，都給了我異常突出的印象。參加這次宴會的約三十人，共四桌。原來請帖上明明寫的是十二時午餐，但作為主人，張學良將軍卻姍姍來遲，一直等到下午二時他才出席。他，面色蒼白，形容枯槁，衣冠不整，連領帶都歪歪斜斜，頹唐潦倒的樣子，真是出人意表。」[49]

應德田美國歸來，除了在東北大學任教教授外，還與東大教授兼北平大學教授金錫如、趙玉昌等一同歸國的同學創辦了念一中學，並擔任校長。

---

[47] 疑此處回憶有誤，因張學良母親在其11歲時便已去世。

[48] 陳秀梅：〈父親的回憶和回憶父親〉，東北大學北京校友會編：《東北大學校友通訊》（1989年3月）第九期。

[49] 應德田：《張學良與西安事變》（北京：中華書局，1980年），第8頁。

八、學生軍事訓練

東北大學在學生中開展軍事訓練始於1929年。當年11月2日，張學良校長決定，把「軍事訓練」作為一門課程，在學生中進行教授。該課是本校預科一、二年級和本科一年級全體學生的必修課；是本科二、三、四年級學生的選修課。軍事訓練之校令發布後，「選修各級學生限定四日前往注冊部報名，同學爭先恐後群往簽字，截至昨日志願報名者，已超越三分之二，連同預一、二及本一統計不下一千五百人，約一團之眾。其中理工學院同學志願練習工兵炮兵者甚多，聞女同學亦不肯示弱願作秦良玉第二，踴躍加入。」（《東北大學週刊》第85期）[50]

「痛國難之未已，恒悲火之中燒；東人兮狡詐，北虜兮呶嘵；灼灼兮其目，霍祐兮其刀；苟捍衛之不力，寧宰割之能逃！惟臥薪而嘗膽，庶雪恥於一朝。」這是東北大學第一首校歌中的一段歌詞。唱完這段歌詞，就不難理解張學良作出上述決定，進而受到廣大學生熱烈回應的根本原因了。

「期同學等對於軍事學術上，有相當之智識，軍隊組織上有相當之瞭解，其他國防作戰，亦期有充分之經驗，養成充分之實力，準備將來為國馳驅，盡匹夫之責」，這是當時《東北大學周刊》的一位編者對張學良關於開展軍訓目的的描述。為了實現此目的，任東北邊防司令長官的張學良將軍決定，東北大學學生的軍訓由其軍事廳榮臻廳長負全權責任，軍裝軍械統由軍事廳供給。

12月2日，東北邊防司令長官公署派12位教官到東北大學擔任軍訓的軍事教習。這12人中有上校3人，中校4人，少校3人，上尉2人。他們除指導學生作正式兵操外，還於每週三、六兩日下午分別在理工學院大廳、文法學院階梯教室，為參加軍訓學生講授「國民軍事學」、「戰術學」等課程，「講解極為明瞭，兼以個人作戰經驗，敘來又饒有興趣」，深受學生歡迎。

東北大學流亡北平後不久，又重新開展軍事訓練，這在董樹屏的回憶中有記載：

---

[50] 轉引自丁曉春、魏向前主編：《張學良與東北大學》（瀋陽：東北大學出版社，2003年），第73頁。

　　1931年11月（按，應為10月）東大在北平復校，起初我們住在北兵馬司一個舊王府內。校長張學良將軍應同學們要求，建立起「東北大學學生軍」組織。我們接受了軍事訓練。我和幾個同學在軍訓時間以外，又到北平大學機械系借讀。後來因復校同學人數日益增多，學校就遷移到彰儀門（現廣安門）裏老師大舊址，有了教室和宿舍，操場也大了。每日清晨穿好灰色軍裝扎好綁腿，待槍跑步到操場集合，按「步兵操典」要求，練習步法、列隊、臥倒、劈刺、射擊等動作。教官對士兵要求很嚴格，動作達不到要領、步槍槍腔來福線擦得不通亮、遲到早退、都會受到體罰。在場地操練後，還要到課堂聽一、二小時軍事課程。軍事訓練步步深入，步槍打靶、機關槍實彈射擊、排、連作戰、戰略戰術基本知識都學到了。我的步槍打把打中了九環，獲得一塊第三名銀質獎章。……

　　到了1932年7月軍事訓練和借讀業務學習都結束了。張學良校長向全體學生軍講話，大意是：國難當前，在艱苦環境下，你們完成了軍事基本訓練和業務學習，可喜可賀。大家急於奔赴前線，打回老家去，這種心情人們是完全可以理解的。不過，大規模軍事行動有個時機問題、策略問題、全面部署問題，需要從長計議。抗日救國管道很多，需要有武人，也要有文人，更要有文武全才之人。我們將改進復校工作，為同學們繼續學習創造較好條件，若有的同學想轉到其他學校，學校也可以介紹。聽了校長講話以後，同學們議論紛紛，每個人都考慮自己今後的行徑。有的同學回了東北，參加了抗日義勇軍，進行武裝鬥爭，英勇地犧牲於敵人屠刀之下，苗可秀同學就是一位代表者。佟彥博同學投考了航空軍校，在抗戰期間英勇地為國捐軀了。[51]

　　楊興坡則回憶說，「在北平開學後，校當局發給學生舊軍服軍鞋及舊槍枝，延請教官進行軍事訓練。從個人到班排各科目教練。有時夜間緊急集合夜行軍荷槍跑步，高唱軍歌，歌詞如：

---

[51] 董樹屏：〈「九一八事變」前後在東大〉，《東北大學建校65周年紀念專刊》（自印本，1988年），第176-177頁。

　　黃沙萬里不見人，惟聞戰鬥聲。

　　去時宮殿成焦土，只剩自由魂。

　　壯矣哉，風腥日暗旋轉乾坤手。

　　嗚呼，多少英雄血，地軸折而大山崩。

　　嗚呼！嗚呼！草木皆兵，殺！殺！殺！

　　建功立業此其時，義魄忠魂。

　　進矣哉，勇往直前萬夫莫當，金鼓震天。

　　戰矣哉！為國家之光榮。為民族之光榮，為同胞之光榮。

　　捨身哉！犧牲軀殼救吾眾生，黃土埋吾骨，作鬼也光榮，

　　身雖死而名不死，骨雖朽而名不朽一、二、三、四。」[52]

　　1932年8月，張學良出任國民政府軍事委員會北平分會代理委員長。按當局規定，東北大學成立軍事教育處。軍委會北平分會派參議高仁紱任東大軍事教育處主任；派高級參謀賴愷等十人分別擔任東大軍事教育處的教官、總隊長或各大隊隊長等職務。

　　在1933年9月9日舉行的東北大學新學年開學典禮會上，軍事教育處主任高仁紱就東北大學開展軍事訓練的必要性作了專題致詞，其中特別指出：本校處在特殊地位，實行軍事訓練的要因之一，是「為恢復東北失地。日本自明治維新以後，即有吞併東北之野心。其步驟為先成立『滿洲國』，第二步成立蒙古國，第三步成立回族國，第四步成立華北國，最後成立華南國，次第並吞。因東北失亡乃是我們所眼見的，非收回不為功」。

　　這一時期軍訓的各種實際演練，多是在寒暑假中到地勢險要之地區進行，其艱苦情況可想而知，並且對學生的要求十分嚴格，「凡未經請假而竟曠操一次者記大過一次，在一學期內曠操三次者開除學籍」。張學良為鼓勵學生積極參加軍訓，發電報對其訓勉：「諸生在溽暑炎氛之下，從事軍訓四星期，勞苦可想。方今國勢微弱，痼疾已深。軍事訓練，是其藥石。限期雖促，成功實鉅。所望堅苦自持，胙從永矢。實事求是，積健為雄，願諸生共勉之。」[53]

---

[52] 楊興坡：〈東北大學校史側記〉，《東北大學建校65周年紀念專刊》（自印本，1988年），第98-99頁。

[53] 轉引自丁曉春、魏向前主編：《張學良與東北大學》（瀋陽：東北大學出版社，2003年），第

　　恢復東北失地是這一時期東北大學學生軍訓的主題，使流落異鄉的東北大學學生，時刻不忘國難家仇之痛，雖「溽暑蒸人，操作勤苦，固非人情所欲，然試思吾儕亡省亡家之氓，豈息怠惰之時乎」。又有張學良校長的不斷勉勵，參加軍訓的東北大學學生們，真正做到了不畏酷暑，不懼嚴寒，取得了優異的成績。

　　1934年4月中旬，國民黨政府軍訓總監部國民軍訓教育處，對在北平的國立、私立各院校軍訓進行了總檢閱，結果東北大學獲總成績第一名，得到高度評價：「此次檢閱結果，成績最佳者為東大，……東北四省淪陷，華北垂危，挽救責任，不僅賴之東北青年，亦為全國民眾之非輕義務，歷史昭示我們，強國強民，惟一要素，為振興民族精神，充實民族實力，提倡學校軍事操，庶洗刷一切障礙，不致有覆滅之危險。」少將處長潘佑強感慨道：「我檢閱過全國許多大學的軍訓，在操練績效和英勇精神方面東北大學是文科院校中最好的。我也參觀過國外的大學軍訓，但都不如東北大學。換言之，東北大學的軍訓是世界上最優秀的，東北大學的軍訓之所以會如此成功，蓋因學校領導、教師和學生三方面思想認識一致，能密切配合，具有高度的愛國情操，有國恨家仇必報的勇氣和決心，不怕苦，不怕累，認真操練之故。」[54]

　　張學良獲悉東北大學學生取得軍訓優異的成績，「歡慰萬分」，於1934年4月21日發來祝賀電報：「摯奇[55]兄轉全體學生均鑒：閱筱（17）日《北平晨報》藉悉，最近中央檢閱軍訓結果，我校成績拔居第一，佳譽傳來，歡慰萬分。此固由高主任與各教官訓導有方，亦諸生知恥自強，有以致之。可知有一分努力即有一分成功，未有有因而無果者也。軍事教育精神在紀律化，而紀律化之價值在能保持永久。除電獎高主任及各軍事教官令更加倍嚴格訓練，認真管理外，望諸生善體期許之精誠，善保光榮之歷史，倍加刻苦，蹈厲無前，他日鵬程萬里，有厚望焉，專此。順頌學祺。」[56]同時也致函高仁紱函：「兄等教練有方，管理嚴格，方克致此，緬懷教澤，嘉慰實深。望繼續努力，本百年樹

74頁。
[54] 王太學：《矢志興中華——王卓然傳》（香港：中華國際出版社，2001年），第124頁。
[55] 摯奇，楊毓楨字。時任東北大學理工學院院長，代理校務。
[56] 畢萬聞主編：《張學良文集》（2）（北京：新華出版社，1992年），第709頁。原載《東北大學校刊》總第104期。

人之旨，培民族復興之基，教練益複加緊，管理益復加嚴，校譽國光，實利賴之。」[57]

是年9月，東大在北平開學。張學良任命原東北軍上校團長張丙南為校軍訓處主任，帶十幾名東北軍軍官到東大成立軍訓處。東大原有五名軍訓教官，先後離開學校。張丙南等人來校後，組成了東大軍訓處，在西直門校部辦公。據當時的軍事教官李士廉回憶：

> 學生軍訓分為學、術兩科。學科有戰術、兵器、交通、築城幾科；術科分制式教練和戰鬥教練（即野外實戰演習）。學校設有軍械倉庫，有步槍百餘支，手榴彈、輕機關槍等，並由專人保管。
>
> 軍訓從十月初正式開始，訓練時間為一個月左右。不久，張丙南主任突然率東北軍的十餘名教官離開了學校。什麼原因不清楚，當時沒和我招呼。過了幾天，南京國民黨政府派來幾個軍校畢業的學員接管軍訓處工作。我當時很生氣，準備離開學校。學校行政處劉主任是東大畢業的學生，他挽留我，讓我和戴昊以行政處事務員的身分到軍訓處工作。我把這件事向張希堯作了彙報（張是中共黨員，也是我的入黨介紹人。我是1935年初加入中國共產黨的，那時常與張希堯聯繫）。我說：「現在國民黨派人來接管軍訓處，我得走。」張希堯說：「這件事得慎重考慮。既然劉主任留你，我看還是在軍訓處工作一段再說。」這樣，我和戴昊都留在軍訓處了。任務是軍訓處的行政事務工作，以及給學生做些有關軍訓的服務性工作。[58]

1934年底，國民政府教育部和訓練總監部先後給東北大學等學校發佈軍事訓練令：「要求東北大學等校繼續堅持軍事訓練並提出在新的年度裏實行如下四項規則：（一）高中以上學校軍事教育獎懲規則；（二）高中以上學校學生軍事訓練成績核算法；（三）高中以上學校軍事教官和軍事助教任用簡章；（四）高中以上學校軍事教官、軍事助教、主任教官、總教官服務規則。」

---

[57] 同上。
[58] 李士廉：〈我在東大工作二三事〉，丁義浩、韓斌主編：《情緣東大》（瀋陽：東北大學出版社，2013年），第50頁。

九、奧運場上的第一個中國人

　　1932年7月30日，第十屆奧運會在美國洛杉磯舉行，東北大學學生劉長春作為中國唯一的運動員代表中國參加了大會，譜寫了中國人第一次參加奧運會的歷史篇章。

　　劉長春1909年10月25日出生於大連小平島的一個貧苦農家，小時候就特別喜愛體育運動。在大連沙河口中心小學讀書時，常因與日本小學生打群架，而被日本教師搧耳光，所以在他幼小的心靈中埋下了仇恨的種子，他下定決心拼命踢足球和短跑，一心想通過體育運動壓倒日本人。14歲時，在一次中日中學小學田徑對抗賽中，他的百米成績達到11.8秒，四百米成績59秒，已經遠遠超過當時的中學生水準。他在大連二中肄業後，在大連玻璃製品廠當學徒，其間他埋頭衝練，百米成績進一步提高。1927年，在大連中華青年會主辦的春季運動會上，他的百米成績達到11秒。

　　1928年12月，東北大學足球、籃球隊由張學良的胞弟張學銘率領，到大連進行比賽。其間，東大學生自治會體育部部長、足球隊成員孫慶博發現了劉長春的短跑潛質，於是被東北大學破格錄取，進入文科預科第一班學習。1929年1月，東大體育專修科成立後，張學良以「特事特辦」的方式，將他由文預科轉為體育專修科。

　　1929年10月，張學良將軍邀請德、日兩國一流水準的運動員來瀋陽，進行中、日、德三國田徑對抗賽。來瀋參賽的德國田徑隊曾獲第九屆奧運會的亞軍，參賽的日本選手也全都是國家隊員，實力雄厚，競爭能力很強。中國田徑隊是以東北大學為基礎組建的。對抗賽在東北大學體育場舉行。比賽結果：東北大學學生劉長春，比德國短跑名將顏魯拉特比爾的百米成績僅一寸之差，成績為10.8秒，位居第二，把另一名德國短跑健將和日本「短跑怪杰」吉岡隆德及「飛毛腿」岡健次郎全都甩在了後邊。兩百米賽跑，劉長春以21.6秒的成績奪得第二名。這一短跑成績是當時遠東地區的最好成績，中國人第一次登上了遠東短跑之王的寶座。為了表彰劉長春的突出成績，張學良校長向他頒發特別獎，每月發給特別津貼現大洋三十元。張學良還以每月五百銀元的高

薪留聘來瀋參賽的德國田徑名將、第九屆奧運會五千米長跑金牌獲得者步起（Becher），擔任劉長春和東北大學田徑隊的指導教師，強化對東北大學田徑隊的培養。正當劉長春的短跑成績迅速提高之時，「九一八」事變爆發了，東北大學被迫流亡北平。

1932年3月，偽滿洲國成立。為提高「滿洲國」的知名度、取得世界輿論的認同、達到分化中國的目的，日本人打起了劉長春的主意。據劉長春回憶錄載：「一九三二年二、三月間，日寇又連續兩次找上家門。第一次去時，要家人寫信給我，企圖暗地勾引我回大連，並說：只要回大連，『滿洲國』給教育部門和體育部門最大的官做。第二次，日寇帶于希渭（原為馮庸大學學生，八百公尺運動員）等三人登門，此次明確提出了代表『滿洲國』參加奧林匹克運動會之事，盡是榮華富貴之詞，十分恭維，家中老人經不起敵人威逼和利誘，一面去信北平，一面又倉皇地將全家搬遷至河口村以避禍降。」[59]案，奧林匹克運動會之事系指同年7月將在洛杉磯舉行的第十屆奧運會。

儘管沒有得到劉長春的明確答復，日本人還是在他們控制的《泰東日報》上發布了劉長春等將代表滿洲國出席奧運會的新聞，說什麼「世界運動會，新國家派選手參加，劉長春、于希渭赴美」云云。

關於劉長春個人的態度明確闡述於〈參加世界運動會感言〉：「不幸東北悲音，頻頻傳來，時而偽國成立，時而日滿聯和。屠殺焚掠，倭奴慣技，棄土弄權，傀儡當務，是以敵人代表偽國參加世界運動大會之風聲，亦愈播愈遠。然余之良心未死，腦汁未焦，寧能忘卻祖國，而作此喪心病狂，遺臭千古之偽代表哉？故雖經傀儡電招，醜類要脅，余均未與之答復。而國人愛國情深，不暇考察，來信勸告者有之，質問者有之，謾罵者有之，甚有當面斥責，或以書信恫嚇者亦有之。余因心地清白，行止正大，故雖受種種羞辱，亦不以為意。」[60]

為了消除國人的誤解，劉長春在6月11日在天津《體育週報》撰文坦露心聲：

> 鄙人自九一八事變後，即行來平，與偽國體育界，向未通聞問，此次偽
> 報所載送鄙人代表偽國加入世界運動大會，實系偽國宣傳獨立意義，又

---

[59] 轉引自元文學主編：《中國奧運第一人劉長春》（大連理工大學出版社，2008年），第92-93頁。

[60] 轉引自元文學主編：《中國奧運第一人劉長春》（大連理工大學出版社，2008年），第94頁。

豈能認為事實哉？且偽國現在地位，本不為世界各國所公認，又何能以
國際名義而派遣代表加入大會也？換言之：即或偽國為世界各國所公
認，而世界大會定章，凡一新國加入比賽，必須上屆報名，下屆方准與
會。查偽國叛變之期，系於去歲年底，距本年大會，僅三月耳，當無報
名之可能。夫以不為世界公認之國家，又不合大會規程之手續，豈能任
意即派代表加入比賽乎？且鄙人受祖國深恩，曾一度代表祖國加入遠東
運動大會，苟余之良心尚在，熱血尚流，則又豈可忘卻祖國而為傀儡偽
國作牛馬耶?!貴社愛國情深，愛我厚意，既來函規誡，又允代為辨證，
種種厚意，何勝感激，尚祈玉成始終，此致，體育周報社諸同志署安。[61]

　　無疑，這是對滿洲國政權有力的回擊，更蘊含著劉長春的愛國情結。

　　奧運會從開始舉辦到1931年已經開過九屆。中國政府自1924年起雖然與奧
運會就開始聯繫，1928年第九屆奧運會時也曾派宋如海前去參觀，但從來沒
有正式派運動員參加過。在第十屆奧運會即將舉行之際，中國許多有識之士
提出了，中國應派代表前往參加，以揭穿日本之陰謀的動議。南京國民政府以
沒有經費為理由，不願意派代表參加，只派體協總幹事沈嗣良作為觀察員前往
美國。

　　張學良聽到這一消息後，氣憤地說：「政府不支持我支持」，並說：「這
個錢我出。」於是，張學良把劉長春請到自己的官邸，資助他八千元路費，還
鼓勵說：「今天我們的家鄉被日寇侵占，國難當頭，更需要有你這樣的有志青
年，到奧運會去為國爭光。」「我相信，全國老百姓也希望你能在比賽中取得
好成績，長一長中國人的志氣」。1932年7月1日，在東北大學第四屆畢業典禮
及體育專修科第一屆畢業典禮上，張學良校長親自宣布：「……粉粹日、偽陰
謀，揚我民族之精神，本司令決定捐贈八千銀元特派應屆畢業生劉長春和于希
渭為運動員，宋君複教授為教練，代表中國出席第十屆奧運會。劉長春同學此
次參加世界運動會為中國有史以來第一次，意義無窮。」[62]後來，于希渭在東北
被日寇扣押未能成行。

[61] 轉引自元文學主編：《中國奧運第一人劉長春》（大連理工大學出版社，2008年），第95頁。
[62] 轉引自〈中國奧運第一人〉，丁義浩等主編：《漫遊東大》（瀋陽：東北大學出版社，2013
　年），第63頁。

　　這時距奧運會開幕僅有一個月時間，距大會報名截止時間就更短了。為了給劉長春及時報上名，南開大學校長、東北大學校董會董事、全國體育協進會董事張伯苓先生，打緊急電報給奧運會，好不容易才把名報上了。靠大家的齊心協力，迅速做好了一切準備，萬事俱備，只等啟程了。

　　1932年7月8日上午十時，劉長春帶著祖國人民的重托，從上海乘威爾遜總統號郵船啟程去美國參加奧運會。經過二十多天的海上長途航行，於7月29日下午四時抵達洛杉磯。到碼頭迎接他的有先期到達美國參觀本屆奧運會的代表、中國全國體育協進會總幹事沈嗣良（上海聖約翰大學校長，當時的奧會委員），還有中國留美學生劉雪松，以及先在美國的原東北大學體育教授申國權夫婦與華僑代表數百人。

　　劉長春到達洛杉磯第二天，7月30日，第十屆奧運會正式開幕，在隆重的開幕式上，中國代表隊排在第八位入場，代表隊是臨時拼湊成的。在開幕式上，由劉長春執國旗，沈嗣良總代表繼之，緊接其後的一隊四人分別是宋君複、劉雪松、申國權和托平（美國籍，任上海西青體育主任）。

　　7月31日，奧運比賽正式開始，劉長春原擬參加三個短跑項目，因旅途勞累，放棄了400米賽跑，在100、200米預賽中，分列第五、六名，遭受淘汰，雖敗猶榮。他參加百米預賽後在日記中寫到：「第一名為星卜森，勝余有4碼，成績10.9秒，余居第5，當在11秒左右。起碼時頭五六十米在先，約至80米後，被後來者超過，原因畢業考試一個月，航行勞頓，缺少練習所致。」[63]

　　比賽結束後，洛杉磯奧組委邀請各國冠軍參加聚餐會。劉長春雖然未得獎牌，卻被破例邀請參加聚餐。席間，各國冠軍向劉長春表示歡迎。他為國爭光的奧運精神受到全體運動員的無比尊敬。

　　8月21日，劉長春起程回國，9月16日抵達上海，結束了他本人的、也是中國人的第一次奧運參賽之旅。劉長春作為奧運場上的第一名中國人，永載史冊。更重要的是，劉長春挫敗了日本侵略者企圖把偽滿洲國塞進奧運會，從而騙取世界各國承認偽滿洲國的陰謀，在政治上贏得了巨大成功。

---

[63] 轉引自金蘊芳：〈中國參加奧運會的第一人——劉長春〉，魏向前等主編：《東大逸事》（瀋陽：東北大學出版社，2003年），第26頁。

　　劉長春回國後，深感國內體育事業的落後，乃於1932年冬季在北平倡議成立了「東北體育協進會」。該會常委五人，有王卓然、劉長春（任總幹事）、胡安善（原東大體育系主任，後在北平被日寇所殺）、龐英（原東大學生）、王蘭（原馮庸大學體育秘書）。委員有當時一些中學校長等。活動場所在北平彰儀門裏東大南校田徑場。

　　1933年，國民政府在南京主辦第五屆全國運動會。「東北體育協進會」組織遼、吉、黑、熱的很多代表參加了大會。在這次運動會上，劉長春創造了百米10.7秒的全國最新紀錄，相當於奧運會的第五名。在中國，這個最高紀錄保持了25年之久。

　　1934年5月27日，「東北體育協進會」在東北大學南校大操場舉行第一屆運動大會，張學良任名譽會長，王卓然任會長，楊毓楨任總裁判，郭效汾任徑賽裁判。東北大學獲學男子高級團體總分冠軍。是年秋，第十八屆華北運動會在天津舉行。「東北體育協進會」組織了一支龐大的體育代表隊參加，由劉長春領隊，胡安善和郭效汾為教練，當幾百名東北運動員入場時，會場沸騰，看臺上出現了「勿忘『九一八』」、「還我河山」、「中國？」（即試問今日之中國竟是誰家之天下之意）等標語。在這次運動會上，東北體育代表隊博得了全場觀眾的同情與贊許。

　　同年10月28日，張學良在漢口市第五屆市民與第一屆中等學校聯合運動大會上，講到提倡體育的意義時說：「我們深知運動的最大目的在宣導體育，而不是只在個人或少數人出風頭。宣導體育的最大目的是在造成復興民族的生力，而不是在獎勵體育上畸形的發展。在過去，一般宣導體育的人士，是多半注意到青年學生的體育訓練，而一般青年學生也多半是在學校裏對於體育的興趣特別濃厚，離開學校之後，每和運動絕緣，忽視了自身的健康。這種現像是必須力加糾正的。我們應確認國民體育必謀絕對普遍的發展，而在每一個國民的人生過程中，都須永遠注重體育的講求，那才能造成一個健康而有生氣的民族。」[64]

---

[64] 畢萬聞主編：《張學良文集》（2）（北京：新華出版社，1992年），第825頁。原載《武漢日報》1934年10月28日。

十、張學良旅歐前後

「九一八」事變之後，不到三個月的時間，東北全部淪陷。張學良在當年12月16日解除陸海空軍副司令之職後，於翌年1月5日改任北平綏靖公署主任。1932年1月，兼任北平政務委員會常委。同年11月改任代理軍事委員會北平分會委員長。

1933年春，日軍攻陷山海關，熱河失守，連續攻佔冷口、喜峰口、古北口，進逼唐山、通州，威脅平津。當時，天津各界救國會致電國民政府，要求對熱河失守之主將，「立即明正典刑，以彰國法，而維公道」[65]。3月7日，監察委員邵鴻基等向監察院彈劾張學良。同日，張學良致電國民政府，「准免各職，以示懲儆」。

兩天後的3月9日，張學良與蔣介石、宋子文會於保定。王卓然的自傳中有記載：

> 記得是1933年3月8日的晚間，張學良將軍匆忙間叫我準備於夜間十二點，同他專車出發去保定，說蔣介石與宋子文將由石家莊到保定與他會面，商抗日大計。這時熱河失守，全國輿論攻擊南京，蔣北上的目的，表面上似乎在調度軍事，故張出發時，還認為老蔣是對他指示機宜，增援補械。到了保定，是次晨六時，蔣竟未到。張向石家莊打電話給宋子文，知道宋將先來傳話，蔣將後至待話，大家立時警覺到這裏別有文章。隨員只有我與端納兩人，端納雖然是外國人，對張很忠誠，勸告張要準備接受「意外」。大約在十一點時，宋子文的專車到了，一見即知蔣的意思是要張辭職下野。大意說：「現在倆人在一個小船上，風浪太大，需要一個人下船休息，以便渡過難關」等語，要張將軍事全交何應欽。張很鎮靜，坦然接受，準備下野出洋。約過兩時頃，蔣也到保定，張以部屬資格，迎接如儀，登車致敬。蔣於數分鐘後到張之專車回拜，安慰數語，囑他即回北平交代，要於兩日內飛往上海，休息治病，以便

---

[65] 張友坤、錢進主編：《張學良年譜》上冊（北京：社會科學文獻出版社，1996年），第641頁。

早往歐洲遊歷等語。兩人會見兩次，先後不過三十分鐘，蔣即開車回石家莊。宋子文留在後面同張研究善後，我與端納幫他想應當清理與交代事項，吃過晚飯之後，我們才開車歸向故都（北京）。張此時百感交集，痛哭失聲，我與端納規勸他一番，他又轉悲為喜，大談許多蠢野笑話，以解苦悶。談到復土還鄉大計，我主張武要保全實力，待機未來；文要發展東北大學及東北中學，培植還鄉幹部。他立時決定，叫我接辦東北大學，他保留這校長名義，要我以秘書長代行校長職權資格，代表他全權負責。[66]

　　張學良卸職後即飛上海，準備赴歐考察。臨行前於3月10日下午在北平順城王府召集部下集會，對有關東北大學問題作指示：「武要保全東北軍實力，文要發展東北大學」。「為辦東北大學，本人先後捐款近兩百萬元。實在費了好多心血。當初的目的為培養實用人才，建設新東北，以促成國家現代化，消弭鄰邦的野心。誰知變起倉卒，盡失所有，師生來平復學。今後訓練要在明恥自強上注意，即不徒怨恨日本太凶橫，更要怨恨自家太不長進，所謂『人必自侮而後人侮之，國必自伐而後人伐之』。要訓練東北青年知恥自強，就是要他們天天流汗，時時準備流血，這樣方可達到復土還鄉之目的。」[67]又說：「保存東北大學，不是由於封建思想，而是因為東北土地亡了，要用東北大學作聯繫，它是東北的生命線，在國家可借此以維繫東北人心，在東北人民可借此知道國家不忘東北，在國內同胞可借此睹物傷情，痛鑒覆車，更加效忠國家。所以東北大學除了它的本身守使命外，實具有最深遠的國家民族意義，一定會受到政府的維持，人民的援助的。」最後，他又鄭重地說：「嚴格講起來，自己本不配做大學校長，但是，命運上歷史地造成了自己的地位與責任，沒法逃避。為擔負起來這責任起見，需要一般前進青年，同抱著救國還鄉宏願，一心一德，共同奮鬥，辦理好這個大學。應按照這個使命的需要，特別注意去發現這樣的人，認識他們並訓練他們。若是有絲毫造就私黨之心，以遂個人爭權奪利之欲，必遭天誅地滅，永世不能做人。」[68]

---

[66] 王卓然：〈自傳〉，趙傑、王太學主編：《王卓然史料集》（《遼寧文史資料》總第36輯）（瀋陽：遼寧人民出版社，1992年），第41頁。

[67] 唐德剛記錄、王書君著述：《張學良世紀傳奇》上卷（濟南：山東友誼出版社，2002年），第579頁。

[68] 轉引自王振乾等編著：《東北大學史稿》（長春：東北師範大學出版社，1988年），第37-38頁。

3月11日，張學良通電辭職。翌日，國民政府明令准張學良辭軍事委員會北平分會代理委員長及北平政務委員會常務委員職，派何應欽為軍事委員會北平分會代理委員長職（即日就職）。接著，張學良飛抵上海。

3月中旬，王卓然接過東大後即去上海，幫張學良料理出洋問題。

4月10日，張學良偕夫人于鳳至和兩個孩子及趙四小姐等人，乘義大利郵船康脫羅素伯爵號出國。當時林語堂主編的《論語》雜志上發表了一首諷刺張學良的打油詩：「贊助革命丟爸爸，擁護統一失老家；巴黎風光多和麗，將軍走馬看茶花。」

張學良把目的地選在德國、義大利和法國，尤其對於希特勒掌握政權的納粹德國和墨索里尼推行法西斯主義的義大利兩國，抱有濃厚的興趣。日本學者松本一男評介說：「對於納粹主義和法西斯主義的政治理論及其政策等，張學良一無所知。但默默無聞的希特勒和墨索里尼如彗星般炫目，統率國民，向老牌的英國和法國挑戰並使其窮於應付。張學良認為這兩個新興國家之間必有共通之處。那麼共通的東西又是什麼呢？張學良對此興味盎然。……張學良在意大利逗留期間，對法西斯和獨裁政治瞭解頗深。他開始認為中國也必須學習義大利式的全體主義。」[69]

再看張學良出國之後中國國內形勢。日軍控制了東北全境後，逐漸將東北軍逼至長城下。中國方面仍然採取不抵抗政策，步步後退。1933年5月31日，在天津郊外塘沽，中日兩軍簽訂停戰協定（即著名的《塘沽協定》）。根據這個協定，中國方面保住了北平、天津地區，卻將長城以北的整個地區劃作關東軍的勢力範圍，東北軍和許多東北出身的知識分子和學生不得不逃亡關內。

在平津危急之際，北平國立各校皆提前放假。東北大學以處境特殊，更不能不另策安全，嗣得軍委會何應欽委員長命暫行遷避。遂於5月23日晨，全體師生乘平漢車南下，取道石家莊，西出太原。時山西建設廳長田維綱，以鄉誼關係，竭誠招待，並為覓校舍於太原城北炮兵營房。塘沽協定簽訂後，平津政局平穩，東大遂於月末遷返北平。

---

[69] [日]松本一男著、吳常春譯：《張學良——西安事變主角的命運》（北京：中國青年出版社，1992年），第126-127頁。

　　張學良旅歐期間，蔣介石在向日軍妥協之外，繼續推行其「攘外必先安內」政策，幾次想調東北軍為其剿共。1933年五六月間，新疆發生變亂，蔣介石想利用東北軍平定新疆，但東北軍將領卻不願受命；同年十一月，國民黨十九路軍在福建組織政府，高舉反蔣旗幟，蔣介石想調東北軍入閩平亂，不料又遭拒絕。當時，蔣介石正發動對中共紅軍的第四次「圍剿」，進攻江西和湖北，但都為紅軍所粉粹，消耗了巨大的實力。於是，他又想調東北軍剿共，而要調動東北軍非起用張學良不可，因此致電張學良，盼其儘快回國。

　　1933年12月15日，張學良一行從義大利威尼斯登船啟程，於1934年1月8日抵達上海。為安置張學良，蔣介石於2月7日任命他為豫鄂皖三省剿匪副司令，蔣介石自兼總司令。張學良在武昌就職後，隨即將散駐平津附近的東北軍全部調到湖北及周邊地區[70]，投入到反共內戰。

　　2月28日，正值東北大學春季開學之日，張學良校長致東大全體學生，勉勵他們努力學習。電文如下：

> 東北大學，王代校長（即王卓然）轉全體同學鑒：
> 　　王代校長在滬晤談，備悉校中近況，差慰遠懷。余由歐觀察，所得彼中者，教育印象至深，世界各國，生存競爭，無不以培養人才，闡明學術為根本之計，其教者之善誘，學者之攻苦，孜孜不倦，遠非我所能及，我國文化落後，國勢阽危，願求急起直追，非倍力倍速不可。諸生務須認明今日教育為救國方法之出發點，今日學生，為將來國家之主人翁，從此立定志向，振奮精神，努力作人，努力向學，艱苦卓絕，恪守規紀，必須養成完美人格，求得真實學問，方不負養士初衷，才可負救國重任。余對諸生愛之愈深，望之愈切。今當開學之期，不克親臨共話，特電勖勉，務望久志不忘，躬行實踐，至要至要！張學良儉（二十八日）印[71]

---

[70]　東北軍何柱國率五十七軍駐湖北省，王以哲率六十七軍駐河南省，于學忠率五十一軍及萬福麟率五十三軍駐武漢周圍，劉多荃率一〇三師由張學良直轄。
[71]　畢萬聞主編：《張學良文集》（2）（北京：新華出版社，1992年），第672頁。原載《東北大學校刊》總第98期。

　　張學良的話語字字鏗鏘，振奮人心，激勵著東大學子發憤學習。與此同時，他還致東大代校長王卓然及三院長（理工學院院長楊毓楨、文法學院院長曹國卿、教育學院院長方永蒸）電：「歸國抵滬，得審校中近況，甚慰所懷。弟遊歐觀察所得，於彼中教育印象獨深，反顧我國，弗如甚遠。此無他，彼能知需要，務實際，肯努力而已。方今我國文化落後，危機四伏，非才無以救國，非學無以成才，往者諸兄，和衷共勉，甚慰寸心。此後尤望對於校務，努力整頓，嚴格管理，設系宜切合需要，不必求多。招生須程度相當，不可濫取。注重實際，增益效能，庶幾在校得一真才，在國即得一救亡分子。茲當始業，不獲晤談，特布私忱，惟希努力！」[72] 從電文中可以看出他對東大關懷備至，出於至誠，要求學校領導整頓校務，注重實際，增益效能，為國家培養更多的救國人才。

　　3月28日，張學良致電在平的東北大學領導，決定停辦農科：「我校農科弟以無力設備及其他關係，決定停辦。俟將來局勢有利，再行恢復。農場著即交還。車馬物品，可酌量情形，留用或拍賣。辦事學生可予半薪，暫令回校服務，聽其自謀出路或外薦。原支經費，決定作補助畢業生留學之用。」東大農學院學生，因在北平無法實習，已於1932年5月初，[73] 由柳國明院長率領借讀於開封河南大學農學院，月支經費八百元。後來，又購得北平北苑立水橋附近的官地兩千餘畝為農場。到汴後，學生努力，在三年級時即將課程學畢。近來經費捉襟見肘，故暫行停辦。並按校長令很快完成了善後處理工作。

　　1934年7月1日，東大第六屆畢業典禮在西直門內本校總校舉行，張學良校長從漢口寄來對該屆畢業生的訓詞。訓詞要點是：畢業是應用所學於實際社會生活上的開始，大家要「活到老、學到老」，要從整個民族的生存問題上去著想，要認清個人的責任；我們每個人都要具有犧牲的精神，抱有堅強的意志，甘願摒棄物質的享受，臥薪嘗膽，獻身為國。

　　7月底，張學良為東北大學制定了整理方案，原文如下：

[72] 畢萬聞主編：《張學良文集》（2）（北京：新華出版社，1992年），第673頁。

[73] 董德風：〈關於東北大學農學院〉，東北大學北京校友會：《東北大學校友通訊》（1987年4月）第七期。

一、整理院系

（1）農科停辦。

（2）理學院停辦。

（3）鐵路管理系停辦。

（4）教育學院教育學系本年不招生。

（5）文學院外國文學系本年不招生。添設史地系及女子家政專修科。

（6）法學院政治、經濟兩系合併為政治經濟系；邊政系應注意東北方面之研究，法律系本年不招生。

（7）工學院機械、電工兩系合併為機電系；紡織系暑假結束停辦。該院暫設土木、機電二系。

（8）於必要時得附設補習班，限定名額，招收東北高中畢業生及高年級生，修習一年，俾便應他校或本校之升學考試。

二、限制招生

各院系科招收新生，應注意事實需要、學校容量、學生程度及學生籍貫等項，妥加限制，入學後並應認真教學，切實訓導。

三、充實設備

該校工學院實缺設備頗多，應即設法添置；文、法、工各學院圖書極形缺乏，亦應擇要次第添置。

四、勵行教員專任制

該校教授，多系兼任，於學生學業妨礙甚大，應即提高其待遇，同時增加授課時數，並限制在外兼職。

五、限制學生津貼

該校學生一律給予津貼。實非必要，應查酌情形，分別辦理。凡東北四省勤苦學生，自可酌予津貼，其家境尚裕及非東北籍學生，應減少或停止津貼，以示限制。

六、集中校舍

該校校舍，分設三處，殊多不便，應將本科集中一處，借便管教。

七、恪遵法規

該校嗣後關於應行呈部事項，須恪遵法規辦理。

八、聘任職員等

以楊毓楨為工學院院長，曹國卿為法學院兼交通學院院長，方永蒸為文學院兼教育學院院長。事務主任林耀山改兼秘書主任。軍訓主任高仁紱辭職，鄧玉琢繼任。

九、錄取新生

25日放榜，錄取新生283名。

十、9月26日補習班開學上課。[74]

王卓然在自傳中說，張學良歐遊歸來，由於「他住義大利最久，帶來了很濃的法西斯思想，主張中國若想抗日救國，須效法德意，集中力量，擁護領袖」。[75]張學良在抵達上海時，發表了書面談話（由王卓然代筆），大意是：德、意之所以復興，因為他們的民族能夠萬眾一心，擁護領袖，所以領袖有力量，能克服復興途上的障礙。我們的國家則不然，一個領袖剛剛表現出領導的力量，便有人妒忌他，來拆臺，於是內戰連年，外患乘之。若是國民不甘心作亡國奴，非得大徹大悟，信仰領袖，擁護領袖不可。我們國民要有耐心，要給領袖一個充分試驗的機會。張學良斷定，中國要想得救，就得實行希特勒、墨索里尼式的法西斯主義。於是，他首先提出擁護民族領袖，實行一黨獨裁政治。他的談話極其謬誤，希特勒除國社黨徒外，德國人民並不擁護他。內戰是由於蔣介石要消滅異己，消滅共產黨和紅軍，是蔣介石執行了「先安內後攘外」政策的結果。後來他在武昌與世界電訊社記者談話，又公開說：「意、德二國所行之法西斯主義，略加修改，俾適合中國國情，然後以之行諸中國，實為中國達到統一之最良方法……中國實行法西斯主義時，最適當之領袖，非蔣中正先生莫屬。」[76]張學良的所謂大徹大悟，實際上十分糊塗。王卓然對此評價說，「公開做這樣的主張，老蔣喜歡自不待言。」所以才給他一個副司令頭銜去剿共。

---

[74] 轉引自王振乾等編著：《東北大學史稿》（長春：東北師範大學出版社，1988年），第38-39頁。

[75] 王卓然：〈自傳〉，趙傑、王太學主編：《王卓然史料集》（《遼寧文史資料》總第36輯）（瀋陽：遼寧人民出版社，1992年），第46頁。

[76] 畢萬聞主編：《張學良文集》（2）（北京：新華出版社，1992年），第742-743頁。原載天津《大公報》1934年6月16-17日。

張學良為貫徹他的擁護領袖，實現國社主義統一的主張，於1934年3月頃，電令他的文人幹部有高崇民、閻寶航、王化一、盧廣績及王卓然數人，齊集武漢，面授機宜，要他們去南昌會蔣，代表他表示忠誠擁護，請示今後工作方針。到了南昌，蔣派劉健群、戴笠等招待，組織了一個「四維學會」，意味著大家擁護領袖，就得講「禮儀廉恥」。王卓然回憶說：「我們回到了武漢，看出張心情的苦悶與政治立場的仿徨，他警覺到『剿匪』的結果，可能使他大部封建性的軍隊消滅而失掉政治的資本。但蔣這種政治性的拉攏，實未顧到他與蔣性格的不同，及內在的矛盾。」[77]「我離武漢北歸的前夕，張請我吃飯談話，囑咐我說：『我們擁蔣是誠意的，是為的團結抗日，心誠意堅的做一段看看，對於學生也要這樣訓練，告訴他們，擁蔣是為的抗日，不是為個人的私利。』他又囑咐我，為使蔣信而不疑，對於學生間若有反政府的空氣，必項設法取締。張似因知道我富於妥協性，怕不能貫徹他的主張，因加派劉哲為東北大學董事長。在張作霖秉政時代，劉哲一度作過教育總長，這劉哲以能壓迫學生著名，張的用意似乎要利用他的強硬來補救我的溫和。我那時真是睡在夢裏，並未感覺蔣是徹頭徹尾買辦資產階級的利益，與資本帝國主義相投而不會抗日的，我反倒佩服張這種擁蔣抗日的苦心。所以，回到學校，在對學校講話時總是要求學生諒解老蔣處在內憂外患的困難下，要團結起來擁護他。事實上也就是擁護他的『安內以攘外』的政策。很奇怪的，我這種擁蔣的態度並未獲得校內CC派國民黨學生的支持，相反的，校內有一大部前進學生，因為我平時支持關外義勇軍，援助他們往返關內外的路費，素有好感，現在竟逐漸離心了。」[78]

在當年東大春季開學時，張學良又從漢口來電，致高仁紱、賴愷元、金鏡清三教官，大談西歐教育印象，希望「對於一切教練，勿為俗論動搖，勿受環境支配，切從嚴格，破除積習，養成學生服從領袖，恪守規紀之精神」[79]云云。

[77] 王卓然：〈自傳〉，趙傑、王太學主編：《王卓然史料集》（《遼寧文史資料》總第36輯）（瀋陽：遼寧人民出版社，1992年），第46頁。

[78] 王卓然：〈自傳〉，趙傑、王太學主編：《王卓然史料集》（《遼寧文史資料》總第36輯）（瀋陽：遼寧人民出版社，1992年），第47頁。

[79] 畢萬聞主編：《張學良文集》（2）（北京：新華出版社，1992年），第674頁。原載《東北大學校刊》總第98期。

十一、寧恩承去職，王卓然主校

　　1933年3月，正逢張學良準備出國之際，東北大學秘書長寧恩承適拜河北財政特派員之命，懇辭其秘書長職。

　　寧恩承是1931年3月張學良特邀出任秘書長，代行校長職務的。當時東北委員會第十五號文批准劉風竹辭去東北大學副校長職務的請求，並決定廢除副校長制，設秘書長一人。六十年之後，寧恩承回憶起當年張學良校長請他出任秘書長的情景時，心情仍是十分激動，「當張少帥向我提議，令我承擔此重大任務時，我力陳不合承擔此重大任務，應另請高明的理由。經幾次商討，敦促再三，他述及他的困難，及東北大學必須立即換人的情勢，我只好從命了。」當時情勢緊急，責無旁貸，寧恩承連夜趕去天津向其恩師南開大學張伯苓校長請教如何承辦好大學，並說明自己的困難和短處，及不願承擔此重任的原委。張伯苓說：「現在的問題，不是你愛惜羽毛的時候，而是張漢卿有了困難，找不著合適的人選，『士為知己者死』。處世之道不是為自己，而是為人承擔責任，為人解決問題。人家既然有了困難，咱應該硬著頭皮為人解決，不可顧慮自己，而且辦事的成功與不成功，一大半由於咱的用心和努力，只要暫存心良善，努力去做，不會有什麼錯誤，就是有了錯誤，人們會原諒咱的。」[80]經張伯苓的教導，寧恩承才決意接受，不再猶豫了。

　　寧恩承上任之後，把工作重點放在教學、科研方面。他銳意改革，辦的第一件大事是成立東北大學董事會。世界各國的大學都有董事會的組織，聘請名人學者為董事，主持大學審核預算、籌集經費等大事。他指出：有經驗、有學識的各界名人「對於大學的發展有正確的見解，有大的計劃」，對學校的發展能發揮重要作用。張學良校長贊成寧恩承的主張。因為當時中國各地官辦大學都沒有董事會的組織，所以董事會成立時稱為東北大學委員會。

---

[80] 寧恩承：〈東北大學話滄桑〉，相樹春等主編：《我們走過的路》（北京：今日中國出版社，1993年），第9-10頁。

在東北大學委員會成立後，寧恩承開始著手制定東北大學五年發展計劃。其主要內容是：擴大東北大學農學院，擴充東北大學工廠，擴大紡織系，擬設立培養碩士、博士的研究院，招收全國精英，擴充東北大學圖書館等等。

寧恩承協助張學良把東北大學推進到了光輝的鼎盛時期，而一夜之間東北大學像遭受強地震似的毀於一旦，他又義無反顧地挑起了救亡遷校的重任。寧恩承為東北大學的建設和發展作出了無法取代的歷史性的重大貢獻。

寧恩承辭職之後，北平政務委員會委任王卓然為東北大學秘書長，代行校長職權，於3月中旬到職。各院人選是：文學院和教育學院院長方永蒸；法學院由曹國卿代劉伯昭為院長；理工學院院長楊毓禎。此時，雖校舍較分散，但已初具規模，步入正規。據東大校刊所載，當時東大的教授、講師、助教等已近百人，職員約五十人。

9月初，東北大學自遷平以來首次招考新生，計招有中國文學，史地，邊政，電工，土木等學系共145人。為瞭解決由東北流亡到北平的失學青年就學問題，經教育部核准附設大學補習班，本屆招收補習班180人。唯史地系學生只有8人，人數過少，不能開班，校令准轉入其他學系。

10月，王卓然重組東北大學委員會。東大在瀋陽時期原有大學委員會之委員11人，「九一八」事變後委員散處各方，不克執行職務，張學良在出國前命恢復大學委員會，充實力量，於是商得教育部王世杰部長之同意，恢復大學委員會。經國民黨政府教育部教字第8929號指令備案的東北大學委員會成員名單是：

委員長：宋子文

副委員長：張學良

執行委員：王克敏（叔魯）、王樹翰（維宙）、劉哲（敬輿）

常務委員：于學忠（孝侯）、王卓然、王樹常（庭五）、李煜瀛（石曾）、何應欽、周作民、胡適、張伯苓、黃郛（膺白）、湯爾和（調鼎）、寧恩承、萬福麟（壽山）、劉尚清（海泉）、蔣夢麟

委員：于右任、孔祥熙、吳稚輝、吳鐵城（了增）、沈鴻烈（成章）、陳公博、陳立夫、張群（岳軍）、張靜江（人杰）、章士釗、蔡元培、羅文幹（鈞任）、蕭純錦（叔迴）、朱霽青（紀卿）、朱家驊

王卓然在張學良啟程赴歐前夕，與他在上海討論過東北大學的辦學方針，結論是東大的「宗旨在訓練復土還鄉的幹部，管訓上要超黨派，不論學生的思

想是左是右，要一視同仁，啟發大家的團結力與愛國心；注重學術、注重軍訓，要學生能拿筆也能拿槍，要在復土還鄉目標下作忘我的團結」。[81]王卓然建議將來需要聯俄抗日，應當創立俄語學系，以培植聯絡與通譯人才，張學良很贊成。王卓然後來回憶道：

> 我回到北平後，即計劃縮小政法系，改招俄文系，請王之相、劉紹周等知名之士，幫忙俄文系的建設。政法系教授趙鴻翥等糾合十來個教授，於夜深十二時到我住宅，包圍逼我取消招收俄文系之議，仍維持政法系照舊招生。我對他們解說招收俄文系的用心，請他們從遠處大處著眼，要諒解、要贊成，他們沒能使我屈服，我的道理卻使他們軟化了。結果卒於1933年秋季開學，招收俄文系第一班。說也真巧，收進四十多名學生，大多數都是左傾前進分子。這件事竟引起南京CC分子的注意，以齊世英為首的東北CC派，說動了陳果夫，說東北大學是培植黨團的很好地盤，應當拿過來，免為張學良造黨或被共產黨利用。陳果夫寫了一封信，由齊世英到廬山見蔣，推薦齊世英接辦東北大學，要蔣電令那時的華北政務委員長黃郛[82]照辦，蔣電黃郛，齊世英也即到北平。黃郛因為不明情形，問他的財務處長王克敏。那時的官僚與漢奸們中間，存在著很大的利害矛盾，黃郛以能取悅於日本人以自重，以迎合蔣介石外媚強權內除異己的私圖。王克敏想見好于殘存在北方的東北系勢力，以見重于黃郛。那時東北大學的經費，是由王克敏經發，所以他對東北大學的組織尚了然，因告訴黃郛，說東北大學的校長是張學良，若是齊世英接校長職，得由政委會先下令免張學良職，王卓然的職責是秘書長代行校長職權，若是齊世英接秘書長職去代行校長職權，那麼就得電海外的張學良，請他加委。黃郛是一個油滑的政客，一想何苦為CC派「作豆

[81] 王卓然：〈自傳〉，趙傑、王太學主編：《王卓然史料集》（《遼寧文史資料》總第36輯）（瀋陽：遼寧人民出版社，1992年），第44-45頁。
[82] 黃郛（1880-1936）：字膺白，號昭甫。浙江紹興人。早年在日本留學從而結識蔣介石、張群等人，國民政府成立後，歷任外交部長、教育部長、上海市市長等要職。1933年秉承蔣介石授意，在華北推行對日軍妥協的外交方針，後遭到全國民意所指而被迫辭職。1935年託病避入莫幹山「隱居」。1936年9月，複任國民政府委員，同年底病逝上海。著有《歐戰之教訓與中國之將來》、《戰後之世界》等。

腐」而得罪張學良。於是回電老蔣，說明情形，建議暫緩。CC派見明爭未勝，乃加強暗鬥，鼓動CC學生，企圖以鬧風潮方式由內部逐我出校，當時教育部長王世杰為見好CC，對我調整院系，結合實際努力，處處制肘，意在迫我自動辭職。由這裏起，齊世英和王世傑在不同的機會與場合，發展成了我的死敵，他們直接間接代表CC派。[83]

國民黨CC派欲趁張學良在國外之機收編東大的計謀，在齊世英的回憶中也得到印證：

> 民國二十二年三月四日，熱河失守，張學良辭職出國。當時遷到北平的東北大學有不少教授與學生都是國民黨黨員，他們建議把東北大學改為國立。我商請果夫、立夫兄弟，他們極表贊同，但須請示蔣先生，蔣表同意，寫信要我去見北平政整會委員長黃膺白。黃膺白說：「這點人情我不能賣。北平這個地方現在東北殘餘勢力很大，如果把東北大學拿走了，他們恐怕會找麻煩，頂好算了吧！我也會致電蔣先生，你回去跟他商量商量再說。」我回到盧山見蔣先生，轉達黃膺白的意思，並且告訴他黃也會有電報來。蔣先生說：「那就暫時緩緩。」[84]

1934年3月26日，東北大學公布了《懲戒規則》8章45條，第一章懲戒總則，第二章危害學校存在之懲戒，第三章妨害安寧秩序之懲戒，第四章妨害公務執行之懲戒，第五章荒廢課業之懲戒，第六章妨害公益之懲戒，第七章怠忽責任之懲戒，第八章附則。該規則對各種違反校規的行為做了處罰的明文規定，處罰分開除、記大過、牌示、申戒、書面警告等9等罰。並規定記大過三次者開除學籍，記大過一次者罰伙食兩個月，記大過兩次者罰伙食一個學期。《東北大學史稿》對此評說：「王卓然在主持校政期間，極力推行法西斯教育……王卓然公布了《懲戒規則》……其中甚至規定，在宿舍招待異性賓客者

[83] 王卓然：〈自傳〉，趙傑、王太學主編：《王卓然史料集》（《遼寧文史資料》總第36輯）（瀋陽：遼寧人民出版社，1992年），第45頁。

[84] 齊世英口述、林忠勝記錄：〈九一八事變以後的我〉，《齊世英口述自傳》（北京：中國大百科全書出版社，2011年），第123頁。

罰，擅自集會者罰，連遲眠晏起也得受罰，幾乎無所不罰。全篇可以濃縮成一個字，『罰』。」[85]又說：「王卓然是個複雜的人物，他對張校長的旨意是百般順從的……王卓然一度把『東大』引上了歧途，主要是為了討好張學良，同時，也可借此討好蔣介石。王並不信仰共產主義，但是為了迎合張的心意，他可以護送斯諾到陝北去，並首先出版斯諾的《西北印象記》。今天，公正地說，王還是做過好事的。」[86]王卓然之子王福時回憶乃父主持東大時的其中一點，「他之所以創議設邊政系，設俄文專修科，是出於抗日必須聯俄這一設想。為此，要造就俄文人才，並為此聘請了王之相、曹靖華、劉澤榮等名教授。」[87]

　　1934年10月4日出版的《東北大學校刊》116期公佈北平時期東北大學全校人員，計有教職員總數171人，其中教員135人，職員36人；全校學生總數1076人，其中本科生775人，專修科46人，補習班255人。此外，全校每年經費總數334200元（內有交通學院每年經費總數34200元），全校房屋面積總數733間、面積218.2畝。[88]

　　1935年7月1日，東北大學舉行第七屆畢業生畢業典禮。本屆畢業生共280人，其中東北籍學生241人，非東北籍學生39人，女生4人，男生276人，年齡最大32歲，最小22歲，平均25歲。畢業生成績最高88分，最低64分，平均78分。畢業典禮會上，由秘書長、代校長王卓然頒發畢業證書，依法授予學位。

　　7月底，理學院、教育學院、交通學院停辦，文學院英文學系、法學院法律學系、工學院機械學系學生均已畢業，宣布停止招生。

　　1936年2月，工學院、補習班學生由北平遷往西安；翌年2月，文、法學院師生約500人到開封河南大學報道。

　　1937年7月盧溝橋事變，東北大學在北平的所有的圖書、儀器等，與平津同歸淪陷。滯留在北平的東大學生，一部分逃離淪陷區繼續就學，一部分直奔抗日解放區走上戰場。

---

[85] 王振乾等編著：《東北大學史稿》（長春：東北師範大學出版社，1988年），第44頁。

[86] 王振乾等編著：《東北大學史稿》（長春：東北師範大學出版社，1988年），第47頁。

[87] 王福時：〈王卓然生平點滴〉，《東北大學建校65周年紀念專刊》（自印本，1988年），第156頁。

[88] 楊佩禎等主編：《東北大學八十年》（瀋陽：東北大學出版社，2003年），第110頁。

十二、于鳳至創建家政系

1934年上半年，王卓然開始籌建專門面向東北籍女性招生的家政系。

在張學良就任東北大學校長之前，東北地區是沒有女子大學的，不僅東大不招收女生，東北地區其他高校也都不招收女生。東北地區從中等學校畢業的女學生只好到關內或國外的高校就讀。「民國都成立這麼久了，為什麼還在剝奪婦女受教育的權利？」東北社會各界人士對東北大學成立以來一直不招收女生的做法提出了批評，希望東北大學能夠取消這個不合潮流的規定。東大第一任校長王永江是科舉出身，所受教育全系四書五經的內容，他尤其重視理學，反對男女合校。他說：「男女授受不親，是至聖先哲的教誨，自古以來，就是天經地義的事。如今倒好，小夥子大姑娘非要往一塊兒湊合，成何體統！要男女合校，古訓可沒有這一條。我寧可這校長不當，也不能做這種對不起祖宗的事兒。」直到王永江校長因病回原籍休養，東大不招女生的禁令仍未解除。第二任校長劉尚清到校後，對於輿論的呼聲拒絕得更為乾脆簡單，他說：「這個問題，王（永江）校長不是早已作出決定了嗎？我就任伊始，怎好改變？」

1928年8月，張學良得知東北大學拒招女生的情況後，向時任東大副校長劉風竹詢問：「東北大學拒收女學生，是誰決定的？為什麼做這種決定？民國已經成立十多年了，人們天天講『男女平等』『婦女解放』一些時髦話，可是為什麼做起事來還是這樣『重男輕女』呢？我決定立即取消這條規定。東北大學應當成為真正實現男女平等的模範。」經張學良校長決定，從1928年秋天開始，東北大學各學科均開始招收女學生入學。雖然1928年僅錄取50餘名女生，只占在校學生的6%，但對於東北大學來說，是一個良好的開端。為了鼓勵女學生入學後努力學習，張學良還讓夫人于鳳至入東大政治系插班聽課，他說：「我妻子應該帶這個頭。」于鳳至在回憶這段往事時說：「我在家務之外，儘量抽時間去瀋陽的大學聽課，我要補充自己的知識，好有助漢卿（張學良）。」[89]東北大學招收女學生，開了東北女子高等教育的先河，兼具女子文

[89] 轉引自〈漢卿掌舵　傾囊強校〉，丁義浩等主編：《漫遊東大》（瀋陽：東北大學出版社，2013年），第22頁。

化啟蒙的作用。很多積極進取的女生有機會學習深造，對東北的教育觀念和人們的社會觀念改革都起到重要作用。

再說主要面向女性的家政學，作為一門學科已有百餘年的歷史。1875年，美國伊利諾思大學第一個設立四年制的家政專業，從此家政學正式確立了自己的學科地位並開始授予學位；1890年，家政課進入美國的中學，為中學培養家政教師的專科學校從此應運而生。

在中國，在學校、學院中開展正規化家政學專業教育的時間並不長，但是，從歷史上看，中華民族歷來十分重視「家政」。古人說：「修身、齊家、治國、平天下」，追溯起來，我國從周朝開始就有了家政教育的思想。從1907年清光緒帝頒佈《女子學堂章程》起，就開始了正式的家政教育。《章程》規定女子不僅要學習德操，還要學習持家必備的知識和技術。當時，女子小學堂設「女紅」一科，傳授有關家政知識；女師範學堂中設有家事、裁縫、手工藝等學科，並講述保育幼兒的方法。

辛亥革命之後，女子小學堂中有手工、縫紉等課程，女子中學中有家事、園藝、縫紉三科。中學校規定，女子學校家事、園藝宜授以食、衣、住及伺候、育兒、經理家產並栽培、蒔養兼實習烹飪等事。中國在大學中設計家政系，開始家政學的高等教育始於1919年的北京女子高等師範學校，其後，燕京大學、河北女子師範大學、四川大學、金陵女子文理學院、福建協和大學、輔仁大學、國立女子師範大學、震旦大學等十多所大學相繼開設了家政系。

王卓然代行東大校長之職後，於1934年上半年開始在兵馬司前稅務監督署舊址籌建家政系，宗旨是培養「賢妻良母」的典範。家政系的創始人為張學良夫人于鳳至，所有辦學經費，都由她私人資助。于鳳至熱心教育由來已久，早在1928年她就在故鄉吉林省懷德縣大泉眼村和縣城南門里捐資創辦了初小（地方政府於1996年改名為鳳至小學）、高小兩所新民小學。

東大家政系當年暑假開始招生，招取對象僅限東北籍女生，錄取六十名。馬純裔就是那次考取入校學習的，據她回憶：

> 學生入學後待遇很好，因為她們都是背井離鄉，流亡北平的，基本上斷絕了家庭經濟來源，所以不僅免收學雜費，並且由校方供給食宿。由於具備這些優越條件，報名投考的人很多，因而錄取的標準是相當嚴格的。

學習期間定為三年。學習科目為國文、英文、歷史、哲學、家政學、經濟學、服裝學、烹飪學、兒童教育、婦幼保健、生物學、生理衛生學、有機化學、音樂和體育等課程。

教學設備比較完善，計有烹飪室，內設爐灶、烤爐。化驗室，內設顯微鏡五臺。服裝剪裁室，內設縫紉機六臺，裁衣案四張。音樂教室，備有鋼琴、風琴及各種樂器。遊藝室，內設乒乓球案、象棋、圍棋。除此之外，體育運動場還設立了籃球架、排球網。師資方面，聘請當時知名教授、講師擔任各門課程如：吳貫因教歷史，華連圃教國文，關福德教英文，王西徵教哲學，程先生教烹飪學，楊育淑教服裝學和家政學，剛斯倫教生物學和生理衛生學……

生活設備也能滿足要求，學生全體住校，前後院共有兩棟瓦房做為宿舍，另外設有飯廳、盥漱室、浴室。

管理方面，設舍監一人，1936年暑假前為楊育淑，以後為翟先生。[90]

家政系第一班學生於1937年暑假如期畢業了。1935年招收第二班學生六十名。她們在校學習了二年，未等畢業，就發生了蘆溝橋事變，平津告急，東北大學各院系全部南遷，家政系從此也就停辦了。

十三、站在「一二九運動」的最前列

在1935年的中國，所有世界流行的一切，中國也同樣流行。從經濟危機、法西斯主義、日本侵略到共產主義運動，還多了一個經久不息的內戰。

1月18日，日本關東軍發表文告稱「斷然掃蕩」察省中國駐軍宋哲元部，翌日蔣介石表示日軍進攻察東系「地方事件」，應「就地解決」。2月2日，中日代表在熱河豐寧縣大灘就察東事件正式談判，達成「大灘口約」。

---

[90] 馬純裔：〈東北大學家政系建立始末〉，《東北大學建校65周年紀念專刊》（自印本，1988年），第100-101頁。

同年1月，中國工農紅軍長征北上。有鑒於此，2月28日蔣介石撤銷了「鄂豫皖剿共司令部」，於3月5日在武昌成立國民政府軍事委員會委員長行營，改任張學良為行營主任。

5月2日、3日，天津日租界《國權報》社長胡恩溥、《振報》社長白逾桓相繼被殺。月底，日軍以兩個報社社長被殺等，向國民黨當局提出對華北統治權的無理要求。南京電令何應欽與日方談判，「妥善辦理」。6月9日，日本華北駐屯軍司令官梅津美治郎向何應欽提出備忘錄，限三日答復。何應欽經與日方祕密會商後，於7月6日正式復函梅津美治郎，表示對「所提各事項均承諾之」，接受日方要求，史稱「何梅協定」。

何梅協定訂立之後，華北名存實亡。8月1日，長征途中的中國共產黨發表〈為抗日救國告全體同胞書〉，即著名的「八一宣言」，呼籲「停止內戰」、「抗日救國」。

是年夏秋，黃河水災泛濫，華北廣大農村田廬被淹，災民紛紛逃來北平。但是，國民政府對急需救濟的災民視若無睹，激起了廣大青年學生的義憤，東北大學救災慰問團馳赴受災嚴重的魯西各縣慰問。法學院邊政系學生綦靈均、張無畏等組織東大水災賑濟會，加入者頗為踴躍，當場捐款的就有189名學生。政府不得不承認「東北大學水災賑濟會」為合法組織。之後，北平各學校相繼成立了水災賑濟會。東北大學學生以賑災名義，一方面進行了大量的賑災工作和抗日救亡宣傳活動，另一方面積極聯絡北平其他學校的水災賑濟會，成立了北平市學生水災賑濟會。11月28日，在北平學生水災賑濟會的基礎上，成立北平市學生救國聯合會，簡稱北平市學聯。參加學聯的東北大學代表是鄭洪軒、鄒素寒（鄒魯風）。

北平學聯的成立，為中共領導學生抗日救亡運動奠定了組織基礎。共黨就是通過北平學聯領導和發動了著名的「一二九運動」。

11月6日，日本要求設立華北自治政府，又發出最後通牒，同時向華北大量調兵。25日，日本還扶植殷汝耕[91]在河北通縣成立「冀東防共自治政府」，宣佈

<hr />

[91] 殷汝耕（1883-1947），字亦農，浙江溫州平陽人（今屬蒼南）。1904年官費留學日本，1909年入第七高等工科，後加入同盟會，曾追隨黃興參加辛亥革命。1913年二次革命失敗以後再赴日本留學。1919年從早稻田大學畢業回國，進入北洋政府財政部擔任司長。1935年日本與中國在華北的衝突增加，在土肥原賢二的邀請下，出任冀東防共自治政府的委員長，宣布脫離國民政府，因此被通緝。盧溝橋事變不久，殷汝耕失去了日方的信賴。抗戰勝利後，被以漢奸罪名處死。

冀東二十二個縣「脫離中央自治」。迫於日本的壓力，國民政府計劃於12月在北平成立「冀察政務委員會」，作為適應日本要求「華北自治」的妥協辦法。

12月2日晚，面對華北民族存亡危機，北平市學聯在燕京大學召開第三次代表大會，出席會議的東北大學代表是鄭洪軒和鄒魯風。這次會議針對日本對華北的侵略和國民黨的妥協退讓政策，討論通過了發動請願鬥爭的綱領、宣言和口號等。12月6日，東北大學級長會聯合燕京大學、清華大學、北平大學等十五校學生自治會發出了〈北平各校通電〉。〈通電〉在痛陳了自「華北事變」以來，蔣介石國民黨政府一連串辱國喪權的事件之後，尖銳地指出了：「強敵已入腹心，偷息絕不可得。」「今日而欲求生路，唯有動員全國抵抗之一途。」〈通電〉最後寫道，「吾民置身危城，日受熬煎，顧瞻前途，已不能再事容忍，願對政府作如左之請求，希國人共起督促之：（一）誓死反對『防共自治』。請政府即下令討伐叛逆殷汝耕！（二）請政府宣佈對敵外交政策！（三）請政府動員全國對敵抵抗！（四）請政府切實解放人民言論、結社、集會之自由！」[92]

這時有消息說，國民黨政府準備於12月9日在北平成立冀察政務委員會，以實現所謂「華北特殊化」。消息震驚了每一個愛國者，眼看華北各省又將繼東三省之後淪入日寇之手了，華北將亡，國家將亡，豈可坐視不管。中共北平臨委毅然決定於12月9日發動學生請願，請願不成，即轉為示威，以反對冀察政務委員會的成立。

12月8日，北平市學聯在燕京大學召開了第四次代表會，到會的有二十幾個單位，會上著重討論並制定了行動路線與時間。同時，對於參加的人數作最後的估計。當主席向東北大學代表問：「東大明天究竟能出多少人？」東大代表真是又慚愧又悲傷：「究竟能出多少人？真不敢說！因為大多數同學都還不知道有這次行動。學校當局壓迫，同學尚無組織。但明天早上一定召開大會，開得成呢，我相信東大同學是不會退縮的。萬一大會開不成，那麼只有三十人了——這三十人一個都不會少！」主席聽了報告，當時決定要東大這確定的三十人全部編成糾察隊，而且擔任整個隊伍的先鋒糾察——這一決定東大代表立刻

---

[92] 轉引自《一二九運動史》（北京出版社，1980年），第28頁。原載《一二九運動》（北京：人民出版社，1954年），第146、148頁。

接受了。東大同學已經做了四年的亡省奴隸啊，為什麼不作先鋒？同時決定燕大、清華同學由西直門乘大汽車進城，在東大集合。[93]

參加會議的東大學生代表鄭洪軒和鄒魯風返校後，當晚在法學院邊政系俄文三班學生宿舍召開會議，向宋黎[94]、關山複、唐杰生、林鐸、王一倫、韓永贊等十餘人傳達了學聯會議決定，為參加遊行請願做準備工作。許多人通宵未眠，做旗幟，寫標語，印傳單。「在這不平凡的『一二‧八』之夜，女生宿舍氣氛熱烈，群情激昂，幾乎人人都在談論著這件大事。共同的遭遇，產生了共同的語言，她們痛恨日本鬼子侵占了家鄉東北，又向關內日日進逼，而當局仍在一味的退讓，致使北平也安放不下一張平靜的書桌了。舊恨新仇一齊涌上心頭，她們把即將來臨的『一二‧九』看作是新的『五四』，充滿了強烈的雪恥救國責任感。不少女生寫了遺言，留下家人的姓名、地址、並貴重的東西一起託付給一個因懷孕不能去遊行的同學，做了犧牲的準備。宋偉（張堅）、張有芳（張鐵）裝好石灰包作為自衛的武器。」[95]

12月9日，古城北平正是嚴冬季節，千里冰封，寒風凜冽，但是學生們懷著滿腔的熱血，按預定計劃行動起來了。

是日早晨八點鐘，上課鈴聲響了。大部分同學不是走向教室而是走向禮堂。東北大學的學生們，在軍警包圍了學校的情況下，在禮堂召開了空前的學生大會。會上，王一倫和胡焜（胡開明）等人發表講話，傳達廣北平市學聯關於在當天舉行請願的決定。同學們熱淚盈眶，群情激奮，當場推舉學生會主席宋黎為東北大學請願隊伍的總指揮，由韓永贊、肖潤和等人組成糾察隊。接著，宋黎向同學們作了簡短的動員。到會的全體學生一致表示：完全擁護學聯的決定，堅決參加請願遊行。

---

[93] 王汝娟：〈熱血匯流著〉，《大眾生活》1936年第一卷第10期。轉引自《一二九運動資料》第一輯（北京：人民出版社，1981年），第119頁。

[94] 宋黎（1911-2002），原名宋介仁，又名宋忱。吉林奉化（今梨樹）人。1931年畢業於東北大學法學預科。1932年參加反帝大同盟。1934年加入中國共產黨。1935年參加一二九運動，任遊行示威隊伍總指揮。曾任中共東北軍工委宣傳部部長、代理書記。1938年後任中共中央東北局城工部秘書長、中共遼南省委城工部部長兼瀋陽市工委書記。1949年後，歷任遼西省人民政府副主席、遼寧省政協主席等職。

[95] 劉寧元：〈「一二‧九」時期東北大學女同學的一些情況〉，東北大學北京校友會編：《東北大學校友通訊》（1987年4月）第七期。

　　根據北平市學聯原來的決定，東北大學應首先與從西直門進城的清華大學、燕京大學隊伍會合，然後直奔新華門。可是，這時傳來了清華、燕京兩校的隊伍被困於城外的消息。於是，東北大學的隊伍便成為西路縱隊的惟一主力了，只好孤軍出動。學生們高舉「東北大學學生請願團」的大旗，「四人一排，手挽著手。女同學在隊伍中間──可敬的女同學們，她們是全體參加！」[96]當有人喊出第一聲「打倒日本帝國主義」的口號時，許多同學都忍不住流下了激動的熱淚。

　　東北大學校址在西北城西直門內，隊伍由北向南走，沿途避開了軍警在新街口一帶設置的封鎖線，從北溝沿轉到西四北大街，當行至西四牌樓時，被二三百名軍警堵住了去路。當事人宋黎回憶說：「12月9日，在大批軍警包圍各個學校，其他學校學生未能按時到達的情況下，東大同學推舉我為總指揮，率領隊伍衝破手持大刀的軍警的包圍、堵截，孤軍出動，直奔新華門，到新華門後隊伍已彙集有兩千多人。」[97]

　　新華門是中南海的大門，國民黨軍事委員會北平分會代委員長何應欽在裏面的居仁堂辦公，愛國學生要求何應欽出來接見，但遭到拒絕，他早已躲到小湯山去了。上午十時，學生們臨時選出代表十二人，前往居仁堂請願，並擬定了六項要求，向民眾宣讀後一致通過，這六項是：「（一）反對華北成立防共自治委員會及其類似的組織；（二）反對祕密外交，公布中日交涉經過；（三）保障人民言論、出版、集會、結社的自由；（四）停止內戰，一致對外；（五）不得任意逮捕人民；（六）釋放被捕學生。」[98]到了中午，學生越集越多，情緒愈來愈激昂。這時國民黨軍委會北平分會才派參謀長侯成出來「撫慰」學生：「要諒解政府的困難」，「要讀書救國」等等，拒絕了學生們的請願要求。

　　請願不成，為了表達人民的抗日救國的願望，東北大學宋黎、中國大學董毓華等人立即與其他學校代表商量，研究對策，當機立斷，決定改請願為示威遊行。由於東北大學參加的人數最多，整個示威遊行隊伍的總指揮便由東北大學擔任。當宋黎招呼整頓好隊伍，宣布「示威遊行開始」時，民眾一致高呼：

[96] 王汝娟：〈熱血匯流著〉，《大眾生活》1936年第一卷第10期。轉引自《一二九運動資料》第一輯（北京：人民出版社，1981年），第120頁。
[97] 宋黎：〈薈萃精英　血沃中華──憶東北大學〉，《東北大學建校65周年紀念專刊》（自印本，1988年），第62頁。
[98] 瞿作君、蔣志彥：《中國學生運動史》（上海：學林出版社，1996年），第213頁。

「現在我們要示威！我們要表示中國人民和華北人民的真實心意！」示威遊行隊伍，大踏步地向前進，來到「五四」運動的發源地——北京大學門外時，北大的愛國學生立即敲起鐘來召喚大家。頃刻間，黃敬（俞啟威）、劉導生、唐守愚、宋劭文、張震寰等人與許多學生迅速地衝出了教室，集合在紅樓前，以戰鬥的姿態投入了示威行列。接著，中法大學、河北高中等校也都趕來參加。

像滾雪球似的，示威遊行隊伍越滾越大。這支隊伍已擴展為四五千（有說六七千）人，浩浩蕩蕩地經過東華門，直向王府井大街進發。

此前，日本大使館獲得北平學生反日遊行的消息後，即通過武官出面，給北平市長秦德純[99]打電話，要求派日本憲兵出來維持秩序。秦德純一方面予以拒絕：「這件事我們地方可以負責，如果日本憲兵出來，必定發生慘案，那麼一切責任由你們負。」另一方面立即調派員警。保護東單牌樓各日本人商店。學生從上午開始遊行後，當局「曾嚴令員警不准携帶武器和警棍，並命令一部分員警換著便衣，跟隨遊行隊伍維持秩序，不准毆打辱罵，如有違反，不但要辦員警，並且要辦警官。如果員警被學生打了，被打的給予獎勵」。[100]因此遊行的秩序一時間頗為良好。可是後來情況發生了變化，據秦德純回憶：

午後二時，警察局長陳繼淹報告說：「遊行大隊現在西單牌樓休息，據說休息後，就要整隊衝東交民巷日使館，請示怎樣處置。」

我答覆他：「絕對不許大隊進入東交民巷，因為今年是日本使館『值年』，在東交民巷口設有機關槍，如果衝過去，勢必發生慘案。」

陳說：「員警既不帶槍，人數又少，無法制止。」

當時我說：「給你最後的武器，用水龍。將水龍布在東交民巷外面兩側，倘若大隊轉向東交民巷，即刻迎頭澆水。」[101]

---

[99] 秦德純（1893-1963），字紹文。山東沂水人。早年入保定軍校，後入北京陸軍大學。1930年任二十九軍總參議。1932年任察哈爾省政府委員兼民政廳長。1935年4月晉升中將。同年6月任察哈爾省政府主席，11月任北平政府市長兼第二十九軍副軍長。1937年抗戰爆發後，第二十九軍被擴編為第一集團，任總參議。抗戰勝利後，歷任軍令部次長、國防部次長。1948年12月任山東省政府主席兼青島市市長。1949年8月去台灣後，曾任國民大會主席團成員和中華民國總統府戰略顧問，1959年退役。

[100] 秦德純：〈冀察政委會時期的回憶〉，《秦德純回憶錄》（台北：傳記文學出版社，1967年），第41-42頁。

[101] 秦德純：〈冀察政委會時期的回憶〉，《秦德純回憶錄》（台北：傳記文學出版社，1967年），

上海《密勒氏評論報》記者報導當時的情景，說「在二條胡同員警們下了決心無論如何要防止隊伍到達只有幾百碼外的使館區。消防隊也被調來。沿著東安市場設有水龍。在二條開始用水沖，要將學生沖回去（『好計謀』），在零度的氣溫下用水噴在孩子們的身上」，甚至「數名外國觀察者也遭到噴濺」。「學生領袖們直奔衝突處，而遭到員警用皮帶、槍把和拳頭的殘酷的毆打⋯⋯他的兩位同志跑過來，把他帶回去。男孩和女孩同樣被打倒和亂踢。但似乎沒有人受重傷。雖然現場開來了救護車，但據後來報導說，有數人被送協和醫院，去治療輕傷，其中有一名員警。」[102]儘管如此，但秦德純認為，「這是不得已的措施，當時同學們或許不諒解，但我自信，用水龍澆自己的學生，總比敵人用機關槍打好得多了。」[103]遺憾的是，市長的一片苦心，不要說在當時，甚至在今天也未必讓人理解。

卻說遊行運動進行了一天，到了下午四五點鐘，大家已是疲憊不堪。為了保存力量，避免不必要的犧牲，宋黎冷靜地振臂高呼：「到北大三院去集合！」除留少數人作搶救工作外，把一時被沖散的民眾隊伍，很快地撤到了北京大學三院。宋黎慷慨激昂地說：我們大家回去組織全市學生總罷課！在一陣莊嚴熱烈的掌聲中，大家一致通過「從十日起實行全市總罷課」。愛國學生們充滿自豪地懷著高昂的鬥志和信心，分別回各自的學校去了。[104]

東北大學學生遊行歸來的當天晚間，首先遭到學校當局的威嚇：「剛才有兩個某國人來過了，問我們還能約束學生不能，如果不能，他們來替我們約束！我們當然說能夠約束！」接著秘書長王卓然訓話：「不怕死的小子，有小子骨頭，是他爸爸搋的，直接打某國去呀！在學校鬧什麼？」[105]由於這漫罵，讓少數未參加示威的同學也憤怒了，反來參加救亡運動。這是校方始料未及的吧？

第41-42頁。

[102] H.F.S：〈北平學生運動〉，《一二九運動資料》第一輯（北京：人民出版社，1981年），第106頁。原載上海英文《密勒氏評論報》1935年12月16日。

[103] 秦德純：〈冀察政委會時期的回憶〉，《秦德純回憶錄》（台北：傳記文學出版社，1967年），第43頁。

[104] 據《一二九運動史》（北京出版社，1980年），第40頁。

[105] 王汝娟：〈熱血匯流著〉，《大眾生活》1936年第一卷第10期。轉引自《一二九運動資料》第一輯（北京：人民出版社，1981年），第122頁。

　　第二天在禮堂召開第二次全體同學大會：一、檢討這次請願示威行動的優劣點。二、通過，執行昨天各校同學大會的一致罷課，繼續救亡工作的決議。（當示威大隊在王府井大街被擊散後，在北大三院集合，當時決議各校一致罷課及其他。）三、成立東大救國會參加學聯。四、營救被捕同學。

　　大會開始不久，主席報告的時候，秘書長王卓然帶著院長和一群職員，怒氣衝天地向會場衝來。守門的糾察隊迎前講話，被他一腳踢開。主席停止了報告，向秘書長說：「我們在開會，如果秘書長要講話，我須徵求同學意見。」

　　「甚麼你開會，開會！開甚麼會！」說著一把把主席拉下臺來。但主席立刻恢復他主席地位與秘書長並立，聲淚俱下的說：「秘書長！難道你平常常說的『收復失地』的口號都忘記了嗎？東北亡了四年了，現在華北又亡了，我們怎還能苟安！全北平市的同學都起來作救亡運動，我們東大同學都是亡省亡家的東北人，我們不動，我們還有什麼面目見人，我們還算人麼？我相信，我們的行動是東大的光榮，是東北人的光榮，也是秘書長的光榮。秘書長也是亡省的東北人，這絕不是秘書長的恥辱啊！」主席向全體同學徵求：「允不允許秘書長說話？」同學們齊聲喊：「不要聽！」「打倒漢奸！」

　　「誰？捉住！捉住！」秘書長向院長命令著。院長立刻走向後面捉人，但糾察隊把他勸阻了。同學悲憤到了極點。有的放聲痛哭：「不要忘了我們是亡國奴啊！」

　　看同學們情緒激昂，秘書長的風向也轉和一點了，主席讓同學靜下來，允許他講話。

　　「你們不再鬧，我可以要公安局釋放你們被捕的同學；但你們再鬧，我就不管了。罷課不行！」秘書長說。

　　「立刻釋放我們的被捕同學！」「我們要現在看見我們被捕的同學回來！」

　　「你們要願意被捕同學多受罪，你們就鬧！」秘書長轉身走了；「警告你們，不要為少數人利用！你們不要為少數人利用！」大隊的同學，誰都不理睬他。

　　大會繼續進行。示威行動檢討過去了。會議一致決議：一、即日開始罷課。二、成立東大救國會，參加學聯——當推定十一位同學組織救國工作委員會。三、組織強有力的糾察隊——以前之糾察隊員改編於新組織內。四、要求學校保釋被捕同學。

　　大會結束後，東大即日起全體罷課。被選舉之同學即刻計劃組織與工作進行。糾察隊於三小時內組成六小隊——每一小隊十人——按學聯規定編制，即執行維持秩序職務。[106]

　　夜幕來臨了。午夜，東大同學們在做著興奮的美夢之時，學校開進了百餘名東北憲兵。宿舍門被把守了，不准同學出入，於是由號房按名單指示床位，各室搜查，結果有六位同學被捕了，其中有五名女生，「她們是孫玉華、梁明彥、劉淑清、侯淑艷、唐靜淑」[107]。

　　《北平晨報》12月12日刊登「特訊」：「東北大學昨頒佈緊急處理法，訓誡學生謹言慎行，通告教員按時授課。」[108]王汝娟〈熱血匯流著〉則謂12日學校宣布緊急戒嚴令，「由秘書長和軍訓主任任戒嚴司令。憲兵把守校門，禁止同學外出。學校向同學宣布：同學須一律離開宿舍，不到教室即須到圖書館，在院內散步或停留聚談者，則以擾亂秩序論，憲兵可隨時逮捕。拒捕者則開槍，打死勿論！」當天下午學校又佈告「東北大學緊急處罰法」：13日不上課者降為自費旁聽生，14日不上課者開除在校名籍。[109]

　　同一天，張學良致電王卓然轉全體同學：「頃平市各校對時局之舉動及諸生愛國之心，良當表同情，惟我校情形特殊，所歷艱困想為諸生所素悉，值此時艱，務望忍辱負重，安靜慎勿捲入漩渦，致學校受其影響。蓋唯貞固足以幹事，救國不忘讀書，諸生其勉諸。」[110]

　　13日，東大留校同學決定：大家齊集秘書長辦公室前示威要求：一、立即撤退駐校憲兵。二、立即釋放被捕同學。三、逃出之同學不得再次逮捕。四、以後不得壓迫和干涉同學愛國運動。如校方不答應這四點要求，則同學自動驅逐憲兵出校，自動奪回被捕同學。

[106] 王汝娟：〈熱血匯流著〉，《大眾生活》1936年第一卷第10期。轉引自《一二九運動資料》第一輯（北京：人民出版社，1981年），第122-124頁。

[107] 劉寧元：〈「一二・九」時期東北大學女同學的一些情況〉，東北大學北京校友會編：《東北大學校友通訊》（1987年4月）第七期。

[108] 據《北平晨報》1935年12月12日。轉引自閻黎明輯：〈一二・九運動報刊資料選編〉，《近代史資料》總59號（北京：中國社會科學出版社，1985年）。

[109] 王汝娟：〈熱血匯流著〉，《大眾生活》1936年第一卷第10期。轉引自《一二九運動資料》第一輯（北京：人民出版社，1981年），第125-126頁。

[110] 畢萬聞主編：《張學良文集》（2）（北京：新華出版社，1992年），第934頁。原載《東北大學校刊》總第151期。

怒潮似的學生卷到辦公室前，堅決地提出四項要求，要王卓然立刻回答。看到同學們的激情，東北憲兵也心軟了，感動地說：「同學們，我們都是東北人，我們也同情你們的愛國運動，不願來壓迫你們。不過沒有法子，是他們命令我們來呀！」在學生們的逼迫下，王卓然終於答應了四點要求。同時，也不得不放棄「緊急戒嚴令」、「緊急處罰法」。

13日，《世界日報》消息：「連日被捕學生，已完全釋放。九日北平學生遊行，因而被捕的計北平大學三人、東北大學六人。北平大學三人已由徐誦明校長於翌日保出。」東北大學「因有傷害警士嫌疑，先後被捕十二人，現經王卓然代理校長力保」，已經完全釋出。[111]

「一二九」的鬥爭，僅僅是開始，在中共地下黨的謀劃下，正在進一步醞釀著一場更大、更深入的鬥爭。

十四、「一二‧一六」大遊行

1935年12月10日，北平全市學生實行總罷課。北平學聯發布了《宣傳大綱》，強調貫徹中國共產黨的抗日民族統一戰線這一方針。指出：「中華民族的自由解放，是我們的目標，擴大民族革命戰爭，是我們的方針。然而這種重大的任務，絕非學生群眾所能單獨勝任的。所以為了我們偉大的前途，我們必須聯合全國民眾，結成統一革命戰線，武裝全國民眾，來擴大民族解放鬥爭。」[112]

學生們首先在學校恢復被摧殘破壞的學生自治會和抗日救國會組織。10日北大學生救國會成立，選舉了朱穆之、陳忠經等為負責人；東北大學成立了學生救國工作委員會（簡稱工委會），宋黎、鄭洪軒、鄒素寒同學被選為常委，並組織了三四十人的糾察隊，負責維持學校秩序，由工委會組織各種救亡活動。

幾天時間，學生們辦壁報、出特刊、演講宣傳、問題辯論，思想覺悟的提高是平時幾年功夫所難達到的，廣大學生要求「再來一次」的呼聲極為高漲。

---

[111] 據閻黎明輯：〈一二‧九運動報刊資料選編〉，《近代史資料》總59號（北京：中國社會科學出版社，1985年）。

[112] 翟作君、蔣志彥：《中國學生運動史》（上海：學林出版社，1996年），第216-217頁。

　　為擴大「一二九」遊行示威活動的影響，燕京大學學生自治會接受了斯諾的建議，12月12日在學校臨湖軒舉行了一次外國記者招待會。除斯諾外，前來參加的有合眾社、《芝加哥每日新聞》、天津《華北明星報》、《亞細亞》雜誌、上海《密勒氏評論報》和《大學》雜誌等駐北平記者六人。

　　12月14日，北平報載國民政府決定在16日成立冀察政務委員會，宋哲元等人將粉墨登場。「冀察政務委員會」是適應日軍「華北政權特殊化」要求的產物，它的成立意味著華北名存實亡。北平學聯得訊後立即召開會議，決定在這一天再一次發動大示威，引導學生運動走向新高潮。

　　清華、燕京吸取了上次被阻在城外的教訓，分別在前一天組織了先遣隊約一百人進城，宿於東北大學第一宿舍。城內各校共組成三個大隊，第一大隊由東北大學率領，第二大隊由中國大學率領，第三大隊由北京大學率領。他們巧妙地化整為零、化零為整、聲東擊西，至天橋集中。16日清早，清華、燕京等校的城外大隊，在西直門受阻，轉阜成門又奔西便門，向天橋進發。上午十一時左右，四面八方的示威隊伍，一路又一路地會師天橋。天橋是市民聚集的地方，北平學聯確定在這裏集中，就是為了向民眾宣傳抗日救國的道理。這時天橋周圍人越聚越多，約有兩三萬之眾。廣場上旗幟翻騰，標語成林，傳單遍地飛。

　　東北大學的宋黎是遊行示威總指揮之一，他和其他同學支撐著站在破電車上的黃敬，由黃敬領著廣場上的民眾高呼：「反對成立冀察政務委員會」、「停止內戰，一致抗日」、「收復東北失地，爭取抗日愛國自由」等口號。接著大會當場通過《不承認冀察政務委員會》，《反對華北任何傀儡組織》，《收復東北失地》等決議案。一致要求：（一）誓死反對日本帝國主義侵略中國；（二）組織民眾，工農兵學商共同抗日；（三）民眾自動武裝起來；（四）反對華北自治，到外交大樓及市政府質問地方當局何以賣國？

　　市民大會結束後，立即由學生和市民組成了聲勢浩大的長達兩里的遊行隊伍，開始示威遊行。示威隊伍共分兩列，每列以四人為一排，手挽著手，並肩前進。清華大學為前導，高舉「反對成立冀察政務委員會」、「打倒一切漢奸」、「打倒日本帝國主義」的旗幟和標語，兩旁各校糾察隊及自行車交通隊隨行。沿途又有許多市民陸續加入隊伍。市民知道學生們從上午到下午滴水未進、粒米未食，紛紛送來開水、麵食，還有窩窩頭。

東北大學位於南兵馬司的東校（女子家政系）同學，沒能參加「一二‧九」運動，16日這一天，東校幾十名女同學參加了遊行。趙新蓮（趙雪寒）、陳景霞手執用竹竿打起的橫幅，走在隊伍的前面。劉淑德擔任交通，騎著自行車，在隊前隊後，傳達命令和消息。「在沙灘附近，員警沖散了遊行隊伍，又撲上來搶橫幅，趙新蓮、陳景霞與之奮力爭奪，員警搶去竹竿抽打她們，她倆緊緊地把橫幅抱在懷裏，這時，男同學胡焜跑過來，才使她們脫離了險境。」[113]

當示威遊行隊伍到達珠市口時，城外大隊的學生也趕到了，雙方會師，聲勢倍增。隊伍行進到正陽門時，守城軍警阻攔進城，指揮部當即以退為進，將隊伍帶至前門西車站廣場。糾察隊用自行車搭成主席臺，再次召開市民大會，會後繼續舉行遊行示威，原規定路線是：沿前門大街進前門，經天安門、東長安街轉東單到外交部街，然後由北城轉到西城解散。但是北平當局關閉了前門，經多次談判，允許分三批通過。指揮部警覺到這是個「各個擊破」的陰謀，因此決定分三隊進城，一隊從正陽，由黃敬率領，二隊繞道宣武門入城，三隊留守原地，第一、二隊在宣武門會合後再回師迎接第三隊。第一隊從正陽門入城後，在絨線胡同西口被保安隊攔住去路，為避免流血，同時太陽西下，同學們滴水未沾地苦戰了一整天，也應該從事休整。因此指揮部決定整隊往北，分頭回校。但當隊伍轉彎北進時，軍警的大刀隊向學生衝了過來，為了保存力量，避免重大傷亡，指揮部又決定化整為零，很快地退卻。

夜幕降臨，清華、燕京等校學生陸續返校。當東北大學隊伍行至菜市口時，又遭軍警伏擊，多人受傷。[114]受傷的同學有的被送到東北大學南校，南校大禮堂成了臨時醫院。有些受重傷的同學被送往市內醫院，但因政府有令不准收留學生，只好送往外國人開辦的醫院。

八十年後我們回過頭來看這段歷史，驚訝地發現有這樣一個事實，遊行當天雖然有數百人受傷，卻沒有一人身亡[115]；軍警為驅散學生隊伍調用了大刀

---

[113] 劉寧元：〈「一二‧九」時期東北大學女同學的一些情況〉，東北大學北京校友會編：《東北大學校友通訊》（1987年4月）第七期。

[114] 據1935年12月20日燕京大學《十二九特刊》第3號〈十六日平市學生示威遊行參加、被捕、受傷、失蹤人數統計表〉，12月16日東北大學參與示威遊行300人，重傷2人，輕傷30人，無人被捕、失蹤。

[115] 據1935年12月20日燕京大學《十二九特刊》第3號〈十六日平市學生示威遊行參加、被捕、受

隊，卻沒有開一聲槍。親歷者回憶，當遊行隊伍毫無畏懼地向前衝時，大刀隊的「大刀像樹林般豎起來，在空中晃著，但士兵卻像木頭人似的一聲不響」，沒有把大刀劈下。學生們呼喊著「中國人不打中國人！弟兄們槍口對外，一致抗日」為口號，「在那一片明晃不動的大刀之林下面，激動活躍的人流很快跑過去了」。[116]大刀隊在與北平大學農學院等院校學生衝突時，曾經使用過大刀，但其情景卻是「大刀隊持大刀隨罵隨用刀劃，著帽帽破，觸衣衣斷」，「故意不傷及學生性命，而僅使之傷不能動。但學生之倔強者，不畏大刀，徒手撐拒，往往因受重傷」。[117]參加過此次運動的原中共中央宣傳部部長鄧力群（時為北平私立匯文中學學生、北平學聯執行委員）最有發言權，他在回憶中說得十分肯定：

> 員警沒有動手。憲兵大部分是東北人，持中立態度，也沒有動手。最壞的是保安隊。他們身背步槍，手拿大刀，全副武裝。隊伍想衝過去，他們不讓衝。相持了一段時間後，我們一聲吶喊：「衝！」保安隊就拔出大刀，用刀背砍手無寸鐵的愛國學生。員警一看保安隊伍動手，也跟著用皮帶抽打我們，這樣一來就把我們的隊伍打散了。保安隊是宋哲元的部隊，平常在街上看不見他們，有事才出來。他們沒開槍。可能他們內部有命令，只用刀背砍。那時是冬天，我們穿著棉衣，但刀背砍也很痛。有的同學受了些輕傷。那天沒有抓我們的人。[118]

此外，當局還採用了勸導的方式對待學生。如讓東北名流劉哲和東北軍五十三軍軍長萬福麟出面，到東北大學，按照平津衛戍司令宋哲元的命令安撫學生不要「鬧事」。

實事求是地說，即使在雙方對立最尖銳的時刻，也未發生軍警向學生開槍傷人的事件。在場的《密勒氏評論報》記者H・F・S報導說，雖然「每一個小

傷、失蹤人數統計表〉，12月16日共有29所大中學校7775人參與示威遊行，被捕8人，重傷85人，輕傷297人，失蹤25人。

[116] 劉尊棋：〈一二九斯諾夫婦和學生挽臂遊行〉，《人民日報》1985年12月19日。

[117] 據〈北平大學農學院代電通告一二九及一二一六兩日流血事實〉，劉昊選編：《有關一二九運動的檔案史料》，《北京檔案史料》1986年第1期創刊號。

[118] 鄧力群：〈走出書齋，投身救國——回憶「一二・九」運動的火熱年代〉，政協北京市文史委編：《文史資料選編》第21輯（北京出版社，1984年），第5頁。

夥子（指員警）都有一支槍，看上去都在利用它，但是他們中間看上去沒有一個人要積極地把它裝上彈藥來利用」。[119]因此，有學者公允地指出，「宋哲元與愛國學生運動的尖銳對立和對學生運動的壓迫，有別於南京政府對群眾愛國運動的鎮壓，不能把它不加分析地與南京政府鎮壓學生運動等同看待。更不能因『一二·九』運動初期階段宋哲元與愛國學生的尖銳對立，就籠統地得出宋哲元鎮壓『一二·九』學生運動的結論。」[120]

愛國學生的大規模示威遊行，鬧得滿城風雨，家喻戶曉。當局懾於民眾的壓力，不得不被迫宣布「冀察政務委員會」延期成立。

12月19日，教育部長王世杰發表談話，禁止學生一切罷課、遊行、請願舉動，並令各地機關執行。北平市長秦德純再度召集各大學校長，交換制止學生勿再集會遊行意見。宋哲元再發告校長書，望各校制止學生運動，隨後迫令平津所有學校，提前放假。

22日，學聯收集了受傷同學的血衣五百多件，在中國大學逸仙堂舉行血衣展覽大會。這天參加大會的有各校學生代表兩千多人和部分學生家長。會場上標著「血淋淋鐵的事實」七個大字。很多受害學生和他們的家長，憤怒地控訴了國民政府的暴行。臺上臺下，聲淚俱下，義憤填膺。當場決議對全國發布文告，向北平當局提出嚴重抗議，並決議組織北平各界同胞，前赴協和醫院、北平大學醫學院等處慰問受傷學生。

北平教育界人士蔣夢麟、胡適、傅斯年在「一二九」當天，都登臺發言，熱情支持學生的愛國行動。但隨著形勢的發展，情況發生了一些變化。以蔣夢麟、胡適為代表的北大當局認為：一二九已經夠了，一二一六就惹禍了，繼續罷課就更不應該了，所以他們堅決反對繼續罷課。胡適在12月29日出版在《獨立評論》上發表〈告北平各大學同學書〉：

> ……十六日北平各校學生大舉遊行的事，參加者數千人，受傷者總數約近百人。此等群眾行動易發而難收，有抗議的功用而不是實際救國

---

[119] H·F·S：〈北平學生運動的進一步發展〉，《一二九運動資料》第一輯（北京：人民出版社，1981年），第171頁。原載上海《密勒氏評論報》1935年12月28日航空版。

[120] 李全中：〈一二·九運動與宋哲元〉，陳世松主編：《宋哲元研究》（成都：四川省社會科學院出版社，1987年），第103頁。

的方法。諸位同學都在求學時期，有了兩次的抗議，盡夠喚起民眾，昭告天下了。實際報國之事，決非赤手空拳喊口號發傳單所能收效。青年學生認清了報國目標，均宜努力訓練自己成為有知識有能力的人才，以供國家的需要。若長此荒廢學業，今日生一枝節，明日造一慘案，豈但於報國救國毫無裨益，簡直是青年人自放棄其本身責任，自破壞國家將來之幹城了！

所以我們很誠懇的第二次提出勸告，希望諸位同學即日復課，勿再虛擲光陰。報國之事，任重而道遠，青年人切不可為一時衝動所誤而忽略了將來的準備。[121]

　　轟轟烈烈的「一二九」運動，引起了在陝西「剿匪」的東北大學校長張學良的關注。12月末，他從西安給東大當局來電說：「北平學潮未息，請邀主動分子來陝一談。」東大秘書長、代行校長職權的王卓然將此電報交給「東北大學學生救亡工作委員會」（以下簡稱「救亡委」），要他們選派學生代表去西安。學生們開會討論，認為身任西北「剿匪」代總司令的張學良不稱「學運」而稱「學潮」。不稱「領導」直呼「主動分子」顯系敵視學運，因此拒絕派學生代表。王卓然背著「救亡委」，組織了一個學生代表切去西安。「救亡委」得知後立即電告張學良：「他們是偽代表，不能代表東大學生。」張學良接電後，第二次給王卓然來電：「請邀主動分子，促其來陝一談，弟實善意。」「救亡委」研究後，認為張學良仍然敵視學運，拒絕派學生代表。王卓然又偷偷地派第二批學生代表去西安。「救亡委」知道後，再次電告張學良，加以否任，不派代表去西安。處在這種情況下的張學良，遂派他的軍法處長、原東大法律教授趙鴻翥，代表張學良攜款千元於12月31日來到北平，慰問參加「一二九」運動的東大學生。當學生們弄清他的來意後，「救亡委」召開了學生歡迎大會。趙鴻翥代表張學良向學生講話：校長派我來，有兩種使命，一慰問同學；二希望同學。慰問同學的意思是：校長遠在西安，閱報得知同學為愛國心重，請願時被員警打傷，校長不明真相，特派我來慰問諸同學，藉明真相。希

[121] 據中國社科院近史所編：《胡適來往書信選》中冊（北京：中華書局，1979年），第292-293頁。

望同學有三點：（一）希望同學要團結，然後才有力抵禦外侮；（二）希望同學要沉著，救國不忘讀書；（三）希望勿久荒學業。[122]

　　不久，張學良第三次來電稱：「請學生派民主代表赴西安。」這時「救亡委」認為，形勢有變化，張學良似誠意相邀，便正式派學生代表宋黎和韓永贊、馬紹周去西安，向張學良校長彙報東北大學學生運動情況。

十五、參加南下宣傳團

　　國民黨當局為了把學生運動控制下去，不得不採取各種手段對學生進行壓制，抗日運動面臨著一個如何深入發展的問題。在這個時候，中共中央及時地指出：愛國的學生運動，必須和工農兵的武裝抗日鬥爭相結合，這樣才能持久與達到最後的目的。共青團中央在《為抗日救國告全國各校學生和各界青年同胞宣言》中，總結了愛國學生運動的歷史經驗和教訓，指出：「壯烈的『五卅』運動成為中國民族革命中最光榮的偉績，是由於當時學生表現了偉大愛國精神，喚起全國人民的同情，推動了工農兵商學各界同胞的大聯合。『九一八』事變後，英勇南下學生示威團之遭受失敗，而不能達到其救國目的，就是由於當時學生組織的渙散，行動的不統一，更是沒有注意深入到工農軍政商學各界同胞中去，沒有推動他們組織起來，以致不能把各界同胞的同情，變成一致的行動，使運動形成孤立所致。」為此，宣言號召青年學生吸取歷史教訓，「把抗日救國運動擴大起來！到工人中去，到農民中去，到商民中去，到軍隊中去！喚起他們救國的覺悟，推動他們建立救國組織」。「實行全民抗日救國大聯合，和實行各界同胞武裝抗日的共同戰鬥！」[123]在這個時候，中共北平地下黨組織立即召開會議，著重研究學生運動怎麼和工農相結合問題。到會的有黃敬、姚依林、黃華、郭明秋和宋黎。上級黨組織派人參加了這次會議。會議充分肯定「一二九」、「一二一六」北平學生愛國運動在宣傳抗日救亡方面所起的先鋒作用，同時也指出，知識分子必須和工農，特別是同抗日的武裝力量結合，才能壯大全國各階層的抗日力量，迫使國民政府停止內戰，一致對外，

[122] 據楊佩禎等主編：《東北大學八十年》（瀋陽：東北大學出版社，2003年），第119-120頁。
[123] 轉引自《中國青年運動史》（北京：中國青年出版社，1984年），第11頁。

才能收復東北失去的領土。會議決定利用罷課和寒假這個空隙到農村去，組織「平津學生南下擴大宣傳團」，引導學生走上與工農相結合的道路，把學生抗日救亡運動發展成為民眾的抗日救亡運動。

接著，學聯就在燕京大學體育館召開了各校的代表會，經過熱烈爭論，最後通過了「南下宣傳」的決議。宣傳團的指揮部由三人組成：董毓華（中國大學學生，總指揮）、江明（即姜文彬，北平師大學生，副總指揮）和宋黎（東北大學學生，副總指揮）。宣傳團成立了黨團（即黨組），書記是彭濤，其他領導成員是三個總指揮和黃敬。宣傳團大約有五百人左右，下面分四個團：第一團、第二團基本上是北平城裏的大中學校的學生，如北京大學、東北大學、師範大學、東北中山中學等，第一團團長是韓天石，第二團團長是江明；第三團主要是城外的清華、燕京、輔仁等校學生，負責人是燕京大學的黃華和清華大學的蔣南翔；第四團是天津學生組織的。分在第二團的東北大學學生，個個心情振奮，積極製作宣傳品，學唱救亡歌曲，編排文藝節目，購買下鄉用的藍布褲和球鞋，作下鄉宣傳的準備。

1936年1月初，正是北平最冷的時候，天寒地凍。平津學聯南下擴大宣傳團的團員們，都只穿一身棉衣褲，每人帶一床薄軍毯整隊出發了。出發以前，有的大隊還舉行了莊嚴的宣誓儀式。寒冷的清晨，在學校的大操場上，由一個人領讀，大家懷著激動的心情跟著朗讀：「我們下了最大決心，出發宣傳。去訓練民眾，組織民眾，不怕任何阻力，不惜任何犧牲。不達目的，決不返校。」

1月3日，軍警事先得到消息，將阜成門把守得水洩不通。第一團、第二團為了避開軍警們的攔阻，化整為零，分散地從西直門或者西便門溜了出去，到預定的集合地點阜外平大農學院集中。然而，農學院的正門前已經軍警林立。為了逃避軍警的追逐，學生們又三五成群地從農學院後邊的曠野奔向大井村。由於離北平太近，學生們提心吊膽，不敢睡覺，午夜便又出發，連夜穿過豐台，繞過南苑，這時才東方漸白。中午，到達黃村，晚間到了青雲店，才算到了安全地帶。

第一、二團的隊員們這一天跑了一百多里路，沒有休息，忍饑受凍，有的人腳腫起來了，有的磨出了血泡。他們拖著疲憊的身體住下了。有的住進了小店，一間小屋要住十七個人，無法躺臥，就背靠著背坐著。有的住進了小學的破教室裏，窗戶紙都沒有糊，寒風呼呼地往裏灌，吹透了棉衣。實在太冷，大

家便升起了火盆，結果好幾個同學中了煤氣，還有的把衣服也燒著了。幸好發現及時，搶救了過來。

5日，宣傳團便在青雲店集市上開始了宣傳工作，召開群眾大會。6日，經過安定村和火車站、河北頭，下午抵達禮賢鎮。7日，在禮賢鎮進行宣傳、講演，而後赴固安。

第三團於4日分別從各校出發到藍靛廠集中，經盧溝橋、長辛店、良鄉、琉璃河，6日中午到達涿州的馬頭鎮。第四團是2日由天津採取分散隱蔽的方式出發，經漢溝至楊村，沿途作了大規模的宣傳。4日向安次進發。5日在城外作抗日宣傳。6日至永清，住在存實中學，幫助該校籌備組織學生自治會。7日出發赴固安。

四個團在7日、8日分別到達固安集中。中共地下黨員、固安簡易師範校長王雨山聞訊，率領著部分學生出城迎接。固安縣長邊英僑已接北平當局通知，說有幾百共產黨員來固安暴動，當即下令緊閉城門，城牆上架起機關槍，派二十九軍一個連荷槍實彈守衛在城牆上。見此情景，學生們無不義憤填膺，痛罵縣長不是中國人，有的同學還按照《時事打牙牌》的歌譜，編了一支歌謠：「一路風霜到固安，城門關了整三天。縣長王八蛋！哎咳哎咳喲，縣長王八蛋！」宣傳團進不了縣城，就在城外鄉鎮開展宣傳工作，召開群眾大會，舉行各種座談；許多學生深入到農民家裏進行宣傳訪問，還演出話劇《打回老家去》。演完，又教台下的群眾一起唱救亡歌曲。

9日，四個團在一個大車店院子裏開全體大會。首先由各團代表分別報告出發以來的經過情形和內部組織情況；接著由留校同學代表講述後方情況及前來慰問的意思；最後決定以平津學生聯合會擴大宣傳團的名義發一快郵代電，申述此次擴大宣傳的意義，並促進全國同學一致到民間去，等等。

學生們一離開學校，生活上就完全變了樣。東北大學和其他各校的學生頂著刺骨的寒風，每天步行數十里，吃的是凍硬了的乾糧和鹹菜，晚上就和衣睡在冷炕上。這便是他們在和工農群眾結合的第一個考驗。但是為了抗日救國，大家甘願忍受這點生活上的艱苦。他們每到一處，通過召開民眾大會、演出文藝節目、到農民家裏走訪等方式，向民眾進行抗日救國宣傳。開始農民們對這些頭戴航空帽，圍著長圍巾，身穿長袍的男男女女，一路走一路唱，以為是「吃教的還下鄉來宣傳，嘴裏還唱著讚美詩哩」。老鄉們對他們的講演、唱

歌、呼口號，也聽不大懂。有的見到他們，甚至就把大門關了。黨組織看到這些情況，感到學生雖有抗日熱情，但他們不瞭解農民及其所受的封建剝削，於是組織他們深入到貧苦農民中去調查訪問，並在宣傳團組織討論，以提高他們的政治水準和覺悟。學生懂得農民疾苦後，宣傳就變得有血有肉，取得了很好的效果。農民逐漸把學生看成了自己人，熱情問寒問暖，燒水送茶，並向他們傾訴對地主豪紳的憤恨，使學生們深受感動和教育。美國記者斯諾說過：「把城市示威擴展到農村的事情上，東北大學的學生證明是最積極的。每逢假日，許多學生都深入農村，敘述日本侵占他們的家鄉的事實，並鼓勵人民備戰。」[124]

　　在南下宣傳期間，當學生們走進農家陰暗而狹小的土坯房進行調查訪問時，都被眼前的情景驚呆了！這些來自平津的大學生，多數是城市知識分子的子女，有些是資本家的子女，他們在優裕的生活環境中長大，從未見過這樣的慘景。在這嚴寒的季節，那些農家小孩只圍了一塊單布片，一家數口只有一床破棉被。不少農家吃的是很稀的糠菜粥，有的竟連這也吃不上。一個農民酸楚地說：「糠菜只能吃到年底，過了年關就沒吃的了！」

　　此情此景，刺痛了每一位學生的心。這些想下鄉來「宣傳民眾、組織民眾」的學生，自己卻受到了一次深刻的教育。他們開始瞭解了農村的真實情況，瞭解了廣大受苦受難的農民。有些當年的宣傳團員回憶起這段經歷時，很有感觸地說：「跟著工農走，儘管要拋掉優裕的生活，經受艱苦的考驗，但我寧願如此，這是一條唯一的光明大道。」[125]「十多天南下擴大宣傳，……對知識分子的影響倒是非常深刻的。要改變人們的思想，現實生活畢竟是最有說服力的，最能打動人心的。」「當時我下決心要參加革命。」[126]

　　平津學生的南下擴大宣傳震動了北平當局。最初，他們責令學校當局派人勸說學生回校，並下令沿途各縣隨時進行封鎖和破壞，但均未奏效，於是便派出大批軍警、特務，對宣傳團前堵後截，武裝強迫學生返平。

---

[124] 轉引自丁曉春：〈「一二・九」運動的先鋒和骨幹〉，魏向前等主編：《東大逸事》（瀋陽：東北大學出版社，2003年），第50頁。

[125] 轉引自《北京青年運動史》（北京出版社，1989年），第231頁。原載《中國青年》1952年第11期。

[126] 黃秋耘：《風雨年華》（北京：人民文學出版社，1983年），第12-13頁。

12日，東北大學學生所在第二團由固安出發，次日到新城縣的辛立莊，住在小學校裏。14日，宣傳隊員利用辛立莊大集，召開了群眾大會。第二天，冀察政務委員會專門派人來「勸說」學生返平。此人自稱「王委員」，帶著員警和特務，新城縣長帶著保安隊，分別乘坐幾輛汽車耀武揚威地來到學校。「王委員」當即對學生訓起話來：「愛國我也贊成，不過工人做工，農民種田，學生讀書，這是天經地義，對日本的事是國家大事，政府自有主張，……這數九寒天，青年學生奔波於窮鄉僻壤，不只自己吃苦，還會被共匪利用……。」[127]縣長裝模作樣地說：「讓年輕人好好想一想，時候不早了，先回去用餐吧！」

次日一早，特務們開來幾輛大卡車，把小學校裏的學生綁架到車上，押送回平。

二團的一小部分同學在當日深夜跑出學校後門，追上了幾十里以外的一團，繼續前進。指揮部的董毓華、宋黎連夜趕回北平，向中共北平市委彙報南下情況。

一團及二團的一部分同學於21日到達保定。這時，他們已得到三團被押解回平以及成立永久性團體的消息；中共北平市委要求停止南進，立即回平的指示，也傳到宣傳團。一、二團在保定住下後，因大家心中有事不能安眠，就通宵開會討論宣傳團回去後怎麼辦。大家一致認為要成立組織，繼續宣傳抗日救亡。隨後就你一言我一語地討論組織名稱，提了幾個都不滿意，最後北師大女生曹國智提議叫民族解放先鋒隊，全場一致鼓掌通過。

次日，一、二團被軍警鎖進鐵皮悶罐車，武裝押送回平。

回平後，三個團聯合開會，決定採納一、二團所取的名稱，將中國青年救亡先鋒團、民族解放先鋒隊合併，定名為民族解放先鋒隊（簡稱民先隊或民先）。

1936年2月1日，在北平石駙馬大街北平師範大學文學院，召開民先隊成立大會。會議決定宣傳團員自願加入民先者皆為第一批隊員。會上產生了民先領導機關一總隊部。東北大學學生敖白楓（高錦明）任第一任隊長，黃敬任黨團書記。秘書劉文卓（劉導生）、組織部長肖敏頌、宣傳部長王仁忱。這時隊員約有三百人左右，下設26個分隊。因民先隊成立之初，只有平、津兩個地區，因此，北平民先隊部代行全國民先隊部的職責。

---

[127] 轉引自《一二九運動史要》（北京：中共中央黨校出版社，1986年），第83頁。

　　2月16日，中華民族解放先鋒隊發表了成立宣言，宣告正式成立。民先隊成立之後，便在中共的直接領導下，團結著廣大激進青年，戰鬥在抗日救亡前線，成為華北和全國抗日救亡運動的一股力量。東北大學李正風、李荒等部分學生先後參加了這個組織。

十六、反西遷運動

　　1935年日本侵略華北的形勢日益危急，北平的各大學紛紛準備外遷。東北大學亦有遷往陝西的計劃。王卓然秘書長在11月9日對學生的訓話中提到：「本校以前二年即有遷移校舍計劃，因為感覺北平市環境不佳，對於學生課業上，精神上，均不十分美滿，今年春季已採好地址在陝西省華陰縣，但該處地址尚未借妥，所以遷移校舍暫時勢難作到。」[128]隨後，正當「一二九」學生運動蓬勃發展時，東北大學當局再次提出學校遷陝。然而絕大多數同學反對遷校，學生之間還為此發生過武鬥。宋黎等激進學生認為這是分裂學生運動的陰謀，便委託關山複同學於1936年1月28日起草了〈東北大學學生救國工作委員會為反對學校西遷告全國同學同胞書〉：

> 　　「一二・九」、「一二・一六」北平學生的兩次遊行示威，已經給予了全國同胞多麼大的影響啊！現在全國的學生已經起來了；全國各界同胞都已經起來了；各地方的不斷地遊行示威和救亡運動的呼號，便很有力地說明著：我們的唯一活路──民族解放鬥爭已經展開了；全國總動員，總武裝，對日作戰是目前就要發動的了。
>
> 　　但是，親愛的戰鬥的朋友們，在我們的民族將要得到解放的前夜，我們的敵人是並不會自動地放棄他的戰線的，相反地，他們更拼死命來作一個掙扎，更殘酷地來反攻我們！所以日本帝國主義和他的奴才──賣國賊，漢奸們才更無恥地破壞和鎮壓我們的救亡運動！

---

[128] 轉引自楊佩禎等主編：《東北大學校志》第一卷上冊（瀋陽：東北大學出版社，2008年），第131頁。

　　朋友們，親愛的為真理而戰的朋友們，站在努力中華民族解放的立場上，我們對於北平學生所首先發動的救亡運動，應該怎樣地珍貴啊！可是，退一步來說，在北平學生救亡運動的現階段上，特別是在每一個單獨的戰鬥單位上，我們不能看輕自己的力量。「一二‧九東大四牌樓之役」，在整個北平學生運動的歷史上，無疑地應該有他的光榮地位！這也就是說：在整個的救亡運動上，東大同學，已在和其他各地的同學們一樣，盡了他的最大的力量！但是，親愛的戰鬥的朋友們，正因為我們已經給予敵人一種致命的打擊，所以他對我們的仇恨也就更深，對我們的反攻和鎮壓也更殘酷。朋友們，大家都已經知道了吧，東大當局曾經唆使憲兵員警公然地大批逮捕參加過救亡運動的同學，並且在東大這個學校內曾經頒布過「東大緊急戒嚴法」，「東大學生緊急治罪法」，看吧，無恥的學校當局，為著討他們主子的歡欣，已經對於我們怎樣地施行過高壓了！雖然，這些高壓，在東大同學英勇地戰鬥下，都已經被粉碎了，他們對學校當局的鬥爭，在每一個戰術上都是勝利的！

　　現在，無恥的學校當局，對於我們的進攻卻採取了一個更屬害的手段：這就是東大當局甘願冒著大不諱，來作一個首先主動遷校的屠夫。朋友們，無恥的當局已經感覺到對我們的直接鎮壓是不會成功的了，所以他們翻新了花樣，從側面來進攻：把你的學校搬出北平去，分散你們的聯合戰線，好再向你們個個進攻！親愛的努力救亡運動的朋友們！東大當局這個處置我們是感到萬分的可恥的：我們東北青年，自從家鄉被敵人的鐵騎占領後，流亡在關內，這悠長的四年，給予我們多大的創痛，我們深切地感覺到，退讓，投降，決不是我們的活路，哪裏是我們的安樂窩？哪裏是我們的「堪察加」？人家都可以逃，我們往哪裏跑？

　　據學校當局傳出的消息，我們知道他們要把我們遷到西安，不，先遷到洛陽軍校，需要個嚴格的軍事訓練，因為學校當局認為我們大學生的頭腦太「複雜」了，「好輕舉妄動」，所以要用軍訓把你的頭腦「化簡」了。朋友們，這簡直是「愚民政策」，是違背人類社會進化的原則的，我們不甘麻木，供人家驅使，我們要誓死反對，來爭取人權上的自由！親愛的戰鬥的朋友們，你們也許聽見過「東大環境特殊」這一句

話了吧？這完全是無恥的學校當局的說教！東北大學，因為這些流亡青年需要受人「救濟」，需要學校供給四元五角（其實是四元四，因為還要打一角錢的捐──「明恥助學金」）伙食錢，所以我們的一切自由是都被剝奪了：學生不得在任何組織，並且同學「犯過」時是要被罰「停夥」處分的。可是我們被搬到洛陽，學校當局一定要有更巧妙的把戲！比「停夥」更進一步，要用軍法來處置我們！朋友們，我們要被驅得離家更遠了，並且，誰知道他們立什麼心？軍訓完成後，在「絕對服從」名義下，把你開到西北去「剿匪」去！朋友們，我們的大學生活是已經被宣佈死刑了！

同學們，同胞們，我們深切地感覺到東北青年應該站在抗日救亡的第一線上，不應該逃避，退讓，供某個軍閥的利用，來參加內戰和黨爭！所以我們一定拿出死力來和無恥的學校當局拚鬥！反對任何漢奸走狗主持遷校，反對對學生救亡運動的分裂和破壞！

全國的同學們，同情我們的記者們，以及一切為民族解放而戰鬥的朋友們！我們自己的力量是薄弱的，也許不能和敵人作更猛烈的決鬥，但是，我們願意要求你們的援助！有力的拔助！因為只有你們才能真正的愛護我們！朋友們！為著整個的民族解放運動，特別是為了鞏固我們自己的聯合戰線，請你們英勇地援助我們吧！[129]

東大學生這個〈反對西遷宣言〉在1月31日《學聯日報》刊載後，迅即得到北平市學聯的公開回應：

在日本帝國主義者對中國作更積極更進一步侵略的時候，──華北已到了淪亡的最後一剎那，平津英勇的學生們發動了偉大的救亡運動，迅速的開展到全國各地大眾中去！這時候東北大學當局忽然下令學校遷到陝西去，這陰狠毒辣的政策，立刻激起了東大同學全體一致堅決的反對！本會認為這不僅僅是東大一校問題，它關聯著整個的救亡陣線！我們必須揭穿這積極破壞民族解放運動的內幕，我們完全贊同東大同學反

---

[129] 據《一二九運動資料》第一輯（北京：人民出版社，1981年），第382-385頁。

對西遷所提出的理由及其堅決的行動，並且我們絕對盡所有的力量，給予各種實際的援助。

我們認為：東大當局的下令學校西遷，乃是想把英勇地東北青年戰士們，從速的由救亡前線上撤下來，給他們以積極的奴隸訓練，使成為投降的不抵抗將軍個人的走狗，好參加自己打自己的大屠殺，遠遠地離開了抗日救亡的陣線。但是，我們知道東大同學是負有特殊的歷史使命的，是民族解放運動中最堅強最前衛的分子；在幾次的行動當中，已經有了確實地證明。他們為擔負起歷史的重任，為了遵守本會議決案，他們絕不肯偷偷逃避，作為民族解放的罪人！如今東大同學英勇的反抗行動便是給蓄意破壞整個運動的人一個最嚴重的警告！

最後，我們不憚重複的說，為了鞏固並開展敵（救）亡陣線，為了打擊一切企圖破壞民族解放運動的人，我們絕對盡所有的力量，援助英勇的東大同學，反對學校西遷！並且希望全國各地熱心救亡運動的同胞們，深切的瞭解了這事體的真象，更與予實際上的有力的聲援！[130]

東北大學西遷問題，經該校師生之堅決反對，及平津各界之攻擊，校當局已正式向學生宣告不再西遷。2月7日上午十時，東大在禮堂召集第六次全體大會，到本校分校及補習班學生二百餘人，校長張學良的代表趙鴻翥在大會席上正式宣告學校西遷已作罷！[131]事實上，東大不久還是將少部分院系遷到了西安。據宋黎回憶：「1936年1月我們到西安後，由於形勢變化，要把學生運動和武裝運動結合起來，爭取東北軍從『剿共』轉為抗日，我們由反對遷校變為積極主張遷校。東大有些同學不甚理解，覺得反對遷校是你們，主張遷校又是你們，究竟是怎麼回事？特派程光烈，伶劍琴等同學為代表到西安瞭解情況。我們向他們說清了道理，並請西北有影響的杜斌承、東北軍軍長王以哲等上層人士和他們座談，打通了他們的思想。他們回去說明了情況，大家弄清真相後，就先把東北大學工學院遷到了西安。」[132]

---

[130] 據《一二九運動資料》第一輯（北京：人民出版社，1981年），第386-387頁。原載北平《學聯日報》1936年2月5日。

[131] 據《一二九運動資料》第一輯（北京：人民出版社，1981年），第388頁。原載北平《學聯日報》1936年2月8日。

[132] 宋黎：〈回憶一二九運動〉，東北大學校友總會網。

十七、大逮捕始末

學生運動「如江河決口，如火山爆發，觸風沙，冒霜寒，水龍大刀毛瑟槍……任何武器，在所不懼。這種情景，可以震天地而泣鬼神，比世界上任何勇敢民族，都當之而無愧」，[133]因此北平當局十分驚恐，妄圖採取高壓政策把運動控制下去。這時，宋哲元發表了〈告同學書〉：

> 近來各大學學生四出請願，其意義如為單純的愛國運動，自為社會所同情，更為哲元所敬佩；但據確實報告，學生團體中，頗有不少共黨分子，大多數純潔學生，皆受共黨分子所欺騙煽動，供其利用驅使，荒廢學業，至可痛惜。哲元之徹底的反共態度，久為共黨所仇視，乘機活動乃屬意中之事；不過大多數學生，應認清共黨的陰謀與救國的正當途徑，而加以理智的辨別，避免淺薄的盲從。冀察政務委員會與西南之政務委員會並無二致，既系中央之命，當然有其應設之必要。哲元本一軍人，對政治固非所長，然為國為民不甘落後，一切措施，悉以整個國家利益為基準，決不能為少數共黨分子宣傳而受影響。最後盼望凡屬明大體識大義之學生，應立即覺悟，安心求學，勿再為無益之奔走。其少數共黨分子，如仍有軌外行動，哲元為維持秩序，安定人心計，決予以適當之制止。[134]

東北大學學生在「一二九」和「一二一六」運動中的先鋒、骨幹作用，更是被當局視為眼中釘。1936年2月初的一天，宋哲元向劉哲提出：「學生上街鬧事，東北大學學生鬧得最凶，我實在怕出亂子，弄出重大的外交問題，你是東北大學的董事長，你與王代校長談談，你們能自己管束學生不再出來鬧事最好。倘若你們自己管不了，我就不客氣了！我用我的軍警來鎮壓了，我把他們

---

[133] 杜重遠：〈青年的愛國義憤〉，杜毅、杜穎編注：《杜重遠文集》（上海：文匯出版社，1990年），第219頁。原載《大眾生活》週刊第1卷第8期。
[134] 轉引自王振乾等編著：《東北大學史稿》（長春：東北師範大學出版社，1988年），第250頁。

都抓起來。長城抗戰，我當其衝是全國知道的，怎麼他們今天把我當漢奸喊打倒，太可恥了！」[135]說完並囑劉哲，必須馬上做出決定答復他。隨後的情形，時任東大代校長的王卓然在其回憶中有批露：

> 此時北平風聲鶴唳，傳說學生示威大隊要闖東交民巷，日本兵已準備機關槍應付，又說宋哲元即要逮捕學生，先由東北大學「開刀」。我大概是受資產階級下意識的支配，慌急了，一念已往在段祺瑞時代有過天安門慘案，學生死者十數人，現在如再演慘案東北大學學生當然首受其殃。我往請示董事長劉哲，他說：「你來的真好，明軒（宋哲元的號）剛才打電話給我，說東北大學學生鬧的最利害，他看張學良的面子，但是再也不能放縱了。如果我們自己不想辦法，他要派兵捉人。」他問我能否管制學生不再鬧下去，我答說：「熱度太高，無能為力。」他想了一會說：「有了！與其讓宋哲元派兵捉人，弄的亂七八糟，不如我們自己捉，就是叫東北憲兵司令邵文凱去捉幾個壓壓氣。邵是東北自己人，對家鄉子弟，能特別照顧些，免再演天安門慘案。這樣做，雖然得罪了學生，但是對得住他們的家長，學生日久知道我們無惡意，也會諒解的，張副司令也不會不同意的。」我的資產階級思想意識使我動搖了，我遲疑了許久。劉說：「小孩子怕嚇唬，我當教育總長時，學生鬧事，說勸都不聽，舉兩個代表見我請願，我說好吧！你們等著吧！我遞給每人一張紙條，叫他們寫遺囑，命令我的庶務去買兩口棺材，準備盛殮他們。又打電話給憲兵司令部來車接他們上天橋，他們還不是跪下求饒，立誓不再鬧了。邵文凱是自己人，他聽我們的話，捉了幾個關上三五天，壓壓他們的氣，再放他們出去，有利無害。」我聽了他的話，似也有相當的道理，張副司令不是要我們擁蔣並取締反政府的空氣嗎！反正用心是愛護學生，好吧！捉幾個試試吧！我表示同意了。劉哲立刻打電話喚來邵文凱。邵進來說：「我正想找你們老二位，東北大學內激烈分子太多了，若是出亂子，大家都對不住副司令。」[136]

---

[135] 王卓然：〈東北大學學生被捕前後〉，趙傑、王太學主編：《王卓然史料集》（《遼寧文史資料》總第36輯）（瀋陽：遼寧人民出版社，1992年），第169頁。

[136] 王卓然：〈自傳〉，趙傑、王太學主編：《王卓然史料集》（《遼寧文史資料》總第36輯）（瀋

　　1936年2月22日晚上九點鐘左右，東大學生、中共地下黨員宋偉（張堅）接到一個奇怪的電話：「今晚有大批『客人』要到你們那裏，你們要準備好好『接待』。」話音急促而陌生，不容宋偉問及姓名，就掛斷了電話。顯然，這是知情者的報警。放下電話，她找到東大學生救亡工作委員會的胡焜同學，講明了情況，然後匆匆離校。[137]

　　當局果然動手了。22日雪夜，邵文凱出動數百名便衣隊和武裝憲兵，把東北大學北校區包圍起來。校內反共分子劉德鄰帶人將汽車庫窗口上的鐵條鋸斷，讓憲兵爬了進來。

　　劉士範（柳文）參加護校值班後回到宿舍，已是深夜十二點左右。連日的勞累，使她很快進入夢鄉。凌晨時分，她突然被驚醒，窗外人影憧憧，刺刀閃亮。出事了！女生宿舍各房門已被人把守。一夥憲兵氣勢洶洶地闖進來，強迫同學站在自己床頭，不許走動。然後按著黑名單和每個人的學生證一一對證。

　　一個人指著劉士範叫道：「她就是劉士範」。學生們認出此人正是幾天前曾被學生糾察隊扣押盤詰過的那個齋夫。憲兵抄去了劉士範的日記和一本左聯刊物《文藝之家》，作為罪證。黑名單上還有王速振（王中原）的名字。有人急中生智，想出一個辦法：劉皎今晚不在宿舍，何不讓王速振冒充劉皎，我們大家作證。可是，在狡猾的憲兵一再追查下，王速振沉不住氣了，她氣憤地說：「別問了，我就是王速振。」

　　逮捕胡焜時，他跳牆逃跑，軍警憲兵緊追不放。他急中生智，閃進一位老奶奶家。瘋狂的軍警憲兵尋著雪後足跡破門而入，不容分說，從被窩裏把胡焜抓住，五花大綁抓走了。從凌晨四時開始，一直到天亮，共逮捕胡焜、劉士範、王速振等46名學生（包括在此住宿的三名外校學生），其中有二名女生。

　　與此同時，清華、北大、北師大等幾十所學校也都接連不斷地遭到同樣的命運。2月24日，中國大學被捕去五十多名同學。2月29日，北平當局派出大批軍警包圍了清華園，同學們怒火胸中燒，與軍警拼死搏鬥，把清華地下黨支部負責人蔣南翔等同學奪了回來。軍警從清華捕去了二十幾名同學，但沒有抓到一名學運骨幹。

　　陽：遼寧人民出版社，1992年），第48頁。
[137] 劉寧元：〈「一二・九」時期東北大學女同學的一些情況〉，東北大學北京校友會編：《東北大學校友通訊》（1987年4月）第七期。

被捕學生被帶到憲兵司令部後，被視為要犯，帶上手銬和腳鐐，不准接見，不准高聲談話。經過初審，釋放學生22名，將餘下的24名同學轉到綏靖公署看守所監禁。看守們將學生身上的手錶、鋼筆、腰帶以至女生頭上的髮卡等物全部搜去。然後，男女同學分別關押，不得見面。被捕的同學不僅經常被提審，還被帶去「參觀」刑訊室。那裏的件件刑具血跡斑斑，時常傳出悲慘的呼號，令人毛骨悚然。他們想以此來動搖愛國學生的意志。

為使被捕的學生早日出獄，脫險的學生開展了各種形式的援救鬥爭。他們一方面送去食品、衣物等表示慰問，另一方面動員社會輿論進行譴責。此外，還立即派出代表去西安，向張學良校長呼籲救援。被捕的東北大學學生唱歌曲、講故事，始終保持著樂觀的情緒。救亡歌曲不僅鼓舞了難友，也吸引了不少看守，對看守們起著教育作用。

3月14日，《世界日報》第七版以〈東大女生請求保釋被傳同學〉的標題報導：「該校全體女生三十餘人，於昨日上午十時向該校代理校長王卓然及文學院長方永蒸、法學院長曹國卿請願，要求速為保釋該校被傳女生劉士範、王速振。」3月22日，《世界日報》向外界披露了學生獄中情況：「在內生活情形甚苦，食囚糧，飲食及大小便均有定時，不准接見，亦不准高聲談話，更不准洗臉刷牙，行動極不自由……。」[138]

2月末的一天，張學良接到了東大文學院院長方永蒸打來的電報，得知北平當局對學生大逮捕，東北大學被捕43人，準備殺害8人的消息後，立即給宋哲元等發去電報，但宋哲元並未回電。於是，張學良將宋黎等接到他的公館，研究對策。宋黎後來回憶說：

> 張學良派人把我們接到他的公館辦公室。他手拿一張電報，反剪雙臂正在室內踱步，見到我們，揚揚手說：「方永蒸院長來電：北平當局對學生大逮捕，東大被捕去四十多人。」

---

[138] 轉引自劉寧元：〈「一二·九」時期東北大學女同學的一些情況〉，東北大學北京校友會編：《東北大學校友通訊》（1987年4月）第七期。

「那得趕快營救啊！」我們焦急地異口同聲說。張學良默然不語，繼續在房間裏踱來踱去。過了一會兒他果斷地說：「你們暫時不要回到北平，回去有危險。宋黎，有你的通緝令，你不能回去！現在北平情況不明，待弄清情況後我再通知你們。」

我們回到西北飯店住處，韓永贊同學收到了他愛人（東大學生）的信。從這封隱語信中，我們悟出北平發生了對學生的大逮捕。我們三人立即研究對策，都認為不宜等待，決定先回去一人摸清情況，速去速歸。當天，派韓永贊返回北平。

幾天後，張學良再次把我和馬紹周接到他的公館辦公室。他仍舊在辦公室裏踱來踱去，憂心忡忡地說：「現在局勢緊張，我給宋哲元、劉哲發了電報，均未回電。據說宋哲元準備殺八個學生，其中有東大的，不知確否？事不宜遲，你們從我總部裏選一適當的人去北平看看。」我和馬紹周認真考慮後對張學良說：「總部東大學生離校已久，很難找到適當人選，尤其是跟學生接近的更難找。學生的事還是學生辦為妥，我們自己回去看看。」張學良許久沒有作聲，突然他停步轉身問我：「你認不認識邵文凱？」我答：「不認識，也沒見過。」彷彿棘手的問題迎刃而解，他的眉結鬆散了，臉上泛出一絲微笑：「可以考慮你回北平去！我給你寫封信，你拿信去見邵。」說完，張學良提起毛筆給北平憲兵司令邵文凱寫了一封短箋。[139]

張學良決定派宋黎回北平，以他的秘書身分營救被捕學生。為安全起見，讓宋黎化名為宋夢南，並寫了要求邵文凱放人的親筆信：「東北淪陷，我有責任，收復失地，責無旁貸。青年思想過激情有可原，家鄉子弟，應予愛護。特派秘書宋夢南全權代表處理學生問題。」信背面又寫「不見本人不交信」。張學良還叮囑宋黎：「如果學生沒問題，就地釋放；假若有問題——已判刑，在北平釋放有困難，帶回西安釋放。」並說：「你在北平若遇到了什麼麻煩，立即電告！」宋黎肩負張學良校長的重托連夜乘車返回北平。

---

[139] 宋黎、辛冶：〈回北平營救「一二・九」運動中東大被捕同學的經過〉，魏向前等主編：《東大逸事》（瀋陽：東北大學出版社，2003年），第53-54頁。

宋哲元、邵文凱與張學良都有過較深的交往。蔣馮閻中原大戰，閻馮失敗後，蔣介石令張學良改變閻馮的隊伍。張學良委派宋哲元為29軍軍長，宋哲元甚感舊恩，始終與張保持良好的關係。邵文凱原是東北軍駐北平的憲兵司令，是張學良的部下。東北軍撤離北平時，憲兵司令部留駐北平。「冀察政務委員會」組成後，即轉為它所轄的憲兵司令部。邵文凱念於張學良的舊情，也懾於張學良的勢力，當他看完由宋黎交給他的張學良的親筆信後，故作虔誠地說：「我對不起張副司令，讓他老人家操心了！」他以為宋黎是張學良的「心腹」，對他的榮辱升遷關係重大。因此竭力與宋黎拉關係、套近乎，顧影自憐地說：「逮捕學生非我所願，務請回去後在張副司令面前代兄美言幾句。」

這時，全國輿論也抨擊北平當局逮捕四百多名學生的罪惡行徑，有影響的愛國民主人士也來電聲援被捕的愛國學生。同時，中共中央軍委副主席兼軍委聯絡部長的周恩來也指示其軍委華北聯絡局書記王世英，在平津積極開展營救被捕愛國青年的工作。王世英找到宋哲元的牌友、前北洋政府工商次長、陝西省長的劉治洲見宋說：「明軒，你切不可幹未殺人，反落兩手血的傻事。蔣介石要殺人，你把幾百愛國學生送開封，將落萬世罵名。」[140]宋哲元、邵文凱等為了擺脫其尷尬處境，決定送個人情給張學良。

3月26日下午，北平當局釋放了在押的所有東大學生。在校「學生聞訊後，欣喜若狂」，派出代表數人趕往監獄迎接。「被釋學生走出綏靖公署後，歡迎代表即趨前握手擁抱，備極親熱。全體被釋學生精神極為興奮，歡迎學生均感傷落淚」。[141]二十四名難友在監獄門口合影留念，然後登車返校。一路上，車上學生不斷高呼「『一二九』運動勝利萬歲！」「東大同學奮鬥精神不死！」等口號，高唱《畢業歌》、《大路歌》、《開路先鋒》等，歌聲慷慨激昂，引起路人注視。學校門前的街上擠滿了翹首等待的同學，鞭炮齊鳴，高舉巾帽，高呼口號，巨大布幕上書：「歡迎被捕學生返校」。車至校門即停，紛紛下車，釋放學生與在校學生群相握手，互致慰問之詞。

28日午間，東北大學北校禮堂召開盛大慰問會。門口懸掛著「東北大學慰問

[140] 姜克夫：〈《王卓然史料集》序〉，趙傑、王太學主編：《王卓然史料集》（《遼寧文史資料》總第36輯）（瀋陽：遼寧人民出版社，1992年），第7頁。
[141] 轉引自劉寧元：〈「一二‧九」時期東北大學女同學的一些情況〉，東北大學北京校友會編：《東北大學校友通訊》（1987年4月）第七期。

被捕同學大會」的布幔，主席臺上方懸掛著孫中山畫像和東北地圖。趙新蓮等數名女生在會場門口為出獄同學插花。大會由王一倫主持，在校同學的代表李公衡致慰問詞，王振乾、王明新等代表出獄同學致答辭，報告獄中情況。出席會者達五百餘人，為東大罕見之集會。至此，營救蒙冤入獄同學的活動圓滿結束。

卻說宋黎完成任務後回到了西安，向張學良校長詳細彙報了營救東大被捕學生的經過，張學良表示很滿意。在這次彙報中，宋黎和馬紹周還提到了王卓然鎮壓東大學生之事，要求撤王卓然的職。王卓然後來在自傳中寫到他「保釋」被捕學生出來，「他們的氣表面似壓下去了，但是燒起了他們內心更高的火焰，他們憤怒，從此對我不諒解，我於是脫離了群眾。南京政府被全國學生的愛國烈焰所壓迫，定期1936年1月中旬，在南京召集全國學生代表會，企圖緩和空氣。東北大學學生拒舉代表，但是舉了代表赴西安，向張校長請願，控訴我壓迫他們的愛國運動。無意的我那時是給統治階級服務，間接的是替日本帝國主義作了幫凶，不論我自己的內心和動機是如何，不論捕學生是劉哲的主張或我的服從，而打擊革命精神的發展，結果都是一樣的。」[142]

王卓然保釋被捕學生之事，在姜克夫的回憶裏也有提及：

一九六一年為推動掌握有價值史料的人士撰稿，在政協俱樂部我和東北幾位老前輩閻寶航、王卓然、王家楨、王化一等聚餐，談到一九三六年東北大學逮捕愛國學生事，閻寶航說：「回波！這是你幹的好事，把那麼多家鄉子弟送入監獄。」王卓然辯解說：「我是明送暗保呀！」我問了一句，「怎麼叫做明送暗保呢？」王說：「一二九學生救亡運動，東大同學鬧得太凶了，宋哲元要抓一批人，傳說還要殺幾個為首的。」又說：「捕人前，我和大學委員會常務董事劉哲和東北憲兵司令部邵文凱商量，都說冀察當局的命令我們得執行，但該捕的東北籍學生，得由我們東北軍憲兵來捕，好捕也好放。」我又追問了一句：「為什麼都是愛國青年，出獄還登反共啟示呢？」王答：「送監獄容易，出監獄就困難了。我們把漢公將東大學生被捕案解西安處理的信給宋哲元看後，宋說：『何應欽來電叫我把逮捕的有共產黨嫌疑的犯人解開封審理，如我

---

[142] 王卓然：〈自傳〉，趙傑、王太學主編：《王卓然史料集》（《遼寧文史資料》總第36輯）（瀋陽：遼寧人民出版社，1992年），第48-49頁。

們冀察釋放，必須登反共啟事，以敷衍南京政府。』」王又說：「這可
把我們難住了，學生不是共產黨，出獄還得登反共啟事。」接著王就講
如何叫庶務主任劉德鄰起草了個反共啟事，由劉哲親信、東北籍愛國人
士、冀察政權機關報《北平晨報》社長田雨時修改成為：「學生等本不
是共產黨，因同情愛國運動被當局傳訊，回校後安心讀書，反對共產
黨，擁護政府」等啟事，登載在《北平晨報》和《東方快報》上。然後
由王卓然出具保條，派劉德鄰用大汽車將關押在冀察綏靖公署軍法處的
幾十名共產黨嫌疑重大的同學接回學校。[143]

　　即使保釋有功，王卓然還是受到廣大同學的反對，紛紛向校長張學良告狀。
張為安撫學生，贈王一部分款後請其辭職，改委他人為秘書長，這是後話。

十八、辦抗日的大學

　　「一二九」運動後，東北大學廣大師生對王卓然阻止學生運動的行為強烈
不滿，甚至向張學良校長提出要求，撤銷對該事件負有責任的校方人員的行政
職務。張學良對學生們的要求十分重視，提出接替王卓然秘書長人選的要求：
「第一要進步，有名望，跟學生合得來；第二得有真才實學；第三要有錢，假
如南京政府不發經費，他也能繼續辦學。」[144]據〈盧廣績傳〉載，張學良曾準
備請盧廣績接任校長，並指示他在西安察看過校址，但後來不了了之。[145]思索
良久，1936年春節，張學良給東北保安副司令張作相寫信祝賀春節，同時請他
勸周鯨文[146]來東北大學接替王卓然工作。

[143] 姜克夫：〈《王卓然史料集》序〉，趙傑、王太學主編：《王卓然史料集》（《遼寧文史資料》
　　總第36輯）（瀋陽：遼寧人民出版社，1992年），第6-7頁。

[144] 宋黎、辛治：〈回北平營救「一二‧九」運動中東大被捕同學的經過〉，魏向前等主編：《東大
　　逸事》（瀋陽：東北大學出版社，2003年），第57頁。

[145] 王連捷：〈盧廣績傳〉，王連捷編著：《東北救亡七傑》（瀋陽：白山出版社，1992年），第
　　303頁。

[146] 周鯨文（1908-1985），號維魯。遼寧省錦縣人。早年就讀於北京匯文中學，後赴日美歐三地留
　　學。1936年任流亡東北大學秘書長、法學院院長、代理校長。1938年赴香港，創辦《時代批評》
　　半月刊。1941年參與發起成立中國民主政團同盟，1944年改為中國民主同盟，當選中央常委，後
　　任副秘書長。1949年之後，先後任第一屆、第二屆全國政協委員、常委，中央政法委員。1956
　　年底去香港主編刊物。1957年12月被撤銷政協委員資格。著有《人權運動綱領》、《風暴十年：

　　周鯨文，乃張作相的外甥，曾留學日本早稻田大學、美國密歇根州立大學、英國倫敦大學，專攻政治，獲博士學位。「九一八」事變後，在倫敦推動組成了留英東北同學會及留英中國學生會，積極開展抗日的國際宣傳。當年10月回國後，在哈爾濱主辦《晨光晚報》，宣傳鼓勵軍民愛國熱情。1933年日軍進攻熱河時，他又聯合大批東北青年參軍，在長城線上古北口一帶與日寇作殊死鬥爭。5月，《塘沽協定》簽訂，長城抗戰失敗，遂到北平組織「東北民眾自救會」，出版《自救》周刊。這時的周鯨文雖然只有26歲，但已經成為流亡到關內的東北民眾中有影響的人物。

　　1936年2月，張學良致信周鯨文，向他發出了到東北大學主持校政的邀請。為了表明誠意，邀請信是通過張作相轉交的。張作相是他的舅父，關係十分親密。張作相曾極力輔佐張學良將軍掌握了東北的軍政大權，關係非同一般。可見，由張作相出面相助辦理此事，其成功率是不言而喻的了。

　　8月上旬，張學良打電報邀周鯨文到西安金家花園巷的府邸，就邀請周鯨文任秘書主任、代校長一事進一步商談。張學良首先說：「我想請你辦理東北大學。我知道青年學生對你很欽佩，你的聲望很高。東北大學需要整理，我已決定整理，學校的行政人事都要更動。」並強調說：「你是代我主持全校行政，各學院院長，我在物色。」

　　「我沒有辦學經驗，不知能否勝任？」周鯨文謙虛地回答說。

　　「現在一切都有正軌，你只在應除應革的方面注意就行了。」張學良講完了這句話之後，著重說明瞭自己對東北大學今後發展的計劃：「現在，我已在（西安）西門外建設了東北新村，供給東北軍民的家屬住所。在這個村子附近，我已建立了東北大學校址，我想東北大學搬到這裏來，工學院已經於幾個月前搬到這裏，法學院、文學院、家政系，等你（在北平）到任後，幾個月內房子修建好，都要搬到這裏來。」

　　周鯨文邊聽著張學良的講話，邊琢磨著自己的打算：讓我幹可以，但不能像前任秘書長那樣，事無大小，都去請示，或說小事由我辦，大事和你商量，我只作傳達的工具，這是不能接受的。想到這裏便借機插話向張學良問道：「如我到東北大學，這個學校是你主持，還是由我主持？」「當然由你主

中國紅色政權真面貌》。

持！」問得直率，答得也爽朗，周鯨文感到十分高興。心想：「我就是要你的這句話，有了這句話一切事都好辦了！」

接著，張學良又補充說：「你這次到東北大學，一般的教學課程，都是『率由舊章』。最重要的是我們學校的特殊性，也可以說我們要辦抗日大學！」這句話是校長張學良為即將上任的秘書長規定了在新的歷史條件下，東北大學的辦學目標和辦學方向。[147]

8月底，周鯨文被正式委任東北大學秘書主任、代校長，兼任法學院院長。東北大學換了新的主持人，這是絕大多數學生和教職員所盼望的，學校內部立時有了新希望和新氣氛。

9月初，新學期開學後，為落實張學良提出的辦抗日大學的方針，周鯨文先後請許德珩、楊秀峰、張友漁、徐冰、齊燕銘等知名人士，到東北大學授課。

9月中，東北大學南校文學院學生、總校法學院學生等聚集在校本部禮堂舉行新學年開學典禮。在場的兩千多名學生，以新奇的心情聽著這位新來的年輕的校務主持人的講話。這是周代校長第一次與全校師生見面，也是第一次在兩千多名青年學生面前講話：

「我們為什麼在這裏辦東北大學，我們的家鄉被日本鬼子強占了，我們流亡到這個地方，過的是難民的生活；……幸而因校長的關係，得到這個校舍，但與我們的北陵校舍來比是天壤之別。我們被迫離開了家鄉，……僥幸逃到這裏來，雖然受罪，尚可過著人的生活。我們親友留在關外，過的是恐怖生活，過的是亡國奴的生活。」

此時，會場鴉雀無聲。顯然，新的代校長充滿激情的講話，得到了強烈的共鳴。從而，也增強了周鯨文把話繼續講下去的信心。

「校長委任我擔任校務行政，以我的年齡和經驗，是勉為其難。這個學校是大學，希望在校的同學好好地完成大學教育，以備將來服務於社會。但我們這個大學有特殊性，我們是東北人流亡的學校，我們不能作單純的課堂課本學習，我們要擔負起『抗日』、『回家』的任務。簡單說，我來主持校務，是來辦抗日大學，是為國家培養抗日骨幹！」[148]

---

[147] 據丁曉春、魏向前主編：《張學良與東北大學》（瀋陽：東北大學出版社，2003年），第100頁。

[148] 據丁曉春、魏向前主編：《張學良與東北大學》（瀋陽：東北大學出版社，2003年），第101-102頁。

　　周鯨文的講話，說出了東北大學學生們的心裏話，不僅贏得了學生們的熱烈掌聲，也為今後的工作開展奠定了良好的基礎。

　　東北大學與在北平的其他大學相比，學生們的各種公開抗日活動是比較方便的。雖然學生中分各種派別，但是在抗日問題上大家都能融合在一起，形成萬眾一心共同抗日的局面。而且，周鯨文經常出席學生們的抗日聚會，與學生們共唱《義勇軍進行曲》：「起來，不願做奴隸的人們……」《義勇軍進行曲》是上海電通公司1935年拍攝的故事影片《風雲兒女》主題歌。影片描寫了20世紀30年代初期，以詩人辛白華為代表的中國知識分子，投筆從戎，奔赴東北抗日前線參加義勇軍英勇殺敵的故事。詞作者田漢和曲作者聶耳都曾留學日本。

　　東北大學的軍訓課，是由周鯨文通過關係聘請的軍事教官董秋水來授課的（以前的王教官既老又滑），大家通力合作，開辦得有聲有色。在周鯨文看來，「我們的抗日教育，不只在學生私人談話中、在公眾講話中，也不只在軍訓的教場上，我還要他們體驗一下真正抗日戰爭時的生活。」[149]所以在10月中旬，周鯨文率領全校學生，以秋季郊遊為幌子，到北平西郊作實地打游擊的演習。

　　演習地點是北平西部八大處之一的旃檀寺。全校學生分成兩大隊，每隊的指揮官分別由兩位軍訓教官擔任，周鯨文擔任總指揮。出發時坐一段平綏路火車，先到門頭溝，由門頭溝登山步行約二十里就是旃檀寺。在門頭溝下車登上山路的半途中，遇有一個山坡，四周廣場相當寬，教官們把兩隊學生集結好，周鯨文就在山坡上對全體學生作了演習的動員講話，講話首先批評了政府當局對日本侵略採取的退讓政策，並強調說明只有奮起抗戰才能取得民族獨立，「我們這群人就可充當抗日的火種。」

　　同學們都清楚地知道，周代校長的這些話，在學校的教室裏、禮堂裏是不能公開講的，在這裏什麼顧慮也沒有了，有了走上抗日戰場的真正感覺了。

　　旃檀寺是演習的大本營，大部分學生住在這裏，小部分學生借住在附近村子的民房。周鯨文住在村頭的一間破廟裏，下榻處不是炕，而是以穀草鋪著的地。

---

[149] 楊佩禎等主編：《東北大學校志》第一卷下冊（瀋陽：東北大學出版社，2008年），第1018頁。

在兩位教官指揮下，夜裏九十點鐘左右，兩個隊各自出發，準備在午夜作偷襲演習，兩個隊先預定各以某個村莊為駐紮地，對方就可進行設伏、突襲等作戰工作。

演習在午夜達到高潮，人海涌來涌去，而槍炮的聲音以爆竹代替，叭叭的聲音、隆隆的聲音不絕於耳，四邊閃亮著火花，儼然這是戰場了。

演習完了，兩隊集合在一片平坦的河套邊，大家圍著這個廣場舉行篝火，抗戰的歌聲四起，熊熊的火光照耀每個青年男女紅潤的臉。解散回營前還高呼「抗日勝利萬歲！」「打回老家去」的呼聲中帶著慷慨激昂與悲憤的情緒。不用說青年學生有了為國忘我的心情，每個人都沉醉在愛國的洪流裏！

第二天白天，大家分組開了座談會，討論當時的局勢和如何煽動掀起抗日的浪潮。周鯨文回憶說，「在回程前，我又向學生講了一次話，總結這次旅行的收穫，實際不用我講，他們每個人都有了收穫。這一收穫一直貫穿在八年抗日戰爭中。事後，我們檢查在抗日戰爭中有幾個參加這次旅行演習的男生在戰場上為國犧牲了，同學們後來多數都走上抗日戰場。這群青年沒有一個失節。在戰爭勝利後，至少有萬人是中共政權中上級幹部，大批人分散在社會各階層，他們都有相當的職位，包括在國民黨中立法院、監察院及人代會的代表。」[150]

東北大學在周鯨文主持下的四個多月的時間裏，教學秩序恢復正常，學生們的抗日情緒與日俱增，北平學聯、中華民族解放先鋒隊總隊部、東北旅平各界救國聯合會等許多救亡團體均在東北大學辦公，東北大學成了一所名副其實的抗日大學。

十九、「一二一二」大示威

1936年11月中旬，蒙古德王在日本關東軍唆使下，對綏遠東部發動突然襲擊，綏遠守軍傅作義部奮起抵抗，全國人民熱烈援綏，但南京政府卻依然沒有發動全面抗戰的決心。當綏遠守軍取得了百靈廟大捷、偽蒙軍面臨全面潰敗之際，蔣介石才敷衍塞責地派湯恩伯率領八個團兵力向綏遠增援。同時，糾集胡

---

[150] 楊佩禎等主編：《東北大學校志》第一卷下冊（瀋陽：東北大學出版社，2008年），第1019頁。

宗南等部二百六十個團的兵力繼續圍攻紅軍，大有非蕩平抗日蘇區不可之勢。南京政府的倒行逆施激起了廣大民眾的憤慨。

在中日關係緊張之時，上海工人於11月初，發動了自「九一八」以來中國工人反抗日本帝國主義的一次較大規模的罷工鬥爭。緊接著，青島九個日本紗廠工人也起來罷工回應上海工人的罷工。12月3日，日本海軍陸戰隊在青島登陸，搗毀國民黨青島市黨部。國民政府迫於壓力，祕密簽訂了喪權辱國的協定，同意開除大批工人，保證日廠「正常秩序」等等。

在對日妥協投降的同時，南京政府更加緊鎮壓抗日救國運動。1936年11月22日深夜，國民黨當局以所謂「危害民國罪」，在上海逮捕了全國救國會領袖沈鈞儒、章乃器、鄒韜奮、李公樸、沙千里、王造時、史良等七人，這就是有名的「七君子」事件。

愛國領袖被捕震動了國內外。全國各方面人士紛紛向國民黨當局提出抗議，開展了聲勢浩大的營救運動，把抗日救國運動推向新的高峰。

對「七君子」事件，北平學聯作出了強烈的反應，宣稱：「對於這多方面的進攻，我們只有用一個總的行動來回答！」北平學聯決定，11月25日全市學生舉行兩天總同盟罷課，並派代表南下請願，要求政府釋放救國會七領袖，並以實力援綏。25日，東北大學與燕京、師大、清華等22校學生宣布罷課，表示抗議。

12月9日，北平學聯舉行了紀念「一二九」運動一周年的大會，參加的有三四千人，會上通過了一個議案：為支援綏遠抗戰和反對政府迫害上海愛國領袖，有必要發動一次大的行動，以表示北平學生不做亡國奴的決心，並促進抗日救國工作向更高階段發展。北平學聯接受了廣大民眾的意見，決定在12月12日舉行抗日大示威。

1936年12月12日，北平學生舉行了第五次抗日救國的大示威，由市委黃敬、學委高承志和民先隊李昌組成總指揮部，李昌任現場總指揮。在遊行之前，學聯做好了充分的準備，安排好了全城的通訊網，在遊行指揮部下面，還設立了三個分站，有交通員傳遞消息。還派人守著電話，保證聯絡暢通。城外的清華、燕京兩校恐怕被阻於城外不能入城參加示威遊行，所以在頭一天晚上就派了五、六十名先遣隊員進城，住在東北大學第一宿舍，以便接應大隊。據清華先遣隊員馮夷記述：

　　昨天晚上匆匆地搭了最後一班汽車從清華跑到這宣武門外的東北大
學來，我們一共是四五十個人，叫做「先遣隊」，（歷次關閉城門的教
訓使我們不得不先遣下一點兒「埋伏」了）預備參加明天的大示威遊
行。我們睡在樓上的一個教室裏。樓板全是木頭的，還有著曲折的回
廊，半夜裏一有人走動就響得非常厲害。三個人卷在一條被窩裏，狗似
的蜷曲著身子，倒也覺不到太冷。

　　……

　　大概將近七點鐘光景，我們在東大的食堂裏喝了些稀飯之後，就跟
他們東大的同學集合起來，預備出發，他們在牆上貼著五個大字「打回
老家去」，這使我感動得戰慄起來，這時候他們說前門已經被軍警封
鎖，不能出去，於是我們就跑到後面操場去，那裏有網球評判員的架
子，搭了可以跳出牆去，可是也不行，我們一到操場就發現軍警們都站
在鄰近的房頂上、牆頭上瞭望著我們……到後來，我們終於發現了一個
小門，於是隊伍化整為零，悄悄的出到街上了。[151]

　　12日這一天，北平的早晨和平日大不相同。天還沒亮，大街小巷都布滿了
軍警，四處巡邏，各校門口都有大批武裝員警把守包圍。然而學生們並不因此
而表現出半點畏縮，也不和他們作無謂的衝突，大家採用跳牆從旁門出校的辦
法，跑出了戒備森嚴的學校。也有的學校為了避免一出校門就和軍警打「遭遇
戰」，所以早就規定了分散出校再到預定的地點集合整隊。總體來說，「避免
衝突減少損失」的原則被大家很好地執行了。

　　遊行隊伍共分三路，在師範大學、東北大學、北京大學分別帶領下，開始
遊行示威。遊行隊伍浩浩蕩蕩，許多分散在各處的學生不斷地向大隊彙集，人
愈來愈多。人們挽緊了手臂，在這人的巨流裏，走著、跑著、喊著，看不見隊
伍的首尾。儘管隊伍被軍警沖散，但很快又集合起來了。他們的腳步在《救亡
進行曲》節拍之下，走得那麼整齊，那麼有勁。

　　這次遊行示威的基本口號有：一、要求政府立即對日絕交；二、反對青
島屈辱協定；三、要求政府討伐冀東；四、要求政府收復察北；五、保障愛國

---

[151] 馮夷：〈我們又示威了〉，《一二九運動資料》第二輯（北京：人民出版社，1982年），第169-
　　170頁。原載《清華副刊》第45卷10期，1936年12月28日。

自由，釋放救亡領袖；六、援助滬、青抗日大罷工，七、要求華北將領團結抗敵；八、擁護二十九軍保衛冀察；九、擁護綏遠將士進攻日寇；十、促成各黨派聯合抗日；十一、打倒日本帝國主義；十二、中華民族解放萬歲。這些口號集中了全國各地正在進行著的抗日救國鬥爭的新內容，顯示著在抗日大前提下人民大眾的民主要求。

在示威中，學生們隨時向市民們進行宣傳，張貼標語。許多市民從家中出來，先是站在一旁觀看，接著也陸續參加遊行的隊伍，他們和學生一起高喊「收復失地」等口號。

在人群中，常常出現一輛緩緩地駛過來的漂亮的小汽車，清華的楊述和女一中的魏宜咸二人坐在這輛租來的汽車裏，從印刷所取來了好幾捆傳單，負責在遊行隊伍旁邊忽前忽後地散發傳單。軍警以為汽車裏坐的一定是什麼達官貴人，沒想到從汽車裏送出許多紅紅綠綠的傳單，由聯絡員很快分送到各個隊伍中去，轉眼間，汽車又不見了。軍警一時瞠目結舌。

在西單的亞北咖啡館裏坐著兩個「客人」，人們不停地找他們談話，有的甚至連茶也沒喝，說幾句，又匆匆地走了。過了很久，密探才發現原來這裏是遊行示威的指揮所。當他們打電話叫人來捕捉時，兩個「客人」已經不見了，指揮所又轉移到新的地點了。

隊伍在東華門前遇到宋哲元的汽車，學生群眾圍著汽車，要求宋哲元接見學生，並答復學生所提出的抗日要求。宋哲元遲疑不答，學生高呼「擁護二十九軍保衛冀察」等口號，不放汽車通行。宋哲元不得不答應下午在景山和學生見面。

下午一時，各路示威隊伍在北大一院集合，共有三十個大中學校，約五六千人。當時的親歷者寫道：

> 主席用著一頁硬紙，卷作號筒，盡力放大嗓子喊著，第一是報告今天遊行示威的意義，繼則又決議了通電條文，最後口號一齊喊出來了，象決口的江河，象爆發的火山，瘋狂了似的叫著。
>
> 最後主席又宣布宋委員長在景山等著向大家演講，話沒有落音，大家便嚷「歡迎」。

於是前隊作後隊，後隊作前隊，四人一排，相互挽著手，帶隊的還喊著：「一二一，一二一，一二三四，」步伐也非常整齊。

出北大圖書館的前門，兩境有員警，憲兵，保安隊把著，不准車馬和行人通過，只准我們的大隊前進，這真成了學生的世界。唱著救亡進行曲，音調非常和諧，嘹亮。

秩序一點也不紊亂，前邊已到了景山的門前，後尾尚未出馬神廟的拐彎。

景山的門大開著，一排一排的走進，費了一刻鐘，才進完了，最後自行車也是四人一排，四人一排的排著進去。立在望綺樓前，仍然是有條不紊。

期望，等待，希冀宋委員長的到來，大家都是精神百倍，等了一會，不見來。

……

夜幕漸漸的放下來了，時間恐怕已五點了，大家又待得不耐煩了。吆喝著：「一齊衝出去。」坐著的都站了起來，焦躁，憤怒之火燃燒在每一個人的胸膛中，不能等待，絕不能再等待了。[152]

正在這時候，秦德純市長來了，一陣紊亂，主席下令：大家立正，並呼：「擁護二十九軍抗日！」「擁護二十九軍收復察北！」「擁護二十九軍收復冀東！」「爭取愛國自由！」「擁護秦市長領導救亡運動！」當口號聲、鼓掌聲全部停下來，安靜了，秦德純才開始演講。

「諸位同學！大家辛苦了！」「不辛苦，我們為了國家和民族！」排山倒海的一齊回答。

秦德純笑了，他大概也是在感到學生精神的偉大了。接著又說下去：「東北三省失去了，繼之熱河也丟了，為什麼丟失了？」大家一齊喊著：「由於政府的不抵抗！」不約而同，心有千萬個，可是意志是一致的。

演講在短促的時間中結束，大家倒還滿意，不謀而合的又高呼著，「打倒日本帝國主義！」「立即對日宣戰！」「中華民族解放萬歲！」最後主席團又

---

[152] 亥昌：〈記「一二・一二」〉，《一二九運動資料》第二輯（北京：人民出版社，1982年），第185-187頁。原載《匯文半月刊》，1937年新年露面號。

把大家的情感抑止住了，才開始向秦德純要求大家議決的幾個條件，秦一一的答應了，但希望不要見報。

這時，天已黑了，大家又整隊走出景山，再進行遊行，看見街上有二十九軍士兵，學生就高呼「擁護二十九軍保衛華北」的口號，士兵們馬上立正致意。軍警只是在兩邊站著，沒有和學生發生衝突，遊行隊伍唱著歌，意氣昂揚地返回各自的學校。

這樣自由的遊行示威是「一二九」以來所從未有過的，「一二一二」大示威是成功的。在這一年裏，東北大學學生和其他各校的愛國學生在中華民族解放鬥爭的激流中，受到了很大的鍛鍊，鬥爭經驗也不斷地豐富起來了。

二十、同學會與學生會的衝突事件

正當北平愛國學生舉行「一二一二」大示威之時，在西安的東北軍首領張學良將軍和西北軍首領楊虎城將軍於同一天發動了震驚中外的西安事變（又稱「雙十二事變」）。

西安事變之後，北平各校學生明顯分為兩派，因政見主張不同，時有互毆事件發生。東北大學學生，也分兩派，明爭暗鬥。少數右傾學生藉故另行組織所謂「文法學院同學會」、「正義團」，到處張貼反共標語，並發出所謂緊急通告，說「將實行武力解決及發起電請教育部將該校收歸國有之簽名運動」。[153]東北大學學生自治會就立即召開全體學生大會，通過決議予以否認。

1937年1月2日早上九時許，同學會張貼壁報，攻擊學生會，並涉及與女同學之私人行為問題，導致衝突，邊政系日文組四年級學生王長璽鼻部輕傷，政治系三年級學生張國維頭部及腿部受傷，政治系二年級學生呂讃興肋部受傷，立即送中央醫院醫治。同學會方面學生當即電話內四區署，保安第四隊，憲兵第十四中隊派員來校，當即由同學會學生引導保安隊兵士執槍至各宿舍搜捕肇事學生，當將雙方學生王士選、王長璽、王心波、張濤、戴洪圖、佟質中、楊

---

[153] 據《一二九運動史要》（北京：中共中央黨校出版社，1986年），第209頁。原載《世界日報》1937年1月3日。

蘊青、廷榮懋等八人帶到公安局問話，經校方派秘書徐仲航前往交涉，始於3日陸續全部釋放。

中文系右傾學生王大任當時有日記記載此事：

> 元月二日　黎明到校，劉××同學前來報告，謂北校因張貼壁報，有殺豬（朱）拔毛漫畫，刺激對方，引起衝突，我方眾寡不敵，損失頗大，當場將張國維、王長璽、呂××三人毆傷，業已送至中央醫院急救等語。此時南校糾察隊均以集中待命，思與民先隊一拼。予與劉君立即赴北校與周代校長鯨文交涉，北校同志與予檢查自治會，搜出反動文件若干份，內有毛澤東告中國青年書，最為重要。繼到中央醫院探視受傷同志，又到警察區署追案，我方由張濤、王士選等充原告，對方楊蘊青、廷榮茂等為被告，主兇王玉璋在逃。我方須找保出署，乃會同王心波同學奔走各處，嗣以心波足部受傷，由予獨任其事，到永大飯店訪關大成學長，（渠已畢業一年），研究辦法，為力行團傳達老方去電話，繼又以為不妥，於是佇立街頭，覘其行止，時已午夜後三句鐘矣。[154]

衝突發生後，東大秘書主任、代校長周鯨文主動和在場員警憲兵一起檢查，並未發現反動檔。但同學會方面則謂在學生會內搜得自蘇聯來函一件，及中華蘇維埃人民政府主席毛澤東之指令一件，該校學生自治會為使全體同學及社會人士明瞭真相起見，特要求校方公布檢查經過，東大當局即於4日正式公佈如下：

> 查本校於本月二日上午九時，一部分學生發生衝突事件，至屬不幸。推原其故，不外少數人之意見不合，致起糾紛。以有人謂學生自治會不無關係，甚至對該校工作，有所懷疑，為使公眾明瞭本校學生自治會之內部情形起見，由秘書主任自動到該會檢查，並請由當時在場之憲警共同作證，以示公開。檢查結果，不惟與此次衝突事件毫無關係，即該會所有檔，亦無不當，僅有該會收到學聯會歷次所發救國宣言，傳單及世界知識、大眾知識、生活星期刊、讀書生活、黎明等刊物，經由憲警攜

---

[154] 王大任：〈一篇反共救國護校血淚奮鬥史〉，《國立東北大學六十週年紀念特刊》（台北自印本，1983年），第273頁。

去。在憲警方面，當時亦謂並未發現任何不當檔，真象既明，流言自息，乃聞有妄加揣測，信口造謠者，須知值茲國勢阽危，憂患紛乘，凡我同學，流難至此，準備救國還鄉，目的即皆相同，自應精誠團結，共同努力，絕不應有任何分裂事件發生。此次受傷學生，既屬輕微，並已送往醫院治療，日內即可痊癒。其經公安局傳喚學生，經派員前往接洽，亦已歸校，除俟查明肇事者，依照校章處理外，目前問題均已了結，各級學生，應各安心讀書，勿得輕信浮言，意氣用事，致荒學業，否則如有恣行越軌者，校有紀犯，國有典刑，一經觸犯，亦屬愛莫能助，合行布告全體學生，一體知照，切切此布。[155]

是日上午十一時，周鯨文在校紀念周報告中謂：

現在東北大學內所值得注意的事，一個是西安政變，一個是二日校內發生衝突事。關於西安政變，現已和平解決。實由於全國人民及軍政領袖，不願用任何國力從事中國人打中國之工作所致。在上月三十日我曾到南京去一次，停留一日即返平。在京所得消息，蔣張現已完全合作，共同努力救亡圖存工作。中央日報曾有篇社論，攻擊張校長（學良），為蔣所知，深表不滿。該社社長程滄波當即提出辭職。由此事聯想到本校同學的衝突，真是一件萬分痛心的事，我們都是被敵人驅逐出來的流浪兒，在我們之間還容許有任何分裂嗎？固然，各人有各人的主張，有的擁護蔣委員長，有的擁護張校長，在西安政變未解決前尚可有此不同主張，但西安事件和平解決，蔣張現已完全合作，共同努力救亡圖存工作之時，我們萬不應該不察事實，隨波逐浪去自家分裂，去破壞蔣張合作，今後希望諸位同學，要冷靜些，要在「回家」這一個目標下，精誠團結，同舟共濟。[156]

---

[155] 肖：〈東大肇事學生將受嚴重處分〉，《一二九運動資料》第二輯（北京：人民出版社，1982年），第264-265頁。原載《北平晨報》1937年1月5日。

[156] 肖：〈東大肇事學生將受嚴重處分〉，《一二九運動資料》第二輯（北京：人民出版社，1982年），第265頁。原載《北平晨報》1937年1月5日。

　　當天下午三時，校學生自治會派代表劉曙光、杜伯喬二人，携水果、餅乾等慰勞品，赴中央醫院慰問受傷學生。張國維傷勢較重，但無生命危險，說話較吃力，須靜養一月方可出院，至於輕傷的呂謨興、王長璽二人即可痊愈。不過王長璽準備聘請律師，依法提起自訴控告學生會負責人預謀傷害。

　　晚六時，學生自治會在東大西直門校區召開代表大會，議決：

（一）學生自治會被檢查，宜如何表示案，議決，公布事件真相，及表示本會實為一純正學生組織。

（二）有人造謠檢查本會時發現反動檔，應如何表示案，議決，現在校方已將事件真相公布，即根據布告發表告同學書及各界人士書。

（三）本校少數同學組織同學會及正義團，並未呈請校方備案，實有破壞之嫌，本會應如何處理案，議決，呈請校方解散未經呈請校方備案之非法組織，並停止其活動。

（四）近日以來盛傳有人欲搗毀本校，應如何保障同學安全案，議決，除請校方轉請地方當局保護外，本會並組織糾察隊通信網，加以注意。

（五）日前有同學會發起致電教部請改組本校簽名運動，謂已有一百一十二人，惟其中多系捏造簽名者，請校方轉令同學會公布名單，以明信實案，議決，通過。

（六）報載日前衝突受傷同學將控本會負責人預謀傷害，應如何應付案，議決，校方今日佈告謂衝突與本會無關，可以置之不理。

（七）及昨日晚報載本校校長業經國府明令特赦，本會應如何表示案，議決，致電張校長，除致賀意及慰問外，並請領導東北青年致力回家工作。[157]

二十一、反「接收」運動

　　西安事變從大的方面說，改變了中國的命運，從小的方面說，改變了東北大學的命運。教育部認為：「西安雙十二事變，實在是中國的大不幸」、「西

---

[157] 肖：〈東大肇事學生將受嚴重處分〉，《一二九運動資料》第二輯（北京：人民出版社，1982年），第266頁。原載《北平晨報》1937年1月5日。

安事變發生，東北大學有責任，是發動西安事變的火種是策源地，所以……必要把東北大學接收過來，消滅火種，消滅這個思想策源地」「是從共產黨手中把東大搶過來」。[158]陳布雷在聲討張學良的電文中謂：張學良「大扣軍餉，私自移用於東北大學等。招收不良分子，製造反中央力量」。[159]

早在張學良旅歐期間，國民黨CC派欲改組東北大學以黃郛主張暫緩而未果，當張學良因西安事變被蔣介石扣押之後，機會又來了。很多人倡議停辦東大，惟陳果夫不以為然，且問時任無錫行政署督察專員的臧啟芳有何意見。臧說：「果夫先生不贊成停辦東大太對了，東北既已淪陷數載，若再停辦東大，不知者必說政府不要東北了，正好給共產黨作宣傳口實，中央何以自完其說？」陳果夫說，「你的話不錯，但派誰去辦呢？」臧啟芳當時推舉周天放，且他正在北平可以就近辦理，陳果夫亦同意，所以教育部先派周天放接收。但他接到部令堅決辭謝，後來陳果夫請示蔣介石，乃由蔣介石電令教部派臧啟芳接收。[160]

臧啟芳十年前的1926年就在東北大學任教授，1928年出任法學院院長。陳彥之回憶，1929年上半年，法學院院長臧啟芳和文學院院長周天放，「為了準備進一步染指校政，以副校長劉風竹貪吞校款為由，聯名向校長張學良提出控告。那時張學良正在北戴河休假，劉風竹乃多方奔走，托人說情，得到了張學良的諒解；因而周天放和臧啟芳不但未把劉風竹告倒，反被張學良以校長的名義，在文、法學院用掛牌的形式，把他二人宣告撤職了。」自此以後，臧啟芳、周天放等人，「已不能再在張學良的直屬部門中找到官當，這就造成了後來他們在政治恩怨上堅決反對張學良的思想根源」。[161]實際上，臧啟芳是被張學良暫時調到東北政務委員會擔任秘書，後被張學良調任天津市社會局局長兼代理市長、哈爾濱地畝局局長，算得上是「重用」。

1937年1月7日，當局連發幾份指令，令臧啟芳會同北平社會局雷嗣尚局長接收東大，並令接收後由臧啟芳代理校長職務。

第一份「令平社會局」（密字第2075號）：「茲派臧啟芳會同雷局長嗣尚，接收東北大學，並派臧啟芳於接收後代理東北大學校長職務，為一切必要

[158] 楊佩禎等主編：《東北大學校志》第一卷上冊（瀋陽：東北大學出版社，2008年），第115頁。
[159] 朱文原編：《西安事變史料》第五冊（台北：國史館出版，1993年），第270頁。
[160] 臧啟芳：〈東大十年〉，《國立東北大學六十週年紀念特刊》（台北自印本，1983年），第56頁。
[161] 陳彥之：〈「九‧一八」事變前後的東北大學〉，《瀋陽文史資料》第四輯，第37頁。

之整理與改進，除分令外，合亟令行該大學知照，此令。」

第二份「令臧啟芳」（密字第2076號）：「派臧啟芳代理東北大學校長職務。此令。」[162]

所謂接收，「實際上，醉翁之意不在酒，而是以接收為名，行摧毀北方學運堡壘之實（北平學聯即定點在東大辦公）。」[163]此事首先被時在北平念一中學讀書的左傾學生高而公[164]（民先隊員）得知，輾轉將情況告知了東大秘書主任、代理校長周鯨文。[165]消息迅速傳開，群情激憤。在東大中共地下黨支部的領導下，以學生會為中心，以「民先隊」為骨幹，團結進步教職員工，組成了「東大護校委員會」，一場轟轟烈烈的反對國民政府接管東北大學的護校運動開始了。全體學生以磚頭石塊為武器堅守校本部，中共地下黨又動員了北平學聯所屬的左傾學生和東北旅平各界救國聯合會所屬救亡團體的成員，幫助東大左傾學生的護校鬥爭。由東大和各校學生及各團體成員組成的手持棍棒的糾察隊，從西直門本校排至西四牌樓，以阻止臧氏前來接收，不准他踏進校門一步。

對於此事，北平《東方快報》態度明朗，公開報導護校鬥爭。1月13日該報「大觀園」副刊即刊有〈「接收」東大〉的短文一篇：

> 報載教部派臧啟芳接收東北大學，考東大雖為省立，而一切設施，均聽命於教部，教部如認為辦理不善，自可令其改善，必要時且可通知校長，另派負責人，何必來這一種「接收」的多餘舉動？臧啟芳昨日發表談話，謂「能接收便接收，如不能接收，當不能強行接收」，云云，此公未免失檢。[166]

1月14日，《大公報》對東北大學「接收」一事進行報導：東大接收消息，昨日仍甚沉寂。臧啟芳自經一度與該校秘書主任周鯨文會談，未得結果。迄未

---

[162] 楊佩禎等主編：《東北大學校志》第一卷上冊（瀋陽：東北大學出版社，2008年），第119頁。

[163] 丘琴：〈我的心香祝禱〉，趙傑、王太學主編：《王卓然史料集》（《遼寧文史資料》總第36輯）（瀋陽：遼寧人民出版社，1992年），第99頁。

[164] 高而公生平情況詳見本書第三章第十七節「高而公與讀書會、〈合唱曲〉」。

[165] 參見陳彥之：〈記東北大學進步學生抵制國民黨接管的鬥爭〉，《遼寧文史資料》總第10輯。

[166] 轉引自丘琴：〈我的心香祝禱〉，趙傑、王太學主編：《王卓然史料集》（《遼寧文史資料》總第36輯）（瀋陽：遼寧人民出版社，1992年），第99頁。

作二次會晤。該校當局與學生，連日頗以未奉到部令及該校行政系統系大學委員會主持為詞。部令一事，臧於昨日午後特將令文托社會局轉致該校，昨晚諒已達到，行政系統一節，教部前晚間有電令到平，解釋教部有更換校長權力，該大學委員會對此事無權過問。電文略云：東北大學組織大綱，經部核准，案內載明，校長應由政府任命，大學委員會無權過問，已分電宋委員長秦市長詳加說明云。茲該校學生，因反對接收，昨日午後二時特在學生自治會招待記者。

　　1月17日，《時代文化》刊發〈東北大學接收問題〉一文，認為接收是乘人之危：

　　　　東北大學是東北人的大學，是東北四省的最高學府。創立以來，十有餘年，教導訓練，也算有相當成效。瀋陽變起，四省淪亡，此東北之唯一學府，遂亦淪於異族之手。從此莘莘學子，流亡關內，便都成了失巢之鳥。幸經該校師生無數艱辛的努力奮鬥，獲得各界人士之無數熱烈的同情與贊助，才使它在萬般困苦之中，恢復生存，至於今日。對著這亡省以後的東北同胞的碩果僅存的紀念物，我們常不禁發生無限的感慨，無限的矜痛。年來華北救亡運動勃起，東大學生，因曾身遭巨創，痛念鄉邦，所以表現得尤為勇敢積極。照此看來，東大之存廢，實系東北光復繼續之機。我們正希望它能蒸蒸日上，充分發展，為亡省同胞留一線生機，為救國事業增一分力量。誰知教部卻在這全國政治大計尚未全定之際，該校校長滯留京門之時，貿然派人前往接收，弄得該校上下惴惴不安，甚至地方治安亦不免受其影響，我們雖不便說教部有趁火打劫之嫌，總覺此種措施，有點操之過急。

　　　　……

　　　　總之，我們的意見以為，東大既為東北三千萬同胞心靈所寄，兩千流亡子弟救亡戰士學業所系，則當此全國同胞異口同聲地要求集中國力切實合作之秋，不應用任何名義破壞其存在與發展。[167]

[167] 據《一二九運動資料》第二輯（北京：人民出版社，1982年），第274-275頁。原載《時代文化》第1卷第5號，1937年1月5日。

1月24日，《東方快報》又發表了〈東北大學學生緊急啟事〉（並附全部簽名）：

> 徑啟者，自臧啟芳來平後，外間即盛傳彼將以武力接收東大，迄今始已證實，學生等以事關吾校前途，願作如下之申述：（一）本校原設瀋陽，「九一八」後，被迫遷平，客居異地，志切復土還鄉。東大之存在，乃我東北三千萬同胞精神所系，亦即東北淪陷後唯一遺物，外人不宜變更其舊觀；（二）本校在遼寧時，名義雖為省立，但實際完全系張漢卿先生所手創，曾出私資一百八十萬元建設一切。「九一八」事變後，師生流離來平，經費校舍均無著落，當時無人聞問，經張校長努力支撐，始得復校，近年方請准財部月予補助，不足之數，仍由張校長獨立籌措，是以本校在性質上，實系私立。（三）按國民政府頒布之大學組織法第九條，對於省立私立大學並無部派校長之規定，且亦向無此例，而本校校長系由大學委員會推選，教部向亦認可。（四）張校長漢卿先生雖與陝西事件有關，然本校系教育機關，不應受政局之影響，且張校長滯留南京，迄今並未聲言辭職，臧氏何得乘機攫取。根據以上四項理由，學生等一致主張擁護現狀，誓死反對臧氏接收，特連署聲明，以示堅決。尚祈政府地方當局及社會人士垂察焉！
>
> 東北大學學生啟[168]

1月27日，《大公報》報導了教育部高教司長黃建中26日對該報記者談話，指責周鯨文：「東北大學接收事，四五日內當有新開展，教育部為整頓該校，始改國立，本愛護學生學業為主旨，對於原有教師，苟能教導有方者，決不稍加更動，迄今仍本此意，和平進行。唯該校秘書主任周鯨文，平素教學不力，而此次竟又違抗部令，故意刁難，為教部威信計，為將來師表與學生學業計，決擬予以嚴厲之糾正。」[169]

---

[168] 轉引自王振乾等編著：《東北大學史稿》（長春：東北師範大學出版社，1988年），第250-251頁。
[169] 轉引自楊佩禎等主編：《東北大學校志》第一卷上冊（瀋陽：東北大學出版社，2008年），第121頁。

1月29日，《大公報》報導了教育部決定停發東北大學經費和否認其非法行政的消息：

> 教育部以東北大學反動分子把持學校，拒絕接收，除電臧回京外，並電
> 平市長秦德純云：「北平市政府秦市長勳鑒，東北大學為反動分子操縱
> 把持，本部本愛護東北青年之旨，經派臧雷兩君整理，乃周鯨文等拒絕接
> 洽，並主持反動分子，毆逐良善學生至百餘人。違法暴行，殊堪憤惋，本
> 部極端忍耐，原冀彼等深自覺悟，俾獲和平處理，借免多生枝節。現在
> 接收既有困難，對於該校惡劣情狀，自不能不予以必要之裁制。茲由部
> 決定停發該校經費，否認其非法行政。而對於該校純正教員之教學與善
> 良學生之學業，另行妥籌救濟……教育部儉（二十八日）。」[170]

其實，教育部在1936年冬即以遲發每月補助經費（兩萬五千元）來控制東
大。當派臧氏接管東大本校計劃破產後，即宣布東大為非法，停發了經費，使
東大陷入了空前的困境之中。秘書主任周鯨文被迫去職，這樣，東大的行政權
便完全歸由學生會掌握了。

2月10日，東北大學學生會為反對臧啟芳任東大代理校長，假校本部舉行
記者招待會，主持人向到會各報記者介紹了東北大學的歷史和現狀，並著重指
出：一、東北大學是私立大學；二、私立大學的校長是大學委員會推選的；
三、張學良校長並未聲明辭職。主持人的講話有理有據，與會者頻頻頷首。後
來東大的國民黨學生與學生會唱對臺戲，也舉辦了一次記者招待會。但是到會
的只有寥寥十餘人，不得不「旋即散會」。

臧啟芳本是請假到北平上任的，卻在北平進退維谷，處境尷尬。2月16日，
國民政府教育部把他召回南京。兩天之後就傳出消息，教育部長王世杰電告東
北元老，否認東大改為國立。這當然是平息輿論的一種緩兵之計。

---

[170] 轉引自楊佩禎等主編：《東北大學校志》第一卷上冊（瀋陽：東北大學出版社，2008年），第
121頁。

第二章　轉徙長安（*1936.2-1938.3*）

1935年9月，中國工農紅軍朱德、毛澤東部已由川北進入甘肅、青海邊境，國民黨剿共中心由四川移往陝西。國民政府軍事委員會任命張學良為「西北剿匪總司令部」副總司令，蔣介石自兼總司令，張學良代行總司令職務，他率領麾下的舊東北軍各師駐扎在西安及市郊。蔣介石還令楊虎城的十七路軍統歸「西北剿總」指揮。

到達西安以後，張學良這才開始與共軍作戰。但是東北軍卻連戰連敗，三個月內損失了將近三個師的兵力，而蔣介石對此不但不給以必要的補充，反而趁機取消了被紅軍消滅的110師、107師番號，這使得張學良很受震動。

1936年1月25日，中共發出了以毛澤東領銜的共有二十名紅軍將領署名的《紅軍為願意同東北軍聯合抗日致東北軍全體將士書》，讚揚東北軍誓死抗日是有過光榮歷史的，改變了《八一宣言》中對張學良的看法，對張學良思想轉變起了重要作用。

3月，張學良同紅軍代表李克農在洛川進行了會談。雙方就聯合抗日問題進行了初步商談，達成了局部停戰協定。

4月9日，周恩來、李克農到延安和張學良進行了歷史性的會談，共商抗日救國的大計。這次會談不僅對張學良走上聯共抗日的道路具有決定意義，而且對中國共產黨的抗日民族統一戰線政策，也有極重要的收穫。這次歷史性的會談，奠定了東北軍、西北軍和紅軍「三位一體」聯合抗日的基礎。

一、西安分校

1935年底，「一二九」運動在北平爆發，東北大學學生成為運動的先鋒。當時在東大任教的曹靖華說：「東北大學，是當年北平學生運動中反蔣、抗日、救亡的堡壘。北平之大，黨所領導的舊學聯，在任何學校都不能立足，可是它卻公開設在東北大學。國民黨反動派，處心積慮，妄圖拔除這個革命據點，卻屢被學生擊退。」[1]

1936年初，身為「西北剿匪總司令部」副總司令的張學良深感形勢日益嚴峻，「華北之大，已安放不得一張平靜的書桌了」，更重要的是想在西北掀起

---

[1] 曹靖華：〈「電工」魯迅〉，《上海文藝》1977年1期，第71頁。

學生愛國運動，便擬將東北大學工學院、補習班先行從北平遷移來陝，至於文法兩院俟妥為計劃後再說。

張學良根據考試院長于右任的提議，擬選擇于的家鄉三原縣宏道書院為校址，便指示盧廣績[2]前往察看。盧廣績去後發現，此處雖有三百多間房屋，但因年久失修，破舊不堪，而且場地面積也有限，不適宜做大學校址。盧廣績把情況向張學良如實做了彙報。為了表示對于右任的尊重，張學良親自駕車實地察看，楊虎城也一同前往。察看結果，張學良也嫌該處條件不適合辦學，最後選定西安郊區的一所農校作為校舍。[3]

所謂農校，據《續修陝西通志稿》卷三十六載，在光緒三十年（1904），此地已是陝西中等農林學堂的所在地，同時復為陝西農業學堂所在地。1912年併入西北大學，成為該校農科所在地（包括今西安習武園、兒童公園北部和西關外）。同時，三秦公學亦借西門外農業學堂一部建校（後又將附屬農事試驗場劃入，從城西北角到西南角幾乎均有其舍），1914年大部分併入西北大學。1915年西北大學停辦後，於1916年改為陝西甲種農業學校，後復於1923年成為西北大學農藝科、畜牧科的一部分。1934年改為陝西省立西安初級農業職業學校（後改為陝西省農林職業學校），包括兩百畝農場、運動場、禮堂等。[4]

東北大學校方決定遷移之時正值假期，學生返里半數未歸，遂決定分批來陝：工學院及補習班所合組之西北旅行團第一批於1936年2月12日傍晚，由廣安門車站啟程，經保定，轉鄭州，於17日順利抵達西安。第二批於3月6日啟程，11日到陝。隨即住進陝西農校校址，稱東北大學西安分校。「建築雖不華麗，倒也簡樸可愛。位置是在城西南里許的近郊，南屏終南，西枕渭水，阿房鎬京遙隔共後，大小雁塔，聳立目前。空氣新鮮，風景優美，課餘之暇，瀏覽山

---

[2] 盧廣績（1894-1993），號乃賡（乃賡）。遼寧海城人。1918年畢業於瀋陽高等師範學校。1929年擔任奉天商會副會長。1931年參加東北民眾抗日救國會，任救國會常委。「西安事變」時擔任「西北剿總」第四處（行政處）處長，直接參與了這次事變，是逼蔣抗日的《八項主張》起草人之一。之後到北平，與高崇民、劉瀾波等人發起成立「東北救亡總會」，任常委。抗戰勝利後，他繼續擔任瀋陽商會副會長、會長。1946年加入中國民主同盟。中共建國後，歷任瀋陽市副市長，遼寧省政協副主席等職。

[3] 王連捷：〈盧廣績傳〉，王連捷編著：《東北救亡七傑》（瀋陽：白山出版社，1992年），第303頁。

[4] 〈抗戰時期東北大學寄居西北大學舊址的兩年歲月〉，姚遠等撰：《圖說西北大學110年歷史》（西安：西北大學出版社，2012年），第102-103頁。

川，憑弔古跡，頗覺津津有味！」[5]校外是農場，栽滿了各種樹木、蔬菜和花卉，加上一片麥田，風景亦殊清秀。

西安分校有教授十四人，講師十人，助教三人，職員十四人。工學院仍保持北平時期的兩個系——土木系和電機系，有五班計107人，補習班三班計156人。分校主任由原秘書主任林耀山擔任，王際強任工學院院長。原院長楊毓楨離職，就任咸陽酒精廠廠長。1938年，資源委員會接管了咸陽酒精廠，並遷往四川資中。楊毓楨留在陝西，聯合東北大學畢業學生，先後在陝西省幾個地方創辦了酒精廠，接納東大學生張德孚、岳長儉、胡玉琪和班興謹等若干人。東大工學院遷到西安，成為當時當地的唯一一所高等學校。它給古城添加了文化光輝。

北平師生初到時，農校先讓出一半房舍，計學生宿舍五十餘間，教授宿舍數間，教室八間，辦公室三間，飯廳一所，還有一座大禮堂是兩校共用的。三百餘名師生就擠在這一百五十間房子裏：學生五人一間，教授二三人一間。室內大半為床位所占，幾乎容不下一張書桌。室內尚未安裝電燈，以油燈和蠟燭照明。教室是臨時間隔起來的，有的三間，有的二間，有的一間半。補習班的同學多，只得利用大禮堂上課。實驗室和圖書室簡陋不堪，由平運來的機械、儀器、什物等則堆放在院內的牆角。西安的米、菜、煤價格較北平昂貴，所以，學生的伙食津貼雖由原每人每月4.5元改為7.5元，仍不如在北平時的水準。西安分校的學生就是在這種艱苦的條件下學習的，他們於3月2日（原先預定是2月24日）正式上課。3月28日上午，張學良首次到東北大學西安分校訓話，他說：

「我很想和你們常常見面，因為職務繁忙關係，未能如願。今天和你們相見之下，有無限的感慨。東北的青年，今日到西北，將來到什麼地方，尚不可逆料，這不但是東北人，即中國全國人民也是如此。回想在北陵時代，有堂皇富麗的校舍，若和現在校舍兩相對照，不但諸位覺得苦，更使我有無限傷感。

「不過古今聖賢，英雄豪傑，先不受苦，先不失敗而憑空成功者，不可多見。『多難興邦』，『無敵國外患者國恒亡』這兩句話，並非隨便無稽之談。諸位想想，復興民族之責任，固是在全國人民之身上，但東北青年所負之責任，比較重大，若不自己勉勵自己，去苦幹，去創造，將來指望什麼？所以我

5 轉引自楊佩禎等主編：《東北大學校志》第一卷上冊（瀋陽：東北大學出版社，2008年），第132頁。

盼望諸位由感慨變作興奮，國家光榮，在我們身上，國家失敗，是我們未做好，如果大家能抱定這種心理作去，我想我們的失地，總有一天是能夠收復的。

「西北歷史遺蹟最多，那正是表明我們先祖先宗，當年並非如此無能，決非如今日之受人凌辱侵略。一到此地便可知道，中國由秦、漢、唐以來，建設之偉大，歷史之遠久，以西北為最。由此可見：一國之強弱，在乎其國民之能振作與不能振作，如果自己肯埋頭沉心下苦功夫去作，什麼難事都可以成功的。

「一般青年都犯一種苦悶病症，由憂國憂民以至於自暴自棄。要知道，國家之弱，非一朝一夕而來，所以也不是我們一朝一夕所可解脫，好像得病容易除病難，是一樣的道理。因此，我要勉勵同學下列數事：

「（一）要有沉痛心理。我們每個人都有他自己的特殊環境，總覺精神上不能滿意，除非你是冷血動物，可以不回念以往。所以，我盼望你們無論做什麼事情，不必先看效果，不先見效果就未必不是效果。好似吃藥一樣，吃下藥未必即時好病，吃下藥病就即時可好未必就是好藥。所以凡是一椿事情，正面看是壞的，側面看，倒有很多收穫。正如『九一八』事變一樣，中國失掉的固多，同時國人也知道了團結，知道必須猛醒，除去陳腐之氣等等，收穫方面也得了不少。失掉的不必即時找回，要在悲憤中找興奮，找進步，無失敗何能成功，不退化為見進步。我在想，我們的苦痛還不止如此，日後恐怕還有比今日更多的。

「（二）須自己要強。當年袁項城[6]應許二十一條時，我是學生，一腔熱血，反對。及至二十年後我執政，還不如人家，個人才淺力薄，固所自知，然而社會問題也太複雜。換言之二十年來，國人依然不知自強，東北青年今後須徹底地覺悟，你們所負的復興民族責任重大，所以要受苦，我先去；要犧牲，我先去；要流血，我先去。沒有這種精神，談不到救國自強。

「現在一部分人也希望外國人先和外國人戰爭起來，我們從中取利，這是幸災樂禍的心理，於實際無補。人家不強，同時你自己也未強，等於無用，自己不振作，自己便吃虧，因此，我們只可責己恕人，不必去罵那四角錢一天的便衣隊[7]，也不必罵人家不幫我們的忙。」[8]

---

[6] 袁項城，即袁世凱。袁氏為河南項城人，舊時對人稱郡望是表示尊重。

[7] 「九一八」事變後，日本出錢雇傭我國流氓、土匪、兵痞組織便衣隊，以天津日租界為依托，發動暴亂，企圖轉移國際社會對九一八事變的視線，並乘機奪取天津。在張學良的支持下，由河北省主席王樹常、天津市代市長張學銘等組織保安隊、員警制止了他們的暴亂。

[8] 畢萬聞主編：《張學良文集》（2）（北京：新華出版社，1992年），第951-953頁。原載《東北

　　張學良的講話，既充滿激情，又富有哲理。他還以戊戌六君子中譚嗣同的壯舉，來抒發愛國之情和亡家之恨，他說道：

　　「譚嗣同傳上記載了這樣一段情節，就是戊戌政變在六君子尚未遭難以前，有人勸譚逃走，他不走，曰『不流血，不足以促政變』。請問我們東北事變，誰流了血？誰有這種精神？

　　「任何可以犧牲，國家利益不能犧牲，最低也得不由我手裏斷送。有人說中國人自私，其實中國人並非徹底明白自私。有些人動不動就罵人家不犧牲，先要看一看你是否肯去犧牲，你要犧牲不必問合算不合算。中國以前有些官吏，自己要看自己的『德政』，這是不對的。要種樹，不必要我自己吃果了。

　　「關於本校一切，我要向你們說明的，就是現在本校不是東北時代的學校，中國也不是以前的中國，所以我們不想前不想後，要順應環境，吃米吃糠都可以。環境愈苦愈能成功，東北人現在吃苦，就是當年享受太多的反照！我們東北大學學生，有他的特殊使命──回故鄉。所以我們造就學生出來，非但要有專門學識，還要訓練他有比專門學識更深的基本工作。將來復興民族的使命，要使舉國都企望在東北大學學生身上，學生要是沒有這種勇氣，不必在東北大學。

　　「西北是我國先祖發展之地，中國地方很大，各地風氣不同，入鄉問俗，西北人能吃苦，這是我們知道的，希望你們能常到農村去，知道他們的思想如何？心理如何。作將來可以和民眾打成一片的準備。

　　「學校前途方面，我簡單一句話，憑我自己的良心說，我對東大比任何人都關心，我盡力設法維持，將來校址基礎有一定，必盡力量設法將全校集合在一起。

　　「這以後我更忙了，三二月內不能常到校，但同學個人有何難上，我必盡力幫忙。」[9]

　　據當年學生回憶：「東北大學工學院遷到西安後，一次因不滿意伙食和其他條件，發起驅逐總務主任林耀山，甚至罷課。張學良得知趕到學校，很嚴肅地命令學生首先復課。他把學生代表七、八個人帶走，大家很為擔心。誰

　　大學校刊》第9卷第8期。

[9]　畢萬聞主編：《張學良文集》（2）（北京：新華出版社，1992年），第953-954頁。

知他把學生帶到金家巷一號自己的家裏，讓他們在他的書房裏看書看報。公退之暇，他和這些學生一起談論世界形勢，國家大事，抗日問題，不拘形跡，暢所欲言。他有時和他們一起吃飯，一起打網球，問他們個人和家鄉的情況，問長問短，親若家人。過了十來天，他向他們說：『今天我送你們回校，咱們國破家亡，求學機會不易。你們吃的不好，要向我反映、寫信，我替你們解決。這事責任不在總務主任，不要再鬧了。我告訴守衛，今後你們任何人，持有學生證，都可以來見我，你們回去吧。』他以至誠感人，很容易解決了一場風潮。」[10]

1936年5月11日出版的《東北大學校刊》第九卷第九期，以〈本校西安分校近況〉為題，對西安分校師生的生活情況作了報道：

學生住的是中古式的瓦房，和農校同學隔屋而居，吟唔相應，談笑相投，融融一院，儼若兄弟。他們共占用宿舍三列，每列十四間，每間住同學五人或四人。室中除去床位，幾乎一張書桌都放不下，土壁磚地，雖陋而潔。電燈還未安妥，現仍以煤油燈和蠟燭照讀，咿唔一室之內，頗有古儒之風，亦可樂也！

行路只有步量，因門無車馬之喧。同學欲進城者，或繞西門或繞南門，均需步行二里許，始得雇車，而車資之貴，更不堪言。故同學多行云。

沐浴更是困難，城外壓根沒有浴所，城裏雖有不少，但都設備欠佳，入其門臭氣沖天，令人欲嘔，而浴資之貴侍候之疏，更不可形容！若是到臨潼華清池（系天然浴池，即楊貴妃沐浴之地，今由中國旅行社經營。設備頗佳，水亦清澈，溫度頗適宜），路途又遙，時間路費，都不經濟。最近學生多盼望學校能設法在校內自建浴池，聞當局亦有意云。[11]

---

[10] 郭維城、趙希鼎：《張學良先生與東北大學》，《綿陽市文史資料選刊》第三輯。
[11] 轉引自楊佩禎等主編：《東北大學校志》第一卷上冊（瀋陽：東北大學出版社，2008年），第132-133頁。

　　張學良對東北大學在西安校園的建設以極大的支持，1936年5月，他用舊東三省官銀號結餘款15萬元現洋給東北大學，作為興建在西安新校舍之用，並於校內組織建築委員會，加速進行繪圖、買地、燒磚、購料等事宜。這項工程是由東大工學院畢業同學郭毓麟等義務設計並監督施工的。新的建築物陸續交付使用，不到一年全部竣工。計有：教學工字型樓1.3萬平方米，實驗室4000平方米，辦公樓1500平方米，圖書館2000平方米，宿舍六排24棟2400平方米，以及其他建築1600平方米，總計約2萬平方米，占地約12-14公頃，包括足球場在內，全部建築都是磚木結構。[12]

　　至是年8月，將舊校舍完全修理就緒。9月初，新建校舍開工，按文、法、工三院齊頭並進，以期速成。興建大禮堂時在牆基內還砌了一塊紀念碑，碑上刻有張學良的題詞：

　　　瀋陽設校，經始維艱。至九一八，慘遭摧殘。
　　　流離燕市，轉徙長安。勖爾多士，復我河山！

　　然而，這塊有紀念意義的石碑後來竟遭厄運。抗戰時期，東大西安分校被胡宗南占據，在此成立「戰時幹部訓練團第四團」訓練幹部，這塊紀念碑被挖下來當飯桌用。後來，胡宗南聽說還有人背誦這個動人的題詞，一怒之下，將其砸碎。殊不知這個題詞早已深深根植在東大學生的心裏，是永遠無法挖掉的。這是後話。

二、豔晚事件

　　1936年8月29日晚，西安國民黨便衣特務根據蔣介石密電，要在西安逮捕栗又文、劉瀾波、孫達生、馬紹週四名共產黨員押送南京。但栗又文已經外出，根本不在西安；尚在西安的劉瀾波、孫達生有防備，他們住在東北軍師長劉多荃家裏不出來，此宅門衛甚嚴，無法下手。只有馬紹周住在西北飯店，那裏流

---

[12] 何萍：〈東北大學西安分校點滴〉，東北大學北京校友會：《東北大學校友通訊》（1987年4月）第七期。

動人員多，平日疏於防範，所以省黨部的便衣特務便先將他逮捕了。適逢東北軍參秘室工作人員關時潤（即吳俊如）來飯店找馬紹周和當時也住在這裏的宋黎，因為他身穿便衣，也將他抓了起來，一並送省黨部關押。宋黎是東北大學的學生代表，他是應張學良的邀請，從北平來西安彙報東北大學流亡學生情況和進行抗日宣傳工作的。特務抓人的事，以及他也可能會遇到危險，已有人告訴他了，只是他未料到事情會發生得這麼快。特務開始抓馬紹周時，他不在飯店，但飯店已被嚴密監視起來，這他一點也不知道，所以當宋黎與東北中學的曹富琨同學回到西北飯店住處時，就被守候的特務逮捕了。宋黎在押往陝西省黨部途中，被十七路軍巡邏隊阻截。楊虎城立即通知張學良，張學良派人將宋黎接回，並包圍了國民黨陝西省黨部進行查抄，打擊便衣特務的氣焰。因29日這一天的電報代碼韻目為豔，事件發生在這一天晚上，故稱「豔晚事件」。

　　關於此事的來龍去脈要首先從「《活路》事件」說起。1936年春，張學良的東北軍和楊虎城的十七路軍中的一些共產黨員和進步人士經常聚會，商討如何在西北進行抗日救亡的問題，並決定將這些談話的內容整理成為文章，出版一種不定期的內部祕密刊物，廣泛地宣傳抗日。這個刊物定名為《活路》。據楊虎城的機要秘書米暫沉回憶，「在第一期中，有栗又文寫的如何解決抗日經費的文章，有高崇民的〈抗日問答〉，及孫達生執筆的關於西北大聯合的文章等。這幾篇文章，曾由高崇民拿給張學良看過，張對此表示默許。高崇民又與楊虎城的機要秘書王菊人聯繫，以解決印刷問題。因為當時省黨部有命令，凡印抗日文字的都按共產黨論處，誰承印誰就違犯了《危害民國緊急治罪法》。有來交印的，應把稿子扣下，立即報告省黨部，隱匿不報或暗為印刷的加重治罪。因此，西安幾家常有來往也比較可靠的印書館都不敢承印。經楊虎城同意，決定在十七路軍總部軍需處的印刷所印刷。在印刷裝訂過程中，採取嚴格的保密措施，由軍需處長王維之和科長高自振親自監督，按實印張數配給紙張，夜間突擊工作。連續幾夜印出了幾千本，大部交高崇民在東北軍中散發，少量在十七路軍的部隊散。」[13]另據《張學良將軍生活紀事》載：張學良認真地閱讀過《活路》，並對其中的〈抗日對話〉一文做了圈點。該文的作者指出：「張學良將軍國恨家仇集於一身，他最適合領導東北軍抗日。」「東北軍只有

---

[13] 米暫沉：《楊虎城將軍傳》（北京：中國文史出版社，1986年），第106-107頁。

聯共抗日才有活路，如果繼續打紅軍就是死路一條。張學良將軍只有抗日，才能對得起國家民族，他個人也才有出路……」張學良讀後，對自己的秘書說：「這本小冊子寫得很好，言辭雖然有些過頭，但能鼓舞東北軍的士氣。」[14]

這本小冊子發到前線，特務必然會知道，是無密可保的。但是如果特務發現這個小冊子是十七路軍為東北軍印的，就會暴露出張、楊密切合作的痕跡，使蔣介石有所警覺。果然不出幾天，特務頭子晏道剛找楊虎城，提醒他注意身邊的人。楊感到晏的這番話必有所指，經過密查，果然是《活路》的印刷洩密。有兩個曾在警察局做過事的工人，在續印過程中，事先帶入同樣的紙張，將印好的書頁替下夾帶出去，交給了軍統特務頭子江雄風，並領取了六十元的賞錢。楊虎城發現後，立即逮捕了這兩個被特務收買的工人。[15]

這一重大洩密事件危害很大，很可能使特務們瞭解到張、楊的政治傾向和主張，特別是東北軍與十七路軍間的密切合作關係。製造矛盾，互相制約，是蔣介石統治雜牌的重要手段之一，如蔣發現這一著失靈，很可能會採取對張、楊極為不利的措施。幸而，特務們的注意力並沒有放到張、楊二人的身上，而認為是十七路軍的人以東北軍的口氣寫的，於是密捕了他們認為嫌疑最大的、實際卻於此事毫不相干的十七路軍總部參議郭增愷，迅速解往南京。

張學良得知洩密事件之後，擔心高崇民在東北軍中藏不住，迫於當時的形勢，他既不能把這件事鬧大，又不能讓蔣介石抓住任何把柄，覺得應該妥善處理才是。一天夜裏，他把高崇民請來，向他講述了關於平息《活路》事件的意見：「崇民兄，我今天把你請來，是準備送你離開西安，到天津租界地先躲一躲風頭，過一陣子，我再接你回來。我和楊主任已商量過，覺得送你走最合適。江雄風（國民黨憲兵團總部偵緝處長）一定會向我要人的。為了不影響這裏剛剛開創出來的好局面，避免蔣介石發現我們和共產黨的來往，只好推說小冊子是你一個人編的，我根本不知道此事。你不是我手下的人，他們抓不到你，事情也就很快平靜下來，不知崇民兄尊意如何？」[16]高崇民欣然同意了張學良的安排。他先在楊虎城三原縣東里堡的家中躲過一段時間，再祕密地到達天津。後來直到西安事變爆發，才回到西安。

[14] 劉恩銘等編著：《張學良將軍生活紀事》（瀋陽：遼寧大學出版社，1990年），第106頁。

[15] 米暫沉：《楊虎城將軍傳》（北京：中國文史出版社，1986年），第107頁。

[16] 劉恩銘等編著：《張學良將軍生活紀事》（瀋陽：遼寧大學出版社，1990年），第109頁。

　　國民黨特務們瞭解到《活路》是高崇民等人幹的之後，多方搜捕也沒有找到他的影子。抓不到高崇民，蔣介石就電令國民黨陝西省黨部逮捕在東北軍中工作的共產黨員。這一方面是企圖給張學良一個警告，另一方面，也想從中獲取口供，瞭解張學良的抗日活動情況。

　　8月初，東北大學學生宋黎等已獲悉遭到國民黨特務機關通緝的消息，宋黎曾直接報告給張學良，並提出要回北平暫避風險。張學良果斷地說：「你們哪裏也不用去，就住在西北飯店，反正我還帶兵，可以保證你們安全。」

　　8月29日晚，經過精心策劃的國民黨陝西省黨部的特務們，衝進西北飯店抓捕了宋黎以及其他工作人員。兩個特務架起宋黎的兩只胳膊往外拽，剛出房門，特務頭目對他們的嘍囉宣布：「抓到了共產黨要犯！」接著，三四個特務把宋黎抬起來往陝西省黨部走。走沒多遠，遇到十七路軍憲兵營的巡邏隊迎面而來，宋黎機警地高喊：「土匪綁票了！土匪綁票了！救人啊！」巡邏隊聞聲上前干涉。特務們盛氣凌人地說：「我們是奉委員長的命令來抓共產黨的，你們不要亂管閒事！」巡邏隊中有人認識被抓的人是東北大學學生——總部職員宋黎，上前憤怒地逼問特務們有沒有逮捕證。特務們蠻橫地說：「我們從來不用什麼逮捕證抓人！你們可以到省黨部查問。」特務們堅持要把宋黎送交到陝西省黨部。為救下宋黎，一位巡邏隊員說：「他講你們是土匪，你們說他是共產黨要犯。我們管不了這些，我們巡邏隊查街遇到此事，都應上交楊主任處理。若不然，楊主任向我們要人，我們怎麼辦？張副司令知道後向我們要人，我們哪兒去找？」巡邏隊長聽後，點頭同意，便高聲說：「帶走，都上交。」宋黎被帶到憲兵營部，憲兵營副營長謝晉生以特務捕人既無公文又無逮捕證，事先又沒和憲兵營聯繫共同辦理為由，嚴詞拒絕交人。特務們迫於無奈，提出讓他們回省黨部取公文來提人。

　　事也湊巧，就在特務抓捕宋黎之際，東北籍進步人士車向忱[17]受張學良的委託去找宋黎，與特務挾持宋黎在飯店門前相遇。他見勢不好，急忙化妝去見

---

[17] 車向忱（1898-1971），原名車慶和，遼寧省法庫縣人。曾在北京大學高等補習班學習。「九一八」事變後的第二天，車向忱聯絡了東北大學的張希堯、宋黎、苗可秀等四十多名學生，懷著報仇雪恥、收復東北的急切願望，相繼奔赴北平。在張學良支持下，他和張希堯、苗可秀等人借用江西會館，組織了由一百多名東北流亡青年參加的學生軍。1935年在西安創辦東北競存小學校，1936年為和平解決西安事變做出了一定貢獻，1937年創辦東北競存中學。東北易幟後，歷任東北教育委員會主任委員兼哈爾濱大學校長、瀋陽師範學院院長、遼寧省副省長等職。

張學良，告知宋黎已被逮捕，並說：「這表明國民黨省黨部根本看不起張副司令。」[18]張學良聽了勃然大怒，拍著桌子高聲說道：「省黨部這些混蛋，真是狗膽包天，竟欺負到我的頭上來了！」張學良在為國民黨特務如此膽大妄為而震怒的同時，又為被捕的人的安全而擔心。為此，他斷然決定採取軍事行動，遂令孫銘九帶人去抄查國民黨陝西省黨部。接著，他對副官說：「給邵力子（國民黨陝西省主席）打電話，讓他來見我！」[19]

在西北「剿總」辦公室裏，張學良面對邵力子厲聲說道：「省黨部逮捕我的學生、秘書和職員，為什麼不通過我？我是代表總司令、代表委員長的！我是中央委員，是代表中央的！」又說：「你們瞧不起我張學良，就是瞧不起委員長，就是瞧不起中央！省黨部這些人算什麼東西，竟敢如此藐視我？他們為什麼要抓我的人？為什麼抓共產黨不讓我知道？他們怎敢這樣膽大妄為，他們居心何在？」[20]

「請張將軍息怒，他們抓人我還不清楚，待查明後，再來向您報告」，邵力子說完離去。

午夜12點之後，邵力子回來向張學良報告說：「副司令，我已查明，省黨部是奉委員長的命令，搜捕劉瀾波、栗又文、馬紹周、孫達生四名共產黨員。他們事先未請示副總司令，是他們的錯誤，現在他們讓我向您請示。」張學良立即反駁道：「什麼共產黨，什麼委員長的命令，還不是他們捏造的假報告，誣陷好人。」[21]

衛隊營按張學良的命令很快包圍了國民黨陝西省黨部，打開大門入內搜查，解救了被捕人員，並逮捕了一個姓李的特務頭子，查抄了特務檔案，繳獲了一批國民黨特務密報西北各界親共抗日活動的文件和電報底稿，以及準備逮捕的東北軍參加抗日活動的三百多人的名單。

「艷晚事件」的第二天，張學良致電蔣介石，向他說明國民黨陝西省黨部不通知西北「剿總」就擅自抓總司令部的工作人員，是他們不信任學良，不信

---

[18] 車樹實、盛雪芬：《人民教育家車向忱》（瀋陽：遼寧人民出版社，1989年），第103頁。

[19] 劉恩銘等編著：《張學良將軍生活紀事》（瀋陽：遼寧大學出版社，1990年），第163頁。

[20] 唐德剛記錄、王書君著述：《張學良世紀傳奇》下卷（濟南：山東友誼出版社，2002年），第627頁。

[21] 劉恩銘等編著：《張學良將軍生活紀事》（瀋陽：遼寧大學出版社，1990年），第164頁。

任總部，迫使他不得不直接向省黨部索人。電文同時還提到：事先未能呈報委座，不無急躁之失，請求處分。

　　對張學良的行動，蔣介石當然是憤怒之極。然而，這時他正忙於「兩廣事變」[22]，無暇顧及西北，只得暫忍不發，復電說：「對此事處理雖有莽撞之嫌，但所請予處分一節，應無庸議。」一場軒然大波就這樣平息了。僅僅過了一個多月的時間，1936年10月中旬，蔣介石在解決了「兩廣事變」之後，匆忙趕到西安逼張剿共，乃至張學良不得不逼蔣抗日。「艷晚事件」是「西安事變」的一個前奏曲。

三、抗日救亡運動

　　東北大學學生來陝後，由於在北平經受過鍛鍊，加上西安分校工學院院長金錫如心向革命，對學運給予大力支持，所以，又成為西北學運中的一支骨幹力量。那時，西安高中和西安師範內的進步力量也都佔優勢。在此期間，東大西安分校的同學們積極地參加系列紀念活動。

　　1936年9月18日，是東北淪亡五周年紀念日。西北特支（即中共西北特別支部）以「西救」（即西北各界救國聯合會）的名義，組織流亡在西安的東北同胞及西安各界民眾一萬餘人召開了東北淪陷五周年紀念大會，大會氣氛悲壯激烈。[23]東北大學西安分校和其他學校的學生也參加了這個大會。金錫如院長在大會上講了話。會上發言的人一致呼籲張學良將軍率領東北軍團結禦侮，抗日打回老家去。張學良第一次應邀在群眾大會上講話，他激動地說：「東北軍沒有忘記東北的父老兄弟姐妹和白山黑水，一定打回東北老家去」，民眾報以經久不息的掌聲。

　　「九一八」五周年紀念大會的召開及群眾的示威，一掃西安沉悶的政治空氣，成了西北群眾運動一浪高一浪的新起點。

---

[22] 兩廣事變：指1936年6月至9月，國民政府和國民黨內部的地方實力系——廣西的新桂系和廣東的陳濟棠粵系，利用抗日運動之名義，反抗不積極抗日卻一直處心積慮要消滅兩廣的國民政府中央首領蔣介石的政治事件。該政治事件幾乎觸發了一場內戰，但是最終以雙方達成政治妥協而和平結束。

[23] 賈秋玲：〈西安事變前的「西北特支」〉，《西安晚報》2013年6月2日。

　　緊接著，9月28日，在西北特支的幫助下，車向忱與東大工學院院長金錫如、東大西京校友會負責人洪鈁、東大學生救亡工作委員會的胡焜、宋黎等十多位發起人，在西安大南門裏湘子廟東望小學召開了第一次籌備會議，研究成立東北民眾救亡會（簡稱「東救」）。會議決定，起草《東北民眾救亡組織大綱》。10月3日，再次於東望小學召開籌備會議，並決定翌日在東關外索羅巷競存小學[24]禮堂，正式召開東北民眾救亡會成立大會。

　　10月4日下午二時，東北流亡同胞一百五十多人前來參加大會，推定車向忱為大會主席，報告東北民眾救亡會成立之意義。接著，金錫如報告了籌備經過。最後，以口頭提名，用舉手選舉的方式推定車向忱、金錫如等十五人為執委，車向忱為主任委員。金錫如曾經回憶說：「張學良支持『東救』，是通過『抗日同志會』進行的，並且，還從經濟上給予幫助。」[25]「東救」的執委中，許多都是抗日同志會的成員，有的還是中共地下黨員。宋黎是「東救」的執委，兼中共「東救」支部書記。

　　「東救」成立後，與「西救」密切配合，掀起了聲勢浩大的民眾抗日救亡運動。10月10日，「東救」與「西救」聯合召開了辛亥革命25周年紀念大會。10月19日，新文化運動的領導人魯迅先生在上海病逝。噩耗傳來，西北特支立刻指示「民先隊」（中華民族解放先鋒隊的簡稱）西安隊部做好追悼大會的籌備工作。11月7日，西北特支通過「西救」和「東救」發動東大等院校學生和各界愛國人士七八千人，在西安革命公園隆重舉行了魯迅先生追悼大會。[26]為避免國民黨特務阻撓破壞，主辦方請求楊虎城予以支持，楊立即送去一個花圈，張學良也表示支持。但是軍統系的西安警察局長馬志超帶了一批員警和憲兵也去參加大會，企圖從中破壞。馬志超還搶著在會上講話，一開口便「魯先生」引起在場的群眾發出噓噓之聲，馬志超尷尬不已，胡亂說了幾句便結束了。在東大等院校學生高呼「停止內戰」、「一致抗日」、「打倒日本帝國主義」等

---

[24] 1935年夏天，東北籍進步人士車向忱在西安看見東北流亡兒童淪落街頭，非常痛心。為了培養抗日復土新生力量，他把身邊僅有的兩元錢作為辦學經費，于東關索羅巷借得已停業的火柴廠作為校址，開始招收了三十多名流亡兒童，辦起了私立東北競存小學。小學辦起之後，立即得到中共陝西地下黨、東北軍、西北軍和社會知名人士的關注與支持。張學良、楊虎城、王以哲、杜重遠等，均積極捐資助學。學生很快便發展為260多名，並先後在西安、鳳縣等地開設分校。

[25] 轉引自車樹實、盛雪芬：《人民教育家車向忱》（瀋陽：遼寧人民出版社，1989年），第107頁。

[26] 賈秋玲：〈西安事變前的「西北特支」〉，《西安晚報》2013年6月2日。

口號聲中，馬紅著臉溜出會場。大會開始後，上海文化界知名人士杜重遠激動地說：「西安學生開這樣大的會來追悼魯迅先生，使我萬分感動。」接著他講述了魯迅先生的生平事蹟。這次大會教育和鼓舞了民眾，有力的促進了西安抗日救亡運動。

11月23日，上海發生「七君子事件」，這給了張學良極大刺激。他到洛陽單獨見蔣，一見面就請蔣介石釋放被捕的七君子，同時痛陳國情，請求將東北軍開赴綏遠抗日，不參與內戰。蔣介石不僅沒有答應釋放七君子，而且還在洛陽國民黨中央軍校分校的紀念周上破口大罵聯共抗日的主張是叛逆行為。

11月28日是楊虎城率領部隊堅守西安[27]勝利十周年紀念日。籌委會在考慮參加大會的單位時，以為這個會的性質，應以陝西地方為限，因此只召集了西安各機關、各團體、各群眾組織、各學校師生、十七路軍各部隊參加。對於「東救」和東北軍主辦的競存小學認為不便召集，當然也沒有通知東北軍部隊參加。開會前夕，張學良聞悉此事，立即派人通知大會籌備處：他已告訴「東救」及競存小學和東北軍部隊屆時參加，並說明他自己也要出席。這樣一來，大會的規模比原計劃擴大了許多。東北軍部隊和十七路軍部隊肩並肩站在一起，競存小學的學生和東大西安分校等各校學生站在一起。大會開幕前，競存小學學生領頭高唱救亡歌曲，全場也跟著一起唱起來，氣勢極為雄壯。當楊虎城陪著張學良在大會主席臺出現時，全場歡呼，掌聲不息。大會首先請張學良訓話。張對楊堅守西安，策應北伐備加讚揚，並予以高度評價，他說：「西安圍城事件所昭示於我們的寶貴的教訓，也有三點：第一，只要有最大的決心，定可以戰勝任何困難……第二，圍城之役所以能戰勝敵軍，實賴於軍民合作……第三，從死裏才可以求生。……目前，整個中國被敵人圍攻著，尤其是日本帝國主義，它有同當年圍攻西安的敵人想消滅所有被圍的人們一樣的決心，所以，我們也一定要抱定最大的決心──死的決心，不顧一切地來同我們最大的敵人──日本帝國主義一拼！」[28]張學良的講話引起各校學生和雙方部隊雷鳴般的掌聲。

---

[27] 1926年，楊虎城為了抗擊北洋軍閥劉鎮華的進攻，率領先頭部隊于4月16日進駐西安，克服重重苦難，堅持了八個月，終於戰勝劉鎮華鎮嵩軍的圍攻。

[28] 畢萬聞主編：《張學良文集》（2）（北京：新華出版社，1992年），第1052頁。原載《西京日報》1936年11月30日。

　　楊虎城的講話，首先感謝張學良蒞會訓示，表示十七路軍願在張副司令領導之下共同抗戰。他還講到：「現在危害我們幸福的帝國主義又來了！這比較軍閥十百千萬倍的可怕，這是亡國，這是滅種！同胞們：這不是虛聲恫嚇，『九一八』以後，我們的東四省怎麼樣了？是不是土地被他們侵占了，房屋被他們住居了，同胞被他們趕走了？冀察又怎麼樣了？是不是主權被他們侵蝕了，經濟被他們掠奪了……我們倘再不起來爭這一個最後的生存，將來地圖上要永遠沒有我們的中華民國。……帝國主義的崩潰是必然的，最後的勝利終竟是我們的！十年前守西安就是我們最確實的印證，只要我們不怕死、能團結、肯犧牲，守一城與守一國沒有什麼分別的。」[29]大會氣氛之熱烈，在西安以往是罕見的。會後東大等學生分路遊行，高呼抗戰救亡口號。

　　11月中，以東大西安分校為首，西安各校學生便組織起來，成立了西安學聯。西安學聯立即開展工作，派出了陝西援綏戰地服務團（東大參加服務團的是胡景和同學），去慰問傅作義部隊。

　　為了深入發動民眾，逼蔣抗日，「一二九」運動一周年前夕，東大代表組織了各校學生，進行街頭宣傳，還在西安文化館與「東救」和「西救」聯合召開了西安各界各單位代表會議。出席會議的有百餘人，會上討論了起草的向蔣介石請願的萬言書。內容主要是：要求立即停止內戰，團結抗日。為了配合這一行動，決定以紀念「一二九」學生運動一周年為名，舉行有各校學生和市民群眾參加的請願示威遊行。

　　這次遊行是經過周密準備的。「民先」負責人彭志芳[30]和何純渤等人領隊，[31]東大西安分校排在隊伍的最前面，西安高中、西安師範和西安二中等校插在隊伍的中部和排在尾部，以防軍警的衝截，兩千多名糾察隊員分散在隊伍兩

---

[29] 米暫沉：《楊虎城將軍傳》（北京：中國文史出版社，1986年），第112-113頁。

[30] 彭志芳（1912-1940），原名彭德來，又名彭子芳。遼寧開原縣人。1931年考入天津南開中學，在校時加入了中國共產黨。1933年秋，考入北平東北大學工學院電工系。東大工學院遷往西安後，他是中共地下組織和「民先」的負責人，領導學生抗日救亡活動。盧溝橋事變之後，隨同平津流亡學生奔赴山東。1939年初，調任中共泰安特委青年部長。1940年10月，發生所謂「肅托」錯案，彭志芳被捕遇害。

[31] 孟英等：〈彭志芳生平〉，東北大學北京校友會：《東北大學校友通訊》（1987年4月）第七期。另據同期刊物何萍〈東北大學西安分校點滴〉載，「一二九」運動一周年遊行時，「總領隊是東大的大劉、李恩清、劉金聲、中學代表李連墅（幕後領導者是彭志芳、尹鴻福）；糾察隊長是大劉，副隊長是何純渤。」按，大劉即劉鵬。

邊，還有由一百輛自行車組成的交通隊，擔任通信聯絡。東大西安分校是由西門進城參加遊行的，沿途都有東北軍和十七路軍部隊持槍保護。各校學生也順利到達預定的集合地點——南轅門的廣場。上午十時，示威群眾已達兩萬人。廣場上彩旗飛舞，口號聲響成一片：「槍口對外，打倒日本帝國主義！」，「停止內戰，打回老家去！」……請願隊伍原定在此晉見張學良將軍，恰好他不在。於是，便轉向國民黨陝西省政府，向邵力子去請願。邵懾於民眾的威力，硬著頭皮出場，敷衍搪塞，這就更加激怒了民眾。同學們一擁而上，要包圍他進行說理，憲兵們嚇得急忙守住省政府大門，掩護邵力子溜走。遊行隊伍又轉到新城的「西北綏靖公署」向楊虎城將軍請願，又未見到。在情緒十分激昂之時，突然有人高減一聲：「我們到臨潼去請願！」民眾立即回應。這時，已是下午三點多鐘，全城戒嚴，國民黨軍警乃開槍鎮壓，當場打傷了競存小學的兩名學生。學生們怒火沖天，決心要到臨潼去。大家齊心協力，打開了城門。迨趕到火車站時，機車已全部開走。學生們堅持到底，決心徒步去臨潼。路經灞橋時，駐守在那裏的張學良衛隊團騎兵王玉瓚營，和學生們默契，暗示隊伍從橋下通過。蔣介石得訊後，立即派錢大鈞來阻止請願隊伍，並授權進行鎮壓。錢氏到了十里鋪，就架起一排排機關槍，嚴陣以待。當請願隊伍即將到達十里鋪之前，錢大鈞高聲喊道：「不准你們再前進！如不聽從勸告，發生什麼事情，本人概不負責！」學生們對他的威脅毫不理會，只報以「打倒賣國賊」等口號，仍繼續前進。就在這千鈞一髮之際，張學良親自駕車來到十里鋪，避免了一場血腥大屠殺。

　　這次遊行的總指揮是東大學生胡焜。他在回憶當時的情況時說：張學良下了車，挺身站立在一個土坡上，顯得特別激動，力勸大家：「各位同學，你們的愛國熱忱我是佩服的。但是，今天時已不早，到臨潼去路途尚遠，請大家回去吧！你們的請願書交給我，由我向蔣委員長陳述。……同學們的愛國行動我不反對，但政府不准學生幹預國事，你們執意要去，必然觸怒最高當局，那就會發生流血事件！」站在最前列的東大學生帶頭高呼：「我們願為救國而死，前進！」張學良被感動得揮淚發誓：「我張學良也不願當亡國奴，也要抗日！我是跟你們站在一條戰線上的，你們的要求也是我的要求。不過，你們再往前走，就要遭到機槍掃射，我不忍心看到你們傷亡，你們回去吧。請大家相信我，在一個星期內，三天之內，我用事實答復你們的要求，並懲辦打傷學生的

肇事者！」遊行群眾深受感動，高呼：「擁護東北軍北上抗日！」「支持東北軍打回老家去！」於是整隊返回城中。

據東大校友應德田回憶，12月10日晚，張學良曾對他說：「委員長太差了，竟要對愛國學生開槍！昨晚我把學生請願的內容向他報告，他不但不接受，反而說我不站在他的立場上說話，不代表政府而代表學生，失掉了國家大員的身分。我盡到了最大的努力，他堅持錯誤到底了，看來非強制不能扭轉。」[32]果然，過了三天，震驚中外的西安事變就爆發了。

四、西安事變

1936年12月12日清晨，東北大學西安分校的同學們在睡夢中被機槍聲驚醒，大家預感到將有事情發生。上午十時左右，金錫如院長接到南轅門「總部」應德田校友的電話：「聯合成功。」這是聯合捉蔣成功的暗語。學生們得悉後，興奮萬分，相互擁抱，有的甚至喜極而泣。

與此同時，西安各報出了號外，扣蔣消息傳遍了全市。大街上擠滿了人，一邊走一邊歡呼，東大西安分校等大中學校青年學生興高采烈，成群結隊地走到街上，不自覺地形成一股一股的遊行隊伍。一個人喊出口號，大家跟著喊：「打倒日本帝國主義」。人們對南京政府統治下的不滿和久受壓抑的抗日熱情，如同開閘後的水流，一下子迸發出來。這種熱情激蕩的場面一直持續到天黑……

熟悉現代史的人都知道，1936年秋冬之際，乃是蔣介石統治登峰造極的時候。在國際上，他取得了英、美等國的巨額經濟援助及蘇聯的支持。在國內，他以慣用的分化收買手段，很快解決了「兩廣事變」。同時迫使他的政敵汪精衛出國。特別是在中央紅軍被迫進行長征之後，蔣介石感到紅軍和各地方反蔣勢力已不能對其統治形成直接的嚴重威脅，用他自己的話來說就是，「共匪與軍閥之勢力，已不足為中國之患」。儘管如此，他絲毫也未放慢內戰的步伐，將大軍北調，竭盡全力地策劃和準備進行新的「剿共」戰爭。

蔣介石由各地調來西安的高級軍政人員有錢大鈞、陳誠、陳調元、蔣鼎文、衛立煌、萬耀煌、陳繼承、蔣方震、張沖、朱紹良、蔣作賓、邵元沖，加

---

[32] 應德田：《張學良與西安事變》（北京：中華書局，1980年），第90頁。

上在西安的晏道剛、曾擴情，共商「剿匪」大計；調集了他的嫡系與精銳部隊二百六十個團約計三十餘萬人。蔣介石已內定蔣鼎文為前敵總司令，衛立煌為晉陝綏寧邊區總指揮，陳誠以軍政部次長職駐前方指揮「督剿」，樊崧甫、萬耀煌為總預備隊司令、副司令，滿以為兩個星期最多一個月時間，便可以消滅全部紅軍，凱旋回京了。在整個軍事部署中，張學良的東北軍和楊虎城的十七路軍之共同任務是「就地前進」。計劃已定，蔣介石於12月4日殺氣騰騰地飛到西安，連日分批召見張、楊以及他們的軍長、師長等高級將領，進行嚴厲的訓斥。無非是說他的「攘外必先安內」政策如何好，「共匪」如何壞之類。

　　在此之前，張學良於11月27日上書蔣介石，請纓援綏抗日，但卻遭到拒絕。蔣至西安後，張楊兩人多次對蔣介石作過婉轉的勸告，希望蔣能夠停止內戰，發動全民族抗日。但是，蔣介石對此置若罔聞，並對張楊大加訓斥，甚至提出如東北軍、十七路軍難，則將東北軍調閩、十七路軍調皖，來對張楊進行威脅。

　　12月10日，張學良決定最後一次對蔣進行勸告。蔣一見張，就表示不愉快，特別對他在十里鋪對學生的講話表示極端不滿，認為對那些無知學生，只有開槍打他們才會明白。張回來後把情況告訴楊，讓楊再去一次，看看情況。結果依然是無功而返。張楊交換了意見，認為勸告乃至苦諫、哭諫等軟辦法，都已無濟於事，最後決定實行兵諫，扣留蔣介石，逼迫南京政府改變「攘外必先安內」的政策，發動全民族的抗戰。

　　據時任十七路軍總部軍法處長的米暫沉回憶，「雖然張、楊二人最後一次勸蔣是在十二月十日，但他們初定發動兵諫當在八日左右。因九日晨筆者有事向楊虎城報告，談起九日中共西北特別支部、西救、東救等要舉行隆重的紀念『一二九』運動一周年的活動，楊說：『還有這個必要嗎？』當時，地下黨組織估計這一行動會遭到蔣系勢力（中央憲兵、員警）的破壞，而要求擔任西安警備任務的十七路軍支援。張、楊曾勸說這些組織不要搞遊行請願，意在避免打草驚蛇，但被誤解，才決定派部隊緊跟遊行隊伍加以保護。九日，張學良阻止遊行隊伍去臨潼時也曾說過，『一星期之內我一定用事實答復你們。』」[33]

　　捉蔣成功的當天，張學良、楊虎城領銜向全國發出了對時局的宣言，提出了抗日救國的八項主張。通電全文如下：

---

[33] 米暫沉：《楊虎城將軍傳》（北京：中國文史出版社，1986年），第118頁。

東北淪亡，時逾五載。國權凌夷，疆土日蹙。淞滬協定屈辱於前，塘沽、何梅協定繼之於後，凡屬國人，無不痛心。近來國際形勢豹變，相互勾結，以我國家民族為犧牲。綏東戰起，群情鼎沸，士氣激昂。於此時機，我中樞領袖應如何激勵軍民，發動全國之整個抗戰！乃前方之守土將士浴血殺敵，後方之外交當局仍力謀妥協。自上海愛國冤獄爆發，世界震驚，舉國痛心，愛國獲罪，令人髮指。蔣委員長介公受群小包圍，棄絕民眾，誤國咎深。學良等涕泣進諫，屢遭重斥。日昨西安學生舉行救國運動，竟唆使員警槍殺愛國幼童，稍具人心，孰忍出此！學良等多年袍澤，不忍坐視，因對介公為最後之諍諫，保其安全，促其反省。西北軍民一致主張如下：一、改組南京政府，容納各黨各派共同負責救國。二、停止一切內戰。三、立即釋放上海被捕之愛國領袖。四、釋放全國一切政治犯。五、開放民眾愛國運動。六、保障人民集會結社一切政治自由。七、確實遵行總理遺囑。八、立即召開救國會議。以上八項為我等及西北軍民一致之救國主張，望諸公俯順輿情，開誠採納，為國家開將來一線之生機，滌已往誤國之愆尤。大義當前，不容反顧，只求于救亡主張貫徹，有濟於國家，為功為罪，一聽國人之處置。臨電不勝迫切待命之至！[34]

以上這八項主張，就成為西安事變的政治綱領。當時稱為張、楊的八大主張。

14日，以東北大學學生為主體的西安學生救國聯合會，會同西北各界救國聯合會、東北民眾救亡會、西京文化界協會、西安中等學校教職員聯合會、長安商會、西京律師公會、中華實業促進社、西安窯業公會、全國紅十字會西安分會、西京報業公會、西京醫師公會、西京汽車業公會、西安電氣業公會、陝西援綏戰地服務團、全歐華僑抗日救國會代表團以及全國各界救國聯合會代表團和全國學生救國聯合會代表團等18個救亡團體聯合發表了通電，號召全國同胞萬眾一心，精誠團結，一致對外，共赴國難，以挽救危亡。

---

[34] 轉引自米暫沉：《楊虎城將軍傳》（北京：中國文史出版社，1986年），第126-127頁。

旅平東北各救國團體聯合會14日發表宣言，逐條分析和考證了張、楊的八項主張，表示了堅決支持的態度，最後主張：「（一）反對假借任何名義實行內戰！（二）要求政府接受張楊救國主張！（三）速召救國大會實行抗日！（四）中華民族解放萬歲！」

北平學生救國聯合會作出六點決議，強烈要求：（一）、立即對日宣戰；（二）、改組政府；（三）、反對以任何藉口進行的任何形式的內戰；（四）、蔣介石與張、楊合作抗日；（五）、南京政府接受張、楊的全部抗日要求；（六）、召開各黨派、軍隊參加的抗日救國大會，並於14日致電張、楊說「克日誓師北上，收復已失山河，敝會等誓為後盾」。

同日，北平各大學校長蔣夢麟、梅貽琦、徐誦明、陸志韋、李麟玉等致張學良電則謂：「陝中事變，舉國震驚，介公負國家之重，若遭危害，國家事業至少要倒退二十年。足下應念國難家仇，懸崖勒馬，衛護介公出險，束身待罪，或可自贖於國人。若執迷不悟，名為抗敵，實則自壞長城，正為敵人所深快，足下將永為國家民族之罪人矣。」[35]

也就在同一天，張學良觀閱繳獲的蔣介石日記，明白蔣並非不抗日，而是在積聚實力。事實上，在當時中國弱而日本強之情況下，越能延遲抗日戰爭全面爆發的時間，對中國越有利，這是蔣介石一直無法說出的苦衷。張學良向蔣坦承自己的錯誤。蔣介石卻做好最壞的打算，托人轉交遺囑給宋美齡：「余決為國犧牲，望勿為余有所顧慮。余既為革命而生，自當為革命而死。必以清白之體，還我天地父母。……切勿冒險來西安。」[36]

同日，日本陸軍省〈西安事變對策綱要〉要點云：「一、對於這次事變，沒有改變以前方針的必要，必須依照既定的外交方針和對華實施政策繼續推進，視其情況的演變。最近，內外各機關必須留意在言論、行動上採取公正態度。二、此時，帝國的防共態度，必須更加鮮明；並且，闡明南京政權以前的對內對外政策，在於增進一般民眾幸福的理由，力求不遺餘力地予以指導。……五、照張學良的起兵聲明看來，往往會造成對日空氣的惡化，恐怕會侵害帝國的僑民和權益。在這種形勢下，應作好準備，可以不失時機地採取自主的

[35] 轉引自米暫沉：《楊虎城將軍傳》（北京：中國文史出版社，1986年），第146頁。
[36] 蔣緯國：《抗日戰爭指導》（台北：遠流出版公司，1989年），第236-237頁。

手段。六、各國列強難保沒有這樣的企圖：乘機通過恩賜的行動，贏得南京政權和其他各地方政權等的歡心，阻礙東方和平。為此，必須嚴加警惕；在這種情況下，應發出必要的警告。」[37]

15日，上海救國會發表《緊急宣言》，認為張學良兵諫之舉「不合常軌」，「不能為全國民眾所贊同」，「要求張楊諸將軍立刻恢復蔣先生的自由」。

16日，東北大學西安分校學生參加西安市民眾在革命公園舉行的抗日集會。在會上，張學良激動地說：「這次事件完全為了實現救國主張，置生死毀譽於度外。」楊虎城激憤地說：「安內攘外這個口號，幾乎把我國命運斷送了。我們要拼命，要到日本帝國主義的炮火下去犧牲，才能保全我們的中華民族。」

18日，國民革命軍空軍在西安市區上空投放《大公報》數十萬份，頭版為張學良最敬重文人張季鸞撰寫之〈給西安軍界的公開信〉，勸告東北軍將士迷途知返，勿誤國誤民，該文章張學良至晚年尚能一字不差地背誦。

19日，中華蘇維埃政府及中共中央對西安事變向南京、西安及全國發出通電，重申中共和平解決西安事變的決心。指出：「以目前大勢，非抗日無以圖存、非團結無以救國，堅持內戰，無非自速其亡」，望南京政府「立即決定國策，以免值此國家混亂中日寇竟乘虛而入」。[38]

25日，張學良輕信蔣介石「停止內戰，共同抗日」的諾言，擅作主張將其釋放，並親自護送回南京。事後，周恩來滿眶熱淚，仰天長嘆：「張副司令，張副司令啊！」楊虎城頹喪地說：「走了一個不算，還跟了一個去。」十七路軍總參議杜斌丞也氣憤之極：「這簡直把革命當兒戲，孺子不可教也。」[39]一時，沮喪的氣氛籠罩了整個西安城。

張學良匆忙捉蔣和輕率放蔣，是任何人，甚至連他本人也無法理解的。同時，他的這一無比純真或者說無尚愚直的行為，不僅浪費了他一生的光陰，也連累了楊虎城。失去首領的東北軍和西北軍，在抗戰爆發後，事實上被瓦解得

---

[37] 《日本帝國主義對外侵略史料選編》（上海人民出版社，1975年），第207-208頁。

[38] 據《西安事變檔案史料選編》（北京：檔案出版社，1986年），第48頁。

[39] 米暫沉：《楊虎城將軍傳》（北京：中國文史出版社，1986年），第170頁。

七零八落。所以，就結果而言，從西安事變中獲利最大的是中國共產黨。西安事變後，第二次國共合作成立，中國共產黨一躍而成為抗戰的主角，並因此而戰後得天下。

五、借住開封，變身國立

前面說過，西安事變之後，1937年1月國民政府教育部派臧啟芳到北平接收東北大學，遭遇抵制，處境尷尬。因此，教育部就把他召回南京。

旋即，教育部又決定東北大學南遷。1月31日的《大公報》報道說：「教育部發表東北大學救濟辦法後，該校準備南下學生，昨已達二百五十餘人，業有七十餘人分兩批先後南下，預計所有擬行南下學生，約一周內可全體離平，先赴教育部指定之某地某校收容集合，再候部令決定行止。」「同學等離校後，曾呈教部請求救濟，教部今日有電到平，先予救濟，並已向鐵道部接洽車輛，五日內即可到平，接全體同學往指定地點開班上課。另據關係方面消息，所謂指定地點，或為開封之河南大學。」[40]又據《河南大學校史》載：「國民政府決定東北大學繼續南遷，但一時苦無校址，教育部長王世杰及陳果夫分別來電，協商由河南大學暫為接待。經河南大學會商並請示省政府同意，復電歡迎。……河南大學校長劉季洪及全體師生熱烈歡迎並多方協助，積極籌備。」[41]

就在東大從北平搬到開封之際，陳果夫問齊世英：「臧啟芳的校長是否繼續做下去，還是讓他回無錫來？」齊世英以校長不容易找，還是讓他做下去。後來齊世英回憶說，「那時河南大學也在開封，校長劉季洪是我的好友，我托他特別照顧，但仍然困難重重。」[42]

2月2日，《大公報》再作報道：「關於東北大學善後辦法，教部決在汴封河南大學暫設東大臨時校舍，仍由臧啟芳任代理校長。臧到京請示後，一日攜部令赴汴，籌辦一切，俟布置妥當，即請鐵道部撥車，將在平善良師生運汴上

---

[40] 據楊佩禎等主編：《東北大學校志》第一卷上冊（瀋陽：東北大學出版社，2008年），第121頁。

[41] 張振江主編：《河南大學校史》（開封：河南大學出版社，2002年），第82頁。

[42] 齊世英口述、林忠勝記錄：〈從漢口到重慶〉，《齊世英口述自傳》（北京：中國大百科全書出版社，2011年），第159頁。

課，免誤學生課業，除已由教部酌撥臨時校舍籌辦費一部外，嗣後經費決由教部按月匯交臧氏領取支配。」[43]

2月5日，《大公報》又有消息二則：「中央社南京四日電：東北大學善後辦法，經代理校長臧啟芳在汴與河南教育廳魯廳長、河南大學劉校長商洽，已成立東北大學辦事處。呈經教育部核准，即將原有經費辦理一切救濟事宜。關於教學事項，借用河大設備，東大原有純正教員，繼續選聘，學生待遇仍舊，來汴旅費由辦事處酌量補助。連日教員到汴者已有十餘人，學生到汴者已有二百餘人。一二日內仍有百餘人可續到，超過半數以上。北平原校非法行政，業經教部斷絕公文批復。」「北平通信：東北贊成改組學生昨晨七時約二十人乘平漢車繼續離平南下，同行有該校職員一人，專任教授三人，一同前往開封河南大學。聞今明日將續有學生與教授前往。該校原有專任教授十六人，講師四五十人。十六名專任教授中，除四人業已赴汴外，聞另尚有四五人準備南下。該校新校址問題，據關係方面切實表示，僅知已決定不在開封設立，目前開封方面僅屬暫時收容性質。」[44]

東北大學在河南大學掛牌後，臧啟芳自兼文學院院長，下設中文系、歷史系和先修班；白世昌任法學院院長，下設政治系、經濟系和家政系；曹樹鈞為事務長。聘王文華教授為工學院院長，去接辦在西安的東北大學工學院。

2月20日，東北大學文法兩院開學，21日至24日註冊，25日上課。因部分教授未能前來，則由河大教授代為授課，或與河大學生合班上課。當年的教師樊哲民回憶：「4月26日在河南大學內簡單地舉行了東大第十四屆校慶儀式，並在河大校門前攝影留念。參加者有臧校長、霍玉厚、吳希庸、趙明高、楊春田、鄭資約、黎東方及我。」[45]後來，臧啟芳向教育部報告開封辦學情況，並略陳集中辦理理應提前籌劃的呈文：

> 所有教室，均系趁河南大學下課空隙，本校再行上課。男生宿舍，則系借用河南大學禮堂。女生宿舍，則系借用河南大學一部瓦房。人數

---

[43] 據楊佩禎等主編：《東北大學校志》第一卷上冊（瀋陽：東北大學出版社，2008年），第121頁。

[44] 轉引自楊佩禎等主編：《東北大學校志》第一卷上冊（瀋陽：東北大學出版社，2008年），第121-122頁。

[45] 樊哲民：〈在東北大學工作的年代裏〉，《東北大學建校65周年紀念專刊》（自印本，1988年），第179頁。

擁擠，什物雜陳，起居自習，均感不便。學生食堂，亦於河南大學用餘空隙時間，本校再行開飯。每日兩餐，時間分配，頗不適宜。學生盥漱地點，則河南大學盥漱室，不敷應用，因之男生，須在室外露天盥漱，每逢風雨，至感不便。女生亦因無相當處所，均在宿舍內行之，尤較有礙秩序。辦公室則暫借河南大學禮堂之一部充之，各處課均在一室辦公，出入雜沓，不甚肅靜。兼之教員休息室及預備室，無房可借，只可權在辦公室內，特闢一席，以便就全。因亦而感不便。教職員宿舍，則以河南大學，委無閒房可資借用，乃不得不另在校外賃用民房。但距校頗遠，往返需時，至不方便。圖書館則本校尚無設備，現在只能在河南大學借閱，閱書時間及數量，均有限制。運動場所，亦須俟河南大學不用時，本校學生，再行出場運動。

　　綜計以上種種，無一不系委屈就全。兼之河南大學學生，與本校學生，過去習慣，諸多不同，相處不易。遂使本校學生心情多有不安，以致訓導管理，均感費力多而收效少。是則瞻顧全域，本校目前勢須從速勘定新校舍，以敷應用，而利校務。[46]

　　《河南大學校史》記載則多溢美之詞：「東北大學的學生晚上睡在大禮堂，白天和河大學生一起學習，親密無間，水乳交融。河大校長劉季洪不僅讓東北大學學生吃住舒適，還安排最好的老師協助東北同學學習。為加強東北大學學生的體能鍛鍊和增進兩校學生的情誼，特意舉辦兩校聯合運動會，在運動會開幕式上，河大校長劉季洪和東北大學校長臧啟芳先後致辭。劉校長勉勵兩校學生爭取榮譽，臧校長致辭非常幽默：『兩校聯合運動會成果一定很豐碩，東大同學至少可以得到第二名。』全場哄然大笑。由於河南大學的精心照顧和兩校師生的共同努力，使得東北大學學生忘記了流亡之苦，學業正常進行，毫無停滯。」[47]

　　「豈曰無衣，與子同袍！」這是河南大學一位教授對東大、河大兩校關係的經典評價。

---

[46] 轉引自楊佩禎等主編：《東北大學校志》第一卷上冊（瀋陽：東北大學出版社，2008年），第133-134頁。
[47] 張振江主編：《河南大學校史》（開封：河南大學出版社，2002年），第82頁。

　　將文法兩院在開封的事務處理妥當之後，臧啟芳準備2月底去西安接收東大工學院。為慎重起見，去之前他飛南京親見蔣介石請示，當命「從嚴辦理，不必顧慮，且謂即電西安行營蔣主任協助」。[48]3月4日《大公報》寥寥幾筆報道接收情況如下：

> 東北大學校長臧啟芳二日晚抵陝，三日晨偕新任工學院長王文華接收工學院。臧囑各安心供職，並對學生訓話謂，今後校務，當遵守校務會議決議，教學取嚴格主義，財政絕對公開，款不虛糜云。該院四日起注冊，六日上課，臧一周後返汴。又據探悉該院不良分子二十余人，受人唆使，二日夜擅將學校儀器攜取二十一件，分裝二十一箱，乘隴海車東去。經該院電話隴海路駐軍在撞關將儀器扣留學生則任其東去。[49]

　　實際情況遠不是這麼簡單。得知臧啟芳要來接收西安分校，左傾激進學生群起反對。經學生會研究後，決定開展護校鬥爭。臧氏聞訊後派部隊包圍了學校，試圖憑武力強行接收。值此嚴重關頭，學生會公推李正風等六名學生代表與臧交涉。談判十分激烈，臧啟芳堅持奉命行事，一定接收，最後，李正風警告說：「你若強行接收，只能接收一個空架子！」[50]學生代表返校後與同學們協商對策，一致認為護校鬥爭難於堅持，決定以遷校的辦法來抵制臧氏的接收。接著學生將貴重儀器裝箱待運。臧見此情，試圖通過西安鐵路局不售給東大學生團體票的辦法，以阻止遷校。但是，學生卻得到了張學良秘書長吳家象的數千元資助，他們分三批返平。[51]當第一批返平學生的列車行至潼關時，恭候多時的國民黨憲兵上車搜查，將學生攜帶的「所有儀器都截留下來，一件不少」[52]，學生則放其過去。另據何萍回憶，「由彭志芳、何純渤帶頭，402名同學列隊出

---

[48] 臧啟芳：〈東大十年〉，東北大學旅台校友會編：《國立東北大學六十周年紀念特刊》（1983年）。

[49] 轉引自楊佩禎等主編：《東北大學校志》第一卷上冊（瀋陽：東北大學出版社，2008年），第122頁。原載《大公報》1937年3月4日。

[50] 參見陳毓述：〈關於反對國民黨反動政府接管東北大學的鬥爭〉，《綏化師專學報》（社會科學版），1991年第4期。

[51] 同上。

[52] 臧啟芳：〈東大十年〉，東北大學旅台校友會編：《國立東北大學六十周年紀念特刊》（1983年）。

發，乘坐東北軍協助交涉到的一列火車，回到了北平，又與東大總校匯合在一起了。」[53]

　　結果，西安分校僅剩下十八名國民黨學生，臧啟芳惱羞成怒，掛牌將六名學生代表開除學籍。[54]後來他又與教育部配合，下令停發返回北平的學生生活費，迫使他們重回西安。

　　3月3日，臧啟芳正式接管了西安分校。之後，於3月22日呈文教育部作接收情況的報告：「案查啟芳此次奉命前往西安接收工學院，於本月三日接收竣事，所有接收情形業經另文呈報有案。當以學生課業，不宜荒廢，即飭由四日起，開始辦理註冊手續，六日正式上課，各系教授及講師，由上課日起，均已到院授課，唯學生因故赴平者甚多，除已限令本月二十日以前，一律遄返註冊外，理合將開學暨上課情形，備文報請鑒核備查！」[55]

　　自從東大在開封設辦事處，及在西安的工學院被接收後，《大公報》不斷地報道在平的東北大學的情況。4月16日，報道的題目是《東北大學問題・誰支平校殘局・劉哲現仍長慮卻顧・平校勢將土崩瓦解》，其具體內容是：「東大自汴校設立，西安工學院被接收後，平汴兩校仍成對立之勢。旅平東北人士及此間地方當局頗思竭力從中調解，企求合併統一。」「徒以東大內部關係相當複雜，致一切主張辦法均未能順利實現。」「該校教授學生因鑒於周之維持學校頗感困難，而周亦自知無能為力，遂宣布脫離，故歡迎劉哲到校負責。在劉未到校前，校務暫由各教授組織維持會負責維持。劉對東大校務，因鄉誼關係，原頗竭力相助，但忽於周鯨文宣布離校之日，自行離平赴青島，並否認對東大校務負責。連日雖經東大教授學生代表分別前往敦促，而劉並未允命駕北返。」「劉如決定不來，則平校學生將感於前途之無希望，紛紛離校赴汴，足令平校生命瓦解結束，究竟劉能來否，此刻殊難預斷。」[56]周鯨文在回憶錄中則說：「由四月中旬到七月七日盧溝橋事變，劉、莫二老也沒有給學校尋求新

[53] 何萍：〈東北大學西安分校點滴〉，東北大學北京校友會：《東北大學校友通訊》（1987年4月）第七期。

[54] 李正風：〈東北大學在西安〉，政協遼寧省瀋陽文史委編：《瀋陽文史資料》第13輯。

[55] 轉引自楊佩禎等主編：《東北大學校志》第一卷上冊（瀋陽：東北大學出版社，2008年），第133頁。

[56] 轉引自楊佩禎等主編：《東北大學校志》第一卷上冊（瀋陽：東北大學出版社，2008年），第122頁。

辦法，自然也就無人接我的職位。而我在家裏指揮學校，一切擔子還在我的肩上。」[57]案，文中的「莫」，即東北元老莫德惠。

5月5日，《大公報》報道了行政院於4日召開的第三一一次例會的各項內容，在通過的各項議案內容中有將東大改為國立的議案：「教王呈擬將東北大學確定為國立大學，並擬自本年暑期起將該校各學院集中西安辦理，請鑒核備案。」這次例會批准了臧啟芳辭去原任蘇省第二區行政專員兼區保安司令的請求。[58]

5月15日，《大公報》以題為《平東北大學校務難維持・維持會十七日解散》進行報道：「平東北大學校務維持委員會於昨日下午三時，在北校會議室召開全體委員會，出席委員二十餘人，至晚七時許始行散會，議決要案如下：（1）認為迎劉（哲）工作已告一段落，即日起停止該項工作；（2）本會已無能力再行繼續維持校務，由下星期一（十七日）起本會正式宣佈解散；（3）但對同學之伙食費，仍以私人資格負責盡力為之籌劃。」[59]

5月17日，南京政府教育部令：東北大學改稱國立東北大學。從此，東北大學的歷史便直接進國民政府的管理之下了。這是東大命運繼「九一八」事變第一次大轉折之後的第二次大轉折。有校友欣慰地說，東大「播遷豫陝兩省之際，無固定校舍，竟能改為國立，增加聲譽，並奠定永久不拔之基，只要國家存在，就有東北大學」。[60]

同一天，留在北平的東大學生會在北校禮堂召開了全體學生大會，決定全體學生赴京請願。會上，學生自治會主席王一倫報告了學校近況，說明了此次請願的目的。爾後，領隊王英才跪在講臺上，向大家磕了幾個響頭，請大家服從指揮，同心同德，達到請願目的，同學表示堅決服從指揮。

請願團啟程前，以東大全體學生的名義向南京國民政府及各法團發出快郵代電及《東北大學護校赴京請願團告各界人士書》，陳述了保存東大的意義，歷數了國民政府接管東大、停發補助經費的行徑。最後，鄭重提出請願要求：

[57] 周鯨文：《蔣政府劫奪東北大學失敗》，轉引自楊佩禎等主編：《東北大學校志》第一卷上冊（瀋陽：東北大學出版社，2008年），第129-130頁。

[58] 參見楊佩禎等主編：《東北大學校志》第一卷上冊（瀋陽：東北大學出版社，2008年），第122頁。

[59] 轉引自楊佩禎等主編：《東北大學校志》第一卷上冊（瀋陽：東北大學出版社，2008年），第122-123頁。

[60] 曹樹鈞：〈回憶並懷念母校創辦人及歷任校長〉，《國立東北大學六十週年紀念特刊》（台北自印本，1983年），第38頁。

「（1）張漢卿先生為實際校長。（2）財部發給如前之補助費。（3）維護東大完整，校址在平。」[61]

　　請願學生高舉「東北大學護校赴京請願團」旗幟，從西直門內崇元觀東大北校出發，逕往前門東火車站，途經新街口、西四、西單等處，沿途觀者如林，此舉可謂一次規模宏大的示威遊行。當時請願團指揮部下設：組織部，負責安排各種活動；宣傳部，負責內外宣傳，對內由禮長林同學負責編輯油印簡報，對外由丘鐵生（丘琴）負責給《北平新報》寫通訊；文書部，負責函電起草、繕寫、油印等；總務部；糾察部，防止外人進入車廂，維護秩序、負責安全。[62]

　　「東聯」、「東婦」、「東北四省同鄉會」等東北抗日救亡團體、東北軍眷屬、東北各界人士的代表，以及北平各校學生代表、市民代表齊集車站為之送行。宋哲元急派軍警前來攔阻，廣大學生採取搶占車廂、臥軌等手段堅持鬥爭二十六個小時之久，當局在眾怒難犯、鐵路癱瘓的情勢下，只好放行。[63]

　　在天津，請願團受到了愛國市民、青年學生的慰問和聲援。在濟南山東政府，同韓復榘交涉的結果出乎意料之外，韓不但派他的秘書長張紹堂接見了學生代表，還希望請願團去南京，並「代表韓復榘送給東北學生兩千元錢，假惺惺地表示了慰問」。當時在濟南省立高中讀書的趙修德後來回憶說：「我們從省政府回到車站，車站上一片沸騰，濟南的學生與東北流亡學生一道高唱救亡歌曲，演出救亡小劇。唱到動情處，東北學生泣不成聲：『莫提起一九三一年九一八，那會使鐵人淚下！我們三千二百萬同胞，變成了牛馬。我們被禁止說自己的話，我們被趕出了自己的家；……』東北學生悲憤的訴說催人淚下，就連韓復榘派去監視我們的警察，也感動得偷偷擦拭淚水。」[64]

　　韓復榘之舉打亂了請願團原擬借機宣布停止前進、返回北平的計劃。共黨支部緊急研究決定：派鄒素寒和路鴻志先去蚌埠打前站，取得在那裏東北軍中工作的東大同學王振乾等的支援。

[61] 〈東北大學護校運動〉，《東北知識》（1937年6月）第1卷第4期，第26頁。

[62] 參見陳毓述：〈關於反對國民黨反動政府接管東北大學的鬥爭〉，《綏化師專學報》（社會科學版），1991年第4期。

[63] 參見劉寧元：〈不畏強暴，雪恥救國——記「一二九」時期東北大學女生〉，《文史資料選輯》第26輯（北京出版社，1985年）。

[64] 趙修德：〈難以磨滅的記憶——「一二九」到「七七」學生救亡運動瑣憶〉，《泉城風雲：濟南革命鬥爭回憶錄（二）》（山東省出版總社濟南分社，1986年），第63頁。

5月22日，當請願團的列車進入江蘇境後，在徐州柳泉車站，列車即被放進一條岔道，前面堆起了煤堆，進退不能，四周被荷槍的警憲所包圍。不久，教育部派科長郭蓮峰及江蘇行政督察專員邵漢原來到柳泉和請願團談判，強調政府命令停止赴京請願，東大問題必須在柳泉解決。請願團表示絕不屈服，堅持所提要求：（1）要求國民黨南京政府抗日，支持學生運動；（2）要求立即釋放張學良，派他率東北軍北上抗日；（3）要求撥發補助經費（每月2.5萬元），反對停辦東北大學。在柳泉被困，吃喝已成向題，代表們堅持鬥爭了三天三夜。後來在于學忠的代表前來斡旋的情況下，迫使兩位專員接受請願團的要求，並將其轉達南京政府。最後確定了三條原則：（1）在張校長離校期間另聘代理校長；（2）照發補助費；（3）改組東大為國立，但在平學生仍不離平。[65]在達成協議後，於本月25日返回北平，並發表〈東北大學護校赴京請願團南下歸來告社會人士書〉，宣告南下請願的結束。

6月下旬，東北大學西安分校增建校舍次第竣工。遵教育部集中辦學令，文、法兩學院教職員、學生由開封遷入西安分校。原掛在校門上的分校校牌，換上了「國立東北大學」校牌。部分東北大學學生不願意隨校遷移，河南大學都收為轉學生，使他們順利地學成畢業。有學子回憶，「當時西安校舍已頗具規模，不但占地廣闊，同時教室寬敞，更有廣大之體育場，所以同學們都很滿意和興奮，頗有回歸自家校園的感覺。」[66]齊世英回憶：「到西安以後，學校的分子日趨複雜，幸虧當地駐軍司令宋希濂是我的至友，我電請他幫忙，他蒞臨學校演講，實即鎮壓，致未釀事端。」又說：「經過這兩次的遷移，學校元氣大傷。」[67]

7月初，在西安的國立東北大學發佈要求在北平的東大學生來西安學習的佈告：「凡有學籍大學部留平學生，如能於本年9月1日以前趕來本校者，仍准注冊；其已開除之大學部各生，如能在9月1日前呈遞悔過書，請求恢復學籍，經查確有後悔實據者於填具保證書後，暫准入學試讀，以觀後效，並經呈奉教育部核准在案。」兩個月之後，校方再次佈告：「本校開學迄今已兩月，推內南

---

[65] 汪之力：〈我們永久為真理而奮鬥〉，《東北知識》（1937年6月）第1卷第4期，第6頁。

[66] 轉引自〈住在東大〉，丁義浩等主編：《漫遊東大》（瀋陽：東北大學出版社，2013年），第197頁。

[67] 齊世英口述、林忠勝記錄：〈從漢口到重慶〉，《齊世英口述自傳》（北京：中國大百科全書出版社，2011年），第159頁。

北之抗戰方殷，交通時生梗阻，散在各地同學未能到者仍不乏人，校方特將注冊期限展至11月15日，以亦寬大云。」[68]

7月7日，震驚中外的盧溝橋事變爆發，東北大學在北平的所有的印卷、款物、圖書、儀器，率與平津同歸淪陷。不久，留在北平的東大女生柳文、趙雪寒、王蘊華、王速振等人到盧溝橋前線慰問抗戰將士。

7月17日，蔣介石正式宣佈對日作戰。至此，中國全民抗戰開始，東大學生奮鬥多年的抗戰願望終於實現了。為了直接打擊日寇，許多學生紛紛離校，投筆從戎，奔赴各個抗日戰場：一些學生參加了北平第一個學生武裝──西山游擊隊；柳文、佟雲等人到延安參加抗大學習；陳健行、董學禮等人到太行山區參加遊擊戰爭；詹金泉、周敬舉、劉國培、戴洪圖、李荒、杜長城、李進等一批同學到晉察冀解放區；鄒素寒、馮敬安、朱大光、劉夢波、郭鞏等一大批同學參加了東北軍抗日；高揚、杜者衡等三十餘名同學到河南參加李宗仁的第五戰區。後來這些學生中大部分參加了八路軍；劉啟新、程光烈等一批同學到山西參加了犧盟會，也有一批人到西安東大繼續學習並從事抗日活動。[69]《東北大學史稿》載：北平東大學生流亡到濟南時，「平津流亡同學會」成立，參加同學會的東大代表是景全豐同學。平津流亡同學會研究了流亡學生的去向問題。當時提出的原則是：在自願的情況下，同時也考慮工作需要，學生們可以去山西、西安、南京和留在山東當地與日本侵略者進行鬥爭。東大學生到山西去的最多，少數去了延安，不少學生去了西安，還有部分學生留在山東工作。[70]

8月中旬，東北大學在京、陝等地招考新生。聘李光忠為經濟系主任教授，兼任文學院院長。東北大學改組國立大學後，將事務長裁缺，改設秘書長，聘政治學系教授婁學熙兼任。

9月5日，國立東北大學在西安開學。一部分從北平流亡來的學生，包括孔憲春、林藎卿、王振鐸、劉健鵬、張昭、劉文英等人也都在此時入學了。

本來，留在北平的學生早已被校方在開封開除。抗戰爆發後，大敵當前，校方不得不表示團結一致，捐棄前嫌，實際上不時給他們「穿小鞋」。學生也

---

[68] 參見楊佩禎等主編：《東北大學校志》第一卷上冊（瀋陽：東北大學出版社，2008年），第134頁。

[69] 宋黎：〈薈萃精英　血沃中華──憶東北大學〉，《東北大學建校65周年紀念專刊》（自印本，1988年），第67頁。

[70] 王振乾等編著：《東北大學史稿》（長春：東北師範大學出版社，1988年），第115頁。

不示弱，和校方據理力爭。例如關於學雜費的鬥爭。學校規定，原西安分校工學院學生和從開封來的學生，一律免繳學雜費，而對從北平來的同學則按減半繳納。這種明顯帶偏見的做法，引起學生們的公憤，於是組織起來，推派代表，和校方進行說理鬥爭，最後，學校只得取消這次規定。又如，關於禦寒棉大衣的鬥爭。入冬後，學校當局弄來了一批黑布棉大衣。學校規定，原西安東大工學院的學生和從開封來的學生，按總人數八成發放，而從北平來的學生則按總人數一半發放。學生們十分不滿，推派代表和校方交涉，結果改為一律按八成發放。

10月，教育部決定將原有國立北平大學、師範大學、國立北洋工學院合組國立西安臨時大學（後改稱西北聯合大學），校址設在城固，假東北大學一部校舍籌備開學。不久，河南焦作工學院因戰事關係，也遷至西安，暫借東大校房舍上課。當年東大學生王成福回憶說：「不久又有從華北一帶來的流亡師生擠進我們學校，有北平師範大學、北平大學、北洋工學院、焦作工學院等十來所院校。那時，把他們編成一個學校叫西北臨時大學，其後不久又改名為西北聯合大學。大家都擠進東北大學校舍，由於人多，一個教室上下午兩班輪流上課，後來又加上晚上一個班，就變成了一個教室由三個班學生輪換上課學習。伙食和在中山中學差不多，住宿條件就更差一些，同學們都互相幫助。大家都是背井離鄉，斷絕了生活來源，只得靠吃救濟金、貸金來維持學習。」[71]

六、慰勞會與戰地服務團

從北平來西安的學生，依然在校內積極開展抗日救亡活動。首先組織起歌詠團、話劇團。歌詠團每周有三個晚上教唱救亡歌曲，話劇團演出了抗戰戲劇、街頭劇等。許多學生踴躍參加了這些活動，甚至有的教職工家屬和孩子也來了。每當教唱救亡歌曲時，入夜，大禮堂燈火輝煌，參加的人不可勝計。這些宣傳活動壯大了左傾學生的聲勢和力量。

東大學生還參加了校外的活動。例如，宋偉、王如琪、李敏暉三同學即被

---

[71] 王成福：〈敢問路在何方〉，齊紅深編著：《流亡——抗戰時期東北流亡學生口述》（鄭州：大象出版社，2008年），第99頁。

派到「西北婦女慰勞會」工作。「西北婦女慰勞會」和「西青救」都是中共領導的群眾團體，表面上又是社會上公開合法的組織。王如琪去後，參加該會組織部的工作，組織動員婦女參加抗日救亡活動，聯繫上層知名婦女（如請楊虎城夫人謝葆貞作過報告），組織女學生參加慰問和護理傷患的工作等。李敏輝參加了該會的宣傳工作，編輯《西北婦女》半月刊，參加編輯「西北婦女慰勞會」和「西青救」聯合創刊的《青年戰線》。1938年「三八」婦女節，在西安舉行了紀念大會。大會是由「西北婦女慰勞會」和「西北婦女抗敵後援會」聯合召開的，東大的女生參加了大會。孔憲春、劉健鵬、林藎卿、王金榮、張仁杰等同學還參加了東北救亡總會陝西分會成立大會。

孔憲春在北平時原是東大法學院民先隊分隊長，到西安後，他首先通過西安師範學院的何貴生同學接上了民先隊的組織關係。隨後又找到中共西安市委的學委，接上了黨的組織關係。於是在東大成立了由孔憲春、王直生和宋偉組成的共產黨支部，孔憲春任支部書記。不久，孔又擔任中共西安市委的學委委員，同時負責領導西北聯大黨支部的工作。黨支部成立後，立即開展工作，首先抓了民先隊的組織工作。當時，西安東大有民先隊員二十餘人。後來，經過發展增加了許多新生力量，其中包括林藎卿介紹的王如琪，尹洪福介紹的李敏輝。通過民先隊員又團結了許多積極分子。例如，有一名叫張文光的同學，他並不是民先隊員，但是演戲和教唱救亡歌曲都很積極。他的父親在哈爾濱任正金銀行經理，家中很有錢，經常給他寄東西和匯錢來。學校當局為了抵制抗日宣傳工作，便羅織罪名把他抓了起來，並密謀把孔憲春等人也作為同案抓起來。共產黨支部研究後，決定由民先隊員劉健鵬、王振鐸、林藎卿、馬逢起等人去見校長臧啟芳進行說理鬥爭。校方為平息事端不得不在三四天後把張文光釋放。這一回合的勝利，堅定了學生們鬥爭的信心。

國民黨西安市黨部為了在農村擴大抗日宣傳，號召和組織西安大專院校學生深入農村進行抗戰動員，共產黨支部決定主動參加，積極宣傳黨的抗日救國十大綱領等等。黨支部決定組織下鄉工作團。工作團分為兩路，分赴咸陽、藍田等地。學校當局指派受國民黨影響較深的學生進行監視。每逢他們宣傳國民黨的那一套「有錢出錢，有力出力」的論調時，大家毫無反響，結果使他們勢單力孤，更無所作為了。而一些左傾學生則利用各種形式宣傳共產黨的抗日救國十大綱領，很受人們歡迎。

　　為了爭取更多的同學參加抗日宣傳活動，1937年12月底，東大地下共黨支部又組織了有王如琪、李敏輝、齊殿卿、王守謙、劉國培、尹洪福、呂沛然、韓冰、董長凱、梁惟凱、王振鐸、馮蘇等三十餘人參加的「東北大學戰地服務團」到山西前線地區進行抗日宣傳。服務團由尹洪福任團長，王振鐸任副團長。服務團到了臨汾、汾西、離石等地。工作近三個月，1938年3月返回西安。服務團中的部分同學留在山西前線。

　　1937年9月考入西安東大工學院的王成福，晚年回憶過他在當年底為傷病服務、以及做抗戰宣傳的經歷和體會：

　　　　那是1937年的冬天，我們東北大學工學院的同學被分配到西安西門外一個大廟裏給傷兵服務。我們的上課班次是每天中午十二點到下午五點，晚上到到大廟裏來義務服務。我們的任務是給傷兵換藥打飯洗衣洗腳，還要替他們寫家信。就這樣，我們每天吃完飯就趕快跑去服務。有的傷兵手指打斷了，有的耳朵掉了，腿腳傷了，差不多都是輕傷號。我們有膽大手巧的同學如郎宗毅、馬俊杰等人就管上藥換藥清洗傷口。當時缺醫少藥，洗傷口只能用鹽水。我手笨就只能做些粗活，洗腳洗衣服。傷患的病也不見好，不能痊癒，有些人的傷口甚至感染化膿越來越重。有的叫我們替他們寫家信，只知道住的村莊叫什麼名，連所在的省名縣名都不知道，真是可憐！

　　　　有一天快深夜了，一位傷號對一個同學說：「請你把你們同學多找幾個人來，我有話說。」我們來了幾十個同學圍著他聽。他說：「同學們，你們辛苦了，你們白天上課，晚間來給我們服務，明天還要上課，我們感謝你們。可是這後方醫院只有你們學生來給我們服務，你們能把我們的傷病治好嗎？我們原是楊虎城將軍的隊伍，駐紮西北的第十七路軍，我們是在中條山、雪花山抗擊日本侵略而受傷的。我們都是輕傷號，重傷號就退不下火線了，也不救他們了。可是我們到這裏來治病，病情一點沒見好轉，我們怎麼再上前線呢？你們都是學生，這裏沒有一個大夫，也沒有護士，西安也有省立市立及傷兵醫院，都不收我們，國家對我們到底是什麼態度？前方戰士如果知道我們的情況，他們怎能安心打仗呢？⋯⋯」又說，「同學們，你們年輕不懂國家大事，你們要好

好用心研究研究……」說這話的好像有些文化知識,是河南口音,我們
聽了之後覺得他說得很對,心情也很沉痛。我也深思:這是個什麼樣的
國家……從那以後,我的思想情緒有了一個很大的震動和變化,再加上
我們對國家社會又多有接觸,又遇到有政治思想覺悟的人的指點,我改
變了人生態度。

　　……

　　1937年末,東北大學又分配我們到陝西東部的朝邑、澄城等縣做抗
日宣傳工作,共有一個月的時間。可是上邊未給我們系統的宣傳資料,
我們是抗日流亡分子,對日寇的侵略暴行是相當瞭解的,我們都是大講
特講日寇的凶殘,而未講如何組織起來和加強團結澄清吏治改善民主來
長期抗戰等策略。因此我們的宣傳效果很有限,沒能和廣大群眾融合
起來。再加上我國的民眾和「官府」人員一般是離得越遠越好,因而甚
至有的民眾說我們是「吃洋教的」。我們也沒能和當地學校的師生很好
地交朋友,互相共同前進,但我們對當地農民生活之苦還是有了初步瞭
解。[72]

　　戰地服務團出發後,留在校內的民先隊員和左傾學生聯合起來成立了東大
學生會,展開了爭取領導權的鬥爭。這時有的黨員還參加了中共陝西省委在涇
陽舉辦的訓練班,學習統一戰線政策。不過,這一鬥爭沒能開展下去,因為接
著就是反對東大遷川的鬥爭了。

---

[72] 王成福:〈敢問路在何方〉,齊紅深編著:《流亡——抗戰時期東北流亡學生口述》(鄭州:大
　　象出版社,2008年),第100-101頁。

第三章　南渡潼川（*1938.3-1946.9*）

　　盧溝橋事變之後，日寇為了徹底摧毀中國，首先瞄準文化教育機構，對我國高校進行了有計劃、長時間、大規模的摧殘和破壞。1937年7月28日午夜，日軍用密集的炮火徹夜轟擊南開大學，7月29日又派飛機以南開為目標，對天津進行了長達四小時的連續轟炸。南開大學的秀山堂、木齋圖書館、芝琴樓女生宿舍、單身教授樓和大部分平房均被夷為平地。

　　南開的事例只是抗戰中眾多被日軍破壞的文教機構的一個典型。「此次戰爭中，蒙受損失最大者為高等教育機關，敵人轟炸破壞，亦以高等教育機關為主要目標。」「此項教育機關，關係我國文化之發展。此項損失，實為中華文化之浩劫。」[1]

　　在學校頻遭焚毀、國土連片淪陷的緊急形勢下，為了從這場浩劫中搶救和保存我國文化教育的命脈，堅持抗戰，各地高校進行了歷史上罕見的流亡遷移。尤其是1937年抗戰爆發至1938年10月廣州、武漢失守這段時期，高校損失十分嚴重。統計這一時期內遷高校，共約75所，占1938年底我國高校總數97所（抗戰前的108所高校已有11所全部受破壞）的77%，占抗戰時期內遷高校總數124所的60%。[2]國立西南聯大、西北聯大都成立於此時；中央大學、武漢大學、浙江大學，以及東北大學等，均於這一時期遷往西南。

　　內遷高校比較集中的地方是四川重慶、成都和雲南昆明，以陪都重慶為最多。據統計，內遷西南的61所高校，就有48所占78%集中在四川，其中重慶25所，成都7所。

一、蔣鼎文密勸南遷

　　1937年11月太原會戰結束後，日軍兵臨潼關，西安岌岌可危。11月13日，日軍兩架輕型轟炸機竄入西安上空，匆忙投擲炸彈數枚後逃逸。1938年3月11日，日機三十架分四批空襲西安，各校無法上課。西安行營主任蔣鼎文[3]密勸

---

[1] 延安時事問題研究會編：《抗戰中的中國文化教育》（上海人民出版社，1961年），第28、32頁。
[2] 據唐正芒等著：《中國西部抗戰文化史》（北京：中共黨史出版社，2004年），第321頁。
[3] 蔣鼎文（1895-1974），字銘三。浙江諸暨人。早年畢業於浙江陸軍講武學堂。曾參加討伐陳炯明、北伐戰爭、蔣桂戰爭、蔣馮閻戰爭、第三、第五次對中共「圍剿」。抗戰期間，歷任第四集團軍總司令、西安行營主任和第十、第一戰區司令長官。1944年，帶領的部隊在豫中會戰中被日軍輕易擊敗，引咎辭職。1949年3月去台灣，任東南區點編委員會主任委員，總統府國策顧問等職。

東北大學南遷，校長臧啟芳特向教育部請示遷移地點，「奉到指令，命東大向青海遷移」，他「甚感奇怪，那樣可以說等於不准遷移，因為往青海是絕對作不到的事情」[4]。臧啟芳回憶說：

> 我見事已危機，即先請法學院院長李光忠赴四川尋覓校址，一面向教育部請遷移費亦未奉准。待接李院長信謂已在川北三台覓妥校舍後，多虧蔣主任慨允暫借遷移費兩萬元，並指撥大卡車十餘輛作交通工具，載運教職員眷屬及圖書儀器，學生則由工學院院長王文華率領一律步行，始得於廿七年三月中旬從西安出發，四月初到達三台。我于員生在西安出發後，因政府已遷漢口，即先飛漢向教部報告，適陳立夫部長與張道藩、顧毓秀兩次長均在座，當我才說到東大已在川北三台覓妥校址，員生遷移正在途中的時候，陳部長問我：「部中並未令東大遷川，你為何要遷往三台？」我說：「不錯，我向部請示，尚未奉指令。但眼見西安危急，行營蔣鼎文主任又屢催速遷，若照部令往青海遷移因交通不便根本不能成行，所以不得不權益辦理，先遷四川以期一勞暫逸，遷費還是由西安行營借的。為東大計，我並未作錯，只要東大可以保全，我自己任憑部裏如何處分皆無關系。」這時張顧兩位次長一齊說，這樣也好，可以一勞暫逸，陳部長便笑著說：「既然遷川就遷川吧！」在漢口我為參加中國國民黨臨時全國代表大會住了幾天，然後飛往成都，轉赴三台，約在四月十日左右，員生已先我到了好幾天了。[5]

東大遷川除軍事上日寇轟炸西安外，還有政治原因。眾所周知，東北大學的創建與發展，是和張學良密不可分的。東大師生流亡關內後，張學良憤然出國考察，爾後回國，接受國共合作抗日救國之主張，與楊虎城發動西安事變。東大師生對張氏當時順乎民心的言行，不僅寄予厚望和同情，而且積極回應和擁戴。用實際行動遊行示威，奔走呼號抗日救國。因此，張學良為蔣介石及其黨羽所嫉恨，東大師生也受到敵視和歧視，而被限制和防範。西安行營主任蔣

---

[4]　臧啟芳：〈回憶（節錄）〉，《東北大學建校65周年紀念專刊》（自印本，1988年），第109頁。
[5]　臧啟芳：〈回憶（節錄）〉，《東北大學建校65周年紀念專刊》（自印本，1988年），第109-110頁。

鼎文「密勸」臧啟芳將東大南遷，則是採用「安內」政策之一法，而且運用分化瓦解的手段，將東北大學肢解，一部分並入西北工學院，並將東大在西安剛建成的校址，「借與」臨時大學；一部分文、理、法、商學院師生，多被視為危險的「洪水分子」，將其遷往地處川陝道旁側翼的三台縣。「既不讓其進入成、渝，又便於納入視線，控制掌握，使其行不得也，動不得也。加之嚴密部署反動黨、團、軍、警、特務組織負責監視、鎮壓，還由重慶、成都的特務機關直接派遣特務分子打入該校進行活動。」[6]而臧啟芳希望控制東大學生運動，巴不得那些不願遷到三台的左傾學生留下，因此，他同意留下的學生成立「東北大學學生留陝工作團」。所以應當說東大內遷到三台也算是有其政治原因的。

關於反遷川鬥爭情況，東北大學官方校史中是這樣記述的：1938年3月，臧啟芳決定把東大遷往三台縣，共黨支部反對他的這一決定，擬借機從校內（包括東大和西北聯大）拉出幾百名同學去前線抗日。為此，孔憲春同學請示了中共西安市委學委。學委的決定是：少數「民先隊」員不願去三台的留下，多數同學還是應當去，要在國民黨辦的學校裏壯大我們的力量。根據學委的意見，不少同學去了三台，只有二十餘名同學留下來到農村去進行宣傳工作。留下的同學多數是想去延安的左傾激進分子。經過請示，上級黨組織認為，直接去延安不如拐個彎下鄉工作幾個月再去。於是，留下的同學乃和校方交涉，臧啟芳樂於做個順水人情，便一口答應，同意每月發給伙食費，並表示，畢業時回校可以發給畢業文憑。

1938年3月24日，臧啟芳向教育部長陳立夫呈文，臚陳東大遷川的原因和經過等事項，其文曰：

「自太原失陷，三秦震撼，本校為防萬一計，曾因文學院李院長光忠赴川之便，托其物色校址，經川省地方當局協助，費時月餘，勘察多處，卒在三台縣覓定。原房系某旅旅部所用，甘願遷讓，屋宇雖不甚寬敞，修繕改造，尚不大難。此事出權宜，在三台縣預訂校址之經過也。職前赴漢口而陳要公時，曾將此事簽請有案。嗣承鈞座面諭：如能於西北尋得相當校址，仍以在西北為宜，迨返校後，即本此意，托人在甘青各處，多方物色，卒以環境關係，不易覓得堪用房屋，若欲另行建築，又為經費所不許。西安臨時大學，派人前往巡

6　李堯東：〈東北大學內遷三台〉，政協四川三台縣文史委編：《三台文史資料選輯》第一輯，第63頁。

察，亦無結果。此本校不便遷往甘青一帶之事實也。比者臨汾不守，潼關告急，西安臨近戰區，空襲頻繁，正常教學，已難維持，行營示意早遷，臨大實行移動，本校斟酌情勢，權量利害，不得不即行遷移，爰向鈞部電請准予移往三台縣，以應非常之變。

迨本月二十日，奉到鈞部皓電，除收到匯款一萬元外，始知以前並有令本校遷移甘青一帶之電；唯本校員生，為事實所迫，業於前夕首途，此電迄今，尚未到達。此本校不及複請核示，已行遷往三台之實情也。總之，本校能在西安上課一日，決不輕於遷移；未尋得確可遷移之地，更不敢言迁移；前以情勢日急，因之預作準備；今以時機迫切，不容再事猶豫；凡此種種，想均在鈞部洞鑒之中。茲謹將人員遷移、物品運輸，及校產保管諸問題縷陳於後：

（一）人員遷移

1.學生及職員　全校學生，除四年級少數學生，自動請求留陝參加後方抗敵工作，或在機關實習外，餘均編入，由工學院王院長文華全體軍訓教官及職員領導，於本月十九日，由西安乘行營所撥火車到寶雞，由寶雞起，携帶帳篷及行軍鍋爐，徒步入川，預計四（月）十日可到三台。

2.教授及教職員眷屬　所有教授及教職員眷屬，均准其自由赴川，已於本月十九日前後，分別自行雇乘汽車離陝。

3.教職員及學生到達限期　全校教職員及學生，凡不隨隊出發者，均限於五月十日以前，到達三台縣，逾期不到，即以退職或休學論。

（二）物品運輸

1.圖書、儀器、檔案及其他辦公用品　先由西安用火車運到寶雞，到寶雞後雇載重汽車運漢中轉三台，各地均派有專人負責，已於本月十九日起運，二十日到達寶雞。

2.鐵床、鐵椅　本校鐵床有四百，鐵椅有六百，擬仿照前項辦法運川，現鐵椅已運到寶雞，鐵床正計劃運輸中。

3.學生及隨行職員之行李　每人以二十五公斤為限，由學校負責用火車運寶雞，由寶雞雇駄子運漢中轉三台，現已全部運到寶雞。

（三）校產保管

1.移交行營代管　全校內動產及不動產，均呈請行營暫為保管，俟將來本校重回西安時，再行交還。

2.派員留守　除職員及秘書長法學院白院長等高級職員尚在西安，暫行繼
　續辦公外，將來所有本校在西安未了事項，擬派訓育主任王震南偕同學
　生十人，留陝負責處理。

除遷移詳細情形，俟到三台後再行呈報，暨所有本校此次遷移用費概算，
另文呈報外，所有遷校計劃及已遷各情形，理合具文呈請鑒核備案！

再未電陳本校高級職員離陝以前，所有部令，仍請寄西安本校，合併陳
明。」[7]

關於遷校費用，臧啟芳回憶中說「向教育部請遷移費亦未奉准」，最後還
是由西安行營借的。然而，〈抗戰中的東北大學〉一文說的更清晰：「遷移費
用當時格於部令未得批准，遂就西安中央銀行商借一萬五千元，抵三台後由川
康鹽務管理局捐助一萬元，復盡量緊縮開支，刻苦撙節。得積一部結餘，呈部
動支，乃克清償。」[8]

二、蜀道難

1938年3月19日的午夜，在春雨濛濛中，國立東北大學的流亡師生，從西安
火車站坐上了隴海路的西去列車。當時的學生陽驥如此記述此次遷移：「我們
所乘的這列火車，真可以說是一列逃難的文化列車。因為除了東北大學的學生
以外，還載著準備到皋蘭上課的甘肅某學院的學生；準備到天水上課的焦作工學
院的學生；準備到漢中上課的山西銘賢女中的學生。」[9]離休教師關井貴回憶還
說，「校外的東北和其他省的流亡老鄉也跟同前往」，他本人就是其中之一。[10]

20日清晨，天氣轉晴。火車穿行麥田中央，空氣清新，芳草如茵；道軌左
右，溝渠縱橫。當日上午，到達了隴海路終點的寶雞。因為這次遷移，是按照

---

[7] 轉引自楊佩禎等主編：《東北大學校志》第一卷上冊（瀋陽：東北大學出版社，2008年），第
141-142頁。

[8] 冬大：〈抗戰中的東北大學〉，王覺源編：《戰時全國各大學鳥瞰》（重慶：獨立出版社，1941
年），第25頁。

[9] 陽驥：〈東北大學入川記〉，魏向前等主編：《東大逸事》（瀋陽：東北大學出版社，2003
年），第69頁。

[10] 關井貴：〈東北大學由西安市遷去四川〉，東北大學瀋陽校友會：《東北大學校友通訊》東大建
校六十五周年專刊（1988年8月編印），第53頁。

行軍的辦法進行的，所以當夜就在寶雞車站外的空地上，支起了幾十座帳篷來宿營。「柝聲燈火，席地酣眠，倒也別有一番風味。」

　　原本計劃第二天就動身南下，不巧下了一整天連綿不斷的春雨，所以只好耽擱下來。其實這一天，大家各自準備路途中的事物，「有的選帶重要行李書物多的，即雇雞公車（獨輪車）。因該校只有一、二部汽車專為打前站找住宿處人員與伙食團運輸使用，還有少數病號乘坐。」[11]

　　3月22日正午，流亡大軍離開寶雞，開始步行，向四川進發。行軍的行列是這樣編制的：最前面，由五十名（一說七十名）荷槍實彈的學生警備隊前導[12]；其次是把五百餘師生編成三個中隊，按照次序隨著警備隊的同學前進。大家都穿著青棉大衣和青制服，行列有一二里長，走起來軍容整肅，倒很像正式軍隊似的。所以常常有人問道：「老鄉，你們是哪一部分的？」

　　走了七公里的平原之後，便踏入了兩面環山的棧道（即北棧）[13]了。第一天宿在距離寶雞七公里的大灣鋪。因為行李尚在寶雞，未能隨隊運來，所以大家只好在颼颼冷風之中苦坐了一夜。

　　翌日午間，大家的行李已全部運來。所以24日早晨出發時，在原來的行列之後，又綴上了一百多駄子和數十挑夫的行列。「人聲、馬聲、鈴聲，前後應和，頗不寂寞。走了一個小時，乃經大散關；正午抵觀音堂休息。下午一時開始爬秦嶺攀藤附葛，匍匐前行，愈登愈高，竟行雲上。雲霧彌漫，山巔遠矚，但見數峰矗立雲海而已。西漢公路盤山而上，工程浩大。每行里許，必見築路民工埋頭苦作，不禁發生愧怍與敬佩之感。」[14]晚宿東河橋。

　　3月25日自東河橋出發，4月3日始抵褒城，而北棧乃告終。在此十日中，每日或行五十，或行一百，朝發暮宿，備極勞頓。宿營地點有：草涼驛、鳳縣、留鳳關、南星、棗木欄、留壩、褒城。除秦嶺外，更渡鳳嶺與柴關嶺，均屬峭

[11] 關井貴：〈東北大學由西安市遷去四川〉，東北大學瀋陽校友會：《東北大學校友通訊》東大建校六十五周年專刊，1988年8月編印，第53頁。
[12] 陽驥〈東北大學入川記〉云學生警備隊是50名，另據關井貴〈東北大學由西安市遷去四川〉載：「約七十名荷槍學生軍在大隊的前中後隨部隊保護安全的前進。」
[13] 蜀道沿途多作棧閣，分南北兩段，以陝西寧強（古寧羌）七盤嶺為南北地理上的分界，因此寶雞縣至褒城縣的北段稱北棧，又名秦棧；劍門古蜀道在蜀道之南，蜀北境內，所以稱南棧，又名蜀棧，三國蜀漢時稱「劍閣道」（劍門，古稱劍閣），是秦漢以來自關中入蜀的官驛大道。
[14] 陽驥：〈東北大學入川記〉，魏向前等主編：《東大逸事》（瀋陽：東北大學出版社，2003年），第70頁。

拔險峻、凸凹難行之山路,而留鳳關宿營之夜,匪警訛傳,徹夜驚恐,大有草木皆兵之慨。關井貴回憶:「記得第一天步行到達望而生畏的秦嶺腳下住宿,第二天一早向著盤旋十幾道彎的高陡大嶺前進,青壯年人,還能一直闖上,老弱婦孺只得隨彎就彎攀登,越過嶺即住宿。每天前進約三十里上下。趕不到城鎮,就在小村落甚至露宿牛棚豬圈,能以遮風避雨就算好地方。途徑鳳縣,外地人不敢吃當地雞蛋,怕中麻風病。經廟臺子是蒼松古柏,幽靜清雅,張良隱退的地方。」[15]王成福則說,「我們在行程中看到秦嶺劍門關的雄偉壯麗,嘉陵江白龍江的百舸爭流,又見到『張良廟臺子』『曹操的滾雪』『張飛古柏』。當我走在秦嶺之巔,下望山坡一片片金黃色菜花和綠色的山野時,更深刻地體會到了『錦繡山河』的美妙意境。這是我們中華民族的土地,怎能容忍外敵的侵略!」[16]

總之,在這二百餘公里的旅程中,無日不在山溝中遄行。隊伍到達襄城的第二日,即赴漢中休整。後因步行太慢,而馱運所費又非常浩大,便改乘學校預雇之載重汽車。計分兩批出發:第一第二兩中隊4月10日出發,13日到達三台;第三中隊及警備隊20日出發,23日到達三台。

與集體結伴入川相比,學生單個旅行多了幾分風險。東大地理系于學謙有1944年春從陝西坐車進川的經歷:

> 記得那是四月的一個晴朗的日子,我與獲釋的東北同鄉王統志一塊去找當時在西安逗留的臧啟芳先生。我們毛遂自薦要求去東北大學上學。沒想到這位校長大人,慷慨地允諾,給我們寫了一張名片,讓我們到四川三台東北大學入補習班。這樣,我倆從西安搭車到寶雞,又經那裏的青年會救濟搭上「黃魚」[17]車,爬上秦嶺了。

> 汽車從寶雞南的大散關出發,嗡嗡的馬達聲叫個不停,車子吃力地緩緩向山上爬去。川陝公路就從這裏開始翻越第一座高山——秦嶺。海拔三千米的秦嶺,形成了一個天然的屏障。在抗日戰爭的年代,這條通向四川大後方的公路,不知運載了多少流亡青年。車子在曲曲彎彎的山

---

[15] 關井貴:〈東北大學由西安市遷去四川〉,東北大學瀋陽校友會:《東北大學校友通訊》東大建校六十五周年專刊,1988年8月編印,第53頁。

[16] 王成福:〈敢問路在何方〉,齊紅深編著:《流亡——抗戰時期東北流亡學生口述》(鄭州:大象出版社,2008年),第101頁。

[17] 作者自注:「黃魚車是川陝公路上運貨的大卡車,我們青年學生沒有錢了,白坐車,叫搭黃魚。」

間公路上迴繞，路是那樣地狹窄，兩輛對開的車子都要很小心地慢慢駛過。我們坐在高高的滿載貨物的車頂上，望著車旁的澗谷，像車子就在澗中行走，真是十分驚險。我們緊緊地靠排在一起，手抓住捆貨物的繩子，不時地向山澗望下去，隨處都可以看見，掉在深澗中的車子殘骸，令人不寒而慄。路是那樣地艱難危險，可人們還是在走，在冒著風險地往前進。同車的有瀋陽的、長春的和哈爾濱等城市的男女青年，大家在這裏匯合了。記得在車子「拋錨」的日日夜夜裏，大家彼此交談著各自流亡的生活遭遇。一群從長春流亡關內的同學，從河南的老河口渡過黃河，到了祖國的土地上，就在這第一天為祝賀不當亡國奴而狂歡的夜晚，一群武裝「土匪」，襲擊了他們，將所有攜帶的首飾財物一劫而空……還有的在旅途中坐在「花杆」[18]上，行李衣物都緊緊地拴在花杆的後邊。當兩個抬花杆的腳夫抬到山澗邊時，便將人翻到山谷裏，把行李衣物搶走了。可憐的東北青年就這樣葬送了生命。同伴們各自講了許許多多令人毛骨悚然的事例。我才知道，我們這些東北青年，為了愛國，為了不當亡國奴，真是不知遭到了多少不幸呵！

　　車子飛馳過平緩的陝南漢中平原，又開始翻越崇山峻嶺了。險要的劍門關，陡峭的崖壁，真是一夫當關，萬夫莫開。在這裏，我親身經歷了這蜀道難天險，但是路畢竟是人走出來的。如今，我們也要闖過這難於上青天的險道。我嚮往的東北大學，就在前邊，它激勵著我克服重重困難，使我第一次進入了天府之國的四川。

　　從廣元到綿陽的路上，車子不知又「拋錨」了多少次，宿泊在小旅店裏，盼望著早日到達我們的理想目的地──四川三台。

　　四月的涪江，碧綠清澈，川北大地已是鬱鬱蔥蔥，一片生機。車子經過了無數的顛簸，終於奔馳在平坦的川北盆地上。記得長途跋涉的最後一天中午，我們從川北重鎮綿陽出發，車子開得飛快，一路順風，傍晚安抵我們的目的地──三台西門外。[19]

---

[18] 花杆：應為「滑竿」，四川山區常見的竹制轎子，由兩個腳夫抬著。

[19] 于學謙：〈我的東大之路〉，《東北大學建校65周年紀念專刊》（自印本，1988年），第185-187頁。

　　三台的西門外歷來是往返川陝公路上的一個停車站，這裏店鋪很多，人來人往。許多流亡的東北青年都是這兒下車後，被同學們接到學校的。不知道這西門外曾接待過多少從東北逃出日寇封鎖線而尋求抗日救國的青年？這些青年都在這裏匯合了，他們在探索中成長，在戰鬥中鍛鍊，並且度過了他們最有意義的大學時代。

三、杜甫寄寓處

　　三台縣位於四川盆地中偏西北部，東與鹽亭縣交界，南與射洪縣相鄰，西與中江縣接壤，北與綿陽縣相連，距成都市一百五十多公里。光緒二十三年（1897）《新修潼川府志》卷一載：「（三台縣）漢置郪縣，屬廣漢郡。後漢至晉因之。劉宋又分置北伍城縣，為新城郡治，郪縣仍屬廣漢郡。齊廢北伍城後，郪縣亦省。西魏置新城縣，尋改曰昌城，為昌城郡治。隋大業初，複改曰郪縣，為新城郡治。唐為梓州治。宋為潼川府治。元因之。明初省縣入州。國朝雍正十二年（1734），升州為府，置三台縣，為潼川府治。」[20]三台唐代曾與成都齊名，為蜀地第二大城市，是川西北政治、經濟、文化中心，故享有「川北重鎮、劍南名都」之美譽。詩聖杜甫於唐玄宗寶應元年（762）七月流寓三台，歷一年零八個月，寫下〈聞官軍收河南河北〉等百餘首不朽詩篇。三台有涪江和凱江交縈城下，來往船隻川流不息，這裏有川北最大的碼頭。在這些碼頭上，大詩人杜甫多次送往迎來，吟詩作賦。且看：「無數涪江筏，鳴橈總發時」（〈奉送崔都水翁下峽〉）反映了交通樞紐梓州段涪江的繁忙；而梓州城美麗的夜色從「夜深露氣輕，江月滿江城」（〈玩月呈漢中王〉）中可見一斑；梓州城的布局「路出雙林外，亭窺萬井中」（〈望牛頭山亭子〉）何等的規範。作為當時省一級行政機構——劍南東川節度使治所，梓州城的規模很大，城牆很高，城樓更高大，在杜甫留下的詩中還有很多登梓州城樓的詩篇，如〈九日登梓州城〉、〈春日梓州登樓二首〉等等，除了抒發自己苦悶的心情外，更多的是對梓州山河的無盡讚美。此外，北宋的蘇易簡、蘇舜欽、蘇舜元祖孫三人在三台出生，史稱「潼川三蘇」，一狀元兩進士。

---

[20] 何向東等校注：《新修潼川府志校注》（上）（成都：巴蜀書社，2007年），第2頁。

三台雖僅為縣治，「但街道整潔，市肆繁密，殊不讓開封洛陽之二等都市也」。[21]抗戰初期的三台在東大學生筆下是這樣的：「雖然西南東北多山，交通還算方便，往西有公路通過一段丘陵地帶經豐谷井直通川北重鎮綿陽。如走中江金堂趨成都，路途更近。因山路較多，須賴滑竿為交通工具，城東不足半里，有滾滾涪江，經射洪、遂寧等地流向重慶。天氣晴日較多，與川中其他各地迥異。城內自東門至西門，僅二華里許，街道清潔整齊，屋宇井然，宅前多植樹，無車馬喧擾，極為恬靜。步出東門數百步，渡過清澈湍急的涪江，便是東山琴泉寺、山巔古塔，數里外即可望見，每當外出歸來，遙遙望見古塔，就覺得回到家中。西門外是公園，小山上有茶室，俯瞰城內，一片葱翠樹木，與黑瓦粉牆。城內居民雖然不多，各種商店卻應有盡有。如『譚天』茶室，兼營旅館、飯店。特別是飯店，完全是川菜正宗，頗具特色。抗戰後沿海商人來此經營的『松鶴樓』，則具有江浙一帶風味。由於遠離戰火，不失為一可供安心就讀的理想佳所。」[22]

1938年4月25日[23]，三台縣各界歡迎東北大學遷潼大會舉行。這次大會可以說是三台縣的空前盛舉。參加的人員除了地方政府和各級學校的學生不計外，駐在三台的中央機關省府機關，以及各行業團體都派代表參加，而各區區長及聯保主任亦全體出席。到會人員不下三千餘人，恐怕是三台建縣以來第一次召開如此隆重的歡迎大會。全城各個商店，也都懸旗志賀：「歡迎東北大學到三台！」

在這種盛情難卻的歡迎之下，受寵若驚的五百餘名東大師生，乃於上午九點準時到場。當由各界領袖紛紛致歡迎辭，並殷殷以「提高抗戰情緒，推進後方文化」為囑。東大方面除由臧啟芳校長致辭答謝外，並由教授及學生代表，反復陳述「甚願追隨地方各界一致努力抗戰工作」之至意。散會攝影後並承各界以茶點招待。[24]

---

[21] 陽驥：〈東北大學入川記〉，魏向前等主編：《東大逸事》（瀋陽：東北大學出版社，2003年），第70頁。

[22] 吳標元：〈回憶三台時期的東大生活〉，相樹春等主編：《我們走過的路》（北京：今日中國出版社，1993年），第155頁。

[23] 此日期源於陽驥〈東北大學入川記〉一文。另，《東北大學八十年》（楊佩禎等主編）載，歡迎大會的日期為4月13日，恐誤。

[24] 陽驥：〈東北大學入川記〉，魏向前等主編：《東大逸事》（瀋陽：東北大學出版社，2003年），第71頁。

　　三台歡迎東大是誠心誠意的。我們在當時三台縣長鄭獻徵[25]傳記中，可以看到其女鄭碧賢這樣寫道：

> 　　東大法學院院長李光忠到了四川，四處接洽，碰了不少軟釘子，不僅因為抗戰爆發後，遷往內地的學校太多，而且接納東大還有政治風險，誰也不願惹麻煩。東大前途茫茫，接二連三被婉拒，李光忠很失望。
>
> 　　消息傳到三台。
>
> 　　鄭縣長熱情接待了李光忠院長，沒有絲毫猶豫，當即決定迎接東大到三台落戶發展。這是1938年元月份的事。三台剛遭受旱災，本身財力不足，困難重重。但他認為知識是民族的希望，戰後國家建設需要大量的人才，必須盡全力保護這股力量。三台人可以暫時勒緊腰帶，也要與東大共榮辱、同生存。他根本沒想過什麼政治風險。
>
> 　　教育救國是他的主張，無論是在重慶聯中、北碚兼善、重慶大學，他都在致力於實現自己的理想。到三台後深感教學問題嚴重：學校設備不足，師資力量薄弱，全縣竟無一所完備之小學和完全中學。必須改造學校，增強師資力量，推行戰時教育政策，建立一所川北最高學府。國家越危難，教育越重要。
>
> 　　東北大學能到三台，是三台之幸，絕不是負擔，不僅會提升三台的文化素質，帶來勃勃生機，周邊縣市的青年也必將大受裨益。他說服了大家。
>
> 　　彭旅長和潼川高中校長，非常支持鄭縣長的決定，認為這是利國利民的好事，對三台教育更有積極影響，立即作出騰房、擴房計劃。彭旅長有人、有房、有地；潼川高中校長有教學管理經驗，知道該如何安排。政府部門出面去徵用民房，解決教職員宿舍⋯⋯各人發揮自己的優勢，四月前完成。時間緊，來的人數多，只能因陋就簡，逐步完善。

---

[25] 鄭獻徵（1900-1969），四川榮昌（今屬重慶）人。出身舉人之家，兩歲喪父。1918年到北京上大學，1933年任重慶大學秘書長至代校長，1935年任四川省建設廳主任秘書長；1937年10月至1940年5月任四川省三台縣長，1940年任四川財整處長，1941年任自貢市長，1947年至1949年任四川省水利局長。

李光忠院長得到鄭獻徵縣長充滿熱情的肯定答復後，非常高興，立即電告臧啟芳，謂已在川北三台縣覓妥校址，縣長極其誠懇相邀。

臧啟芳一直懸著的一顆心總算落地。[26]

臧啟芳深深地知道，東北大學在西安，面臨被解散或流放青海的命運，前途茫茫。他肩上承擔的歷史責任太大。幸虧三台縣鄭獻徵縣長深明大義，願意接納和支持，讓他有絕處逢生之感。他到達三台後，從與鄭縣長、彭旅長的交談中，深深感受到他們是以真誠相待，而且有不懼當局指責的膽量。鄭縣長從事教育多年，曾任重慶大學校長，對教育救國、文化利鄉有獨到的眼光。臧啟芳親眼目睹為了迎接東大，當地駐軍、中學生都動員起來了。真是他鄉遇知己，困難見真情。臧啟芳為感謝鄭獻徵的知遇之恩，曾在摺扇上作詩相贈：

> 寄跡潼川巧遇君，亦狂亦涓亦溫文。
> 照人膽似秦時月，對我情如嶺上雲。
> 萬念悲天寰海困，片心憂國一身勤。
> 寇公奉召林胡滅，應共高歌盡日醺。[27]

這是他的情、他的義，是他堅決抗戰，光復我中華的決心。

國立東北大學初來咋到，借得舊潼川府貢院（曾為川軍田頌堯[28][29]軍軍部）以及毗連的草堂寺，和潼屬聯中[29]的一部分作為校舍，因陋就簡，於5月10日勉強復課。當年經濟系學生鄭佩高（1938年考入東大，1942年畢業）回憶三台時期「簡陋校舍弦歌不輟」，其中對初到三台的東大校園（校本部）建築布局作過描述：

---

[26] [法]鄭碧賢：《鄭澤堰：民國縣長鄭獻徵傳奇》（北京：三聯書店，2012年），第139-140頁。

[27] [法]鄭碧賢：《鄭澤堰：民國縣長鄭獻徵傳奇》（北京：三聯書店，2012年），第145頁。

[28] 田頌堯（1888-1975），又名見龍、光祥，四川簡陽縣龍泉驛（今屬成都）人。國民黨陸軍上將。1926年5月，吳佩孚委任其為四川軍務幫辦兼川西北屯墾使，當年底蔣介石委任其為第29軍軍長（軍設三台城關，成都設行營）。1933年，任川陝邊區剿匪督辦，率部進攻紅軍被擊潰，後被撤職查辦，寓居成都。田頌堯比較熱心捐資辦學，先後擔任成都樹德中學名譽董事長、龍泉驛中學董事長。1949年冬，田頌堯放棄去台機會，留在大陸隨鄧錫侯等人起義。1950年之後，任西南軍政委員會參事等職。

[29] 潼屬聯中，即潼屬聯立三台高級中學。1940年改為四川省立三台高級中學。

「東北大學初遷至時僅利用舊潼川府府學為校舍，該府學坐落於城內東大街，北倚城垣，東鄰草堂寺——寺系以因杜工部草堂舊址而建。西鄰民居。房屋不過數十間，且多系木造，年久失修，均已破弊不堪，學校以經費艱絀，僅能稍作補苴，寒傖之相，以視瀋陽之廣闊堂皇面貌，誠不知相去幾千百倍矣。茲不避詞費，作簡略之描繪。

校門形制，向內作半圓形，兩側磚築白色方門柱，木制門扉，了無莊嚴氣象。入門東西兩側各有泥竹廂房兩間，作部分學生宿舍，再前為一磚築過廳，中通內院甬道，東西各有房一間，左充傳達室，右充印刷室，甬道如磚鋪平堤，直達正堂。甬道之兩側各有木平房一列——殆為昔年學子應試之所，各予隔為六間，以為教室。因甬道高出地面約一公尺餘，致所謂教室者不免有卑下陰暗之感。正堂規模頗軒敞，是為府學之主建築物。正堂兩腋各有屋兩間相連屬。東腋為教學組、註冊組，西腋則為總務、會計、文書等組。右腋西偏，別有一小院，則女生宿舍也。正堂之後半，為教授休息室，出正堂，東西各築有別具巧思六角形房而如亭，並以平房連屬於正堂之背，類如兩臂握拳而向後伸出者。其左內間為校長室，外間為會議兼會客室。其右則分為教務長及訓導長辦公室。再後則有一小園一區，更無建築物。男生宿舍在大門東側南北向，共三列，皆竹木和泥建成。最南一列之後壁即大街矣。男生宿舍之北有一廣場。只能作同學散步活動之用，其東有半磚半竹木房一排，一半為學生盥洗室，一半充飯廳。廣場之北有一較大廳堂，則為集會之所——而學生常譽之為大禮堂。此堂初時兼充閱覽室及圖館。另於東北角，借奉杜工部塑像之二層六角形建築物，以為醫護室。綜如上述，其簡陋之狀，讀者當可約略推知，唯師生弦歌其間，從無怨嗟之聲，蓋漫天烽火，敵人之凶焰方張，國家民族之命脈，危於累卵，有此一席安寧地，以資生聚教訓，已云幸矣，更何敢奢望如在瀋陽時情景耶！

工學院於學校遷三台後數月，即奉令並歸西北工學院。所餘全校學生，不過數百人而已。唯時未逾三年，學生人乃大增，蓋因三台甚少敵機竄擾轟炸，學風淳樸，又多名師之故。校舍乃益不敷用，勉強征得當地政府及紳耆之同意，將草堂寺全部並入校區，寺內佛像移供別所，不意於搬移佛像時，引起附近居民之激烈反對，幸學校處置有方，未釀大禍。於是乃將大雄寶殿加以整修，作為閱覽室，於其左前另建書庫一幢。後復在小東街租得大宅院一區，以

為一年級新生上課食宿之所。稍後又將城牆鑿通一門以達城外，即在城根租得農地。約合今日一甲餘，由同學及少數工人共同勞動，鏟平溝洫，以為運動場，在其東偏則構木屋一幢，作為理化學實驗實習室及運動器材室。三年餘慘澹經營，始稍見舒展，勞苦矣學校任事諸公！

至於教授及職員宿舍，有眷者則由個人散租民居；單身者則由校租得陳家巷二樓民宅一幢，細隔若干小間，勉強棲身而已。」[30]

尤其值得一提的是，草堂寺杜甫所居之處，「已變為佛堂，杜甫塑像高僅及尺，屈立廟堂的一角，喧賓奪主盡已多時」。1939年春，「東大利用草堂寺改建圖書館，並將舊有鐘樓改修新杜甫草堂，懸杜甫畫像於其上。」[31]有同學觸景生情：唐代詩人杜甫憤世愛國，顛沛流離，與我們今天抗戰流亡讀書的情景多相似啊！真是歷史的相似，人間的巧合。還有的喜形於色寫封信回家：我們住在杜甫家，哈哈！

在三台的歲月裏，東北大學一直在陸續增添基礎設施。比如：1940年7月，於縣城北郊建化學實驗室；8月中旬，於城西之馬家橋築東北史地經濟研究室（後期遷回城內龍王廟）；9月初，租得陳家巷工字樓為教授宿舍。1941年7月，租得蠶絲改進所舊舍為新生院院址，增築院舍，並在西門外牛頭山開鑿防空洞。1942年7月又以十萬元購得新生院院舍一處。至此，教學設施基本完備，師生有了一個較安定的教學和學習環境。

四、寶光寺的軍訓生活

1938年2月23日，國民政府教育部頒布《青年訓練大綱》，除了要求青年具有愛國家、愛民族為基本內容的人生觀、民族觀、國家觀外，訓練專案以適應戰時需要的軍事技能訓練為主，目的在於使青年學生能適應隨時應徵。所以，這一年的八月，全國大學生不分年級一律接受集中軍訓三個月。

---

[30] 鄭佩高：〈東大在三台作者入學及師長簡介〉，東北大學旅台校友會編：《國立東北大學六十周年紀念特刊》（1983年）。

[31] 臧啟芳：〈東大十年〉，東北大學旅台校友會編：《國立東北大學六十周年紀念特刊》（1983年）。

　　三台的東北大學，和樂山的武漢大學等川內近蓉的高校，都要到成都及周邊郊縣軍訓。名為集中軍訓，並非集中在某一地方。只有高年級的學生分在成都南校場學生軍訓營房。它位於校場的東北部。正南方向門朝北有一個大兵營，是四川綏靖公署主任鄧錫侯川軍某部的駐地。川軍有時在營房北面的大操場上操練，接受軍訓的學生也一直在這個大操場上操練。當時武大學生李健章有〈軍營晨操〉詩記之：「分行列隊盡戎衣，整肅軍容映曙暉。口令頻呼三二一，足音應節劈巴欷。威儀有則嚴孫子，嬉笑無人效寵妃。文事必須兼武備，安民保國此因依。」又有〈菩薩蠻〉二首云：「整齊步伐軍人樣，昂揚氣概聲容壯。浩蕩出南門，逡巡野外屯。教官談要領：作戰須機警；掩護為防身，衝鋒滅敵人。」「連排各自成分隊，雙方就地邀相對。堅守與環攻，俱收第一功。奔波雖困頓，強似營中悶。白日漸沉輝，高歌得勝歸。」[32]

　　除了操練還要開大會、聽報告。據當時武大學生回憶，第一次的報告是曾擴情（國軍政訓系統負責人）作的，他禿頂，個子不高，講了許多當時報紙上時常登載的套話，他是有名的「CC分子」。過了一段時間，四川大學校長程天放來作報告，他原是國民政府駐德國大使。他在報告中多次談到德國的情況，非常隱蔽地冒出一絲德國納粹的氣味。又過了一段時間，來了一位更大的官員——國民黨四川省黨部主任委員陳公博作長時間的大報告，他講話的大意是，學生要愛國就應守規矩、老老實實，思想千萬不要走偏，不可搞其他活動。然而，就在他講話後還不到半年的時間，竟然跟汪精衛、周佛海等一道投靠了日本。

　　其他低年級的學生，有的分派到青城、灌縣，東北大學工學院的王成福、武漢大學文學院的吳鴻藻等人都是分在離成都四十華里的新都。新都有座很有名的寺廟叫寶光寺，那就是軍訓的營地。除了出操打野外，大家整隊出廟門，其餘吃住上課，都在廟裏。王成福回憶說，「在軍事訓練中我們東北流亡學生是經過多少磨難和長途跋涉的，軍訓對我們來說是小菜一碟，太不費力了。而四川當地大學生在訓練完了之後就躺下亂喊亂叫：『格老子硬是安逸喲，先人板……』」[33]吳鴻藻則以「荒唐滑稽」來概括三個月的軍訓生活，「不管是菩薩

---

[32] 李健章：《居蜀集‧東西集》（武漢大學出版社，1994年），第30-31頁。
[33] 王成福：〈敢問路在何方〉，齊紅深編著：《流亡——抗戰時期東北流亡學生口述》（鄭州：大象出版社，2008年），第102頁。

遇見兵，還是和尚遇見兵，總之是有理也講不清了」，這三個月真把寶光寺弄得天翻地覆。他後來在一篇文章中如此寫道：

> 如果說這三個月軍事方面的知識，所獲有限，打橋牌的技術可長進了不少。我們是晚上打白天也打，教官在講臺上講「典」、「範」、「令」，下面至少有三四桌牌局。那時每人有一隻小凳子，一塊硬紙板備寫筆記之用，四人只要把坐的角度轉換得宜，紙板權充牌桌，就可以進入作戰情況了。只有一次某位仁兄得意忘形，大叫一聲「Pass and double」，語驚四座，教官亦為之動容，放下《射擊教範》的教本，怒目掃視全場，這時我們坐的角度已轉回原位，紙牌已裝入袋中，完全是正襟危坐的姿態了。下午通常是出操和野外演習，就是所謂打野外，照例是在廟裏大天井中整隊，然後走出廟門，我們必須在出廟門之後的途中悄悄地離隊（所謂「開小差」），在隊伍回廟之前又插進去，因為解散之前是要報數的，隊長知道手下有多少人馬，少了就要追究，而且隨隊進廟和隨隊出廟都是合法的，單獨進出沒有出差證，衛兵首先就要找麻煩了，所以時間的配合上要準，離隊插隊的先後也要準，四個人同時開小差是犯忌的，因為容易引起風吹草動，同時還要顧到其他的同道，說不定別人也在乘機而動呢？冒險完成後的酬勞，是茶館裏圍桌而坐打上三小時橋牌，一杯沱茶，有時啃一根兔子腿，新都滿街都是熏兔子肉的攤子。至於《步兵操典》、《射擊教範》、《陣中勤務令》，真是「帝力與我何有哉？」其實就是連我們在新都區的最高指揮官對這些「經典」的內容，也只是隱隱約約記得有那麼一回事而已。這位區指揮官年事已高，而官階才爬到少將，據說是相當委屈的，他是早期保定出身，他的同輩後輩都早已是上將中將了。他這份職務，實在是尸位素餐，因為這一區，共轄兩個大隊，一切的事情都由大隊長管了，只有集合兩大隊在一起的重要典禮，才需要他「主持」，而他在第一次這種典禮中，就留下了笑柄。他看到我們這批丘九立正時的姿態，五花八門，無一是處，不免生氣，於是向大家講立正的基本要求。他說立正的基本要求有下列幾點，可是他忽然停住了，就像音樂上碰到全休止符，我們等著，等著，大約總有一分鐘的「冷場」，最後這位老者提高了嗓子，

「立正的基本要求——操典高頭都有的。」從此在寶光寺，「操典高頭都有的」成為一句名言，成為對一切難以答復的問題的無往而不利的答案。天塌下來怎麼辦，「操典高頭都有的。」[34]

　　三個月的集中軍訓，轉眼就到了尾聲，11月1日結束後，東大學生返回三台上課。

五、辦學經費與衣食住行

　　由於戰爭的影響，東北大學雖為國立了，但辦學經費極度短缺，不要說遠不如「九一八」之前，甚至也不如「雙十二」之前。自1937年9月起，國民政府以抗戰為由，緊縮文教經費，將業已核定的各國立院校經費改按七成撥發。1938年4月以後，再改按七成中的四成交付西南聯合大學，所餘三成經費，教育部以所謂「統籌救濟戰區專科以上學校學生及辦理高等教育事業之財源」為由，規定全部上繳。[35]這樣一來，其他內遷院校所得的辦學經費幾乎是杯水車薪，且時常拖延。東北大學1937年全年經費三十萬元，但自該年9月起即按七成支發，月薪17500元。1938年秋，又改為月薪16100元。1939年度經費，連同補撥工學院遷移費，每月實領16600元。1940年度月支19500多元。[36]由於經費大為減少，兼因抗戰以來物價上漲，東北大學「辦公、學生補助、學術研究等費，極感支絀」。〈抗戰中的東北大學〉一文載：「七七抗戰軍興，中央令各校經費七折，教職員薪俸八折實支，並應先除五十元生活費，不予折扣，在他校因平素預算較寬，自無問題，本校苦無辦法，嗣以全校教職員體念時艱，決定照薪額七折發放，並不先除五十元生活費，惟薪給在百元以下之職員，先除去三十元生活費，不打折扣，此舉每月所省近兩千元。二十八年（1939）秋以物價日漲，始實行每人先除五十元生活費不打折扣之規定，至於七折辦法毫未變更。本校職員待遇極低，以各組主任而論，原薪之最高者，不過百六十元，

---

[34] 吳魯芹：〈我的大學生活〉，台灣《傳記文學》第26卷第2期。轉引自劉雙平編著：《漫話武大》（武漢大學出版社，1993年），第348-349頁。

[35] 侯德礎：《抗日戰爭時期中國高校內遷史略》（成都：四川教育出版社，2001年），第83頁。

[36] 〈抗戰以來的東北大學〉，《教育雜誌》第31卷第1號，第23頁。

最低者僅百二十元，不僅不及國立各校院之職員待遇，即較國立各中學之職員待遇亦有遜色。」[37]

　　1940年9月，教育部公布《大學及獨立學院教員資格審查暫行規程》，規定了高校教師應分教授、副教授、講師、助教四等及其任職資格。教師的薪金：教授分為九級，最高一級月薪600元，最低九級320元，副教授、講師和助教均為七級。副教授最高一級月薪360元，最低七級240元；講師最高一級月薪260元，最低七級140元；一級助教月薪160元，七級80元。和公教人員工資相比較，教授在當時算是高薪階層。抗戰開始後，物價無時不漲，日用品奇缺，生活困難，教育部又制定非常時期改善教職員生活辦法：自1941年10月1日起，發給平價食糧代金；凡教育部辦的學校教職員，每人每月可報領二市斗一市升的代金；家屬符合有關規定的，享受教職員的同等待遇。1942年10月1日起，又施行國立學校教職員生活補助辦法，除准領米代金外，還根據物價及生活狀況，每人每月發給生活補助費。此外，1941年，教育部還推行「久任教員獎金」、「甲乙兩種獎助金」、「特別補助費」、「兼課鐘點費」制度，以補助抗戰時期教師生活的困難。在三台的東北大學的教職員待遇基本上符合以上規定。

　　流亡學生的經濟來源，主要靠吃「公費」，分一、二、三等評議，評一等的除了扣除伙食費而外，還有一點盈餘添補零用開支，也微乎其微。有的高年級學生在縣上或附近鄉鎮（如射洪太和）的中學去兼課（有的教授迫於養家糊口也去中學兼課），他們得點薪金補助，還會照顧另外一些同學的生活，分享微薄的收入。1940年經濟系畢業的沈公尚說：「當時，除四川的同學生活靠家庭供給外，大都是東北流亡同學和淪陷區的學生，生活靠所謂『戰區學生貸金』維持，每月法幣7.5元，在初期除扣伙食費外，尚有一元多零用錢，但到1940年我畢業時，全部作伙食還不能維持最低生活了。」[38]1939年考入東大工商系的湖南人左承統提到當年領貸金遭遇歧視的風波：

---

[37] 冬大：〈抗戰中的東北大學〉，王覺源編：《戰時全國各大學鳥瞰》（重慶：獨立出版社，1941年），第26頁。

[38] 沈公尚：〈憶四川三台東北大學〉，相樹春等主編：《我們走過的路》（北京：今日中國出版社，1993年），第143頁。

雖住進宿舍，不能辦入學手續，當時政府有對戰區學生助學貸金的規
定，凡是戰區學生，除學雜費一律免交外，還可有伙食貸金每月六元，
書籍鞋帽牙刷牙膏等零用貸金每月三元。蔣介石在1939年春天才遷進四
川，難民入川不太多，遷到川北的更少，物價不太貴，這些貸金，是可
以勉強對付的。可是東北大學總務長陳某說我雖是戰區學生，家鄉沒有
淪陷，不肯給我貸金，有幾個四川籍的同學為我忿忿不平。他們對我
說：「這個大學東北地域觀念特別嚴重，因為你是湖南人才不給你貸
款，如果你是東北人，就是他的父兄在四川做官，做大買賣，也會給他
們貸款的。」他們給我出主意，叫我到軍訓處找那個軍訓主任，他是湖
南老鄉，看他能幫助你一下麼？我立即找到軍訓主任辦公室，他是湖南
永綏人……我向他申述我參加統考被分配到東北大學的經過，申訴我現
在的困難，請他支援，他看到我是湖南老鄉，是當時在東北大學僅有幾
個湖南人之一，又看到我也是湘西澧縣人，更憐我千里孤身陷於困境，
無人援救，給我寫了一封便箋，證明我的家在淪陷區，這樣，我才得以
正式辦入國立東北大學的手續。[39]

　　生活的基本需要無非衣食住行。孫中山《民生主義》第三講：「大家都能
各盡各的義務，大家自然可以得衣食住行的四種需要。」
　　先說住，這應該是生活的第一大問題。東大學生當年住房條件可說是中等
偏下，比上不足（如成都華西壩），比下有餘（如某些大專院校搭臨時性的草
棚作課室、宿舍）。學生宿舍皆為平房，每間房少則住六人，多則十人以上、
上下鋪，粗木製成。室中安放有空格的紅色大木桌，人各一座可供自習，空格
處存放書籍雜物，多的行李衣物就放置各自的床頭。當時全城無電，校方發給
每個人一具洋鐵皮敲成的小油燈作照明用，每到黃昏時分持往庶務組去上煤
油，能供晚上三個小時自習照明（曾經有個時期改用桐油供應，在那時「一滴
汽油一滴血」的口號聲中，煤油也很精貴）。入夜，坐滿了一屋人，四壁悄然
雅靜，復習這一天的課程，或者看書、寫作、寫信，直到油乾燈芯盡，全室自
然入睡了。不少思想堅定追求進步積極活動的同學，還往往利用這盞小燈，把

[39] 左承統：《左承統回憶錄》（長沙：湖南人民出版社，2010年），第56-57頁。

它支在床頭小柱上，躺著讀「禁書」，已成了公開的祕密。[40]因油燈烟多，翌日各同學鼻孔均為之熏黑。

最怕過冬天。四川不比東北，冬天沒有取暖設施。于學謙回憶：宿舍室內和室外的溫度差不多，學生公社[41]救濟的一條薄被子怎麼也禦不了寒。晚上，用竹篾子編的床板，上面只有一個床單，凍得睡不著覺，沒有辦法坐在床前刻蠟板，有時也無聊地和同宿舍的同學湊在一起打撲克，想熬過那難受的夜晚。「那是一個禮拜天。我凍得實在難受，便約幾位東北同學出東門到涪江畔的一片蘆葦叢中去掠蘆花。蘆花雪白雪白的，著實可愛；花絮輕輕的，不時隨風飄舞；掠下來的蘆絮軟綿綿的。我們抱回了宿舍，厚厚地鋪在竹篾子編的床板上，再蓋上床單，真像一條大棉褥子鋪在床上。那第一天夜晚，一上床就感到格外的溫暖，很快進入了夢鄉。像回到了東北，媽媽做的高粱米飯燒糊了，火炕熱得很，還是爸爸起來把門板卸下給我墊在炕上才躺下來睡覺。一覺醒來，被窩裏還是熱乎乎的。躺在床上許久許久不願起床，還在回味那甜美的夢。幾天後，蘆花壓得又硬又薄，寒氣又從床下慢慢襲上來，我才懂得蘆花比棉絮的價值之懸殊。」[42]

至於當時東大教職工的住房也很簡陋，租用附近老百姓的舊屋，如東大校門陳家巷內有多家，土屋「牛肋巴」木窗，冬天糊紙，夏日蚊蠅侵擾，稍好一點的有白木地板防潮。沒有一戶高樓大廈，名教授通住土屋安之若素，他們坐在窗前研讀撰寫；或則有二三學生在側聆聽教益；或則室內一派談笑風生，那正是某些教授的相聚為學論政。他們從未計較過這十分清苦的生活，品德感染了學生，也潛移默化了他們的親屬子女。

民以食為天。東北大學有學生飯廳三處，其牆上懸有朱子家訓中之「當思來處不易，恒念物力維艱」兩句，引人注目。女生集中在第一飯廳，約五六桌，秩序良好，第二三飯廳均系男生，情況略現粗魯，進餐時恒狼吞虎咽，如臨戰場，氣氛緊張。1938級中文系周烈回憶：「學生伙食由同學自辦，尤其在陶佩潛同學任伙食團長時成績最優，蓋同學伙食費分全公費、半公費、全自

[40] 李堯東：〈抗戰時期流亡三台的東北大學學生生活素描〉，政協四川省綿陽市文史委編：《綿陽市文史資料選輯》（1995年）第十三輯，第106頁。

[41] 學生公社：基督教青年會在大學裏設置的一個群眾團體。

[42] 于學謙：〈我的東大之路〉，《東北大學建校65周年紀念專刊》（自印本，1988年），第190頁。

費、半自費，名目繁多，管理不易，渠謂：『辦伙食雖未臻理想，惟藉此而結識全體同學並辨別其圖章，實為最大收穫，至感欣幸。』」學生膳食，早餐為鹹菜稀飯，中晚餐為四菜一湯。米飯稱「八寶飯」，即飯內包括沙、稗、蟲、石灰、稻殼、雜草、木屑等內。一月加菜二次，稱為「牙祭」，除肥肉外，多為雞鴨魚蛋之屬，同學進餐之際，如風捲殘雲，一剎那頓成「四大皆空」，其尤不可解者，常感米飯不敷所需，怨聲載道。「渠乃擬標本兼治之策，首由伙食團同仁管制米倉，嚴防偷竊，另由伙食團長於夜間赴廚房實施突擊檢查，終於發現伙夫將食米藏於裝淘米水及剩飯剩菜之水桶內挑出城去，被陶團長當場逮住，立將伙夫開革，偷竊之風因而遏止。復查米飯不敷所需，多由於心理因素作祟，陶團長乃擇定某日命伙夫加倍煮飯，並請伙食團同仁宣稱：『飯多，不必搶！』接連試驗數日，每日均有剩飯，人心大安，此外並試辦自行養豬，以供『牙祭』之需，效果亦佳。」[43]李堯東提到，也有不少教職工來和學生搭夥吃大鍋飯，圖個方便節省。經常寬裕一些的學生（主要是家庭在內地或本省籍的），也有在附近小館子裏吃「包飯」，價錢比大夥食稍高一些，一般是一菜一湯、半葷半素，吃飯限量。沈公尚還說，「在校門外的小街雖有一二間水餃店，後來還開一間江蘇館，但這些只能使我們無限垂涎而已。」[44]

李堯東回憶說，「東大學生普遍屬於營養不良（教授也不例外），問題在於經濟基礎、生活環境。三台本是文化古城，民風儉樸，也還有一定的物質基礎，即以飲食來說，雖然還沒有什麼豪華餐廳、高級酒吧、舞廳咖啡館之類，但也有一定的消費對象，這裏有些比較富有的大單位人員，如川北鹽務局、廿九軍留守、駐軍以及廣東、下江一帶常駐單位人員，他們過的生活屬中等以上。記得東街上原有兩家包席的大館子『松鶴樓』、『東來館』，東大師生除了畢業湊分子聚餐、結婚招待包兩桌酒席，平時很少有人去光顧。學校附近的飲食攤也不多見，幾家小門面的包飯館、豆花面飯鋪，如此而已。突出一家賣北方餃子的『山東館』，有一對山東夫妻開個小店自做自賣堪稱經濟實惠的豬肝麵，師生都樂於去享受一碗，交口稱讚，至今念念不忘。此外，夜晚大街上

[43] 周烈：〈母校東北大學在三台〉，魏向前等主編：《東大逸事》（瀋陽：東北大學出版社，2003年），第74頁。

[44] 沈公尚：〈憶四川三台東北大學〉，相樹春等主編：《我們走過的路》（北京：今日中國出版社，1993年），第143-144頁。

也還有點看『亮油壺子』賣滷味燒臘的，發放公費後，饞了的同學買一包滷味，坐在賣小杯燒酒攤子前嘗宵夜。」[45]

　　說到山東人開的豬肝麵館，于學謙更是念念不忘：「三台東大同學一提起豬肝麵，都知道出校門不遠，在大街路南有一家山東人開的小面館，以專做豬肝麵而聞名於全城。山東人是會做麵食的，而他做的豬肝麵，又別有風味。在那困難的年月，在這偏僻的四川小鎮上，東北同學能吃上北方風味的豬肝麵，也算是一種莫大的享受了。所以，手頭有一點錢，晚間走到街上，就想去吃豬肝麵。當時在東大同學中曾流傳著這樣的佳話：如果某個男同學想找女朋友談戀愛，那就一定要問，是吃幾碗豬肝麵談成的？可見豬肝麵簡直成了東大同學談愛情的代名詞了。豬肝麵雖比不上愛情那樣神祕，但它也確實令人吃了難以忘懷。到今天，同學們談起了它，也還有著依依不捨之情。記得我在三台就讀時，每天要給學校譽印室刻寫蠟紙講義。冬天，夜深了，天又冷，刻寫蠟紙時間一長，肚子也餓了。一晚上能刻上兩大張蠟紙，總能賺上吃碗豬肝麵的錢了。同屋同學約我去吃豬肝麵，我雖然錢不多，還是狠心地跟他一塊去了。那家山東館每天晚上都很晚才關門，專門是為了招攬東大同學的。屋裏燈火通明，豬肝麵是現吃現下，熱氣騰騰。吃豬肝麵對我來說，在三台幾年，也是有數的幾次。那一天晚上，不知怎的，給我留下的印象是那樣的深刻。看那雪白的麵條，覆蓋著鮮嫩、滑膩的豬肝，白裏透紅香氣逼人……。一碗豬肝麵吃下，頓覺渾身暖乎乎的，心裏美滋滋的，興致勃勃地走在大街上，不斷地回味。只有那時，我才懂得為什麼找對像用吃豬肝麵來計算的奧秘。」[46]

　　再說「衣」。如果說東大學生「衣不蔽體」有點誇張的話，「篳路藍縷」則當之無愧。一般都是節衣縮食，多年不添置衣服。那時，大城市裏的大學生中也有一些軍政要人的少爺小姐、殷富人家的子女，西裝革履，短裙長裙，風度翩翩，而在東大學生中確實難見。當然也還有從東北入關北方流浪帶出來的窄肩小褲西服、獸皮襪子，甚至賤賣換了主人，雖破舊的也不多了。如果哪位同學有一雙整齊皮鞋，即為人艷羨，實際上穿布鞋草鞋者居多。給李堯東留下

---

[45] 李堯東：〈抗戰時期流亡三台的東北大學學生生活素描〉，政協四川省綿陽市文史委編：《綿陽市文史資料選輯》（1995年）第十三輯，第108-109頁。

[46] 于學謙：〈東北大學學習生活片斷〉，相樹春等主編：《我們走過的路》（北京：今日中國出版社，1993年），第165-166頁。

很深印象的穿著是：「北方的同學都穿一件黑布棉衣，年復一年，幾經風霜，黑布開花綻出白絮，白絮再變成灰黃的棉團；春夏季節又多是一件洗得灰白的長衫，布鞋破靴，穿著實在不能再簡樸了。但是，連一些著名教授、專家學者，無不是這樣的，蔚然成風。三台出產有名的土布、還有從外地生產的『再生布』，實在無法穿著了，就買點這些布作添補衣褲，人們已習慣於穿著上的不講求，不貪圖，沒有也不感到羞澀，更不會去向別人借貸購置，好像都忘了生活中的給養。」[47]中文系的高柏蒼直到復員瀋陽的1946年10月份，還是穿著一件1943年6月逃出偽滿時在錦州用配給的更生布做的「協和服」，「經冬歷夏，連連穿用，這時前大襟已經破碎得一條一條的，領子飛邊了，兩個袖口兒也是一條一條的了；褲子的兩個膝蓋和臀部補丁摞補丁了。」[48]

還說說「行」。三台雖是川東北交通過往要道，但戰時公路交通並不方便，偶有商家經營的運載客車往來。即使在寒暑假中流動的同學也並不多，一般是趕貨車，搭「黃魚」，車費也不便宜。戰時的客貨車都燒木炭，開一段路又停下來加水、添木炭，乘客還得去幫助搖車柄。城內連著四郊全靠人挑馬馱，安步當車，沒有人力車，也少見公有私有的自行車。假日結伴去東山寺郊遊，更無現在屹立的涪江大橋，只靠木筏小船過渡。三台縣的兩端本是大的「水陸碼頭」，川北重鎮綿陽和遂寧、射洪太和鎮，都設有嚴密的關卡、巡防軍警。除了收稅，為的是防止人們經川北道上前往陝北延安，特務機關也派人祕密探查防守，即使剛從北方流亡來到的青年學生，再想北行，就要受到控制關押了。

三台那時沒有咖啡館、冷飲店之類消閒場所，大十字口的「五雲閣」茶館，生意人多，成了經濟活動中心；南街的「談天茶園」文化人居多。東大師生也有坐茶館的，去處多是陳家巷口一家尊稱為「大學茶館」的。白木桌子、竹把靠椅，每天總有一些學生前來，抱著幾本書刊，泡上一碗清茶，坐上半天，餓了在門前買個鍋魁充饑。或則相約三五同學在此茶敘一番，談點知心話，以消鄉愁。師生們有時一些文化活動，也常在這裏舉行。

[47] 李堯東：〈抗戰時期流亡三台的東北大學學生生活素描〉，政協四川省綿陽市文史委編：《綿陽市文史資料選輯》（1995年）第十三輯，第109-110頁。

[48] 高柏蒼：〈隨東北大學復員回瀋陽〉，齊紅深編著：《流亡——抗戰時期東北流亡學生口述》（鄭州：大象出版社，2008年），第295頁。

抗戰時期東北大學的師生生活，從中可以概見大後方流亡大學生的生活形態。有其共性，也有它的特殊性。簡單說來就是，國難家仇當頭，顛沛流離失所，物質極度匱乏，含辛茹苦讀書。精神方面是奮發開拓的，思想同仇敵愾，遏制個人悲憤，以堅強的意志抗日禦侮，人盡其力，創造出豐富多彩的精神財富，至今熠熠生輝。

六、組織變化與人事更迭

一所大學的發展過程，就是組織結構和院系科目不斷調整的過程。不在調整中滅亡，就在調整中發展。

1938年5月，東北大學在三台復課後，根據教育部命令於暑假將工學院並入西北工學院，文學院改為文理學院，增設化學系。

7月中旬，教育部復令將在陝西城固的西北聯合大學原有之北洋工學院、北平大學工學院與東北大學工學院、私立焦作工學院合組設立西北工學院。東北大學工學院師生員工共142人併入。併入的東大人員主要有：院長王文華，土木系主任教授金寶楨，教授田鴻賓；機電系主任教授王際強，教授徐慶春、黃昌林；體育部主任劉化坤等。

8月中旬，奉部令將文學院改為文理學院，增設化學系，加上原有的中國文學系和史地系共三個系；法學院則仍為政治系和經濟系。秘書長婁學熙和法學院長白世昌辭去兼職後，改聘李光忠兼法學院長，政治系主任趙明高兼秘書長，黃方剛教授兼任文理學院院長。

1939年5月中旬，教育部令修改大學組織大綱，校務會議下設教務、訓導、總務三處（教務處下設註冊組、圖書館、出版組，訓導處下設生活指導組、軍事管理組、體育衛生組，總務處下設庶務組、文書組、會計出納室、畢業生服務諮詢部）及考試、體育、衛生、公費審查、圖書、儀器等委員會。

6月下旬，教育部令：東大法學院於暑假後增設工商管理學系。當年入讀工商系的左承統回憶：「我進學讀的工商管理學系，除一位教貨幣學和銀行學原屬經濟學系的教授轉為我們的系主任外，還沒有聘來一個專職教授，專門工商管理的圖書也沒有多少種。所幸第一年的課程，基本與經濟的課程相同，尚可

以勉強進行學習。」「當時工商管理系的第一年課是政治學、經濟學、法學通論（法理學）、會計學、英文、日語、軍訓、體育等。」[49]

7月初，廢除秘書處，設總務處，陳克孚為總務長。8月中旬，聘李光忠為教務長兼法學院院長，蕭一山為文理學院院長。11月，聘白世昌為訓導長。李光忠教務長辭法學院院長兼職，聘趙鴻翥為法學院院長。

1940年6月，這時全校有兩院六系（即中文、史地、化學、政治、經濟、工商管理）十八個班。

8月中旬，教育部令東大設東北史地經濟研究室，聘金毓黻為研究室主任。史地學系亦奉令分為歷史學系及地理學系。

1941年7月初教育部批准東大法學院恢復法律學系。8月中旬，法學院院長趙鴻翥教授在東大任教十四年，特奉部令休假一年，聘婁學熙為法學院院長。

12月初教育部令，改法學院為法商學院。

1942年3月6日，教育部令：暑假後改東北史地經濟研究室為文科研究所，暫設史地學部，研究生畢業者授予碩士學位。

5月上旬，臧啟芳校長請准由軍事委員會月撥款萬元，在東大組設東北建設設計委員會，聘校內教職員十五人為委員。委員會內分設調查、研究、設計三組，以規劃東北之收復建設事宜。

8月末，教育部令，改文理學院為文學院與理學院，聘蕭一山為文學院院長（不久，由姜亮夫接任，姜辭職後由金毓黻接任），張維正（德居）為理學院院長。文科研究所史地學部正式成立，聘金毓黻為文科研究所主任，藍文徵兼任史地學部主任，蕭一山兼任主任導師，並招收研究生。

1943年2月25日，教育部令，准於下半年度文學院增設外國文學系、理學院增設數理學系。

4月26日，校方提出了增設社會教育推行委員會，其職責是：學術講座，職業補習教育，民眾識字教育，合作指導，民眾法律顧問，地方自治指導，防空防毒知識傳習，公共衛生指導及各種展覽會等。

8月下旬，文學院教授丁山、孔德、高亨、陳述等人創建「草堂書院」，11月奉教育部令改為「三台草堂國學專科學校」，李宏錕為校董會董事長，楊向奎為代理校長，教務長趙紀彬，訓導長楊榮國。

---

[49] 左承統：《左承統回憶錄》（長沙：湖南人民出版社，2010年），第58-59頁。

　　1944年7月底統計，學校現有文、理、法商三院。文學院有：中國文學系、外國語文系、歷史學系；理學院有：數理學系、化學系、地理學系；法商學院有：法律學系、政治學系、經濟學系、工商學系等。凡十個學系廿七個班。此外，文科研究所現設史地學部，分為歷史、地理、經濟史地等組。歷史組由丁山、金毓黻兩教授指導；地理組由楊曾威教授指導；經濟史地組由吳希庸教授指導，側重於東北史地之研究。

　　8月1日，訓導長吳希庸教授辭去訓導長兼職，其職先由生活指導組主任龐英代理，後由校方敦聘政治系主任楊丙炎教授擔任。而政治系主任一職，則聘請孫文明教授擔任。

　　8月10日，學校因奉部令土木招收雙班。土木工程系暫附於理學院，為未來恢復工學院之先聲。

　　10月1日，教育部令調整訓導機構：於訓導處下改設生活管理組、課外活動組及衛生組。學生日常之管理，由訓導處訓導人員統籌實施，軍訓教官專負軍事學術教學與訓練之責。依法聘定楊丙炎教授兼訓導長；崔伯阜教授兼生活管理組主任，訓導員張艾丁先生兼副主任；劉化坤教授兼課外活動組主任，訓導員李德威先生兼副主任；李樹萱校醫代理衛生組主任原有之軍事管理、生活指導、體育衛生三組，均已取消。

　　1944年，學校的行政組織是：分教務、訓導、總務三處，下設七組三室及一館一部。其中教務處下設註冊組、出版組和圖書館。

　　學校人事更迭，一方面是組織結構與院系的變化，二是派系鬥爭的結果。東北大學在三台时期，校政是掌握在國民黨CC派手裏的。校長臧啟芳，國民黨CC派陳立夫、陳果夫手下僅次於齊世英的主要骨幹，當時任國民黨政府的立法委員；法商學院院長左仍彥（臧啟芳的妹夫）、政治系主任楊炳炎，都是國民黨CC派段錫朋的黨羽；總務長陳克孚、生活指導組主任白世昌（兼任訓導長）、歷史系主任藍文徵（孟博），均與齊世英有較深的關係：文理學院院長蕭一山，蔣介石的高級幕僚。三台處於國民黨統治的腹部，加上學校當局的控制，校內的政治空氣沉悶。在這種情況下，進步勢力的鬥爭是異常艱苦。陸侃如、馮沅君、董每戡、姜亮夫、丁山、陸茂德等，不僅是海內學術界名流，而且思想進步，富有正義感，在學生中有一定影響。其他一些教授則處於中間狀態，但都希望抗戰早日勝利，好回到家鄉去。

　　皖南事變後，國民黨在大後方實行白色恐怖政策。1941年3月，東北大學發生了暗殺聶有人事件，最後牽扯出了文學院長蕭一山與校長臧啟芳的矛盾，蕭一山要求懲辦左傾學生高而公，而高而公的父親是東北上層的知名人士高惜冰，臧啟芳也不便或不肯處分高而公，蕭一山便以辭職相要脅，並唆使他自己的親信們挽留。而臧啟芳在國民黨內部與蕭一山不是一個派系，也希望趁機趕走蕭一山。在此情況下，全校學生利用他們之間的矛盾，發起了「歡送蕭院長榮遷」的民眾運動。然而，事情並未就此了結——蕭一山辭去文學院院長時，推薦歷史系主任藍文徵代理院長，而東北大學校方卻看好高亨。藍、高二人為清華國學研究院同學，且又是東北老鄉。在這種情況下，二人都頗為難堪。當看到學校這種情況，蔣天樞決定離開東北大學去重慶的復旦大學。然而，高亨堅決不受文學院院長之職，也離開了東北大學，到成都齊魯大學去了；藍文徵也憤然辭去東北大學教授之職，去了國立編譯館擔任編纂。

　　1944年下半年，東北大學學生的籍貫已經發生了變化，即東北籍學生只占少數，大多數學生是南方人。由於東北流亡學生享受優待，南方學生很不滿意，以致形成派別對立。站在南方學生一邊的是教授左仍彥，站在東北學生方面的是所謂的「三老四少」，「三老」指的是金毓黻、張維正、趙鴻翥，「四少」指的是陳克孚、白世昌、吳希庸、蒼寶忠。兩派鬥爭很尖銳，互不相容。學校領導層中的這種矛盾，演變到最後，是臧啟芳把教務長白世昌等人解職，調來許逢熙任教務長。抗戰勝利前夕，外文系主任殷葆璨又換成了張堯年教授。

　　儘管外部有動蕩，內部有鬥爭，但是東北大學在挑選教師上，依然堅持學有專長和在學術上有聲望的人，以保證教學的正常進行，這確是東大的好傳統。

七、名師匯聚，盛極一時

　　要辦好一所大學，師資力量是關鍵。清華大學校長梅貽琦說過一句很有名的話，「所謂大學者，非謂有大樓之謂也，有大師之謂也。」[50]他反覆強調：「師資為大學第一要素，吾人知之甚切，固圖之也至極」，[51]「吾人應努力奔赴

---

[50] 梅貽琦：〈教授的責任〉，梅貽琦：《中國的大學》（北京理工大學出版社，2012年），第17頁。
[51] 黃延複：《梅貽琦教育思想研究》（瀋陽：遼寧教育出版社，1994年），第90頁。

之第一事，蓋為師資之充實，大學之良窳，幾乎全系於師資與設備充實與否，而師資尤為重要。」[52]

　　前面第一章曾經說過，九一八事變之前的東北大學，政局比較安定，經費十分充足，所以關內很多名人學者連袂出關，匯聚北陵。到了抗戰時期，流亡大西南的內遷院校，多數都面臨著師資緊缺與品質問題。儘管如此，「東北大學當時的師資（尤其是國文系）是極好的，這是當時時勢造成的，因為那時全國不安定，日機到處轟炸，所以在重慶、成都的人都向四方疏散，有些有地位的學人均逃到三台來。國文系就有蒙文通、王淑英、高亨、丁山、賀昌群、金毓黻等七八位名教授，大體是北方的，不是北大，就是清華的，校方在招生時，把這些教授的名單列出，很多人確是慕名而來，所以三台東北大學曾經有個極盛時期。」[53]1938年考入中文系的周烈則認為，「各系教授陣容堅強，尤以歷史系為最。如沈剛伯、蕭一山、丁山、蒙文通、賀昌群、朱延豐、藍文徵、金靜庵、陶元珍均為史學權威，政治系教授有左潞生、婁學熙、江之咏、宋玉生、楊丙炎、鄧季雨，中文系教授有姜亮夫、潘重規、路金坡、高亨、蔣天樞、陸侃如、馮沅君、王瓊英、霍玉璞，此外並有劉全忠、鄭資約、楊威伯、徐子明、殷仲珊、周考成、孫道升教授等人。」[54]馮漢鏞也說：「我在三台東北大學讀書，當時歷史系裏，聘請了不少碩學宏儒，如蕭一山、金毓黻、丁山、藍文徵等，內中尤以蒙（按，指蒙文通）先生為引人注目，無論氣質、風範、學問、知名度等，都有異於常。」[55]

　　還是跟隨當年學子的文字，走近這些教授吧——

　　陸侃如和馮沅君是文學院最有名的夫妻教授，他們思想進步，教學有方，又都是詩史專家。姜丁銘（1944級外文系）回憶陸侃如教授，「他的語調平和，親切近人，他向學文的同學們建議，及早為自己選擇兩條發展的道路，一是走創作的道路，應大量閱讀名家作品為在寫作中作語言準備；二是走批

[52] 黃延複：《梅貽琦教育思想研究》（瀋陽：遼寧教育出版社，1994年），第173頁。
[53] 姜亮夫：〈三台歲月——國難中的東北大學雜記〉，《姜亮夫全集》第24冊（昆明：雲南人民出版社，2002年），第210頁。
[54] 周烈：〈母校東北大學在三台〉，魏向前等主編：《東大逸事》（瀋陽：東北大學出版社，2003年），第73頁。
[55] 馮漢鏞：〈蒙文通先生對我的啟發與教導〉，《蒙文通教授誕辰百周年學術座談會紀念冊》（成都：四川聯合大學內部編印，1994年），第27頁。

評的路，要系統鑽研文藝理論，發展思維邏輯。」[56]至於馮沅君教授，胡史路（1945級歷史系）說：「這位曾在『五四』運動時期名噪文壇的著名女作家在東大擔任中文、歷史等系語文課。只見她梳著一頭花白的短髮，穿著樸素大方的衣服，邁著一雙解放小腳，神態安詳睿智地按時到教室為我們講授《詩經》、《楚辭》等名篇。馮沅君教授的中國古文學功底深厚淵博，她的講述引經據典，翔實簡練，板書娟秀流暢，使同學們受益匪淺。」[57]而姜丁銘「至今記得清楚的一課是馮先生講的〈孔雀東南飛〉。她除了指出文章的思想性在於真實描寫婦女被壓迫的地位外，對每一個字詞語句，多種釋義，均詳加講解和分析。對搞外文的學生，由這樣一個名家進行漢語語文的教育和訓練，真可說實效顯著，機會難得。」[58]

講哲學的趙紀彬（筆名向林冰，紀玄冰）教授，給各院系的學子都留下難忘的印象。外文系姜丁銘說：「有一門頗受學生歡迎的《哲學概論》課，由趙紀彬教授講授。趙先生以辯證唯物主義觀點闡明哲學基本知識，用精神來源於物質卻具有改造社會的巨大作用等觀點武裝學生。本課實際上與艾思奇的《大眾哲學》有異曲同工之妙，不同之處是該課文具有學術上的深度。唯物主義觀點在大學陣地上公開而系統地傳播，自會影響青年們的世界觀。趙先生講課生動，深入淺出具有知識性、趣味性和科學性。他有密切聯繫群眾的作風，同學們找趙先生談話的人很多，他都一一接待。趙先生告訴我，有的不懷好意，故意問國共兩黨問題讓他表態，好找他麻煩。他則引用國民黨第一次代表大會宣言，以確鑿的事實講明兩黨合作的依據。」[59]中文系高柏蒼則謂趙紀彬先生，「他常用簡單的日常事例說明抽象的哲學概念。記得有一次社團活動在茶館，他看到房檐有片瓦活動了，他問：你們說這塊瓦能不能掉？掉下能否砸著人？大家議論後結論是活動的瓦早晚得掉（必然性），何時掉、砸不砸人、砸誰是

[56] 姜丁銘：〈抗日、團結、進步的旗職——憶四川三台東北大學〉，《東北大學建校65周年紀念專刊》（自印本，1988年），第200頁。

[57] 胡史路：〈東大憶舊〉，魏向前等主編：《東大逸事》（瀋陽：東北大學出版社，2003年），第92頁。

[58] 姜丁銘：〈抗日、團結、進步的旗職——憶四川三台東北大學〉，《東北大學建校65周年紀念專刊》（自印本，1988年），第203頁。

[59] 姜丁銘：〈抗日、團結、進步的旗職——憶四川三台東北大學〉，《東北大學建校65周年紀念專刊》（自印本，1988年），第204頁。

偶然性，我至今猶未忘。」[60]胡史路回憶：「還有趙紀彬教授……他為我們歷史系一年級同學講授哲學概論，其講義堅持唯物史觀，闡述先秦諸子百家的各派哲學思想，廣征博引，尤其對唯物與唯心論爭觀點鮮明，論據有力，條理清晰，令人信服，其講課深受同學們歡迎。」[61]

　　其他一些名家，如高亨（晉生）教授，「他有條不紊並有說服力地向學歷史的同學說明，必須在有計劃的通讀廿五史的基礎上，去研究其他專題，首先要有基礎的淵博知識，把中國已有的歷史典籍學到手，他還替同學計算著一學期該讀多少，四年才可讀完。」[62]高亨講授《詩經》，「認為《國風》句多重疊，容易理解。雖逐篇講，但進度極快。先生認為重點是《周頌》，他從文字學角度切入《詩經》，一次為講解茶壺的『壺』就是『葫蘆』的『葫』，旁徵博引，鈎玄探微，用了一課時而狀似意猶未盡。講課語言，多用淺近文言，語速較慢。」[63]金景芳講《莊子》，「不講莊子的哲學思想和文章的美學審視，只講《逍遙遊》、《齊物論》等篇的文本，我非常喜歡這種講法。因為我自認為連《莊子》的原文章句都不明白，又何談哲學與文學呢？因而我對古典文學知識如饑似渴，課課都聽，全神貫注，句句都記。有的段落或篇章強制自己背誦，如痴如狂。」[64]佘雪曼講授《楚辭》，「他從不遲到，也從不壓堂。到點即來，下課就走。按《楚辭》文本順序，逐篇逐字講解，聲音洪亮。從不看學生一眼，也從不在黑板上寫一個字。」[65]

　　也有些並不怎麼知名的教授，課程講的好，學生照樣記得。如外文系主任是殷寶瑊教授，開《英詩選讀》，「殷先生從英詩韻律，語言形象，用字搭配，運用聯想等方面，對我們進行了嚴格的訓練，他用的詩選也叫《金色寶庫》，就像我國的《唐詩三百首》那樣。殷先生的英文造詣極深。詩的語言在

[60] 高柏蒼：〈我渴望展開書卷〉，齊紅深編著：《流亡——抗戰時期東北流亡學生口述》（鄭州：大象出版社，2008年），第171頁。

[61] 胡史路：〈東大憶舊〉，魏向前等主編：《東大逸事》（瀋陽：東北大學出版社，2003年），第91-92頁。

[62] 姜丁銘：〈抗日、團結、進步的旗職——憶四川三台東北大學〉，《東北大學建校65周年紀念專刊》（自印本，1988年），第201頁。

[63] 高柏蒼：〈我渴望展開書卷〉，齊紅深編著：《流亡——抗戰時期東北流亡學生口述》（鄭州：大象出版社，2008年），第171頁。

[64] 同上，第170-171頁。

[65] 同上，第171頁。

任何國家都是最艱深、最精練、最形象的語言。大一時殷先生就把這種難度很高的英文介紹給我們，可以說是取法乎上，敢於引導同學去攀登英文的高峰。」[66]王照先生講授《李杜詩》，「聲音很小，學生聽不清楚，有意見。王照先生乾脆不來教室授課了。他聲明願意選修《李杜詩》的，就來本人宿舍聽課，若是無人來宿舍聽課，則辭職走人。王照先生體弱，他好像認為學生坐著聽而先生站著講，這已經不合尊師重道之禮了，還嫌聲音小！我和翟瑞林、趙悅、王賓等七八個同學還是選修了《李杜詩》。我們到先生宿舍聽課首先得把墨研好，把先生的書本打開放好，把椅子擺正，然後鞠躬行禮，請先生入座講授。王照先生講李白杜甫的詩也是一首一首，按照全集的順序，一首不漏地講解。先生認為敢這樣講授是需要相當的功底的。王照先生講授難字難句和全詩意境或佳句時，不用黑板和粉筆而用毛筆，在毛邊紙上疾書。先生工詩且工書法，先生講課寫的墨跡，講課完了即被我們搶收一空。」[67]聞一多的好友薛誠之教授，「開《英文散文及作文》和《文法及修辭》，講課好，有獨到見解，思想進步，毫不掩飾他擁護中國共產黨的觀點，抨擊國民黨腐朽透頂，不可救藥的實質……薛誠之教授治學嚴謹，兼及語言文學，又擅長中文，給當時東大外文系同學帶來穩定情緒和信心。」[68]王般若先生講授《小說》課，「王先生每日埋頭讀書，沒有結婚，在他宿舍裏，一張四方桌子上方的牆上畫著兩個大眼睛以提醒他自己注意加以保護。雖然如此，他仍然夜以繼日地攻讀。」[69]

鮮為人知的是，東大外文系還有兩名兼課的外籍教師，她們是到三台傳教的牧師。一個是丹麥籍麥迪森（Madisen）女士，她教語音音標，其特點是一個音素有一個音標，科學性強，又好記，又準確，各國語言的音都能注出。這種國際音標給外文系學生的學習帶來益處。另一個外籍教師是名叫梯蓓蒂（Tibbett）的英國老太太，她教《文法及習作》等課程，講課慢條斯理，不慌不忙，她的課使外文系學生在用英文寫作上打下一定基礎。[70]

[66] 姜丁銘：〈抗日、團結、進步的旗幟——憶四川三台東北大學〉，《東北大學建校65周年紀念專刊》（自印本，1988年），第201頁。

[67] 高柏蒼：〈我渴望展開書卷〉，齊紅深編著：《流亡——抗戰時期東北流亡學生口述》（鄭州：大象出版社，2008年），第171頁。

[68] 姜丁銘：〈抗日、團結、進步的旗幟——憶四川三台東北大學〉，《東北大學建校65周年紀念專刊》（自印本，1988年），第213頁。

[69] 同上，第202頁。

[70] 同上，第203頁。

　　據統計，1938年東大各院系有教師約45人，其中教授24人、副教授7人。
1944年7月27日統計，文、理、法商三院各系之教授情況如下：文學院院長金
毓黻兼文科研究所主任，中國文學系主任為陸侃如，教授有孔德、馮沅君、董
每戡、霍玉厚、佘雪曼、趙紀彬、金景芳；外文系主任為殷寶瑮，教授有陳克
孚、樊哲民、王般、于希武、張國奎；歷史系主任為謝澄平，教授有丁山、金
毓黻、楊向奎、余文豪、陳述。理學院院長張維正，化學系主任為李家光，教
授有陳時偉、左宗杞、藍蔚豐，地理系主任為楊曾威，教授有麼枕生、樓桐
茂、丁錫祉；數理系尚未設主任，教授有張維正、劉志杰、楊春田。法商學院
院長為左仍彥，法律系主任為趙鴻翥，教授有白世昌、蒼寶忠、戴成；經濟系
主任正在敦請中，教授有吳希庸、劉溥仁、孫述先、錢德富；工商管理系主任
為劉全忠，教授有安永瑞、張駿五、劉志宏、任福履。總計全校共有教授、講
師、助教80餘人。[71]

　　東北大學歷來尊重知識、尊重人才，除力圖禮聘名家，延請各界學術權威
外，不拘一格，敢于高聘，如趙紀彬、楊榮國和姚雪垠教授等，並無高學歷，
但均系自學、苦學成才，有著作問世，東大就敢聘為教授，因此師資力量得以
擴充。臧啟芳就曾表示：「聘請教授一向無畛域之見。我所求的是學問品格，
不問他是哪校出身、哪省人士、哪國留學，這可以從先後在東大任教的教授名
冊中看出來。」[72]信然。

八、「精明人物」臧啟芳

　　1939年7月初，代理國立東北大學校長一年半的臧啟芳，終於「轉正」——
被國民政府教育部任命為校長。他不僅是東北大學改國立後的第一任校長，也
是主政東北大學時間最長（1937.1-1947.4）的校長，甚至超過了張學良的任職
時間（1928.8-1936.12）。這恐怕是「對臧啟芳很不器重，幾乎要把他槍決」[73]
的張學良始料不及的吧。

---

[71] 楊佩禎等主編：《東北大學八十年》（瀋陽：東北大學出版社，2003年），第146頁。

[72] 轉引自楊佩禎等主編：《東北大學校志》第一卷上冊（瀋陽：東北大學出版社，2008年），第
39頁。

[73] 唐德剛：《張學良口述歷史》（北京：中國檔案出版社，2007年），第91頁。

　　殊為難得的是，臧啟芳帶領東北大學或短或長地經歷過北平、開封、西安、三台、瀋陽五地辦學，堪稱名副其實的「流亡校長」。其中，在三台時間最長，達八年之久。

　　前面說過，西安事變之後，張學良被蔣介石羈押，張氏的東北大學成了「孤兒」，東大去向成為關注的焦點。這個節骨眼上，教育部讓臧啟芳接管東大，似乎有點居心不良。東大何去何從，對臧氏也是一個莫大的考驗。鄭碧賢女士對此有精彩的分析：

　　「為什麼要讓臧啟芳來收這個爛攤子？也許是因為他是學者；也許是因為他對東大熟悉；也許是因為他曾任的官職；或者是誰都不願意幹，才讓他來背這個黑鍋，當劊子手。處理得好與否都是他的責任。

　　調任首先是政治需要。

　　他是東北人，東大是東北唯一的高等學府。

　　他知道，讓他來當代理校長意味著什麼。他有些左右為難。在雙十二事變之後的政治敏感時期，任何人的一舉一動都在眾目睽睽之下。

　　聽從上級指示，有違良心；教育與政治是兩回事，學校是為國家培養人才的。

　　不聽，後果嚴重。而他有那麼大的力量左右局勢嗎？難道就因政治問題而毀滅一所大學？他不忍心。而且『炸碉堡』的歷史責任，將由他臧啟芳來負。他不能。如果僅僅是為了不願承擔後果，他可以辭職逃避。其中，更重要的是，他對東大有份難以割捨的感情。他必須盡最大的努力阻止、挽救。

　　他對同情東大的陳果夫先生說：若停辦東北大學，就表明政府放棄東北，這不可為也。他的話讓陳果夫也很難反駁。」[74]

　　在〈東大十年〉一文中，臧啟芳這樣回憶：「至於我自己本是從共產黨手中把東大搶出來，當然更遭他們的嫉恨，記得當我把東大遷到開封後，一位東北准共產黨杜重遠對我說：『你何必接收東大，惹得許多東北同鄉對你不諒解。』我一笑置之。還有一位東大第一期政治系畢業生應德田寄給我一封長信，勸我那時不要做東大校長，如果我願意作的話，將來也有機會。他當然是共產黨，好像代共產黨勸我的口吻。」[75]好個一笑置之！臧啟芳是在苦笑。

[74] [法]鄭碧賢：《鄭澤堰：民國縣長鄭獻徵傳奇》（北京：三聯書店，2012年），第138頁。
[75] 臧啟芳：〈東大十年〉，《國立東北大學六十週年紀念特刊》（台北自印本，1983年），第58頁。

　　然而接收東北大學才半年，臧啟芳屁股還沒坐熱，又接到教育部命東大向青海遷移的旨令。這到底是誰出的主意，我們不知道，但我們知道，西遷等同於流放！

　　幸虧蔣鼎文將軍深明大義、建議南遷，幸虧臧啟芳聽從了，又幸虧他說服了教育部，也幸虧陳立夫同意了。否則，東北大學命運堪虞。可以毫不誇張地說，臧啟芳敢冒受處分的風險違令遷川，是在歷史的關鍵時刻挽救了東北大學。

　　回首往事，鄭碧賢也感慨萬分，「如果沒有臧啟芳的苦心、蔣鼎文的協助、鄭獻徵的接納，東北大學早在1937年就從歷史上消失了。」[76]

　　東北大學從西安遷到三台的時候，「只有兩座破廟，寬大倒是有餘，破爛得實在不可想像。」國文系教授姜亮夫從1938年6月到9月期間，曾經請婚假離開了三個月，當他帶著新婚夫人再回三台一看，簡直不相信自己的眼睛：

　　「因為只有三個月，破廟整理得大變樣！原來一座大廟兩廊有十二個房間，就改為十二間教室，中間還有一個中堂，作為大的過道，也作為禮堂。再進去是教職員休息室、總務處、校長辦公室等。後殿的旁邊還有一個小廟，房屋低矮一點，大概不到半年時間，小廟又變成圖書館和各系系主任辦公室。小廟的另一邊是學生宿舍，在短短不到一年時間裏，三台的東北大學已初具規模了。這件事情在我幾十年的大學教育生涯中，好壞大學都見過，而如此破爛的舊廟居然在短短的時間修整成既不是講究，也不是華麗，而是很實用的大學，真不可思議！該要的房子都有了，圖書館的四壁居然有玻璃窗，屋裏放著十幾張大桌子，每桌可擠十多人。教職員還有出入休息的地方，中年教師有七八位，是非常穩重的老成人，他們都是戰亂中從敵人的後方逃出來的，因此在患難中大家的精神比較煥發，也比較團結，所以一切事情比較好做，校長是一位精明人物。在短短的時間裏，居然有四五百名學生，到下半年一招生，達八百名學生了，在後方的大學裏，這樣的情況比較少。學校當局有重要的事情也同教職員商量，所以教職員會議室居然也整修得很好，校長臧哲先，有一位得力的助手李廣中，他們兩人本是老朋友，兩人全力投入學校的規劃和建設中，中年教師以下大體是他們的學生，老年教師是他們原在東北大學的舊友，所以大家同心同德，正因為有這樣的氣氛，所以不論做什麼事，只要一開會作出了決

[76] 李菁：〈找尋父親——一條古堰與父女兩代的情緣〉，《三聯生活週刊》2012年9月第37期。

定，立刻會變成行動而且迅速完成。」[77]

　　短時間內讓破廟換新顏，毫無疑問得歸功於臧啟芳校長的「精明」。也許有這些實實在在的看得見的成績，所以臧啟芳到三台一年多之後就把「代理校長」前面的「代理」二字去掉了。在他任職校長期間，東北大學處於流亡時期，條件艱苦，但仍努力創造讓師生能夠比較自由地從事學習和研究的環境。學校1938年5月在三台復課時，只有二院四系（即文學院、法學院；中文系、史地系、經濟系、政治系），到1944年7月底達到三院十系（即文學院、理學院、法商學院；中文系、外文系、史學系、數學系、化學系、地理系、法律系、政治系、經濟系、工商系），學生也從283人增加到552人，並從1941年開始招收碩士研究生。東北大學幾經磨難，再次進入了國內一流學府之列。1942年初，教育部長陳立夫到校視察，住了兩天，對於校中所有設備，教學精神，以及學生體育軍訓，皆頗嘉許，認為在遷到後方各大學中比較以東大為最佳，報告蔣介石批准，獎以七萬元給學生作制服。

　　臧啟芳的成績卻讓某些激進學生視若無睹，在他被正式任命校長後三個月鬧出「驅臧風波」。對此來龍去脈，金毓黻1939年10月份日記裏記載的十分清楚：

> 二十三日　星期一：凌晨，余將起，有學生劉繼良、景熙乾二人敲門入室。余詢之，始知昨夜集會，為反對臧校長，請其自動辭職，不必到校，並向中央拍電，聞之大駭。詰以何不早言，且諄諄勸之，不肯聽。午前，集會於臧寓，各教授均到場。決議先寬後嚴，以極盡愛護青年之能事。午後，由全體教授名義，召集全體學生談話。吾輩已出席矣，學生僅到代表十三四人，餘皆不到場。蓋代表等欲把持操縱，不願他人參加，且恐勸告之後，群情為之搖動也。今日向學生發言者，始以趙鴻畬，繼以余，再以白、鄭、丁三君。學生代表為劉繼良、景熙乾、關逸生、劉鐵軍諸人，皆起而強辯，以非去臧不可。最後余提出兩辦法：一、恢復昨日以前狀況，請校長回校辦事；二、學生請求各項，在合理

---

[77] 姜亮夫：〈三台歲月——國難中的東北大學雜記〉，《姜亮夫全集》第24卷（昆明：雲南人民出版社，2002年），第208-209頁。

可能範圍內，予以考量，命其明日午間答復。學生代表請求明日午前上課，同人等亦允之，遂散會。

二十四日　星期二：午前照常上課。余於史地系學生加以懇切之勸告，已大為感動，余知有轉機矣。午間，景、劉二生來言，昨晚所提辦法，無聽從之意。午後二時，全體教授再開會於校內，決議今日下午為第一次之勸告，一面通告學生，一面出席於禮堂，學生代表皆不至，僅有史地系學生四人到門外，皆聲言不參與此次風波者。開會既不成，同人退回集議，自明日起，暫停授課，以促其從速覺悟。未幾，仍有代表來言，請求明日上課，余等拒之。又言容明日上午十一時為第二次答復，余等允之。

二十五日　星期三：昨夜，臧校長與同人商討，姑俟一日，期其覺悟，並相機為之開導。余於午前招史地系學生，詢其近況，並露欲去之意。據云史地系僅景生出頭，且未征得全系之同意，如因此影響及余，且不得上課，必出而堅決反對之。此刻惟靜觀時機耳。午前十一時，景、關二生來言，有懸崖勒馬之意，惟以風紀一節為慮，余與鴻翥應付此事。午後一時，關、劉二生又來，余與鴻翥吐露愛護青年之意。收拾辦法：一、須由學生代表向校長表示悔過，請其回校；二、須由全體學生具書請各教授復課。至於風紀問題，由校務會議解決之，但以不開除學籍為原則。景、劉、關三生均願遵從，並云今日午後四時，全體學生集於禮堂，請余及鴻翥訓話，余等允之。午後四時，學生百餘人集於禮堂，余與鴻翥出席，先由鴻翥詳述此次風波之經過，及電文措詞之不當。次由余說明四點：一、維持學校，即應維持臧校長；二、愛護學校，即是愛護青年；三、愛護青年，即應拯救青年；四、拯救青年，尤盼青年之能自救。遂提出午間與代表所談之兩項辦法，勸其全部接受。余察學生代表，似有延宕不決之意，遂以兩項辦法先後付表決。除十數代表外，全部起立，用此測驗，而學生之真意見矣。代表猶曉曉言：出席學生非全體，或非多數者。余等則以棄權釋之，況出席者實屬多數，又何辨為，因此又知和平解決，非代表之真意矣。夜間，余同鴻翥招學生代表多

人，命其履行決定之第一辦法，乃代表等堅欲推翻議決案，不肯履行。余
及鴻燾皆大怒，余斥其屢用手段玩弄師長前輩，鴻燾則斥其無信，不可以
為人，遂拂袖離席。余立時移出校外，以示決去之意。將移出時，有史地
系女生六七人，恐余返渝，齊來挽勸，余以言慰之而出。夜宿於鴻燾寓。

二十六日　星期四：晨起，臧校長在寓招集全體教授會議，決定今日校
長到校執行校務，並開除為首學生劉繼良、景熙乾、關逸生、劉可光、
劉鐵軍五名。此為未達和平目的後〔果〕，改用嚴屬處置之步驟，然其
他附和學生則一概不問，仍示寬大之意。午前十一時，臧校長偕同全體
教授到校，立時舉行校務會議，宣佈開除學生之學籍，同時扯去學生所
貼之標語，全校風紀為之一振。午後，被開除學生多表示悔悟之意，然
已噬臍無及。夜間，校內多數學生請求收回成命，亦未之許。校令，促
被開除學生，即日離校。此一段風波，遂告結束。

二十七日　星期五：開除學生之景、關、二劉等四人，將去三台，浼余
介紹轉學或資以路費，余一一應付，各予以國幣拾元。
……哲先校長以國民黨忠實之同志，出其全力以辦大學，精神之淬勵，
幾乎無以復加。惟於細節未甚注意，致引起學生之不諒。不知其一人之
去留，實與東北大學之存廢有關，與東北流亡同鄉之地位有關。青年學
生不之深思，冒昧出此，深可惜也！綜而論之，哲先態度鎮靜，處置寬
嚴得當，實為消弭風波之主因。而教授同人始終一致，愛護學校、愛護
青年，不予此次越軌行動以同情，亦為首事學生始料所不及。[78]

　　歷史不會忘記臧啟芳。2011年2月26日和27日，在他逝世50周年忌日之際，
近百位專家學者聚集在美國三藩市，舉行《辛亥百年風雲人物學術研討會暨先
賢臧啟芳追思會》。追思會上播放了一套記述臧啟芳生平的影片，其中講述臧
啟芳擔任東北大學校長十年間，開明寬容，宣導學術和言論自由。他終生毫不
留情地批判共產主義，但卻保護了學校中的許多共產黨員學生和救助了一批共

---

[78]　金毓黻：《靜晤室日記》第六冊（瀋陽：遼瀋出版社，1993年），第4384-4388頁。

產黨員學者。影片還講述了一件當今的中國大學校長沒有人會做的事情：三台時期，東大校區附近駐有一個旅的劉湘的軍隊，軍紀不嚴。學校女生時常遭到兵士的騷擾欺負，晚上不敢出門。校長臧啟芳知道這一情況後，十分頭疼。一則，東北大學是從外地遷入，人生地不熟，而川軍是地頭蛇；二則，當時抗戰時期，各路軍隊管理混亂，與各種政治勢力也有很多交錯的關係，處理不當，影響深遠。經過苦思冥想，臧啟芳擇日廣發英雄帖，宴請駐軍全旅所有連以上軍官。那日，浩浩蕩蕩來了四五十人。席間臧啟芳聲情並茂地講述了學校流離失所的艱苦、學生奮力學習的艱辛、國家救亡求才的艱難，懇求駐軍嚴格管束兵士，保障學生有個安全地方安心學習，說得個個軍官點頭稱是。臧啟芳接著舉杯說道：好，今天就是要請各位在國難當頭之際，更要體惜流亡到此的學生。我要用四川老白乾敬每位一杯，以示我對此事的鄭重態度。於是一路敬下去，連幹了四五十杯，把在場軍人全鎮住了。軍人散後，臧啟芳大醉三天不醒，而之後再也沒有出現軍人騷擾學生的事件了。

還有這樣一則故事：臧啟芳在三台任職期間，一家人的生活很是艱苦，為了維持全家人的基本生活，這位曾官至天津市長等要職、當過地畝管理局局長等「肥差」的前政要、現國立大學校長，將家中稍許值錢的衣物陸陸續續地賣掉。在臧啟芳的提議下，臧太太從箱底翻出了她的皮大衣，還有丈夫在天津市長任內購置的燕尾服，轉賣給了重慶的銀行界人士；他們還賣掉了家中的留聲機和大掛鐘，大掛鐘是1925年購買的，對臧家來講乃是勞苦功高而應當保存的一件紀念品，留聲機在當時抗戰的大後方更是難得的娛樂品。但為了一家人的生計，他們也只好忍痛賣掉了。因此，臧啟芳的二子、居於美國西雅圖的臧英年先生，談到先父時說：「他的原則是在各崗位上革新創造，不墨守成規，同時以絕對清廉的方式，以身作則，而且待人公正。他的清廉甚至到了犧牲家庭幸福的地步了。」

居住在美國德克薩斯州的臧啟芳三子臧凱年，在追思會上吟唱他的先父所作的一首詞，以此自勉並勉勵臧氏所有後世子孫：「垂老豪情未減，行歌猶自軒昂；世人休笑我癲狂，今朝需盡醉，一曲一傾腸。多少前朝遺事，空餘筆底炎涼；蜀山依舊伴斜陽，古今同一例，冷眼看興亡。」[79]

---

[79] 據〈學者與家族後人追思民國先賢臧啟芳〉，網易新聞網站。

九、草堂寺圖書館

美國斯坦福大學第一任校長戴維喬丹說過：「一個偉大的圖書館是建立一所偉大的學府的必然要素。」

1939年5月中旬，國民政府教育部令修改國立東北大學「組織大綱」，校務會議下設教務、訓導、總務三處及考試、體育、衛生、圖書、儀器等委員會。東北大學根據其改國立後的「組織大綱」，設立圖書館，隸屬於教務處。圖書館設主任一人，分承教務長、總務長辦理主管事宜，並於圖書館置館員若干人。當時擔任圖書館主任的是王錫藩（東大法學院政治系畢業，曾任校圖書館助理館員等職）。圖書館執掌如下事項：①關於圖書之採購、分編、編目、借閱及典藏事項；②關於圖書館統計值報部事項；③關於教材之印刷、出納及保管事項；④關於對外刊物之交換事項。

同年5月10日，臧啟芳在向教育部申報撥款的報告中，對改造草堂寺大殿為圖書館一事有如下說明：「再查本校圖書館之藏書室，原甚窄狹，閱覽室則系借用禮堂。座位既不足分配，桌椅又須常移動，易損壞，亦諸殊不便。添購各項圖書源源而至，藏書室已無地皮架，勢須另行擴充。如新建圖書館，則需費甚貴鉅，一時殊難實現。為節省財力兼籌並顧起見，擬將比鄰草堂寺大殿，加以修葺（將佛像拆出，在府城隍廟後院另塑佛像，安置尼僧），即將圖書全部移入藏書室及閱覽室。均可適應需要。核實估計需費四千元。」7月上旬，東北大學在草堂寺建圖書館、洗漱室、膳廳，並增築教室及學生宿舍。圖書館是由草堂寺大殿改造而成的，並且在其左前另建書庫。臧啟芳在其回憶錄中說：「在二十八年春我把草堂寺改建圖書館後，曾先商准中央庚款管理委員會兩次撥款給東大設備補助費，一為一萬五千元，二為二萬元。所以在短期間。各學系必需之參考書已相當充實……後來凡到過三台的人常說，專就圖書館與體育館而言，在抗日期中遷到後方的公私立各大學，沒有能比得上東大的，這話不算恭維。」[80]

---

[80] 據楊佩禎等主編：《東北大學校志》第一卷上冊（瀋陽：東北大學出版社，2008年），第355頁。

　　1939年12月10日，「圖書館落成，舉行典禮。午前有運動會，午後舉行迎新會。晚間遊戲會」[81]，足見校方對圖書館之看重。新建的圖書館，「計有大閱覽室一，可容三百人同時閱讀書籍，雜志及閱覽室一，大書庫一，能藏書十餘萬冊，辦公室一，各系研究室四，出納圖書室一，全部共二十餘間。」「校存圖書，悉為抗戰後之新購置者，截至1940年12月底止，共存中文書22500餘冊，中外文雜誌報紙7000餘冊，總計三萬餘冊，價值以購入時計算在3.7萬元以上。」[82]

　　如果說教室是學生們被動學習的場所，那麼圖書館就是主動學習的搖籃。中文系畢業的李堯東回憶：「圖書館是一間磚木結構的大平房，原供軍部專用會議室之類，圓柱柱拱門頗有點洋氣，在室內閱讀頓感冬暖夏涼。入夜，燃起兩盞大汽燈可供成百人讀書學習，每到黃昏時，『占位子』的書本筆記爭先恐後擺放桌前，占著的也令後來者羨慕不已。藏書理工文史類都不少，有從瀋陽運出以及爾後陸續添置的，抗戰書刊也不少。每當夜靜更深，諦聽汽燈霍霍作響，不免牽動一些流浪者的鄉愁，或則掩卷冥思，或則伏案凝神靜坐，至今歷歷在目。」[83]還有校友回憶：當時「書籍亦惟仰賴於圖書館，以是館中藏書常不敷用，一人借得一本重要典籍，則多人輪流閱讀，以是具名借書者常常得到圖書館催還通知，借者於無可奈何之際，則偕同另一同學至館中。此方還，彼方借，為免落人他人手中也。上課絕少課本，專憑教授簡單板書，然後教授口授，學生筆記，課後彼此相互參閱，或向圖書館找資料補充修正。……入夜，無電燈，圖書館閱覽室則燃煤氣燈三襲光線尚好，而座少人多，晚飯前已被占滿席，大多數同學唯有在寢室就床前桌上油燈之微光閱讀學寫作。」[84]「圖書館煤氣燈四盞，夜間大放光明，為圖書自修最佳處，當華燈初上，咸爭先恐後，座無虛席」。[85]

[81] 金毓黻：《靜晤室日記》第六冊（瀋陽：遼瀋出版社，1993年），第4424-4425頁。
[82] 王振乾等編著：《東北大學史稿》（長春：東北師範大學出版社，1988年），第136頁。
[83] 李堯東：〈抗戰時期流亡三台的東北大學學生生活素描〉，政協四川省綿陽市文史委編：《綿陽市文史資料選輯》（1995年）第十三輯，第106-107頁。
[84] 周烈：〈母校東大在三台〉，《國立東北大學六十周年紀念特刊》。轉引自據王恩德主編：《延閣飛香——東北大學圖書館建館九十周年紀念集》（瀋陽：東北大學出版社，2013年），第28頁。
[85] 周烈：〈母校東北大學在三台〉，魏向前等主編：《東大逸事》（瀋陽：東北大學出版社，2003年），第73頁。

1944年考入東大地理系的于學謙，在三台學習了兩年時間，寫過一篇深情並茂的〈草堂寺與燈芯草〉，堪稱美文：

> 唐朝著名的大詩人杜甫在四川是受敬重的名人，我知道四川成都有個草堂寺，供奉著工部大師。沒想到這小小的三台也有個草堂寺。東北大學流亡到四川之後，就占據了這所草堂寺，在這個大廟裏辦學堂，幾百學子就在這簡陋的茅屋中學習、生活。那間供奉詩人的大殿已改成圖書館的大閱覽室。同學們下課後都紛紛到閱覽室去搶座位。抗戰時期的三台縣城，不用說沒有電燈，就是點煤油燈的也很少。晚上，一片漆黑，唯獨大閱覽室燈火通明。每個同學都端上一盞小燈碗，碗裏倒上一些桐油，然後弄些燈芯草來點燃。在那寬大的閱覽室裏，幾百盞燈火都在閃閃發亮，大家孜孜不倦地讀書、做作業。也有的男女同學在燈光下竊竊私語。如果杜甫還在的話，看了這種情景，也一定會高興的。
>
> 一個晚上，我在大閱覽室裏搶到一個座位，點燃起燈芯草，在燈下做作業。不久，燈芯草燃盡了。我又沒有備用的芯草，真著急。正好，座位旁的那位男同學被一個女友拉走了，油燈也沒有熄滅，我看到那燈碗裏還有幾根芯草，便偷偷地從那閃亮的燈碗裏挑出一棵來放在我的燈碗裏點燃，又繼續完成我的作業。第二天，趕緊到市上小店鋪買來一把芯草，又偷偷地還給那位同學一棵。過去我對芯草也是陌生的，只有到三台之後，才認識了她。她是那樣地潔白無瑕，細膩得像少女的皮膚，她竟那樣挺拔修長，著實令人可愛。然而更令人喜歡的倒是她那無私的奉獻。在黑暗的夜裏，是她給這些青年學子送來光亮，直到把自己燃盡，而讓他們學習、進步、成長……。在三台的三個年頭，可愛的芯草，每晚都陪伴著我，我從她身上汲取了不少的養料。三台時期的東大同學們，恐怕都不會忘記草堂和芯草對他們的培育之情吧！[86]

學生們如此熱衷學習，蓋因「遷三台後，地方寧謐，生活簡樸，抗戰信念，與時俱進。好學之心，油然沛發。圖書館每夕有人滿之勢」。再者，「本

---

[86] 于學謙：〈東北大學學習生活片段〉，相樹春等主編：《我們走過的路》（北京：今日中國出版社，1993年），第160-161頁。

校學生以東北籍及各戰區者居多數，久受流亡之痛，發為自覺，致形成刻苦勤學之風氣」。[87]

　　姜亮夫教授回憶三台歲月，也不忘圖書館：「該要的房子都有了，圖書館的四壁居然有玻璃窗，屋裏放著十幾張大桌子，每桌可擠十多人。」「國文系學生要看的書籍，因三台本地沒有圖書館，校方就想法托人去成都一面購買，一面向教育部請求；又托許多東北同仁在關內設法購買，居然各系很快都有了必備的參考書籍。甚至連我這個國文系主任的辦公室裏也有四五個櫃子的書籍，既便利我用，教員先生也可拿來用。」[88]

　　1941年9月，臧啟芳校長向教育部呈文，報告東北史地經濟研究室成立一年來的工作情況，其中有一部分是「圖書之庋置」：

　　　　本室成立伊始，圖書最感缺乏。為便於研究計，於最短期間搜得多種，綜其來源有三：一為本校圖書館之舊藏；二為私人圖書之借用；二為新購之圖書。本校現存圖書約有四萬冊，茲擇其可供本室研究之用者移庋於本室；又以金主任毓黻自藏之書，均行移貯於本室；再有不足，即由部撥專款項下，儘量添購。茲就現藏圖書種類、冊數表列於下：

　　　　本校撥用之圖書：265種，1400餘冊

　　　　私人借用之圖書：336種，1300餘冊

　　　　新購之圖書：93種，300餘冊

　　　　此外，由本室圖書費項下購置之圖書，歸本校各院系公用者，尚不在內。[89]

　　三台時期的東北大學圖書館有專門的圖書館委員會，委員會成員由教務長、訓導長、總務長、各院長、各學系主任及圖書館主任組成。委員會在學期中每月開一次例會，對圖書館相關事宜進行商定，如圖書館經費及使用、圖書館計劃、購買圖書等，並擁有詳細的《圖書館委員會組織章程》《圖書館辦事

---

[87] 〈抗戰以來的東北大學〉，《教育雜誌》第31卷第1號。

[88] 姜亮夫：〈三台歲月──國難中的東北大學雜記〉，《姜亮夫全集》第24卷（昆明：雲南人民出版社，2002年），第208-210頁。

[89] 楊佩禎等主編：《東北大學校志》第一卷上冊（瀋陽：東北大學出版社，2008年），第654頁。

細則》，其中《圖書館辦事細則》對圖書館各部門的職責及工作內容有詳細的劃分，對圖書的採購、分編、典藏及流通均有詳細的規定。

十、國史研究部與文科研究所

翻遍東北大學官方編撰的各類校史資料，都未找到關於國史研究部的片言隻語。《東北大學校志》寫的很明確：「本校培養研究生工作，是從東北史地經濟研究所成立時開始的。」那麼，國史研究部的工作可能就屬於「民間」性質。

目力所及，見到的唯一關於國史研究部的記載，出自張震澤[90]的自述：

「1939年4月，我携婦將雛到了四川三台。令人驚喜的是，這有東北大學，丁山[91]先生正在東大任教。他已由教師服務團資助，成立了一個『國史研究部』，並自任導師。研究人員已有四人，大都是我的舊同學，魏興南也在這裏，他們勸我也來參加。師友重見，無比快慰，於是我毅然辭去中學教職，開始了研究工作。

所訂的研究計劃，首先是編寫《中國圖書志》，目的為了抗戰勝利後搜集佚書提供資料。其中，又分五個專題：天文、地理、氏族、職官、器服，每人分擔一題，目的是整理舊史。

這個計劃原是丁先生自己的治學內容，一人難以完成，故就機依靠集體。因為我從前研究『周官』，故分了職官。其餘，魏興南任天文，舒連景任氏族，冉照德任器服，趙殿誥任地理。《中國圖書志》搜集古今書目，每書一個卡片，考證其卷數、著者、版本分合及主要內容；分題則是從頭閱讀十三經、諸子百家、二十五史，抄錄有關材料。

---

[90] 張震澤（1911-1992），字溥東，又字一泓。山東長清縣人。1935年畢業于青島國立山東大學中國文學系，曾先後在國立西北大學、重慶女子師範學院、西南師範學院、瀋陽師範學院、遼寧大學等高等院校任教。大學時從丁山、聞宥，受文字器物之學，後著意於秦漢簡帛、流沙草隸等。著有《孫臏兵法校理》、《詩經新詮》、《楊雄集校注》、《張衡詩文集校注》、《許慎年譜》等。

[91] 丁山（1901-1952），安徽和縣人。史學家、古文字學家。1924年考取北大研究所國學門研究生，1926年任廈門大學助教，次年任中山大學教授。1929年至1932年任中央研究院史語所研究員，隨後歷任中央大學、山東大學、四川大學教授。1939年2月至1940年8月任國立東北大學教授。之後，又任西北大學、暨南大學教授。著有《新殷本紀》、《商周史料考證》、《中國古代宗教與神話考》等。

在這裏工作將近二年，做成圖書卡片數萬張，筆記幾大本，收穫很大。

第一，廣泛地閱讀了大量古書，有重點地掌握了一些材料，對中國古文化有了大致的瞭解。

第二，學習了研究方法，就是要在掌握材料的基礎上，排比對證，得出結論。

第三，接觸到很多專家，如經學家蒙文通、楚辭家姜亮夫、東北史家金靜庵，受到很多教益。

在這過程中，聽了不少專題講述：丁山先生講了如何運用甲骨卜辭研究古代神話和商史，又講了他擬作《金文集成》的計劃，介紹了近世對甲骨金文的研究情況。蒙文通先生講了他的老師廖季平的治學態度，又介紹了當時西南聯大歷史學者研究中國歷史發展的問題，還請專家講述了巴蜀文化和西南少數民族狀況，大開了我們的眼界。

我在丁先生指導下補充改寫了《許慎年譜》，還寫了幾篇文章。同學們各有寫作。我們自編自印出版了一種期刊《史董》。

不幸的是，自從武漢失守以後，蔣介石企圖變抗戰為內戰，露骨反共。1939年1月，決定政策重點從對外轉向對內，弄得眾怒沸騰，民不聊生，物價飛漲。到1940年春，研究部已不能維持，然同學們猶忍饑為之。暑期後，丁先生改任國立西北大學教授，前往陝西城固（西北大學所在），群龍無首，遂乃星散。《中國圖書志》全部卡片為丁先生帶走，後來丁先生病逝青島，卡片竟全部遺失。」[92]

按，丁山於1939年2月到東大任教，1940年暑期離開，可見其主持的「國史研究部」存在了一年左右的時間。

幾乎就在「民辦」國史研究部解散的同時，一個官辦的研究機構成立。《東北大學八十年》載：（1940年8月中旬）國民政府教育部令，國立東北大學設東北史地經濟研究室，聘金毓黻為研究室主任。遴選本屆史地、經濟兩系畢業生五人為研究生。[93]

關於設置研究室的目的，大體有二：「一則為集中本大學之教師、學生研究東北問題之各方面以其結果貢獻於國家；一則為本大學畢業生及其他大學生

[92] 高增德、丁東編：《世紀學人自述》第四卷（北京：十月文藝出版社，2000年），第167-169頁。
[93] 楊佩禎等主編：《東北大學八十年》（瀋陽：東北大學出版社，2003年），第139頁。

畢業有志研究東北問題之學生，設深造之研究機關，以造就暢曉東北問題之專門人才。」[94]至於研究生的培養方式，與一般大學有所不同，「蓋其他大學之研究所，專為提高研究生之學識、技能而設，於其上置導師，從而指導之，無論研究之成績如何深邃，而實以研究生為研究之本位。本室不然，雖亦沿用一般研究所之制度，有研究生之名稱，而於其上設研究員以代導師，即研究員實居研究之本位，而以研究生助理之。其旨趣頗與中央研究院各研究所相似，同時亦極端指導研究生，以養成其獨立研究之能力。但由本室指定共同研究之問題，必須照擬定綱要辦理，無自由選擇之餘地。是以為本室研究生者，須先認清此旨，方不致盲無目的。」[95]

東北史地經濟研究室1940年成立之初，教育部曾撥經費一萬元、圖書設備等費一萬五千元作為當年下半年的所有開支。於是，校方「於三台縣城西門外馬家橋地方租得地皮一處，遂即鳩工庇材建築草房十五間，共分前後兩進各七間，附儲藏室一間。以後進房七間為研究室之課堂及圖書室；以前進房七間為宿舍、印刷所、炊爨室」。[96]當年十月份竣工後，於十一月中旬投入使用。有學子描繪這裏的學習環境：「寬敞整潔，中有花圃，蒔以各種花卉，四川為亞熱帶氣候，四季常青，繁英不輟，兼以鄉村空氣新鮮，藍天白雲，竹籬茅舍，野趣盛然。因鄉居無車馬之喧囂，無世俗之紛擾，潛心研讀，把卷吟哦於溪徑丘壑之間，不啻為神仙中人。」[97]

王家琦是研究室招收的第一屆研究生，據其回憶：「由於日本侵略軍飛機深入內地轟炸城市，當時研究室設在縣城西馬家橋北去綿陽的公路旁（後期遷回城內龍王廟）。地處農村中，四周有丘陵，有水田。前後兩排草頂房，工作室、課堂、圖書館、宿舍、廚房、飯廳等均在一起。過公路上坡東去，便是北關外『崗岩延袤而平廣』的長平山，所以先生（按，指金毓黻先生）寫了『長平草堂』四字橫掛在室中。這樣的生活環境雖是艱苦，但它有一種好處，就是師生研讀食宿均在一起，彼此瞭解，比那種堂上一見、堂下兩便有更多的機

[94] 〈國立東北大學史地經濟研究室概況〉，《東北集刊》（1941年6月）第一期。
[95] 〈國立東北大學史地經濟研究室概況〉，《東北集刊》（1941年6月）第一期。
[96] 轉引自楊佩禎等主編：《東北大學校志》第一卷上冊（瀋陽：東北大學出版社，2008年），第146頁。
[97] 楊錫福：〈金師靜安與東北大學文科研究所〉，東北大學旅臺校友會編：《國立東北大學六十周年紀念特刊》（1983年），第189-190頁。

會。先生當時講過，做老師的，應該不僅當『經師』，還要當『人師』。意思是說，除了教知識技能以外，對學生的品行也要負責。那時，四川各地物價上漲，先生為了研究生能安心工作，特和學校當局商量使我們兼了助教銜，這才解決了生活問題。」[98]

研究室的掌門人是金毓黻先生，「先生在北洋軍閥和國民黨統治時期的各種機關曾經任過一些職務，另方面又有很多的著作，但先生在接待職位低的同事和學生卻沒有那種『官氣』，也不擺權威學者派頭，而是有藹然長者之風。在談學術問題時，也不貶低同行以抬高自己。」「先生主持研究室時，已是年過半百之人，每天早起就工作，晚間還挑燈（當時都用油燈）寫作。由於他的工作室和我們的大工作室（研究生是坐班制）有門相通，所以我們也受影響，每夜上晚自習。」談到金毓黻先生教學時，王家琦說：

> 先生對學生可說是「循循善誘」，有問必答。一次，我曾問渤海國的貨幣問題。他不是說你看我編的《渤海國志長編》去吧，而是在百忙中寫了書面答復。當時，書刊缺乏，我們工作起來便感資料不足。先生針對這種情況，雖然經費少還是派學生輪流外出去重慶、成都、李莊等地搜集抄錄資料。並叫我們對日本軍國主義為侵略我國而搞的一些圖書刊物也注意搜集研究，還請有關教授為我們補習日文。這說明先生是關心現實問題的。先生有時利用假日和研究生一起遊覽縣城以外各地，見到古蹟便做些考察。例如，一次和我們遊東山寺、在東門外涪江左岸，當時是古寺殘跡改建的公園）。先生看出了江邊高峻的山崖上有古代石雕大佛的殘跡。以前，我們學生過江閒玩時，沒人注意這「殘跡」。先生曾作一首詩，用紙寫了給我。這種活動，對我們只摳書本的人學習考古調查起了很大作用。[99]

1942年4月，教育部長陳立夫蒞臨東北大學視察，對研究室成績「甚感滿意」，「且以在東北未收復之前，研究籌畫工作實為將來定復建設之指針」，

[98] 王家琦：〈金毓黻先生治學辦研究所二三事〉，《東北大學建校65周年紀念專刊》（自印本，1988年），第152-153頁。

[99] 王家琦：〈金毓黻先生治學辦研究所二三事〉，《東北大學建校65周年紀念專刊》（自印本，1988年），第153頁。

研究室使命既然如此重大，組織當應擴大，乃依大學研究所組織法，於當年8月改室為所。東北大學文科研究所就此成立了，內設史地學部，分歷史、地理、經濟史地三組。又於同年10月遷入城內龍王廟。[100]

　　翌年秋天到研究所攻讀碩士學位的楊錫福，有過如下回憶：「研究所創設之初設在三台北郊馬家橋。距城僅數公里，步行約一小時……越二年因馬家橋與校本部，分居城鄉兩處，往來不便，遂遷入城內之龍王廟。廟距校本部步行僅三分鐘，廟北甚寬，八字大門，進門為廣場，中為大殿，改建為東北大學員工子弟小學，左院改建為教授宿舍，右院即改為研究所所地。廣場中近研究部分有深井一口，井旁有巨榕一株，枝幹遮日，蔭廣數十方丈。金師有早起習慣，每當晨光曦微，東方初白，金師在榕蔭下仗木劍起舞，寒署風雨弗避，蓋以鍛鍊身體，以舞劍為運動也。筆者為研究所第三屆研究生，在龍王廟入學，研究生宿舍即在龍王廟廣場之右盡頭，一排草屋，計六間，每一研究生獨居一間，宿舍之左即為研究室及金師所住之主任辦公室。」[101]

　　關於研究生的學習與生活問題，楊錫福是這樣描述的：「也許是當年我國初辦研究所的關係，對於研究生的管理，似乎過於嚴格，要求也過高一些。

　　研究生上課時數不多，平均每週四至六小時，但在研究室時間卻跟公務員一樣。金所長看得很嚴，他自己以身作則，每天除了授課，也是時時在他的所長室讀書寫作品。所謂以身教者從，研究生們當然上行而下效了。

　　研究生通常晨間六時半至七時起身，梳洗畢，到校本部餐廳吃稀飯，八時前返所，八時整必到研究室。每人一張長而大的書桌，堆滿了書籍，於是埋首在書堆裏，看呀、抄呀、擬要呀、做筆錄呀、編目次呀，這都屬搜集和整理資料方面。經過吸收、消化，書上的資料成為胸中的學問，於是選寫一個題目，開始寫作，這就是專題研究報告的階段。

　　每周上課時數雖不多，可是它不像大學時代上課輕鬆，在上課前要預先看指定的參考書，下課後要整理筆記，繳老師評閱。所以上兩小時的課，至少要花上五六小時準備和善後，這些工作都放在晚自習去做，白天不去分神的。

　　一天約有十二小時，在書和筆間消磨度過。讀久了，走出研究室，在大榕

[100] 楊佩禎等主編：《東北大學校志》第一卷上冊（瀋陽：東北大學出版社，2008年），第657頁。
[101] 楊錫福：〈金師靜安與東北大學文科研究所〉，東北大學旅臺校友會編：《國立東北大學六十周年紀念特刊》（1983年），第189-190頁。

樹下踱踱方步，暫時讓頭腦休息一下。

　　星期天及例假，為調劑身心，休閒活動大概是：（一）近郊短程旅遊；（二）坐茶館談天說地；（三）參加大學本部同學團體活動；（四）其他消遣方式。

　　四川氣候，冬季不冷而夏季很長，所以各大學均是寒假較短而暑假較長。寒暑假期內，研究生上午仍須到研究室研究，下午及晚間可以自由了。但是假期內要寫學期專題報告，還是重頭戲，漫漫長夏，仍然和書筆為伍，汗濕稿紙是常見的事。」[102]

　　到1944年年中，文科研究所設史地學部，分為歷史、地理、經濟史地等組。歷史組由丁山、金毓黻兩教授指導；地理組由楊曾威教授指導；經濟史地組由吳希庸教授指導，側重於東北史地之研究。綜觀整個抗戰時期，文科研究所在三台共招收五屆研究生，合計17人。

十一、從草堂書院到草堂國專

　　1942年以來，東北大學文學院諸教授，為蜀中學子未能升入大學者繼續就讀之便，乃倡辦「草堂書院」，得到三台、鹽亭、中江、射洪各縣地方人士贊同，隨即進行籌劃。

　　1943年8月下旬，以東北大學教授丁山、高亨、孔德為創建人，並得到四川大學教授蒙文通的襄助，分別於成都、三台兩地設置考區，公開招收高中畢業，或具有同等學歷之學生入學。據首屆錄取生、三台人袁誨余回憶：

> 我本人就是在成都城守東大街四川省立圖書館內考場參加入學考試的。主考人為川大兼華西大學教授、四川省立圖書館館長蒙文通。考試內容不外一般文、史、哲知識。有的簡要提問；有的要求填充或解釋；有的則要求簡述作品內容或評論作家。像經學提問：「風雅二字何解？」史學提問：「何為編年體，紀年體？」文學提問：「唐宋八大家都是

[102] 楊錫福：〈四十年前母校研究所生活雜憶〉，東北大學旅台校友會編：《國立東北大學六十周年紀念特刊》（1983年），第164-165頁。

誰？」「《逍遙篇》、《水經注》系何人所著？」綜合性的問題：如問
「《詩經》、《離騷》、《史記》、《三國志》各是什麼樣的書？」以
及「何謂諸子、有無百家？」等等。還有一道作文題，大意為試論「文
以載道」，其他還有什麼就記不清了，在成都考區報考者不下200人，原
訂正式錄取學生50名。我當時剛18歲，正在成都貞門三巷子──純化街
成都市南大鎮中心小學教書，自己一心嚮往升學，應試答題，書寫十分
認真，交卷後也不覺得有什麼遺憾，但總怕考不上，失去能回家鄉讀書
的大好機會。……後來，我去看榜，見已名列第13名，真是說不出的感
謝和高興！[103]

　　草堂書院校址設在三台縣城北門外，袁家花園內一處有著水榭樓閣的小四
合院中。校園內綠樹成蔭，十分幽靜，山泉居高臨下，潺潺流入池內，教室正
在水榭的閣樓上，景色宜人。當年10月份，新生陸續到校後，本應及時開學，
孰料創建人之一的孔德教授不知何故，突然鼓動除三台籍外的近半數學生，跑
到了重慶北碚另辦一個學校去了。就在此時，國民政府教育部對草堂書院申請
備案之批示指出：現時辦「書院」無此體制，准照原「無錫國專」之例，可辦
三台國學專科學校。11月，草堂書院便改為三台草堂國學專科學校。《說文月
刊》1944年第一二期合刊曾刊文介紹草堂國專的相關細節：「本社社友丁山、
高亨、孔德等講學於三台東北大學，病時學之謬悠，慨後生之徬徨，因就地魁
宿，籌議用以紀念詩聖杜公，創設草堂國學專科學校，培植國學專門人材，敦
請說文社理監事吳稚輝、于右任、戴傳賢、張繼、吳忠信、衛聚賢諸先生為校
董，業經向教育部備案，已在三台開始招生，俟董事會正式成立後籌募基金辦
理立案手續，以奠定本校基礎云。」[104]不久，草堂國專組成了以三台人李宏錕
（抗戰期間曾任陪都重慶市市長）為董事長的校董會。原有教授負責制，因孔
德教授出走已成過去，由新的校董會議決，以楊向奎教授代理校長主持校務，
禮聘趙紀彬教授任教務長，楊榮國教授為訓導長。
　　草堂國專原擬依照書院舊制，匆匆創建。因系民間私立，缺乏經費。教

[103] 袁海餘：〈三台草堂國專與成都尊經國專〉，政協四川省綿陽市文史委編：《綿陽市文史資料選
　　刊》第五輯（內部印刷，1990年），第10-11頁。
[104] 〈說文社主辦三台草堂國學專科學校緣起〉，重慶《說文月刊》1944年11月第五卷一二期合刊。

學雖有極好之師資，但無明確之分科，不僅沒有部頒教科書，更談不上教學大綱。故各門學科，均由任課人自訂標準，自編教材，乃至臨堂隨意講演，如此形形色色，得失互見。代理校長楊向奎教授親自講授課時較多的《中國通史》，講述時滔滔不絕。「他講兩漢史，常著力於論證中國封建社會形成於此時……楊先生學而不厭，誨人不倦，熱心校務，不計報酬。」丁山先生講《左傳》，「每天他上課時，教室內外擠滿了人。不少東大的師生都趕來聽課。……丁先生善於板書，凡有要點均列示。先生不在期中、期末進行考試，但常在課間普遍提問，學生回答無論詳略，均給評語以示成績，且多作鼓勵，故學生極願先生提問，藉以檢查自己之學力。」陳述教授是精研契丹文字的遼史專家，「但講課的口才不怎麼好，教態又過於嚴肅，學生敬而畏之。他教的斷代史是必修課，可上課人數不甚踴躍，以致陳先生採用課前點名的辦法來督查，同學中戲稱之為『名教授』。」[105]霍純璞教授選講歷代古文，純學術的講解，使人覺得有點「匠」氣。但他勤於攻讀，好學不倦之精神，艱苦樸素之生活作風，給學生印象甚好。李子雄先生是草堂國專初創時唯一的三台人，詩作、書法均為人稱道。他講《唐詩》省卻初唐四杰不提，開篇就講射洪縣唐代大詩人陳子昂，尤以《登幽州台》「念天地之悠悠，獨愴然而涕下……」為精彩。隨後續講李白、杜甫、元稹、白居易諸大家。他又常給學生講杜甫在梓州居留所作若干首詩。此外，趙紀彬教務長講授《哲學概論》、《論語》、《孟子》、《邏輯學》等課，楊榮國訓導長講授的《世界史》。高亨教授講授《尚書》，他稱要學好古文，必得從《尚書》始，因《尚書》是最古的古文。有了如此多的好教師上課，學生們都感到滿意。

開學上課快三個月之際，校董會因內部糾紛，決定派由李子雄老師，會同贊助人又是國專學生鍾子傑兩人，專程赴成都邀請著名史學家、國專校董蒙文通教授前往協調，並推其兼任校長一職。但因蒙文通教授不能長住三台，故由楊向奎代理校長職，堂弟蒙季甫任教務，主持日常工作。據當年的學生袁誨餘回憶：

---

[105] 袁誨餘：〈三台草堂國專與成都尊經國專〉，政協四川省綿陽市文史委編：《綿陽市文史資料選刊》第五輯（內部印刷，1990年），第16-17頁。

　　1945年初春，蒙先生欣然臨校。我們草堂國專師生大部分人（少部分已
回家過節）在校園內列隊歡迎。歡迎蒙先生任校長時，曾攝影紀念。這
張倖存照片，我在近期曾翻製放大，寄贈三台新建之杜甫梓州草堂紀念
館，從照片上可以清楚看到，歡迎蒙文通校長的國專師生，約有百人，
當時學生中，有入學前即執行律師業務的卿瑞麟，有縣經收處負責財
務、又熱心贊助教務的鍾子傑，有三台縣社會科科長瞿子英。他們均已
年過三十。這些同學年齡大，又有工作，能到國專來求學，其精神是難
能可貴的。[106]

楊向奎代理校長在《我們的蒙老師》一文中寫道：

　　1944年左右，遷在四川三台東北大學文科教授丁山父等先生成立
「尊經國學專科學校」[107]，幾經周折，後來請蒙文通老師任校長，蒙先
生當時是四川大學教授，不能長期留住三台。當他離開時遂由我來代校
長，而先生的堂弟季甫先生負責具體事務。國專分文、史、哲三科，教
授多由東北大學教授兼任，我代校長後，遂請葉丁易教授為文科主任，
楊榮國教授為史科主任，趙紀彬教授為哲學主任。他們三位都是進步的
紅色教授。紅色進入學校，使傳統的經學加上歷史唯物主義的色彩，這
是初建校時未曾想到的。

　　季甫先生亦多才，當時我們每天見面，無話不談。此後四十年來雖
然聯繫不斷，但未曾見面。國專的學生成績亦可觀，現在北京的袁海余
是其中佼佼者。蒙先生曾為國專之生存發展出過大力，學生有才，當亦
欣然！[108]

　　抗戰勝利之後，東北大學於1946年春夏之際開始復員。國專同學歡送陸
續回瀋陽的東北大學的兼課老師，又擔心今後無人上課怎麼辦？好在大多數教

---

[106] 袁海餘：〈三台草堂國專與成都尊經國專〉，政協四川省綿陽市文史委編：《綿陽市文史資料選
　　　刊》第五輯（內部印刷，1990年），第12-13頁。
[107] 作者表述有誤。三台時期應為草堂國學專科學校，搬遷至成都後才改名尊經國學專科學校。
[108] 蒙默編：《蒙文通學記》增補本（北京：三聯書店，2006年），第68頁。

師，他們一直堅持給國專學生上課，直到離開三台才停授。蒙文通教授主持
校務，於1945年還招收了新生，因原校舍不夠用，遂遷至城內下南街禹王宮上
課。此處為湖廣會館，館內房舍多且堅固，各班均有專用教室，還有較大屋
子，供教授休息、會議使用。第二屆入學新生，年齡比較整齊，均在20歲以
下，分大、小班分別上課，學生人數增加一倍還多。1945年秋以來，增聘東大
中文系主任陸侃如教授講《中國文學史》、董每戡教授講《詞曲》、葉丁易教
授講《目錄學》《說文解字》、孫道升教授講《當代哲學史》、姚雪垠副教授
講《中國現代文學史》，時蒙季甫先生亦自成都來國專講《三禮》。到此可以
說，國專所設文、史、哲三類課程，已臻齊備，且師資力量不下於大學本科，
當時的學生除學習主課外，還可隨意選修自己喜歡的課程。此一時期，師生之
間格外融洽，互相尊重與愛護、形成良好的風氣。袁誨餘回憶：陸侃如先生講
課時，「不翻閱教科書，也不看講稿，愛來回在教室裏走動著講述，聲細而清
晰，娓娓動聽。按文學史列為序，有條不紊。……陸先生知識豐富，講課亦得
法，每到下課時，正好結束一個課時的內容，或講完一位文學家代表人物。其
記憶力特強，對任何一個重要歷史時期，一些重要文學家之生年卒月，講得一
字不差。」董每戡先生，「講詞以宋代蘇軾、辛棄疾、岳飛、陸游為主。興致
高時，便拿自己填的詞為例，向我們講述詞的特殊格式，音韻及思想性。有次
講岳武穆的《滿江紅》，他能用幾種不同譜調吟唱，當師生一齊合唱的時候，
整個教室響起慷慨激昂的還我河山的愛國強音。」葉丁易先生，「寫得一首
大、小篆字，上課時，細緻地將字頭工整書於大黑板上，極其生動形象！他不
管多忙，也要同學生接近，與趙紀彬先生一道，做學生思想工作。他上課也常
論世道人心，勉勵學生做學問、做人。」姚雪垠副教授，「當時只是照本宣
科，如講『五四』白話文興起時，便例念胡適的八不主義，一條一條地叨說，
學生多不感興趣；倒是當他即興講述自己的創作實踐時，卻大受歡迎。很有點
像老藝人『說評書』的味兒。」[109]

　　1946年秋冬，東北大學的絕大多數師生，陸續離開三台走了。草堂國專的
師資終於成了突出的問題，在三台縣一時請不到那麼多優質老師。於是，蒙文

[109] 袁誨餘：〈三台草堂國專與成都尊經國專〉，政協四川省綿陽市文史委編：《綿陽市文史資料選
刊》第五輯（內部印刷，1990年），第18-20頁。

通校長征得校董會同意，特請四川著名學者謝無量先生擔任校董會董事長。在謝先生、蒙校長的努力下，決定將草堂國專遷至成都西門外金牛壩，並改校名為成都尊經國學專科學校。更改校名之緣由，意在繼承振興蜀學的尊經書院遺風。此後國專的教師即轉變為以四川省籍為主了。

1947年秋，第一屆入校生畢業，實際上都學習四年，與本科相同。

1949年成都易幟後，尊經國專停辦，參與新中國院系調整，大部分師生轉入現在的南充師範學院、四川師範大學。

十二、學術刊物與學術團體

高校的學術刊物，主要是刊載本校師生學術論文的載體。東北大學建校之初並無學術刊物，直到1926年10月創辦《東北大學周刊》之後，開闢「學術」版面以滿足學術論文的發表。後來，隨著學術論文的增多，周刊已滿足不了發表的需要，遂於1927年5月正式創辦了第一個學術刊物——《東北大學季刊》，集中刊載學術論文。「九一八」事變之後，學校開始流亡遷徙，由於經費困難，《東北大學季刊》停辦。

到了四川三台，由於辦學環境較為穩定，科學研究工作十分活躍，成果大量湧現。為適應這一形勢發展的需要，先後創辦了學術刊物《志林》和《東北集刊》。抗戰勝利之後，東大復員瀋陽，這兩個刊物全部停辦。

1、《志林》

1940年1月，由國立東北大學主辦的《志林》創辦。雖為不定期刊物，但一年之內不得少於兩期。金毓黻教授代臧啟芳校長為第一期刊物所寫《弁言》如下：

> 大學為最高學府，應以研學為第一義，無間中外，此理攸同。本校成立，二十幾載。往在瀋陽，師生研學之作，咸藉《周刊》表襮之；寇患驟發，全校播遷，兵戈擾攘，竟爾中輟。二十六年之春，某奉命長校，始改國立，乃由平而汴、而西安、而三台，兩載之中，凡三遷其址。中間一度恢復《周刊》，不久又告停頓，蓋因轉徙靡定，經費拮据，遂未

遑事此也。年來某殫心建設，如校址為廓充，圖書館之具建築，研究室之開闢，學術研究費之增加，皆粗具規模。海內賢達，翩然來集，在校諸子亦知及時孟晉。用是，教者底授業解惑之績，學者獲進德修業之益，弦誦不絕於城郭，講說旁及於鄉閭。於斯時也，在校諸師，咸能本其所學，儘量發揮，積稿在笥，引而未發；從遊之士，承其指授，亦時有所造作。夫學術為天下公器，應與天下人共見之。立說而當，蒙其庥者何限；立說而不當，亦欲藉版業以就正於有道，此本校所以繼《周刊》之後而有《志林》之刊行也。或謂寇焰方張，抗戰未畢，權其輕重，應以救國為先，其說允矣。然救國之術，原非一端，將士以勇於戰陣為救國，官吏以忠於服務為救國，學校以瘁於研學為救國，雖操術不同，其趨則一而已。本校於黨團工作、社會服務，足以加強抗戰力量者，既以黽勉從事，又以研學所得，表襮當世，應用最新之方法，發揚固有文化，而中華不亡之徵，亦於是乎在。是則《志林》之刊，又烏容已！願持此旨，以與並世鴻博共見之。[110]

　　《志林》以刊載東大本校教職員所撰研究論文為主，學生作品經導師審閱認定，也可刊登。刊物分文史號、政經號兩種，間隔出刊，文史號登載關於文學院國文、史地兩學系的論文，政經號登載關於法學院政治、經濟、工商管理三學系的論文。至於理學院化學系的論文不便登入文史、政經兩號，可另行作為專刊結集成冊出版。

　　東大校志謂《志林》編委會主任委員是蕭一山，委員有姜亮夫、金毓黻、趙曾儔、楊曾威、吳希庸、左仍彥、李光忠、趙鴻翥、婁學熙、丁山、白世昌、蒙文通、藍文徵、高亨。但是翻閱潘重規《三台日記》，疑潘教授也為編委之一。因其日記有多處記載校對文稿、督促印刷諸事宜：

　　　1940年2月2日：晨詣校監考，校《志林》稿。午與蔣炳南[111]、孫思管[112]

---

[110] 金毓黻：《靜晤室日記》第六冊（瀋陽：遼瀋出版社，1993年），第4451-4452頁。此為金氏1940年1月7日日記所載。其1月5日日記載：「代臧君撰《志林》弁言已成，又撰略例，大約月終可出版矣。」另外，對照《東北大學校志》第一卷所載署名臧啟芳的弁言，文字有異同。
[111] 炳南：應作秉南，蔣天樞字。
[112] 孫思管：即孫道升。河南武陟人。時任東北大學哲學課副教授。

雨教授飯於河北飯店，晤過鄭勵儉教授，商寫《志林》稿事。

2月3日：晨詣校，校《志林》稿十餘頁，目眵神倦矣。

2月4日：夜作《志林》刊誤表，聞雨聲。

2月5日：晨詣校監考，校《志林》，午歸。

2月7日：晨作《志林》刊誤表，入城校稿，午歸。

2月8日：晨入城，催顧文華釘《志林》，至則工人皆歸度歲，無可催者。乃往諸同事家賀年，中午飯於蔣炳南教授家。飯後復往顧文華，嚴催約夕取書。遂又遍謁諸同事。比夕過印刷社，正在折頁。又校正其誤頁，乃出。蓋今日凡三顧矣。書坊廑克就緒，可謂忠矣，薄暝歸。[113]

1946年3月，東大準備遷回瀋陽，《志林》停辦。共出版發行九期。

2、《東北集刊》

《東北集刊》是東北史地經濟研究室成立的第二年創辦，創辦時間為1941年6月。

研究室同仁，在《東北集刊》第一期發表〈引言〉，就發行刊物的宗旨、內容等問題作了說明。全文如下：

國立東北大學懍於使命之重大，而有東北史地經濟研究室之建立，已一年於茲矣。僅依所定工作標準，分組研究撰成論文，計有兩類：一為專書成一種；一為專題集合若干專題分期刊行。謂之東北集刊，即本刊所由作之。以嚴格論之，大凡研一專題，非至十分成熟固不敢輕易發表，然研究機關與專家著述不同，若過於謹慎不肯公之於世，為得為失皆不能自知，將何以補苴蟬漏，而日起有功乎。是則以未十分成熟之作品公之於世，匹為就正有道之地，亦辦章學術必經之程也。本刊所發表者多為研究生之作品，不得謂之成熟。間有導師、研究員一、二篇參列其中，亦屬報告性質。願以所見質之當代大雅，不敢藏拙以自隔，所自視

[113] 潘重規：《三台日記》（手稿影印本，1978年），第23-27頁。標點為筆者所加。

為歉。然者研究趨向多屬過去問題，而稍略於現代，以致屬於歷史之研究，倍於地理與經濟，且所命各題側重邊疆兼及遼金元史，亦似溢乎東北研究之外與其役者，亦明知之祗以軍興路梗，現代資料缺乏，因時制宜，不得不然。然自二期以下搜集東北資料漸多，各組所撰專題將力求符於條中意志。分組研究之本旨微尚所存，不敢謂當幸讀者以督教之頃，以專書之東北通史，行將刊成集刊，亦同時問世，例有引言，以發其端。若乃研究旨趣及專案，已具附載之研究室概況中，故不復云。

《東北集刊》由東北史地經濟研究室負責編輯，出刊三期。1942年8月，研究室改為文科研究所，因此該刊由研究所編輯，出刊五期。出版之後，交由重慶中華書局、成都中華書局、世界書局等書店代售，定價國幣一百元。1946年初，刊物停辦。

3、《經濟季刊》

《經濟季刊》是東北大學經濟學會編輯出版的刊物（編委員主任委員王敬宗），創刊於1945年10月。該刊〈發刊詞〉將辦刊宗旨介紹如下：

> 本系全體同學，於今春組織經濟學會，藉以共同研究經濟學術與商討實際問題。成立以來，業已舉辦辯論會、演講會與座談會多次，結果不惡，旋複決議發行期刊物，名曰《經濟季刊》，為本會經常主要業務之一，冀以此表現其研究之所得，就正於海內賢達而期有所貢獻於斯學，用意致善，謀不敏，以職關係，忝為導師之一，當視力之所能，從旁獎掖，幸觀厥成，今當發刊之時，有司囑予為詞以綴其端，焉能已於言哉。以本會發行此刊之旨趣，其犖犖大者不外下列四端：
> ①倡導共同研究精神──同學均深深感覺教室生活過於呆板，研究興趣過於沉寂，聞鐘聲而聚散，直貌合而神離，並股肱其一堂，卻寡聞而孤陋，各不相謀，獲益殊鮮。今借此學會共同之研究，良師益友濟濟一堂，要收切磋琢磨之效，開以此刊而表現與研究之結果，公諸同好，不獨本校師生得自覘其鑽研之趨向與進度，

同時可以是刊為謀將進而與國內外經濟學界人士作學術上之聯絡於商討。雖印此新生之小冊不足以語大雅，或能因此而引起國內大學經濟系諸同學競刊同性質之巨帙，是不失為「拋磚引玉」之義矣。

②闡明中外經濟學說——經濟學之成為專門獨立之科學，挽近事耳。其研究之對象與範圍，迄無明白之確定，語其主義，尤為門戶森嚴，互相攻訐，本刊一本愛好真理，實事求是之精神，決不溺於一家之言，一派之說。凡關於闡討古今中外經濟學說之文稿，無不竭誠歡迎，俾斯學日臻完善，以期與先進之科學並駕齊驅。

③解決社會經濟問題——任何科學之最終目的為增進人類幸福，絕非止於神神遊戲，經濟學術不能例外。本刊特別著重於社會經濟現象之觀察與分析，務期明瞭其真相而謀合理之解釋，並進而尋求對策以改善人類經濟生活。凡遇重大經濟問題，有關整個國計民生者，將擬發行專號，詳加討論，借供政府之採納。

④搜集實際經濟資料——無論學理之探討或問題之解決，均須質之於事實，然後才有科學價值，本刊每期辟有調查統計專欄，準備動員全體會員，深入民間，實際調查，擬暫從三台附進著手，漸及於川北一帶，至於工作對象，以棉絲鹽三大宗為主，俟戰事結束，本校遷回關外後，自當以東北經濟為調查對象。「九一八」而後倭寇對東北經濟之破壞與措施，歷時十有五年，變動甚巨。如實地加以調查，將必有許多寶貴資料以饗國人。此不獨暴露敵人過去之經濟陰謀，同時有助於吾人戰後之經濟建設。勝利在即，本欄內容不久必將煥然一新也。吾人今之為此，不過作調查技術之試練與準備而已。

基於以上諸端，本會認為發行是刊，確有必要，唯茲事體大，本會能力菲薄，任重道遠，向祈賢達不吝指教，是所至禱。

關於東大的學術團體，據《東北大學八十年》載：「（1944年7月28日）據統計，為便於學生課餘時間從事討論與研究而組織的學術團體有：政治學會、

史地學會、寫作協會、讀書會、菩提社、經濟園地等五十餘個。組織的藝術團體有：青年歌詠隊、抗敵國劇社、話劇社、川劇社等。純由女生組織的團體有勵進會與夜光壁報社兩團體。」[114]《東北大學校志》載：1945年學術團體統計有十一個：東北問題研究社、壁報聯合會、法律學會、經濟學會、政治學會、化學學會、工商管理學會、土木工程學會、歷史學會、地理學會、學習社。這些學術團體的宗旨均為「聯絡感情，砥礪學行」。

這些學會中，頗有規模和影響者為1944年3月成立的經濟學會。其宗旨是研究經濟學術與商討實際問題。該學會曾在會刊《經濟季刊》上載文，對經濟學會概況作了介紹：

　　　　荀子曾經說過：「學不可已矣」，又說：「君子生非異也，善假於物也。」荀子所謂「學」，當然也就是我們現在的所謂學，不過他所謂「學」，系著重於個人閉門讀書的單獨的研究，換句話說，這種「學」，完全是一種「求諸己」的學。因此他所謂「假物」，也不過是「搜遺跡於往恌，討故事於殘篇」的個人狹義的「假物」。但是我們現在的所謂「學」，除了個人的「求諸己」的單獨的研究外，尚須利用一種組織，來互相切磋琢磨。換句話說，就是除了「求諸己」的「學」外，還要有集思廣益的「求諸人」的「學」。當然我們所「假」之物，要比荀子所謂「假物」要「廣」要「善」。上述的組織，就是吾人今日之所渭「學會」，也可以說是在「學術」研究方而，是一種「善假於物」的組織。

　　　　本校經濟系雖然創辦有年，但是經濟學會並不創立於本校經濟系成立的季節，而是誕生於去年之春節。論其年齡，不過是一個不滿一歲的嬰孩，但論其生氣，確又像一個活活潑潑富於無限生機的孩童，他有一百多個保姆——會員——來「保抱」他，「攜持」他。也許在四五年後，就能夠為他的同伴所重視。他的前途是無量的，他的壽算是可假頤的。那麼，「後生可畏」的這句話，我們一百多個保姆所「保抱攜持」的嬰孩，實足以當之。

[114] 楊佩禎等主編：《東北大學八十年》（瀋陽：東北大學出版社，2003年），第146頁。

經濟學會組織機構十分健全，包括總務股（下設文書組、事務組、會計組、聯絡組、康樂組）、學術股（下設資料組、調查組、研究組）、編輯委員會（下設出版組、發行組）、基金管理委員會等。第一屆主席李弘壁，副主席傅強。

該學會還聘請臧啟芳校長、李光忠院長、梅遠謀教授、錢德富教授、楊榮國教授、曹為祺教授、盧伯鷗教授等諸多先生作為學會導師。

訓導長龐英在《訓導處的工作概況》一文中「關於學生團體之指導」部分指出：

「大學本為研究學術機關，故本校於正常課程範圍內之研究盡力督率外，並宣導學生組織各種學術團體，以便學生於課餘時間，從事討論與研究。

「本處亦准許學生組織各種正常之藝術團體，俾於課餘之暇，偶得陶娛身心之資。此經成立者，計有青年歌咏隊、新生歌咏隊、抗敵國劇社、話劇社、川劇社五團體，每遇適當機會，經訓導處准後即可公開表演。

「凡學生團體經發起後，均須向訓導處呈請核准始得正式成立，從事活動。但須時受訓導處之監督指導，以不違及學生團體規則為原則，因以本校學生團體向無非法組織與軌外行動之發生。

「學生團體所出之壁報，不僅注重與學術文藝之研究，尤其於主義之宣傳，及東北恢復與建設問題之研究。

「對於各學術團體，每學期中，由訓導處擬定專題，略備獎金，舉行寫作比賽一次，以資鼓勵。」（《國立東北大學週刊》1944年8月1日）

十三、疾病與校醫

戰時的流亡生活是艱苦的，病魔又往往喜歡纏繞清貧的師生。他們的健康長期受到威脅，有的轉成慢性病痛，有病無錢治，備受熬煎，處之泰然。從湖南淪陷區好不容易到三台讀大學的左承統，學習剛一學期就咯血了，校醫檢查其身體告訴學校當局，左承統的肺病已開始進入第三期，建議學校動員他回家治療。肺病在當時無特效藥，特別是在四川，常年霧多，霧中帶瘴毒，十個肺癆十個死。左承統好像是已注定即將入土的人了，但他堅決不肯回家。因為當時宜昌、沙市已淪陷，要繞道貴州到湖南，路隔數千里，交通極不便，一趟須

時一個多月，路費也沒有。是否病困長途死於中途，也不可知。學校同情左承統的艱困處境，讓他單獨住一間小平房，居校醫治，仍隨班聽講學習。後來通過練習武術，病情慢慢痊癒。[115]

朱浩熙《蔣天樞傳》第八章「泣血三台」，給人印象最深刻的就是蔣教授子女及本人遭受病魔折磨的淒慘故事。

1940年春的一天，蔣天樞教授的兩個小孩——三歲的鍾琦、一歲多鍾霖被學生們抱著外出躲警報。小鍾霖誤食了不潔之物，腹瀉不止，一連服藥幾天，病情仍不見好轉，原來胖乎乎的小胳膊小腿兒瘦成了皮包骨頭。蔣天樞夫婦眼見孩子的病一天天沉重，但又無計可施。教會醫院的一位英國老太太原本是接生婆，並不懂得小兒科疾病的治療，但夫婦倆末了還是得把孩子抱進教會醫院裏。孩子每天拉水、拉膿血……無情的疾病折磨著孩子。到了農曆四月下旬，小鍾霖這株幼苗便枯萎了……

在小鍾霖還躺在病床上時，那邊小鍾琦也病倒了。失去霖兒後，蔣天樞夫婦更加精心地護理著小鍾琦。度日如年地好不容易挨到舊曆五月一日，小鍾霖走後不到一個星期，無情的疾病又吞噬了小鐘琦的生命。

遽失兩兒之痛，在不停地折磨著蔣天樞。他終日以淚洗面，不吃也不喝，閉上眼睛就是一場噩夢，往往流著淚水睡去，醒來就捶床大慟……[116]

天道不公，命運之神常常來欺凌弱者。1942年十月，蔣天樞突然高燒燙人，脉搏遲緩，腹中脹氣，皮膚上出現星星點點的玫瑰紅斑疫。醫生診斷為傷寒。為防傳染，蔣天樞遵照醫生所囑，住進了教會醫院，與家人隔離開來。

傷寒病人特別需要飲食與護理。夫人劉青蓮因小女兒尚在繈褓，不敢把孩子帶進醫院，只好把外甥朱子方（東大文科所研究生）找來做幫手。醫院裏，白天由劉青蓮服侍病人吃飯、服藥，晚上便由朱子方過來陪夜。

傷寒病患者舌苔厚膩，食而不知其味。蔣天樞不知這就是傷寒的症狀，總嫌飯菜不香，嘴裏沒味。一天，他心血來潮，不遵醫生囑咐，不聽夫人勸告，「咯嘣咯嘣」地大嚼起五香鐵蠶豆。鐵蠶豆這麼硬，胃子咋能吃得消！

口福過後，病魔的報復也來得特別快！當夜，蔣天樞的體溫驟然升高，便

---

[115] 參見左承統：《左承統回憶錄》（長沙：湖南人民出版社，2010年），第59-60頁。
[116] 據朱浩熙：《蔣天樞傳》（北京：作家出版社，2002年），第74-76頁。

血不止，隨後便是神志不清。尚未痊愈的傷病加重了。醫生說，傷寒病人腸道相當脆弱，對不易消化的食物拒絕接受，稍有不慎，就會出現腸出血甚至腸穿孔，危及生命。一見此狀，擔任夜間護理的朱子方大驚失色，立即去找大夫，又忙著通知舅母，隨之是緊張的搶救輸血。[117]

從昏迷中醒來，蔣天樞說不出的愧疚和悔恨。住院療效不大，又花錢太多。這使家庭雪上加霜。蔣天樞便於1943年春天出院回家，「改服中藥，經夏痊愈」。[118]

蔣天樞教授的故事只是一個縮影。東大校友李堯東回憶當年的生活時說，「抗戰艱苦時期缺醫少藥，校醫處只能做簡易的病情處理治療。同學們一般生病也少求治，隨身常帶一個『虎標永安堂萬金油』小盒，不管什麼傷痛，都抹上一些求得緩解。雖然也有醫院和慈善機構辦的簡陋醫藥事業，醫藥費總是付不起的，對於生病的同學也有互助解囊相助，只能暫時解決一下，長期無法治療使人困擾、憤懣。我曾經為此畫過一幅漫畫，投在成都《新新新聞》謝趣生編的每周漫畫版上刊出，標題就是『十字門兒大打開，有病無錢莫進來』，呼籲醫院給貧困者打開方便之門，不過也只是空話吶喊而已。」[119]

東北大學成立初期，在其南校、北校分別設有校醫室。1929年9月，南北兩校合在一處後，成立了東北大學醫院（醫院主任兼校醫齊清心，獲美國杰弗遜醫科大學博士學位）。東大醫院設手術室，備置多種器具以供施行簡單手術並換藥之用；設內科診察室以診察內科各症；設化驗室以供作簡單之醫化學分析及其他試驗之用；設藥房一處備置各種精良藥品以便校內人員購取。「九一八」事變後，流亡到關內的東北大學實行校醫室制，在東大任校醫的先後有剛時、王文鐸、李樹萱（蔭堂）、宋鷺冰等。

校方對校醫部所負責的具體事項明確為八點：關於檢查新生體格事宜、關於診療學生病症事宜、關於檢查學生食品飲料事宜、關於檢查學生寢室之清潔及溫度事宜、關於施種牛痘事宜、關於實行消毒及預防傳染病事宜、關於施行健康診斷事宜、關於會商庶務部辦理衛生事宜。為加強醫務工作管理，學校還

---

[117] 據朱浩熙：《蔣天樞傳》（北京：作家出版社，2002年），第80-82頁。

[118] 蔣天樞：〈丁丑丙戌間論學雜著序言〉，《論學雜著》（鄭州：中州古籍出版社，1985年），第3頁。

[119] 李堯東：〈抗戰時期流亡三台的東北大學學生生活素描〉，政協四川省綿陽市文史委編：《綿陽市文史資料選輯》（1995）第十三輯，第110頁。

制定過《校醫院章程》《醫院藥房章程》《校衛生委員會組織章程》《東北大學工廠醫務室規則》等規章。1939年，東北大學「以藥物日見增長其價值多有超出平時十倍至二十倍以上者」，故特製定《校醫室藥物費收取辦法》，「凡本校教職員、學生及工友遇有疾病經校醫診視後認為必須治療均得免除一切藥費；本校教職員每月薪金在百元以上者其眷屬來校診病所需藥物，均照藥物之購買價格收取藥物費；本校教職員每月薪金收入不足百元者其眷屬所需藥物減半收費」云云。[120]

這裏說說東大聘請的一位中醫顧問宋鷺冰（1905-1985）醫師。

宋醫師原名瑾瑜，字鷺冰。三台縣潼川鎮人，世居城關鎮東南角之三角井。少時進過私塾，攻讀過舊學，對經、史、文、哲均有根底。年稍長考入潼川府屬高級中學，從而接受新的科學知識，成績優異。後來到成都考上四川省立外國語專門學校就讀並畢業。他自小就對中藥材、中醫學進行勤奮的自學、鑽研。縣人相傳，他原沒有中醫業師，為了能給人看病，於1931年5月參加全縣中醫師行醫資格考試，名列「甲三」（即甲等第三名）。

宋鷺冰1933年起在三台掛牌行醫，幾年後又去重慶開業診病，一時名聲大震，轟動山城。後因日寇頻繁轟炸重慶，於是回到家鄉。不久與友人集資，在三台縣城關上南街開設了一個名為「韓康市」的中藥鋪。他自己就在此坐堂聽診，1940年受聘擔任國立東北大學的校醫。在東大先修班就讀過的三台人袁誨餘回憶：

> 宋鷺冰任東大校醫期間，常與東北大學特別是與文學院的知名學者，諸如金毓黻、陸侃如、馮沅君、楊向奎、陳述、丁山、高亨、孫道升來往，尤其同趙紀彬、楊榮國（中共地下黨人）、董每戡、葉丁易（民盟成員）教授甚為親近。
>
> 1942年以後，東大文學院諸教授由於醞釀如何紀念唐代大詩人，又為蜀中學子就讀之便，乃有倡辦草堂書院之建議，除當即得到鄰近八九個縣的地方人士贊同，而宋鷺冰正是參與創建該校中最熱心的一位贊助人。

---

[120] 參見楊佩禎等主編：《東北大學校志》第一卷下冊（瀋陽：東北大學出版社，2008年），第1035頁。

......

　　宋鷺冰為使初創的草堂國專發展，特地親自禮請曾任重慶市長的李
宏錕出任校董，後被任為第一任董事長。其後邀請蒙文通擔任國專校
長，也是出自宋教授的積極建議。[121]

　　1956年，宋鷺冰調成都中醫進修學校，後轉入成都中醫學院任教。1978年
聘為教授，並擔任中醫內科學碩士研究生導師。他主講《中醫溫病學》課程，
並曾講授《中醫各家學說》課程。尤其門人弟子記錄整理的《宋鷺冰溫病論述
及疑難雜證經驗集》（四川科學技術出版社1992年版），集中反映了他在溫病
學說和臨症治療上的學術見解和寶貴經驗。晚年曾主編《中醫病因病機學》
（人民衛生出版社1997年版），闡述中醫病因病機學說，是系統完備的一部基
礎理論性專著。

十四、天災與物價

　　用「多災多難」形容三四十年代的三台縣，一點也不過分。1936年繼夏旱
之後，秋天又是水災；1937年、1938年又遭風災，1939年復遭冰雹；1941年再
遭旱災，1945年又受水災。農民一年的收成勉強能夠糊口的人確實不多。加上
政府從1939年起，又把歷來用貨幣繳納的糧稅改為徵收實物。糧農們雖然勉強
完成了任務，但是大多數都地在外縣買進來的。所以說當時的農民真的是「十
室九空」。

　　1940年冬至1941年春的三個月中，只下了幾次小雨。這對久旱的豆麥，簡
直無濟於事。進入夏季，「非密雲而不雨，即夾日而生風。未種者望斷雲霓，
見地曠而心碎；既種者乞靈涓滴，痛苗槁而情傷。」這樣嚴重的乾旱，一直持
續到八月份。貧困的農民們，不僅食物難覓，就是飲水也不容易找了。縣長吳
業祥給省政府的文電中說：「本縣所轄六十多個鄉鎮，除城廂鎮外，其餘五十
九鄉均遭天旱。以全縣面積人口計，幾占十分之七八。」又說：「本縣旱災異

[121] 袁誨餘：〈東北大學的一位校醫——當代著名中醫宋鷺冰教授〉，相樹春等主編：《我們走過的路》（北京：今日中國出版社，1993年），第140-141頁。

常奇重，自春徂夏，雨澤愆期。上年小春收穫既欠，大春又未下種，即有種者，亦被狂風烈日吹曬枯焦，現已收成無望。各鄉人民仿徨失措，以至饑民四起，全縣騷然。如結群吃大戶，層見迭出。各區、鄉報請救濟之文，有如雪片而來，實感應付維艱。」[122]的確，厚厚的一疊請求救濟的電報，至今還保存在三台檔案館裏。

關於1941年的這次旱災，東北大學文科研究所任主任金毓黻教授在其《靜晤室日記》（遼瀋書社1993年版）中有不少記載（句末括弧裏的數據為日記頁碼）：

4月23日：日來亢旱無雨，米價大漲，令人悶損。（P4702-4703）

4月24日：昨夜今夜均有雨，而點滴不能潤田，奈何！（P4703）

4月26日：日來天陰微雨而不能沾足，米價日漲，市上乏米，頗以為憂。（P4705）

5月11日：今晨天作密雨，已而雨止雲升，如張厚幕，可保終日無警，群情甚快，奔走竟日，不覺其勞，是天公有意助我輩也。夜雨甚旺。（P4714）

5月12日：陰雨終日，田中水滿，農人插秧無虞矣。數月來磐溪無水，今日乃奔騰而下，重睹往年景象，有秋之兆已驗於此。（P4714）

6月4日：日內無雨亢旱，天偶陰而不雨。（P4729）

災民在6月份恐慌到了極點。6月4日，樂安鄉胡明貴、胡宗恕等六七百人，荷鋤挑箕到北壩龍潭溝挖「龍潭」祈雨。縣長害怕人們聚集多了發生意外，電請保安處前來鎮壓。6月14日，毗連中江的柏樹鄉，與鹽亭接壤的香山鄉，走投無路的饑民們，要求鄉公所給與賑濟，但都未得到稍微滿意的答復。饑渴而憤怒的農民一氣之下，分別搗毀了這兩座鄉公所，鄉公所的人都逃匿了。秋林鄉鄉長給縣長的呈文中寫道：「饑民之中，其弱者尚哀泣乞憐，其強者竟成群估索，童號婦泣慘不忍聞。暮叩昏求，艱於應付。此方勸以善言，彼方視為畫餅。蓋雖萬般巧言以相投，不如半碗殘湯之可貴。即使甘霖下降，亦無解於目

---

[122] 唐太沛：〈民國三十年旱災記略〉，政協四川省三台縣文史委編：《三台文史資料選輯》（1986年）第五輯，第47。

前之急也。」[123]的確如此，災民們鋌而走險也是可以理解的。「餓殍盈途」是當時真實的寫照。

旱災四年之後，三台縣又遭遇特大水災。

1945年7月下旬，三台霪雨霏霏。8月31日後至9月1日拂曉前，晝夜傾盆如注。縣境涪、凱兩江洪水突然同時漲，城周河道立水高達二丈有餘。縣城東南西三面均已進水，附城損失尤重，水位高過路面一丈左右。兩江沿岸房屋倒塌，農田毀壞，牲畜被沖走，民眾無家可歸者成千上萬。三台中學校史載：「東北大學後城垣潰於洪水，水漫校園。東大與省高中之間土牆浸垮。省高中後半部教室、寢室、食堂、廚房、操場、廁所和集賢閣等處，悉浸泡洪水中。」[124]東北大學中文系教授蔣天樞回憶：「乙酉八月，日本投降。值江漲，院內可行船，所居水深沒腰，遷居山坡上民居，間有人露宿，與鄰居同事等相對苦笑。雖慶勝利，難解愁顏。」[125]嚴蓉仙《馮沅君傳》寫道：「1945年夏秋之交，抗日戰場捷報頻傳，但四川沿江卻發生了水患。三台所遭遇到的洪災，據說是六十年一遇。八月底，這座兩面臨江的小城，已三面進水，老百姓扶老攜幼，抱著被褥，挑著箱籠，向高處逃命。入夜，風大雨急，大樹房屋被巨浪沖走，人們一片驚呼。馮沅君、陸侃如擠在人群中，逃到了高處房子的閣樓上，看著外頭洶涌的水勢，聽著淒厲的風聲和人們驚恐的喊叫聲，艱難地熬過了一夜。」[126]

三台地方文史資料記載：這次洪水暴漲時，濱涪江水田稻穀多被沖刷。已收到家的糧食穀物多被水蕩去；未收的浸漬田中，多半發芽，芽長達一寸多；堰埂也被洪水沖壞多處。奎星、鎮江兩個旱壩及彭家脊、張家脊、李家脊等處均為涪江圍繞，這次皆被洪水淹沒。深至三、四尺不等，旱糧被水浸壞或沖刷沉澱無收。僅這幾處沿河被水沖崩的熟地就在六百畝以上。經山洪沖刷的田地房屋，「只見禾稼、茅舍、順流而下，匯入涪江即不見蹤影。」到鄉公所請求救援之災民成群結隊。

---

[123] 唐太沛：〈民國三十年旱災記略〉，政協四川省三台縣文史委編：《三台文史資料選輯》（1986年）第五輯，第48頁。

[124] 柯海生、唐永齊主編：《四川省三台中學校百年校史》（內部編印，2006年），第18頁。

[125] 蔣天樞：〈丁丑丙戌間論學雜著序言〉，《論學雜著》（鄭州：中州古籍出版社，1985年），第2頁。

[126] 嚴蓉仙：《馮沅君傳》（北京：人民文學出版社，2008年），第207頁。

　　沿涪江、凱江的其他鄉鎮鄉災情，也基本相似。當時縣政府建設科技士陳國楨會同區、鄉、保長，對十個鄉作了重點調查：「計經十有餘鄉，全縣災民竟達三萬餘口，其中家喪人亡流離失所，而以苕尖、花生尖、青菜葉充饑，以古廟或人戶檐下棲身，淪為乞丐嗷嗷待賑者約四五百人。又被水沖刷變為石屑沙壩，地滄糧存者約七千餘畝。上熟良土而變為劣瘠或不堪耕種者不可數計。各種已收未收之糧食如紅苕、玉米、花生、稻穀被沙壓、水沖損失者，全縣估計約二十餘萬石。房屋倒塌，人口死亡，牲畜遭殃，更為慘不堪言。其中尤以新德、尊勝、劉營、花園、靈興、城廂為最甚……當職前往勘災時，各災民均攜兒帶女，扶老攜幼，團擁前來呈泣苦衷。並請職等詳簽鈞座仁恩博施，准予轉請層峰豁免本年糧賦……」[127]

　　自然災害對人們的生活影響是深遠的，因為它可推動未來糧食價格走強。1941年，東北大學經濟系學生在田克明教授指導下，完成了〈三台零售物價變動之分析〉，其中關於糧食價格上漲的因素分析裏，除了戰爭、交通等因素外，主要就是旱災了：

　　「自1940年7月以後，總指數大體可謂隨糧食類指數之上漲而上漲，且其漲勢之猛為前三期所不及，至是年底竟突破一千大關而扶搖直上矣。……全川糧價因冬旱春荒及人口增多，一再飛漲；其他土貨之生產者為維持生活，自亦抬高其價格，因而造成物價之普遍性。物價依累積性及普遍性而加速上漲之現象，其餘零售物價上較於躉售物價上為尤甚，整個後方如此，三台豈能例外。……至1941年春，旱象尤甚，加以地主留藏，商人操縱，米價遂入無市狀態，影響所及，各物齊漲，故1941年7月之總指數竟高達1743.11。

　　「1941年初，糧價仍繼以往趨勢猛烈上漲，至7月份指數竟突破三千大關，而造成分類指數中之最高峰，此後迅速下降，至10月又復昂然直上，此中原因甚多，其激漲也，一則因冬旱春荒引起社會畸形心理之發展，於是富商大戶相率囤積居奇……9月底10月初，此間屬行實物徵收，糧價乃隨之抬頭，加以春旱麥收不佳，存麥無多，至此遂告恐慌，價格一再激漲。結果10月指數又迅速上升，而達2866.73，若與旱象嚴重期之6月指數相比，反有過之而無不及。

[127] 唐太沛：〈民國三十四年水災記略〉，政協四川省三台縣文史委編：《三台文史資料選輯》（1986年）第五輯，第52-53頁。

「又今年5月其他食物類指數為924.12，較上月跌落5.58，此由於5月間豬肉、豬油價格之猛跌。蓋彼時川北苦旱，素以飼豬乏大麥，移作民食，而拋售生豬，同時購食豬肉、豬油者減少，價格大跌。迨8月糧價因收成轉佳而狂跌，飼豬者不售生豬、油、肉，供需失調，價格遂又猛漲。故此種變動之起勢恰與糧食類指數之變動相反。由此可知其他食物價格與糧價實息息相關者也。」[128]

總之，抗戰爆發五年（1937.7-1941.10）來，「三台各類零售物價變動之劇烈，確足驚人。最近尤以糧食、燃料、衣料三類之增漲為最速。雜項類之地位雖不重要，然因其隨他類物價之上漲而上漲，對於吾人生活上之影響，亦未可忽視。其他食物類指數數年來雖恒居末位，然以受糧價高漲之牽制，其上漲甚緩者，正足以說明吾人戰時生活營養之不足也。零售物價上漲之結果，直接影響人民之生計。一般依固定收入以維生活者，於物價暴漲之後，不能以原有之貨幣收入，購得其日常消費品之原有數量，其物質享受，勢必降低。甚至有辛勤終日而溫飽猶慮不給者，如教育機關之教職員，地方團隊之官兵及各機關之公務員等，均為最感困難者也。」[129]

十五、 日禍與防空

1938年2月18日，日機九架空襲重慶。這是檔案記載抗戰時期日機第一次轟炸重慶，標誌著「重慶大轟炸」[130]正式拉開序幕。形勢日益嚴峻，三台縣長鄭獻徵在日記中記下當時的危難：

> 自全面抗戰展開以來，敵方常以空軍轟炸戰區域，冀圖擾亂我後方，暴力所及多成焦土，吾川以國府移渝，目標甚大，邇來渝萬各地已有

---

[128] 馬偉地、錢壽康：〈三台零售物價變動之分析〉，唐宏毅主編：《東北大學在三台》（成都：四川大學出版社，1991年），第180頁。

[129] 馬偉地、錢壽康：〈三台零售物價變動之分析〉，唐宏毅主編：《東北大學在三台》（成都：四川大學出版社，1991年），第182頁。

[130] 從1938年2月到1944年12月，長達六年又十個月的時間裏，侵華日軍集中其陸軍和海軍的主要航空兵力，對重慶及其周邊地區進行了長時間的轟炸，史稱「重慶大轟炸」。日軍對重慶實施的無差別轟炸，其轟炸時間之長、次數之多、手段之殘忍、造成災難之深重，不僅居於中國各大城市之首，而且在世界反法西斯各國城市中也十分罕見。

敵機來襲，三台位當川北樞紐，扼川陝航路咽喉，為敵機北來必經之地。[131]

金毓黻教授到東大後，於1939年12月21日在致樂山武漢大學友人黃焯信中，十分樂觀地說：「此間亦見警報，敵機曾自城上過二次，以無特殊目標，故無被襲之可慮。弟每聞機聲，即避入校後防空壕內，仍然執卷誦覽，不異平常，蓋與在渝校之情景為不侔矣。」[132]

東北大學蔣天樞教授在其論學雜著序言中，曾經回憶在三台遭受日機侵擾的情況：

> 次年（己卯），空警日多，入夏尤甚，余凡遇險多次，以本年夏為最。寓樓之左側即東城垣，垣內皆窪地，所居樓在陡坡上，下距窪地丈餘。院外迤南田中，遍布防空壕，有警則妻攜兒急避其中。某日，瞥見窗外敵機已至，急下樓出東角門躍下窪地，則保姆負霖兒及英文教師殷葆瑮已先在。背倚坡地上視，敵機已在投彈，先一彈稍偏西，響震劇烈，次一彈，頂空直下，懼難免。幸稍偏東落城牆外。出見迤西民家房全毀，後聞全家罹難，僅一兒匿櫃牆之間獲免。時妻已攜兒自壕出，震劇，兒鼻血流滿面。妻遂攜兩兒逃避鄉村，余獨留城居。[133]

按，己卯為1939年。此文為1982年夏天所作，疑作者記憶有誤。因為抗戰八年時間裏，三台縣城曾兩次遭受日機轟炸，一次是1940年7月10日，還一次是1941年7月27日。

1940年7月10日（農曆六月初六），天氣晴朗，萬里無雲。上午十時許，突然，防空哨所發出空襲警報聲。人們因空襲警報日煩，抱著僥幸心理，故只有少數人出城躲避。約二十分鐘後，敵機二十七架經過三台上空，隊形分為前鋒和左右兩翼三個隊呈品字形，向成都方向飛去。半小時後，敵機突然從原線

[131] [法]鄭碧賢：《鄭澤堰：民國縣長鄭獻徵傳奇》（北京：三聯書店，2012年），第149頁。
[132] 金毓黻：《靜晤室日記》第六冊（瀋陽：遼瀋出版社，1993年），第4431頁。
[133] 蔣天樞：〈丁丑丙戌間論學雜著序言〉，《論學雜著》（鄭州：中州古籍出版社，1985年），第2頁。

返航,飛到三台的北塔、鳳凰山上空,便把隊形拉伸,排成一字形。這時,人們知道要投彈了,頓時驚惶起來。不到兩秒鐘,就聽到炸彈在空中的沙沙摩擦聲,隨即在正北偏東方向落下炸彈,響聲震天,烟塵彌漫,牆倒、房摧,地裂山搖。敵機投彈後,又乘勢降到離地面二、三十公尺低空,用機槍掃射,恣意橫行,毫無忌憚。由於三台沒有一點防空設備,任其摧殘,為之奈何!

據三台縣檔案資料記載:此次轟炸,敵機共投彈92枚,投燃燒彈11枚,炸死成年男女和兒童93人,重傷74人,輕傷97人。炸毀民房507間,受災居民560戶。還有許多機關被炸,其中縣政府大部分被炸,炸死5人(小孩1人),重傷1人,輕傷5人;監獄被炸,傷12人,還逃跑40人;其他受炸損失較重的有國民黨縣黨部、川北鹽務局、縣商會、國本初中、縣徵收局、圖書館、救濟院、佛教會、北城小學、吉太絲廠等。平民損失重大,多數傾家蕩產,居民受炸區以東、北市區最重,特別是北門內一帶地區。[134]轟炸當天,東北大學臧啟芳校長曾主持三台縣防空委員會採取救濟撫恤措施。事後,三台縣長吳業祥在致省防空司令部呈文「關於被炸後之緊急處置」部分中說:「時東北大學員生,暨鹽務稅警協助救護,亦頗努力。因此,各項救護工作極為迅速,殆警報解除,交通立復常態。隨借東北大學地開緊急會議……」[135]

一年之後。1941年7月27日(農曆閏六月初四)上午十點左右,在鄉下住宅大門口竹林邊玩耍的少年伯黎,看見對面天星磨山頂的上空,有九架日本飛機從西向三台城的方向飛去,不一會兒,就聽到了炸彈爆炸的響聲,家裏的長輩們都在議論著:「從響聲判斷,今天三台城又挨炸彈了。」下午日寇飛機轟炸三台的消息就傳來了。據載,日軍第二次轟炸三台,出動飛機九架,共投彈十八枚,傷亡市民二十人,毀壞了一部分房屋,受炸主要是城南皂角城一帶。[136]東北大學金毓黻教授日記中也有這次轟炸的記載:「(7月27日星期日)午前孟博、晉生、勵儉、鴻翥、述言、哲先、穆清七君來訪,為備午餐。方午聞敵機聲自空中過,旋見城中起烟,始知敵機投彈。哲先諸君,均急歸城。晚間城中

[134] 據諶治章:〈日本飛機兩次轟炸三台的暴行〉,政協四川省三台縣文史委編:《三台文史資料選輯》(1985年)第二輯,第62-63頁。
[135] 四川省檔案館編:《川魂——四川抗戰檔案史料選編》(成都:西南交通大學出版社,2005年),第77頁。
[136] 據諶治章:〈日本飛機兩次轟炸三台的暴行〉,政協四川省三台縣文史委編:《三台文史資料選輯》(1985年)第二輯,第63頁。

來人言，城中落彈二十餘，民眾教育館、合作倉庫被毀，潼高中學、三角井、前後小灣一帶均落彈，死數人，傷十餘人，災情較去年為輕。據報閬中、鹽亭等地皆被炸，此為敵機襲潼之第二次。」[137]按，文中的孟博、晉生、勵儉、鴻翥、述言、哲先、穆清分別是東大教授藍文徵、高亨、鄭資約、趙鴻翥、陳克孚、臧啟芳、婁學熙。

兩次轟炸都未見東北大學校舍挨炸的記載，原因何在？姜亮夫在文章中說：「有一次日機來炸三台，找東北大學的目標，但目標不顯著，日機就亂炸一通！為什麼呢？因為房子是修整了，但不用白色的粉牆，牆成灰色的，外表和當地老百姓的房屋顏色接近，敵機分辨不清，只有一個大操場比較明顯，所以敵機狂炸時最後兩顆炸彈是扔在操場上，其他的炸彈都在城外的曠野。這充分說明三台東北大學在整修時連牆色都事先考慮過的，而操場因為太平整無法掩蓋。」[138]日寇為何找東大作為目標呢？姜教授的主觀臆測顯然站不住腳。研究西南抗戰史發現，日寇對整個四川省的空襲，大致分為三個階段：早期階段（1938年）、中期階段（1939-1941年）、後期階段（1943-1944年）。三台兩次挨炸正處於中期階段。

1938年10月武漢失守後，抗戰進入了戰略相持階段。日軍由於戰區擴大，兵力不足，加之中國中西部的山地戰場不能充分發揮其機械化部隊的威力，因而軍事進展遲緩，始覺單靠武力不足以解決中國問題。速戰速決既不可能，於是日軍改變侵華政策，對國民政府採取以政治誘降為主的方針，企圖實現所謂「速和速決」。日本空軍為了與此配合，也改變策略，以戰略攻擊為主，戰略襲擊為輔，轟炸目標迅速由線擴展到面，範圍遍及中國後方的廣大城市，甚至農村也不能幸免。這樣做的目的，就是要危害無辜平民，打擊中國人民的抗戰決心，擾亂後方的社會秩序，破壞中國的抗戰潛力，以此迫使中國政府投降。[139]

基於這種「以炸迫降」的策略，日寇在這三年之中，調集其侵華空軍的主要力量，肆無忌憚並連續不斷地對四川進行所謂「空中閃擊」，每次出動大隊

[137] 金毓黻：《靜晤室日記》第六冊（瀋陽：遼瀋出版社，1993年），第4749頁。

[138] 姜亮夫：〈三台歲月——國難中的東北大學雜記〉，《姜亮夫全集》第24卷（昆明：雲南人民出版社，2002年），第209頁。

[139] 據謝世廉主編：《川渝大轟炸》（成都：西南交通大學出版社，2005年），第161頁。

機群，時而分批進擾，時而集團襲擊，規模之大、轟炸之烈，都是其他省區所罕見的。特別是此期間夏秋兩季，四川人民幾乎難有安寧之日。在這三年時間內，全川共有六七十個市縣遭到了日機的空襲，三台即是其中之一。東北大學能在兩次空襲中倖免於難，實屬上天眷顧，運氣使然。

　　說到空襲跑警報，很容易想到汪曾祺的經典散文《跑警報》，繼而想到昆明的西南聯大師生們。殊不知，跑警報也是後方三台小城東北大學師生們生活的一部分。1940年考入東大經濟學系的李永康，曾回憶當年遭遇空襲躲警報的情景：

> 民國廿九年至卅三年，日軍空襲，最為頻繁，也是我國遭受損害最慘重的幾年。重慶陪都，政治文化中心，自不待言。……後方都市，常有警報。三台雖非軍事要地、交通樞紐，空襲警報，仍時有所聞。當發生空襲訊息時，先掛報警球，到一定距離時，發空襲警報，鳴電笛長短聲互間，再近則發緊急警報，電笛連續短聲，甚感恐懼。機關、團體學校均設防空洞，作緊急避難之用。三台地勢平坦，又甚廣闊，城內城外，均系平原，須走出數里外，方有小山，每遇警報時，一看掛球，便有人行動，三三兩兩，攜帶書冊、衣物及簡單食物、飲水等，步行向郊區疏散。往往走出三五里、七八里，乾脆借機踏青、郊遊，待警報解除後返校。有時從開始有警報訊息到解除，常常三兩小時，半日時光白白虛耗。[140]

　　經濟系畢業的沈公尚又說：「時有空襲警報深夜長鳴，我們從夢中驚醒，僅帶著一些單薄的寒衣，跑出北門，蹲在農田深溝裏度過不知多少不眠的夜。」[141]姜亮夫教授在回憶中提到一個可貴的細節：「校方許多事情想得很周到。校方估計日機要來轟炸，學生要迅速疏散出去才行，假如都從城門口擠出去，那和三台老百姓發生矛盾，為了不和當地百姓同時擠城門，校方就在操場後邊，搭上梯子，把城牆磚拿掉一點，由此處學生可爬出城牆向田野裏疏

---

[140] 李永康：〈念三台　思母校〉，東北大學旅台校友會編：《國立東北大學七十周年紀念特刊》（1993年）。

[141] 沈公尚：〈憶四川三台東北大學〉，相樹春等主編：《我們走過的路》（北京：今日中國出版社，1993年），第144頁。

散。」[142]又說：「我們夫婦住在郊外，一座小山麓下農民自修的房屋……有了警報就向山洞跑，住所離山洞大概十分鐘路程，快走只要五分鐘」，「當時我們的薪水尚可，每月有三百多元，我們夫婦倆是夠用了……生活確實不必發愁，但成天是提心吊膽怕轟炸，日機不僅炸成都，三台也經常來投彈。有一天我們無聊，用《易經》卜卦，卦上說『鳥焚其巢』，我想三台確不保險，乾脆搬到三四里外的袁家居住，這袁家是女主人當家，是自己設計建造的小樓房。第一天剛搬去住下，第二天日機果然來炸三台，原來我住的房舍被炸毀。幸好及時搬出，否則房毀人亡，此事與『鳥焚其巢』真是偶然巧合了。」[143]

金毓黻教授自1940年8月份到東大建立東北史地經濟研究室之後，一年間的日記中有十幾次空襲警報記載（句末括弧裏的數字為《靜晤室日記》頁碼）：

> 1940年9月3日（星期二）：午前有警報二次，逾午始解，余避於趙岩。（P4581）
>
> 9月12日（星期四）：午間有警報，避於山上，已而無事。（P4585）
>
> 9月14日（星期六）：午間、夜間俱有警報，皆無事。（P4586）
>
> 9月15日（星期日）：雨中有警報。（P4586）
>
> 10月6日（星期日）：午間有警報。（P4593）
>
> 10月12日（星期六）：午間有警報，聞飛機聲。（P4594）
>
> 10月13日（星期四）：午間有警，已而無事。（P4594）
>
> 12月1日（星期日）：午間有警，已而無事。（P4611）
>
> 12月30日（星期一）：午間有警報，敵機自空中飛過。（P4611）
>
> 1941年2月4日（星期二）：午間有警報。（P4648）
>
> 7月29日（星期二）：晨八時有警報，至晚四時乃解，不啻整日。（P4750）
>
> 7月30日（星期三）：午前有警報。（P4751）
>
> 8月10日（星期日）：今日凡發警報五次，入夜尚未解。（P4757）
>
> 8月11日（星期一）：晨間，有人言重慶市昨日徹夜未解警報：今晨昧

[142] 姜亮夫：〈三台歲月——國難中的東北大學雜記〉，《姜亮夫全集》第24卷（昆明：雲南人民出版社，2002年），第209-210頁。

[143] 姜亮夫：〈三台歲月——國難中的東北大學雜記〉，《姜亮夫全集》第24卷（昆明：雲南人民出版社，2002年），第211頁。

> 爽，此間亦發急警，此敵人加緊侵略之征也。
> （P4758）
>
> 8月22日（星期五）：晨起入城辦事，未午有警報甚急，乃與晉生、孟
> 博、炳南三君出西門，頗覺狼狽。（P4780）

　　日機轟炸既然連三台也不放過，防空設施是必須的。鄭獻徵縣長在一份文告中明確規定：「決定於附城高地配備武力，並於城廂及重要場鎮建築防空壕，期以減少敵機所予之損害。規定公共防空壕，即就住區內派款征工建築，其屬於機關學校及私人者，自行設法鳩工建築，並請於文到兩周內完工，俾免空襲時互相驚擾，反予敵機以襲擊之目標。除分別函令外，相應抄送建築防空壕辦法一份，查照辦理如期完成為荷。」[144]

　　東北大學也不甘落後。1941年7月份，校方在西門外公園內牛頭山開鑿防空石洞。該防空洞為十字形，長千餘米；洞寬、高各為二米左右；設三個出入口，可容逾千人。指揮作戰室、武器彈藥和食品、藥物儲藏室即飲用水井等，一應俱全。為了儘快修好防空洞時，同學們利用課餘時間，到此項工程中參加義務勞動。

　　鄭碧賢在乃父的傳記中特意對這個防空洞做了一番描繪：

> 　　東北大學防空洞，屬掩體防空洞，由東大土木工程系設計。
>
> 　　它建在樹木林立的牛頭山，順臺階下到洞口，再進入山的腹心，內呈「巨」字形，面積七百平方米；有指揮部、貯藏室、避難室，能容納一千五百人。石結構的防空洞全部用一米長條石砌成圓拱形，洞外山崖通風口被綠樹覆蓋，隱蔽、安全，是全三台縣最好的防空洞。敵機曾扔了幾十顆炸彈，但它毫髮無損。
>
> 　　這座防空洞，體現了土木工程系設計師們別具匠心的設計理念和高超的智慧。
>
> 　　外面是敵人的飛機在狂轟濫炸，洞內老師卻安然無恙地在吟詩：
>
> 　　「夜暗樹無影，天低雲有聲。槍移岡警動，露下草蟲鳴。」

---

[144] [法]鄭碧賢：《鄭澤堰：民國縣長鄭獻徵傳奇》（北京：三聯書店，2012年），第150頁。

「野犬吠村嚴永夜，荒雞報曉肅深更。一般不解興亡事，應信人間有太平。」

他們對於死並不恐懼，對於和平充滿信心。中國人那種大於死亡的浪漫主義的情懷，是任何侵略者都無法戰勝的精神源泉。[145]

令人唏噓的是，這座日寇用炸彈都未能摧毀的防空洞，不知被什麼人用水泥磚石把洞門給封死了，市民根本無法進去參觀，還美其名曰「國防教育基地」。

十六、閒情與雅興

課餘之暇，東北大學師生除了泡茶館，更多是室外郊遊。三台名勝古蹟頗多，其中以中山公園之牛頭山最負盛名，公園在城西牛頭山麓，牛頭山於三台、鳳凰諸峰相映對，四圍小溪，周連阡陌，兼原隰山林之美，景物極其明秀；山高約五百米，形似牛頭，四面孤絕，其上有牛頭寺。杜甫客蜀郡五年，一年居梓州，曾登其上，作詩甚多。在這兒讀著杜甫《上牛頭寺》的詩別有一番情趣：「青山意不盡，袞袞上牛頭。無復能拘礙，真成浪出遊。花濃春寺靜，竹細野池幽。何處鶯啼切，移時獨未休。」當春秋佳日，同學或師生常結伴登山攬勝，各抒所懷。翻讀東北大學金毓黻（靜庵）、潘重規（石禪）兩位教授的三台日記，郊遊賦詩的記載比比皆是。

1939年10月中旬，金毓黻向中央大學請假半年，到東北大學講授東北史。他於12月21日致信樂山武漢大學友人黃焯云：「三台附近之山水古蹟業已遊遍，所到之處必紀之以詩，同人競相唱酬，兩月之內積詩五、六十首。」[146]

1939年10月27日，是金毓黻到達三台的第二周。上午才處理完學生鬧事事宜，午後就同趙壽人（曾儔）、潘重規遊北郊。「先至琴泉寺，繼至千佛岩，觀石造佛像，崖壁有二造象，作武士裝，背有雙翼，雕法甚工，斷為唐、宋時代，此可寶之史蹟也。轉至石禪寓歸城。」[147]

[145] [法]鄭碧賢：《鄭澤堰：民國縣長鄭獻徵傳奇》（北京：三聯書店，2012年），第151-152頁。
[146] 金毓黻：《靜晤室日記》第六冊（瀋陽：遼瀋出版社，1993年），第4431頁。
[147] 金毓黻：《靜晤室日記》第六冊（瀋陽：遼瀋出版社，1993年），第4388-4389頁。

　　11月19日，星期天。午前九時，金毓黻「邀同壽人、石禪、威伯、勵儉及
殷君大鈞，湯君曉非，並史地系諸子共十五人，內有石禪夫（人）及張、李、
金、趙、紀、史、隋七君」，「出南門過郪江大橋，上南山之北麓，尋兜率寺
遺址，今稱南岳廟。……杜子美有上兜率寺詩及望兜率寺詩，是此寺之規模甚
弘，今僅一破廟，無可觀。所謂宋人題名，或即劉蛻文塚碑之所在也。在此下
瞰城內，猶有拱揖如畫之勝概。」「下山沿郪江南岸，至城東南隅，過一木橋
而北，再轉東渡涪江，至東山之麓，入東山寺……寺後山顛有浮圖九級，自塔
內拾級而升，直造七級，俯視原野，如撫幾席。寺前之秋林著霜鮮艷，丹碧相
間，映日視之絕佳，此潼川之勝境也。在寺飲水進幹糒，時已未分。出寺下
山，渡江入城，各散去。」[148]事後，金毓黻得詩一首，其餘人都有和作。

遊兜率東山二寺，呈同遊諸君子　靜庵

九曲江流好向東，喜從步履後群公。山堆原野無窮碧，林染秋霜別樣紅。
懷古渾忘身是客，登高爭奈塔當風。支離故宇傷心地，卻付迢遙一望中。

和前作　壽人

奇才能障百川東，更話鶯花欲付公。攬古可堪浮大白，看山端賞滴嫣紅。
已遲小雪來今雨，（後三日小雪節）又詠停雲敝昔風。他日兩林齊茂美，
（指《學林》、《志林》二雜志）定當照世說閫中。

同遊兜率、東山二寺，和靜庵學長韻　石禪

勝景清娛戀郭東，翩然高會托群公。天倪欲和冰堅白，（壽人考冰字古
文，象冰山形，當在三百萬年之前。）地紀能窮壤赭紅。（鄭、楊兩教授與諸
生考察涪江兩岸地質。）

好試流觴蘇氏水，（東山寺有蘇公引杯池。）敢登危塔漢王風。（靜庵悄
然獨上寺後之廢塔，咏劉季大風之歌。）遠遊故國應同感，引領江山一望中。

登東山寺和靜庵韻　哲先

縱橫敵騎遍西東，閒眺東山想謝公。極目秋原千里碧，迎人霜葉一株紅。
臨流欲咏燕歌曲，面塔空懷國士風。悵望故園何處所，四圍煙雨有無中。

　　11月26日，又是一個星期天。金毓黻「午前再至千佛崖趙岩，與拓工商
響搨之法。遇哲先、一山兩君，因與同尋岩洞之宋人題字，並登北塔。兩君之

[148] 金毓黻：《靜晤室日記》第六冊（瀋陽：遼瀋出版社，1993年），第4405-4406頁。

眷屬先來，因與同飯於塔側之朝陽觀，適有警報，時許無事。戲與兩君作打油詩，頗可發噱。其一云：『一天一首打油詩，每遇星期何所之。（金）且對金尊聽警報，好登寶塔望飛機。（蕭、金合作）趙岩千佛翻新樣，（蕭）道觀一餐仍舊饞。（蕭，臧合作）待到鐘聲解除後，（蕭）回城開飯莫嫌遲。（臧）』其二云：『麵包兩個酒三杯，主客十人一大堆。喫七八盤盼九碗，更邀四五六人來。』前一首頗能寫實，後一首則以十個數字湊成而已。午後下山，到潘寓小坐，遂散歸」。[149]

12月24日，金毓黻日記載：「午前八時許，同鴻翥、石禪、伯阜出西門，向西北傍涪江岸而行。崖間石洞極夥，入內視之，雖有深淺，大體不殊，土人呼為蠻洞，以為古代蠻人所居。西人考古者則謂為古人之墓，故以崖墓呼之，理或然也。行十二公里，至靈興場，一稱靈峰寺，以寺在其附近也。余自綿陽東來時，經此小憩，茲則為重來也，仍憩於茶肆。旋出場之西門，即見靈峰在望，相去不過數十丈耳。山名靈岩，高可五、六仞，寺在其顛，故以靈峰名之也……寺中又有明永樂五年重修華岩山靈峰禪寺碑記，蜀府紀善盧陵李子儀撰文。所塑之像皆極精工，為城內及附城諸寺所不及，據碑記則乾隆補修時所重塑也。碑又言是時植柏五千餘株，則其規制之崇閎，又可想見。惜以時間匆促，弗得深考，惟所刻三像及元、明諸碑記，擬覓工拓出，以資考證。午間，飯於場上，食其爛肉豆腐，口味頗佳。二時許離場歸來，四時許至城。」[150]

靈峰寺即事二首，呈鴻翥、石禪、伯阜
場西百步接天陂，乍到靈峰欲上遲。畫像誰摹吳道子，轉輪卻憶祖沖之。
舉頭漠漠雲為蓋，映眼森森柏當旗。佳刻如林搜不盡，四山無語客歸時。
郊行不厭入山深，景色無邊到處尋。綠意滿窗窺渡母，水中生月拜觀音。
（時有綠渡母、水觀音之稱，皆指白衣大士而言）
且從野市嘗新味，莫問盤殽費幾金。歸去輸君先得句，願將瓦缶換璆琳。
鷓鴣天　用一山詩句嵌入
北郭已教遊屐遍，東山每對夕陽斜。橙黃萬點誰家樹，菊秀千叢幾處花。
看去雁，認來鴉，問君何事滯三巴。歸心欲逐長江水，可惜東流不到家。

---

[149] 金毓黻：《靜晤室日記》第六冊（瀋陽：遼瀋出版社，1993年），第4412頁。
[150] 金毓黻：《靜晤室日記》第六冊（瀋陽：遼瀋出版社，1993年），第4433-4434頁。

1940年1月2日，潘重規日記載：「昨臧校長、蕭院長函約今日作郊遊，晨偕懷萱詣高水井。同遊者李孝同夫婦，一金二趙，並主人夫婦。九時餘，同出新西門旁牛頭山，南行馳道修平，經過大佛寺，過南門外凱江石橋，折西行二里許，造小山，山樹寺曰：雲頂（邑志雲頂山寺距縣南三里。寺基宋時已有，胡三省通鑑注已引此山名）。今蠶絲公司辦事處設於此，其經理陳君光玉，即今日招待予等之主人也。蕭予等小坐，旋導登鄰近諸山，野徑灣環，水田移影，談笑吟眺；偃息箕踞，各如客意，而冬暄風烟，若遊春和，誠得山行之樂。徜徉久之，歸寺宴飲。主人邀其同事數人作陪，一宋君，芸子先生之哲嗣。飲罷，已日昳。主人以小艇載予等歸，凱江清淺，順流而下，過石橋，水勢噴薄急溜而下，儼如過灘，再下澤夷猶安行。回望群山參差，斜日在水，江流明淨，石礫可數。三台數月郊遊，今日一得舟行之樂，可喜也！舟泊南門，步登岸，於同遊分錄歸。今日金公有作，予等皆和以無新意不錄，唯蕭公詩最佳。」[151]

按，蕭院長即蕭一山，李孝同即李光忠，「一金二趙」為金毓黻、趙曾儔、趙鴻翥。此日郊遊，在金毓黻日記裏也有記載，並錄詩若干首，惜無「蕭公」詩。姑錄幾首：

元旦翌日，同哲先、一山、孝同、石禪四伉儷，並壽人、鴻翥二君遊城南雲頂寺，絲業公司主人留飲，作歌紀之　靜庵

開歲休沐何所事，結侶同遊雲頂寺。裙屐風流幾少年，白髮童顏都可記。
相將策杖過長橋，心駴目眩影動搖。琳宮金碧不到眼，蒼松翠竹相招邀。
穹窿四野絕可愛，秋菊冬梅相嬗代。任他有夢到華胥，席地幕天不能礙。
拂桑分柝入寺門，漫向階前白佛言。聞說蜀江好濯錦，買絲我欲綉平原。
主人愛客出美酒，魚鱉膾鯉皆素有。群公賦詩頃刻成，可畏陳王才八斗。
座中文仲氣橫秋，一李二趙亦名流。隔席安仁與茂挺，競起飛觴相獻酬。
東家陳趙神彌旺，一口一杯頻相響。已見釵光照盞中，更教酒點飛肩上。
笑君沈醉太郎當，引滿何須論短長。此日且當逃席了，從今莫慨他人慷。
籲嗟乎！少陵客梓幾名句，張子打油如可遇。
不見西鄰大道王，（是日佩衡約同來，以事未至）牛頭山前自來去。

[151] 潘重規：《三台日記》（手稿影印本，1978年），第1-2頁。標點為筆者所加。

雲頂寺道中 靜庵

北山遊遍又南山，歷亂東西水數灣。放步欲隨飛鳥上，宅心應共野雲閒。

翩翩驥尾猶能附，滾滾牛頭未可攀。岩畔梅花開也未，賦詩當在廣平間。

次韻靜庵遊雲頂寺 壽人

健看腰腳賭尋山，樹影溪流莽一灣。佳境且從忙裏寫，新詩莫遣座中閒。

多斟軟飽茶猶醉，翠竹紅梅跡可攀。歸去扁舟搖曳處，還如陶樂水雲間。

1月9日，潘重規日記又載：「晡，靜庵先生來，一僮舁長梯從，遂偕懷萱循昨徑，登山訪報恩寺。未幾，即至。以梯平閣池面，迫近觀之，其篆文乃金剛經二偈……夕歸。」[152]

戰時生活艱苦，但教授們苦中作樂，賦詩唱酬風氣特濃（不囿於遊山玩水），往往還是臧啟芳校長帶頭。比如草堂寺改建圖書館落成之日，就邀請校內能詩的教授及三台文人開了一次聯咏大會。臧啟芳率先賦詩一首：「烽火連天處處愁，蜀山遙接楚江流。夢回遼海三千里，望斷燕雲十六州。大漠窮秋沙似雪，五更殘角月如鉤。林胡未滅家何有，破敵辭封萬戶侯。」金毓黻教授也隨即吟道：「東馳西駛何時了，歲月拋多少。劇憐沐雨又櫛風，往事不堪回首百忙中！國魂民魂依然在，不怕山河改，一杯澆破古今愁，可愛四山無語水東流。」詩，道出了他們的國恨與鄉愁。

姜亮夫回憶，「有一天校長請客，宰了一隻瘦羊，我們戲稱『全羊宴』，會上校長作了一首七律詩，提出征韻和詩，當時共有二十多人參加宴會和詩，我請秋英作代表。和詩完畢，還要評詩，各人紛紛把自己的詩用紙寫好掛起讓大家邊吃邊評。有的人評原山東省秘書長陸老先生第一名，王淑英等人評秋英的詩第一名，後雖無最後定論，這樣一來秋英的詩和書法名聲大震。」[153]金毓黻日記又載：「（1939年11月30日）晚同鴻翥邀華甫、佩衡、朗軒、哲先諸君，飯於老亞芳。威伯有和東山寺紅韻最佳。」楊曾威（威伯）〈次韻和靜庵遊兜率、東山二寺〉云：「騷人漫唱大江東，共避西川作寓公。百仞江流自青碧，八方原野正殷紅。登高耿效仲宣賦，垂老猶思漢帝風。寥落草堂傷杜老，

---

[152] 潘重規：《三台日記》（手稿影印本，1978年），第7-9頁。標點為筆者所加。

[153] 姜亮夫：〈三台歲月——國難中的東北大學雜記〉，《姜亮夫全集》第24冊（昆明：雲南人民出版社，2002年），第212頁。

躬耕何處是隆中。」[154]以文會友，成了當時各界聯絡感情的絕佳方式。

　　戰時的生活儘管艱難困苦，但誰也不會像李後主那樣以淚洗面，東北大學師生都是咬緊牙根，艱苦度日。「我們的事業並不因艱難而停頓，就像自然的風景不因世亂而改觀一樣。而且生活之苦，也沒有使我們忘記山水之美。」[155]三台縣的牛頭山、雲頂寺、千佛崖，還時常有他們的足跡。

十七、高而公與讀書會、《合唱群》

　　「一個學校，一座小城，一些學生的讀書和文藝活動，一種平凡的日常鬥爭。沒有壯烈的場面，沒有驚人的故事，沒有豐功偉業。在習慣於注重顯赫聲勢的眼光看來，這太平淡無奇了。但我們無論如何也忘不掉一個人。這個人為一個偉大的事業默默地工作一生，又在默默中逝去，他的形象卻感動了許多人，受到了人們的敬愛和懷念。許多人如此敬愛和懷念他，是因為他曾經鑿開過一處岩石，引出一股溪流，注入革命的江河；是因為他那卓越不凡的思想、情操、風格、文采在人們的心裏留下了那麼深的印象，以至在歲月風雨的銷磨中毫不褪色，而且更加鮮明了。」[156]

　　這段飽含深情的文字是同學們懷念高而公，為他寫的。

　　高而公，中共新聞廣播事業的探索者，寫有許多著名的報導，但是因為家庭成分而不得重用，在文革中受到慘烈的批鬥而病逝。他青年時期在三台東北大學學習，以創辦祕密讀書會、主編《合唱群》壁報而出名。校長臧啟芳是張作霖時代東大法學院院長，高父高惜冰是工學院院長，兩人的關係極好，所以共產黨組織的許多活動是由高而公出面領頭，臧啟芳對子侄輩的激進行為當然是無奈的，只好睜一隻眼閉一隻眼。

　　高而公（1920.4.13-1976.11.15），別名鐵生，筆名梁星、古甲。出生於遼寧省鳳城縣九溝峪。他的父親高惜冰是國民政府的高級官員，美國麻省理工學院紡織系畢業。高而公就是背叛這個富裕的官宦家庭而走上革命道路的。

---

[154] 金毓黻：《靜晤室日記》第六冊（瀋陽：遼瀋出版社，1993年），第4414-4415頁。

[155] 錢歌川：〈偷青節〉，《錢歌川文集》第一卷（瀋陽：遼寧大學出版社，1988年），第492頁。

[156] 杜嘉等：〈「宏才遠志，厄于短年」——悼念高而公同志〉，《高而公文集》（北京：中國廣播電視出版社，1985年），第4-5頁。

　　1926年秋天，高而公跨進了海城小學。次年，高惜冰受聘到東北大學任教，高而公隨父親轉到瀋陽東大附小學書。1930年秋，高惜冰被任命為察哈爾省教育廳長。次年秋，他又隨家遷往張家口。1933年初，因榆關戰事[157]吃緊，全家逃到天津租界，高而公隨機轉入天津工商學院附中和南開中學讀書。1936年，高惜冰到南京出任國民政府銓敘部司長，但高而公不願在南京，隨即回北平讀書。他自入學讀書以後，全家幾次遷徙，顛沛流離，因而對日本帝國主義非常憤恨。1936年12月，經北平念一中學同學介紹，加入中華民族解放先鋒隊。從此高而公在中共組織領導下，走上了革命道路。

　　1937年秋，高而公隨家遷到上海，積極參加燕京大學地下共產黨支部負責人顧德歡等組織的平津流亡同學會的工作，表現得很出色。暑假後入讀省立上海中學，該校對學生功課要求極嚴，竭力限制學生參加社會活動。因此，他於1938年春轉入大夏附中讀書，積極開展抗日活動，1938年5月5日，經王永琪（王明遠）介紹，加入中國共產黨。

　　入黨後，高而公在大夏中學開展工作，不久他想到中共中央所在地延安學習，卻未能如願。後來他在重慶白沙考入了大學先修班，在那裏上了半年學。

　　直到1940年9月，高而公才上三台東北大學一年級讀書。「他來這裏，主要是為了找到一個進行革命活動和自學的地方；他選擇政治系，也是因為這個系的功課無須費力，就可以應付考試，以便有更多自己支配的時間。」[158]與高而公同時考入東大的歷史系吳兆光回憶說，「他給的第一個印象是非常簡樸，身軀瘦弱，剃個光頭，戴一副近視眼鏡，待人接物非常謙虛和氣。」[159]

　　初到東大的高而公，由於與共黨組織失去了關係，「這時就像一葉扁舟，在黑夜裏漂在風濤險惡的海上，但堅定、沉著，毫不偏離自己的目標」[160]。怎樣開展工作呢？他苦心求索，從中共在國統區的合法刊物《戰時青年》、《新華日報》的《青年生活》中努力體會黨的青年工作方針，用以指導自己行動，

---

[157] 1933年元月，日軍大舉進攻華北的門戶山海關（又名榆關），中國駐軍何柱國部奮起抵抗，打響了長城抗戰的第一槍，史稱「榆關抗戰」或「榆關事變」。

[158] 杜嘉等：〈「宏才遠志，厄于短年」——悼念高而公同志〉，《高而公文集》（北京：中國廣播電視出版社，1985年），第1-2頁。

[159] 吳兆光：〈我在東大的活動〉，唐宏毅主編：《東北大學在三台》（成都：四川大學出版社，1991年），第159頁。

[160] 杜嘉等：〈「宏才遠志，厄于短年」——悼念高而公同志〉，《高而公文集》（北京：中國廣播電視出版社，1985年），第2頁。

開展讀書交友的活動，發展進步力量。他邁出的第一步，是收集「火種」，即尋求具有進步思想的同學，通過讀書和交流思想，把他們聯繫起來，推動起來，共同發熱發光。就這樣，影響逐漸擴大，左傾同學慢慢多了。1941年春，他便向經濟系的胡鵬發起組織讀書會，開始參加的人有劉志鴻（劉黑枷）、李江春、石克基（鄧光）、郭秉箴、徐德明、劉流等。到1945年，祕密讀書會的成員已經發展到六七十人，加上他們聯繫的朋友，共一百餘，在學校形成了一支可觀的力量（當時東大學生共約七百餘人）。

　　為了啟發、推動同學走上革命道路，高而公就像那只衛石填海的精衛，一點一滴地工作著。他一個個地接近同學，考察他們的思想、品質和志趣，針對不同情況，幫助他們進步：專心英語的，他介紹國際友人報導解放區的材料；愛好美術的，他送去珂羅惠支的版畫；喜歡文學的，他借給高爾基的〈母親〉等作品；注重實際情況的，他便用鄒韜奮《萍踪寄語》一類的書籍幫助開竅⋯⋯如此逐漸引人入勝，一步步走上軌道，直到參加祕密的讀書小組。高而公的同班同學、馬來西亞華僑郭秉箴回憶：「他從一口沒油漆過的光木板拼成的箱子裏，取出魯迅的著作和幾十本蘇聯小說的譯本，使我在這荒漠似的環境中得到豐富的精神飽餐！⋯⋯高而公不知從哪裏經常弄來重慶的《新華日報》，往往使我撥開雲霧，回到嚴酷的現實中來。光看報紙還不能從根本上澄清對社會的認識，不久，他又弄來一本鄧初民的《社會發展史簡明教程》，使我對社會制度、階級關係等等有了起碼的理性認識⋯⋯高而公一次約我上茶館，到那裏聚集的有五、六人，有熟悉的，有認得卻不怎麼熟悉的，談起學習都有一見如故的親切感。總共搜羅到三個不同版本的《社會發展史》，只好兩個人輪著看一本。這是真正自覺的學習。我第一次上圖書館翻閱參考書，摩爾根的《古代社會研究》和達爾文的《進化論》都找得到，卻很少馬恩的著作。高而公又像變戲法似的，從他的木板箱子裏取出用桐油紙包著的《家庭、私有制和國家的起源》。」[161]

　　讀書小組也有兩種：一是打基礎的，學習內容循序漸進，從歷史唯物主義的基本觀點、科學社會主義的一般理論、中國革命的基本問題，到毛澤東的

---

[161] 郭秉箴：〈他的碑立在我心中——東北大學時代的高而公同志〉，《高而公文集》（北京：中國廣播電視出版社，1985年），第10-11頁。

著作和共產黨的文檔；一種是分門深入鑽研的，分別組成哲學、政治經濟學、文學、近代史、自然科學等小組，以及太平天國研究會。郭秉箴回憶：「我記得，當政治經濟學還湊不成一個組的時候，老高叫我和一位經濟系的同學先『學』起來，我對經濟學一竅不通，那位同學對課堂上講授的『古典經濟學』不滿意，實際上是他在輔導我，但老高卻要我考察他，我很慚愧沒有完成任務，學完了一本列昂節夫的《政治經濟學》，那位同學卻始終不敢正式參加我們的讀書會。」[162]

這些讀書會，既是學習的組織，又是團結戰鬥的細胞。為了領導好這幾個小組，成立了以高而公為首的「核心小組」。各個讀書會成員一般都不知道上面有個統一的領導。核心小組的活動方式，除祕密碰頭會外，還用傳抄入筆記的辦法（當時上課無課本，都靠筆記本，經常在課外互相傳抄核對）交換情報和看法。在這「手抄本」上還創造了不少代用語，局外人是看不懂的。如把特務叫做「領稿費的人」，把解放區叫做「劉流的家鄉」等。

高而公的文章寫得好，他主編的《合唱群》壁報在當時享有很高的盛譽。劉黑枷回憶：「高而公和我辦的壁報叫《合唱群》，獨樹一幟，讀者最多……《合唱群》壁報的第一期是1941年11月23日出刊的。以登載報告、雜文、隨筆、評論為主。仿報紙形式，手寫仿宋體，版面、標題均很講究，每期還有漫畫。我們登載過成都和郫縣囤積糧食與重要物資大案的破獲經過，也登載過題為〈汪記偽三民主義青年團〉的通訊，記述在淪陷區的上海，漢奸汪精衛的爪牙如何利用動聽的名義欺騙青年的情況，揭露得淋漓盡致。這是我們針對東北大學三青團分子撒大網拉攏同學的情況而特意刊登的，學校裏的三青團分子讀完壁報後，完全明白了我們的用意，氣得鼓鼓的，但找不到干涉我們的藉口。」[163]杜嘉等人回憶：「令人嘆為觀止的，是他主編的《合唱群》壁報，竟能使這樣一種不起眼的小小言論陣地，具有那麼強盛的生命力，發出那麼動人的光彩。在那美觀的版面上，人們可以看到雜文、隨筆、詩歌、漫畫、評論；那裏有帶刺的花，含淚的笑，指向舊世界的匕首和投槍。那既潑辣又幽默、既犀利又含蓄的筆鋒，那震聾發聵的力量，我們作為讀者，至今想起來，仍彷彿

---

[162] 同上，第11頁。
[163] 劉黑枷：〈潼川四載奏戰歌〉，丁義浩、韓斌主編：《情緣東大》（瀋陽：東北大學出版社，2013年），第23頁。

餘香在口，饒有興味；可惜沒有留下片紙，不能再來賞鑒了。」1939級經濟系的胡鵬則說：「他很有些文學聲譽，寫過一些進步的散文和雜文，給我印象較深的有《人間夜記》、《達爾文先生的科學態度》。他寫的東西，有一定的文學修養，筆鋒犀利，能吸引讀者，能啟發同學的進步要求。」[164]

高而公辦壁報時創造了一個編排方法，把一篇篇長短不一，橫直不同、寬窄各異的手寫稿，用剪貼的方法轉行拼版，穿插靈活，如同鉛印報紙一樣，成為一個絕招。在高而公的督促下，郭秉箴掌握了《菩提》壁報的編務。這個壁報的成員很複雜，但寫作水準高，內容則是放蕩不羈地以談情說愛、幽默嘲弄為能事的東西。郭秉箴回憶說，「老高教我們利用它原有的特點，不改變它的形式，但撰寫以嬉笑怒罵的筆法抨擊現實雜文，更巧妙的是把重慶《新華日報》上的文章和消息，甚至我們所能看到的一些文件上面的號召主張，加以改寫，變成自己的文章，它們和談《紅樓夢》的、談幽默和戀愛的詩文混雜在一起，招引著人們在不經意中讀到它，但又不會像一般嚴肅的報刊那樣觸目惹眼。」[165]

東大戲劇活動的真正導演也是高而公。在他的策劃下，大家抵制和瓦解了東大三青團想上演話劇《野玫瑰》宣傳法西斯主義的計劃。高而公與郭秉箴等串聯和邀請一批男女同學，「然後通過他，以他父親是東北政界元老的關係，使訓導處的負責人不得不順應他的建議」，[166]成立東大話劇社，選舉郭秉箴為社長，從而把三青團的「青年劇社」瓦解了。以後又取得文學院的一些知名教授的支持，把東大話劇社拉出校外，以「三台實驗劇團」的名義進行合法的售票演出。高而公在角色不夠時，也自告奮勇粉墨登場，在夏衍編寫的《祖國在召喚》中，他飾演了一個動搖膽怯的小人物，形象逼真。

1944夏，高而公在東大畢業，回到重慶家中。其父當時在國民政府鹽務總局擔任要職，要他在家復習英語，準備將來找機會出國留學。在重慶時，高而公聯繫上中共南方局青年工作組的負責人劉光，並向他彙報了東大左傾激進學生活動情況，得到肯定。不久，高而公為了職業問題，又去找劉光商議。劉光

[164] 胡鵬：〈關於三台東大「讀書會」〉，唐宏毅主編：《東北大學在三台》（成都：四川大學出版社，1991年），第166頁。

[165] 郭秉箴：〈他的碑立在我心中——東北大學時代的高而公同志〉，《高而公文集》（北京：中國廣播電視出版社，1985年），第12頁。

[166] 同上，第13頁。

建議他利用自己的社會關係，進入國民黨中央通訊社當「臥底」記者，從而取得了不少有重要價值的國民黨內部消息。

　　1945年，中共南方局決定動員一批知識青年到中原解放區去。據當時在南方局青年組工作的張佛翔（張黎群）回憶：「東大是由高而公進行聯繫。我們對東大情況的瞭解，也是從他那兒來的。」[167]高而公在得到這一任務後，即寫信給東大的激進學生。有資料表明，經高而公引薦的有四十二人，這個數字在當時各大學到解放區的人數中是最高的。[168]

十八、雨後春筍般的壁報

　　和大後方其他各個院校一樣，東北大學的學生為了宣傳抗日和民主，紛紛成立壁報團體。所出之壁報，日有增加，學校特許於校門左右牆上，為其粘貼之所，琳琅滿目，蔚為大觀。肖盈光曾經回憶：「東北大學在四川北部三台縣，這個縣很小，地勢偏僻，流亡到這裏求學的東北籍同學和其他省籍的左傾同學，除上課外，就是坐圖書館、打球、辦壁報。全校文藝性和綜合性壁報，經學校批準備案的有三、四十個，其中以合唱群、菩提、黑土地、新生代等壁報在同學中影響較好。我在東北大學四年中，編過交流、新生、新生代三個壁報，劉光玉、黎丁、杜嘉、隋末、肖野等同學都參加並為新生代寫過稿。其中，新生代還在三台唯一的報紙三台簡報上，作為副刊在全縣發行，由郭秉箴主編。」[169]政治系畢業的郭秉箴則說：「辦壁報成風，東大校園內外，壁報最多時經常有四、五十種，琳琅滿目，以致發生搶占地盤的爭執。人們喜歡看壁報，是因為當時的三台縣只能看到相隔三四天後的重慶、成都的報紙，整所大學裏甚至沒有一部收音機。全城只有國民黨縣黨部內有一臺乾電池收音機。他們每天收聽重慶『中央廣播電臺』的新聞，經過記錄刪節，油印成一張『今日新聞』，在各單位各部門張貼。人們感到閉塞窒息，都希望接觸各種資訊和要

---

[167] 轉引自楊重華：〈一個記者——高而公傳略〉，中共三台縣委黨史研究室網站。

[168] 杜嘉等：〈「宏才遠志，厄于短年」——悼念高而公同志〉，《高而公文集》（北京：中國廣播電視出版社，1985年），第3頁。

[169] 肖盈光：〈民主與獨裁的鬥爭——1944年東北大學學潮〉，唐宏毅主編：《東北大學在三台》（成都：四川大學出版社，1991年），第63頁。

求瞭解現實生活的真相,在當時的條件下只能期望從各種壁報的字裏行間得到一點慰藉,其中《合唱群》和《菩提》可說是最受歡迎的。」[170]

這裏有一個問題,東大三台時期到底有多少種壁報?《東北大學校志》載:「自1938年至1945年,其業經學校登記並已刊出壁報之壁報團體有57個。」[171]校志強調的是「業經學校登記並已刊出」。言外之意,一些壁報是否未經學校登記就刊出?答案是肯定的。要知道,學生壁報是需要經過校方登記審查的,如果壁報過於激進,那就不好意思了。

《東北大學八十年》載:「(1942年12月末)據本年統計,國立東北大學學生創辦的壁報共有六十餘種。壁報形式有綜合版、新聞版、文藝專刊,某一事件的特刊,還有各系的學刊,如中文系的《文學報》、歷史系的《史學》。影響大的壁報有《合唱群》、《黑土地》、《時事萃報》、《學聲》等。《時事萃報》摘錄了《新華日報》、《華西晚報》中的有關材料進行宣傳。成員有二十人左右,負責人為高嵩樸、姜志衡。《學聲》報性質與《時事萃報》性質相同,言詞更為激烈,負責人為李秀劍、陳微塵、姚漢,社員約四十人,指導員為陸侃如教授、董每戡教授。」[172]

另外,據三台縣檔案館所藏資料,1942年至1945年東北大學壁報團體共有八十個。它們是:合唱群、菩提社、晨風月刊、火把、豎琴、長江社、涪萍社、山火、荒原、熏風、心聲、新生、創作、烏拉、奔流、松濤、沉鐘、青糧、播種者、陶然亭、文學月報、阿Q壁報、夜光、黑土地、戲劇月報、新生代、詩戰線、藝苑、草堂詩畫社、劇哨社、樂潮社、求實讀書會、地光社、華風社、九月文藝社、長江筆會、經濟園地、學譯社、夜光壁報社、吳越春秋社、辛墾地、非非寫作社、東北問題研究社、詩風社、學習社、文潮壁報社、時事萃報、西光建社學會、譯風、老北風、學林、經風社、工商時代、經濟園地、海燕壁報社、峨眉社、東北、鐸聲、學聲、豫聲、生活報道、生活、前鋒論壇、青年月社三台分社、學習園地、綠野、革命軍、新思潮、鐵流、狂飆、抗敵文藝社、大刀接力、射擊手、擋箭牌、紫塞、祖國學社、草原、中文系三五級刊、中文系三六級刊、中文系三七級刊。[173]

[170] 郭秉箴:〈他的碑立在我心中——東北大學時代的高而公同志〉,《高而公文集》(北京:中國廣播電視出版社,1985年),第13頁。

[171] 楊佩禎等主編:《東北大學校志》第一卷上冊(瀋陽:東北大學出版社,2008年),第643頁。

[172] 楊佩禎等主編:《東北大學八十年》(瀋陽:東北大學出版社,2003年),第143頁。

[173] 據〈1942-1945年東大壁報團體名單〉,唐宏毅主編:《東北大學在三台》(成都:四川大學出

　　這些壁報的性質有文藝、政治、學術、新聞報導和雜論等。形式有圖文並茂的綜合版，有報紙剪貼的新聞版，有詩歌、小說、散文、評論的文藝專刊，還有針對某一件事的特刊等等。壁報團體的組織是自由結合的，人數不等，最大的上百人，最小的三兩人，其中有不少成員是交叉活動的。壁報活動既是學生們交流思想、評論爭辯的戰場，也是不同政見黨派互相拉攏團結青年的一種形式。

　　抗戰末期的壁報繁榮，其實是廣大激進青年爭取民主自由的強烈需求表現。范如富曾對東大進步壁報團體做過如下評述：「在國民黨反動政府的高壓政策下，人民沒有言論自由。在東大，由於學校反動當局的嚴厲控制，政治空氣沉悶，幾乎是死水一潭，正如成都《華西晚報》載文說，東大是『沒有太陽的學校』。為了打破這種局面，呼吸新鮮空氣，壁報便成為一種合法鬥爭的工具。據校方1943年統計，各種社團已達五十多個，包括壁報團體、學術團體、劇團等。各社團的活動形式多樣，生動活潑，有如繁花競放。尤其是壁報團體最為活躍，教室、實驗室、校園的甬道兩旁，壁報五光十色，琳瑯滿目，美不勝收。……其中，『菩提壁報』是讀書會成員胡鵬、郭秉箴主辦的。『合唱群』是讀書會成員高而公主辦的。這兩個壁報不斷揭露蔣介石小朝廷逃到哪裏，便把荒淫無恥帶到那裏，無情地向殘山剩水處的人民肆虐。而『合唱群』壁報的文章短小精練，富於辛辣諷刺，又具有知識性、趣味性的特點，每期刊有漫畫，而且排版新穎，很受同學歡迎。……『黑土地』壁報上刊登詩歌、小說、散文、雜文、評論等，文章既富有東北的鄉土氣息，又具有很強的戰鬥性。」[174]

　　蓬勃發展的壁報團體引起了校方關注。1945年1月26日，臧啟芳校長召集校各學術團體談話，提出三點要求。事後，《國立東北大學校刊》進行了登載：

　　　　校長臧啟芳對近今來本校同學在課餘研討學術及練習寫作風氣之盛，深表珍視，為資今後之鼓勵與策勉起見，特及時召集各學術團體談話，除於壁報稿付之審查辦法外，對於今後各學術團體之努力上有三點重要提示：

　　版社，1991年），第168-169頁。

[174] 范如富：〈東北大學在三台〉，唐宏毅主編：《東北大學在三台》（成都：四川大學出版社，1991年），第10-12頁。

①辦壁報之目的，最主要者為研究學術，練習寫作，其次為養成辦
　事經驗與服務精神。壁報對於同學之進德修業均大有裨益，是以
　學校方面亦極為重視與鼓勵。

②壁報登載之學術方面，文字要大方，不要尖刻，總以不失學者風度
　為要，認為某學說有疵謬之處，則宜善意批評，不宜刻薄諷刺。

③新聞性之壁報，登載消息務求翔實，消息之尚待證實者，則應緩
　登，而記載事實，不宜用刻薄字眼，有時稍用幽默筆調，亦以無
　傷大雅為度，古人講批評，如詩經多用「比興」體，所謂「言者
　無罪，聽者足戒」，即此意也。我們現在一面要練習文章上的功
　夫，一面尤要訓練「心術」，以促使社會向善。[175]

十九、東北問題研究社

　　太平洋戰爭爆發之後，日本為了鞏固它的後方，在偽滿進行大逮捕，發生
了「一二‧三〇」事件。

　　1941年12月30日，東北左翼青年抗日組織在哈爾濱召開代表大會的日子。
在此之前，該組織在長春的負責人之一劉榮久，希望通過此次會議將東北各地
祕密抗日組織統一在中國共產黨的領導之下，因此召集遼西、吉林、齊齊哈
爾、瀋陽、長春、哈爾濱等地區的代表前來參加這次會議，但是會議當天，吉
林、遼西等地區負責人未能參加。30日上午九點鐘，代表大會正式召開，共有
五名代表參加了會議。後來正當眾人準備用餐之時，七八名特務闖入，將與會
者全部逮捕。在這次逮捕行動之後，特務對東北各個地區進行了大肆搜捕，將
與該抗日組織有關的成員一一逮捕，只有少數人得以幸免。此次日本人對東北
地下抗日組織成員的逮捕活動被稱為「一二‧三〇」事件。

　　在這次事件中倖免於難和可能受到牽連者，被迫逃亡，其他愛國知識青年
也為躲避災亂、尋求光明積極設法離開東北，於是從1942年春起，出現東北知

---

[175] 〈校長召集本校各學術團體談話〉，《國立東北大學校刊》第七八期合刊，1945年2月1日。轉
　　引自楊佩禎等主編：《東北大學校志》第一卷上冊（瀋陽：東北大學出版社，2008年），第641-
　　642頁。

識青年進關的浪潮。這些青年對關內的實際情況並不瞭解，對於中共也知道得很少，頭腦中還充滿著盲目正統觀念。有不少青年路過西安時被國民黨的戰幹團收容。戰幹團對他們進行以反共為主要內容的法西斯教育。但是，這些青年是有愛國思想的，是希望中國富強起來的。在戰幹團裏，他們看到國民黨的腐敗無能，對於國民黨的統治極為不滿，因此又逃到了四川三台。

　　據《東北大學史稿》載：1943年來到東大的偽滿流亡學生約有四五十人，東大當局為了給其中的一部分人補習功課，還專門辦了一個先修班，到1944年末，偽滿流亡學生已增加到六七十人。又據鄭新衡《一二・三〇事件始末》一書載，「1943年末到東大的新來東北青年計約一百餘名，以後來東大的又數十名。一二・三〇事件後逃亡國統區的東北青年絕大多數均彙集東北大學。」[176]

　　這些從東北流亡出來的青年陸續進入東大後，於1942年成立東北研究室，當時主要成員為陳震（經濟系）、鍾華（中文系）、董雨（政治系）等。[177]1943年7月改為東北問題研究社（以下簡稱「東研社」）。該社的宗旨：「研究東北，收復東北，建設東北」。

　　三台縣檔案館現存有一份〈東北問題研究社之組織〉的文檔，原文如下：

　　三十二年（1943年）校長臧啟芳，赴渝報告組織研究東北問題機構之意見，各得每月撥專款三萬，作研究之資，文科研究所辦理。遂於該校組織東北研究社，從事研討東北問題，該社至今已有社員一百多人，多為對東北問題感興趣者之學術團體，成員全部為東北四省人士。該社雖為學術團體，然與文科研究所、研究東北問題之機構合二為一，東北奸偽分子乘機滲入利用活動。本年畢業學生陳震即為此中奸偽領袖，亦充東北研究社之主要，陳去後繼為主席者有劉光炎，亦大可懷疑。於1933年4月陳某曾返瀋陽及哈爾濱一次，返校時在山海關攝有照片，並於1933年10月於東北研究社報告其返籍經過及一二・三〇事件（即東北要覽中大事年表所稱12月30日偽國搜捕反日分子入獄）略謂東北反日祕密組織甚

[176] 鄭新衡：《一二・三〇事件始末》（瀋陽：遼寧人民出版社，1996年），第282-283頁。
[177] 據張俊卿：〈「東北問題研究社」之由來〉，唐宏毅主編：《東北大學在三台》（成都：四川大學出版社，1991年），第221頁。

多，即以一二・三〇事件而論，於各學校搜捕之反日分子一千餘人，尚有許多不曾發覺。民國三十三年十一月十七日[178]

在東大諸多社團中，聲勢最大的要數「東研社」、學習社和學聲社。「東研社」是最大的社團，幾乎所有東北籍學生都參加了。朱語今在〈我所知道的高而公向劉光的一次彙報〉中提到，「東北問題研究社，是東大公開的一個帶群眾性組織，參加的有教師，也有學生，負責人是有愛國主義思想的教授，社員具有一般愛國主義思想的中間分子較多，進步分子和落後分子也都有。校長臧啟芳是支持這個團體的。」[179]按，訓導長吳希庸、文科研究所所長金毓黻是該社指導教師。

「東研社」社員眾多，政治傾向不一，左中右都有。高而公等通過其中的王又生同學等在社內積極開展爭取團結同學的工作，結果很有成效，不僅影響很多人傾向進步，而且，到1944年下半年「東研社」選舉幹事會時，被選為幹事的，都是進步和傾向進步的學生了。此後，「東研社」就在左傾激進學生的影響下活動，逐漸成為傾向共產黨的群眾組織。

「東研社」首先是利用各種機會跟同學接觸，建立聯繫，從關心生活和學習入手，以增進瞭解和友誼。對同學進行宣傳教育，除口頭講述國共兩黨及中國政治社會情況外，主要是閱讀革命書籍和報刊。這些革命書刊是祕密收藏和傳遞的。先是在高而公的宿舍裏保存，1943年夏國民黨發動第三次反共高潮之後就轉移了，大部分放到譚學文那裏，還有一部分轉移到三台縣城裏一家織布的手工作坊裏，主人是譚的一位表兄。對一些絕對「違禁」的冊子和傳單等，收藏的辦法就更為隱蔽：有的用長線繩的一端把它們拴上，用竿子捅到席棚（室內天棚，在四川是竹皮編織的）最裏邊，將另一端別在席棚邊沿伸手可以摸到的地方，需要時可以拉出來用；有的把掛蚊帳的竹竿下截擊裂，把資料卷緊，掰開竹竿裂縫放進去；有的塞在板凳下面，用塊薄板夾上；有的剪貼在國民黨黨團的刊物裏面，報刊主要是《新華日報》和《群眾》雜志，此外還有胡風主編的《七月》和郭沫若主編的《中原》。

---

[178] 檔案文件〈東北問題研究社之組織〉，唐宏毅主編：《東北大學在三台》（成都：四川大學出版社，1991年），第220頁。

[179] 朱語今：〈我所知道的高而公向劉光的一次彙報〉，唐宏毅主編：《東北大學在三台》（成都：四川大學出版社，1991年），第50頁。

除個人閱讀外，還組織讀書會。讀書會的作用不僅是集體學習書刊，而且能夠溝通思想，加深互相瞭解，增進團結，以促進共同提高和進步。讀書會是自由結合的，沒有什麼約束，下設「社會發展史學習小組」、「新文學研究小組」、「九月讀書會」。社會發展史學習小組是由高而公在1943年6月發起組織的，學習鄧初民著的《社會發展史教程》。參加的人有：王又生、齊之平、韓鋒、姜正、張漢輝、杜孔嘉、張延、程曦、閻蒙。學過社會發展史後，再學政治經濟學。新文學研究小組參加人有：高而公、劉志鴻、石克基、郭秉箴、劉流、齊之平。除學習理論、作品外，還練習寫作。理論學習材料是艾蕪的《新文學手冊》，最先學的作品是高爾基的《母親》。九月讀書會參加者有姜正、李健、李湛、王俊、賈錫武等，學習社會科學著作。

讀書會的活動無固定地址，冷天多在茶館，有時在宿舍，天暖時節則在野外，有時到三台附近山上、寺廟裏、樹林、竹林裏，有時過涪江到對岸去，有時到農民家裏。除讀書外，還討論左傾學生活動問題和其他有關事情。在野外活動一般採取野遊、野餐形式，以免惹人懷疑和注意。

「東研社」發展到1945年時，幾乎所有東北籍的同學，都是它的成員。它的領導機構是理事會，由九名理事組成。如果理事會的領導權掌握在左傾同學手中，它就起激進作用。為此各方都重視理事會的選舉。這一屆理事會選舉結果，有五名左傾同學當選。他們是朱廷芳、李葆家、安民、田華倫和高桂林。受國民黨影響的對方只得四席是少數。於是楊德鈞等人便採取以「東研社」為共產分子所掌握為口實，煽動社員退社的辦法，把「東研社」搞垮了。接著楊德鈞等人又開始籌組「東北同學會」，企圖用這個組織搞政治活動。於是雙方又展開了第二次競選鬥爭。選舉結果，朱廷芳因得票最多，直接當選為主席。楊德鈞方面則控制了「幹事會」的多數席位，雙方又互相制約，誰也利用不了東北同鄉會。經過這兩次選舉戰，雙方的陣線基本清楚了，最後各自成立了自己的組織。一部分人在楊德鈞的控制下，成立了「祖國社」，而以朱廷芳等人為首的左傾同學組成「學習社」。

東研社解散後，三台國民黨情報部門於1945年11月24日向上級彙報該社解散之原因：「①新舊東北同學之衝突：東北研究社為奸偽陳震、董雨、戴慶祥、鍾華、劉光炎等集中活動而成，大部分為新東北同學所組成。其他舊東北同學與省外同學實為寥寥，第一屆主席即為陳震，歷屆均是新東北同學包辦，

因之引起舊東北同學之不滿，由來久矣；②金簡即在內部起分化作用，金簡即為『鐸聲社』友，東北人，公平正直，見東北研究社將迎新時力主□不滿意之言極端反對所致；③東北研究社為奸偽活動之機關，而目標顯著，全校皆知，欲暫時將目標縮小，也有解散之必要。另外學校有人造謠，說三台來有多名特務專門注意東大；④自東北籍同學組成後該會遂為何奸活動之淵□，今□等聞此消息不佳勢有必要解散，於是就借社員二分之一以上提議解散。」[180]

二十、徐放與黑土地社

> 在三台縣的史志上／凝固了／我們青年時代的／風懷和腳踪
> 是誰說：／人的一生／恰好似——／盡踏雪泥的飛鴻？
> 面對著牛頭山上那一片燦爛的夕陽／我滿懷激情地在想：
> 只要在晚年的歲月裏／還能夠發揮一點「殘燭」作用
> 親愛的／我們又何必計較——
> 或得或失，或枯或榮／或升或沉，或西或東?!

上面這首詩是徐放離開三台四十年後寫的〈重過三台〉。徐放是東北較早參加革命，並奔赴延安的知識分子代表，是一位在新詩發展史上有重要地位的革命詩人。

徐放（1921.11.28-2011.5.4），原名徐德綿，曾用名紀初陽、徐辛、牛稼辛等。出生在遼寧省燈塔縣（今屬遼陽市）一個地主家庭。在小學老師孫世澤的薰陶下，徐放走上了寫詩的道路。隨著年齡的增長，他開始了離家求學之路，十歲到縣城小學插班，後來到長春就讀於王道書院。徐放和那時的東北人民一樣，從小就飽受日本帝國主義之的奴役。

徐放在長春結識了許多有革命傾向的進步青年，他開始用詩抒發反帝、反封建，特別是愛國主義的思想感情。十八歲便寫出〈大宅第〉〈秋暮與野廟〉等詩篇。二十一歲的時候便出版了第一本詩集《南城草》，用現實主義手法表

---

[180] 四川省三台縣檔案館藏文件，□為原件模糊不清，無法辨認。據唐宏毅主編：《東北大學在三台》（成都：四川大學出版社，1991年），第246-247頁。

現了當時淪陷區人民的苦難。胡風評價這部詩集時說：「在我的眼裏出現了遼闊而富饒的東北大地，出現了在敵人統治下忍受著生活的困苦，但卻堅強不屈地求活路的東北人民。」[181]

1941年12月30日，東北爆發「一二三〇」事件，許多反滿抗日青年遭到逮捕監禁，《徐放詩選》中〈第七號窗子〉一詩所追述的就是一位在這次鬥爭中被捕入獄的好友李季瘋。之後，由於徐放的反滿抗日情結，也遭來敵人的通緝。他先到北滿找義勇軍未果，接著，又逃到關內，想去延安投奔革命根據地，但因嚴密的封鎖未能實現。

1943年，徐放「從鐵蹄下的白山黑水，越過萬里刀叢、硝烟，來到涪江之濱」[182]，插班東北大學中文系就讀。在這裏，他參加中共東北局青委領導的祕密組織「讀書會」，成為該校的學運領袖之一。當年十月初，在徐放的宣導組織下，團結了一批以中文系為主的東北籍左傾激進學生，草擬了「黑土地社」建社宗旨與章程，聘請系主任陸侃如和馮沅君、董每戡、趙紀彬諸教授為導師。成員有劉黑枷、汪玢玲（筆名稻粱紅）、冉欲達（筆名隋末）、李葆家（李北開）、吳若子（筆名肖野、馬牧邊）、高柏蒼（筆名崔束）、金素蘭、田華倫，以及經濟系的商為東、孫漢趨、聶長林等，還有從桂林來的作家黎丁也參加了活動。

陸侃如教授撥出他的系主任辦公室作為「黑土地社」常年活動的社址。首刊表明了「黑土地」是松遼平原一踩冒油的肥沃的泥土，「我們這群白山黑水的兒女們，不會忘卻生育哺養我們的故土。正因為有著與日本侵略者刻骨的國恨家仇，在尋找真理的崎嶇路上。這群熱血青年，彈奏的主旋律，是祖國山河的光復，名族的生存，中國命運的未來……」[183]

徐放是大家夥公認的擎旗者，所有活動和出刊都出自他精心的籌畫，每半月出一次大型壁報，張貼在校門門洞的左側。《黑土地》的欄目有政論、文藝評論、小說、散文、詩歌、雜文等。當時，在大後方正開展民族形式問題的論戰，趙紀彬教授以林冰之名寫過長篇論文刊在《黑土地》上。其他教授陸侃

[181] 轉引自紀有志：〈紀念七月派著名詩人徐放逝世一周年〉，紀有志新浪博客。

[182] 吳若子：〈「黑土地社」散記〉，唐宏毅主編：《東北大學在三台》（成都：四川大學出版社，1991年），第70頁。

[183] 吳若子：〈「黑土地社」散記〉，唐宏毅主編：《東北大學在三台》（成都：四川大學出版社，1991年），第71頁。

如、董每戡也均有文章散見各期上。每次出刊，都招來許多師生觀看，還有人抄錄。外文系姜丁銘對徐放及其他社員的詩作有精到的評價：

> 以詩人身份出現的徐放則大量地寫作詩歌，以充滿東北泥土氣息的詩句，耕耘著東大校園的詩壇。他主編的《黑土地》壁報，團結和吸引了眾多的同學。1944年他的抒情長詩〈媽媽的黑手〉在《黑土地》上發表後，在全校學生中產生了很大的影響。作品通過新年、想母親的思維中心線深切抒發了懷念東北、渴望收復失地的抗日愛國激情。該詩不久即由「五十年代出版社」出版。十年動亂後，美學家杜黎均教授發表了學術論文〈美的召喚，美的創造——評徐放的詩〉（1987年6月28日《人民日報》海外版），對已經出版的《徐放詩選》作了剖析，對徐放詩中高潔的情操、真切的自我以及藝術美創造上的三個特點，作了高度評價。美學家杜黎均與詩人徐放都是當時東大校園中詩壇的名家，現在他們文化活動的資訊，使人們依稀地看到了他們走過的美的青春的腳印。和詩人徐放在一起活動的有女詩人王玢玲她以稻粱紅的筆名出現，這個筆名讓人容易想起「熟了大豆，紅了高粱」的懷念北方的色調，這當然是一個以描寫白山黑水，歌頌東北沃野為己任的詩人。《黑土地》的文化人還有：詩人吳蕭野短小精悍，詩作甚豐，極為活躍；冉欲達博學多聞，長於論述；劉立身埋頭苦幹，文風樸實。在詩人徐放和王玢玲的周圍同樣團結著很多同學。在前述壁報和社團活動的同學中，有一些同學常常是跨社團活動，其中如李葆家也同樣在徐放主辦的社團中活動。記得起來的還有佟樞慧，似乎以微之筆名出現，修長的身材，總有一位男同學相伴而行，愛情之花，盡情開放。他們大多是中文系的同學，似乎有張瑤、臧慕蓮等。後者是臧啟芳校長的千金，樸素大方，從無驕橫之態，傾向進步，與當時讀書會上骨幹周延（臧延）過從甚密，臧慕蓮也有男友陪伴，做到學習與愛情齊頭並進。由端莊典雅的臧慕蓮我也想到了嬌小玲瓏的白及壁，她是白世昌教務長的女兒，她們雖都出自名門，卻看不出有什麼特權或享受，這也是艱苦環境的特色。[184]

---

[184] 姜丁銘：〈憶四川三台東北大學〉，魏向前等主編：《東大逸事》（瀋陽：東北大學出版社，

　　社員高柏蒼回憶說：「1944年11月，我進入東北大學，在徐放、高擎洲、朱廷芳、高桂林等同學幫助下，參加了進步壁報團體黑土地詩社……還記得1945年[185]參加黑土地社舉辦的春節晚會。許行（離休前任吉林省文聯副主席）穿著灰布長袍，在黑土地社（中文系辦公室）門前接待。三十來個充滿青春活力的大學生，各自準備一件小禮品：書籍、筆記本、鋼筆……用紙包好，通過抓鬮交換，我準備的烟鬥不記得誰抓到了，我得到冉欲達的自訂白紙筆記本，比起平時用黃紙訂的筆記本珍貴多了。晚會用擊鼓傳花來指定出節目人，鼓聲停在誰的面前，就由誰朗誦自己的新作或出別的節目。鼓聲經常停在小沫和徐放面前，大家歡笑鼓掌。掌聲中跳躍著青春的燦爛霞光，也蕩漾著純潔熱烈的情與愛的歌頌。徐放的〈媽媽的黑手〉新作第一次發表，鄒荻帆的〈致尼赫魯〉肖野第一次朗誦，中間還穿插一些關於解放區大後方文藝動態和走向的漫談。不知不覺，流光飛逝，東方漸白。最後女同學用小沙鍋煮一小碗麵條算作吃『晨宵』不是『夜宵』。晚會開始，中文系主任陸侃如教授和馮沅君教授親自參加表示祝賀和支持。」[186]

　　後來，文協川北分會在籌建中，徐放參加籌備工作。黑土地社作為集體會員參加慶祝大會。會上，社員劉黑枷朗誦了姚雪垠的小說《差半車麥秸》，冉欲達朗讀了艾青的詩。在川北文協鉛印的雜誌《文學期刊》，其中多篇皆為黑土地社員作品。

　　「黑土地社」作為東北大學三台時期較有影響的文學社團，曾被重慶《大公報》作過報導。後來，社員們感到出一次巨型壁報，耗費人才、物力太大，由徐放決定採取出特刊、專題版，長短結合，靈活多樣，越發顯示出它的輕騎性。社員吳若子說，「『黑土地社』社員得到陝甘寧邊區出版的書籍刊物，換上國統區出版物的封面，或把解放區的書刊拆開，隔幾頁夾在《中國之命運》（蔣中正著）之類的書冊中，祕密傳遞閱讀。《在延安文藝座談會上的講話》就是在這種方式下讀到的。」[187]

　　2003年），第83-84頁。

[185] 另據吳若子〈「黑土地社」散記〉所載，晚會時間為1944年。

[186] 高柏蒼：〈我渴望展開書卷〉，齊紅深編著：《流亡——抗戰時期東北流亡學生口述》（鄭州：大象出版社，2008年），第170-172頁。

[187] 吳若子：〈「黑土地社」散記〉，唐宏毅主編：《東北大學在三台》（成都：四川大學出版社，1991年），第72頁。

1945年的夏天，徐放畢業到重慶一所中學教書去了，「黑土地社」也隨著在沒有宣告解體下完成了它的歷史使命。

二十一、十萬青年十萬軍

太平洋戰爭爆發之後，日軍以泰國為基地，入侵東南亞各國和中國滇西。中國遠征軍十萬餘人入緬作戰失利，殘餘部隊大部分被迫退往印度整訓。由於中國軍隊損失慘重，擴大徵兵範圍已勢在必行。另外，其兵員素質也一直為盟方所不滿，覺得一般下級軍官缺少文化，不能掌握新式武器。所以此時國民政府軍事委員會不得不發佈徵召全國適齡學生服兵役的通令：「查徵兵開始，六年於茲，所徵壯丁，多系目不識丁之文盲，其知識分子之學生，多不予以徵集，因之士兵素質低劣，影響抗戰甚大。更以各地學校收容超過學齡之學生，幾為壯丁避役之淵藪，役政推行，尤多滯礙。茲將通令各級學校之兵役適齡學生，自三十二年一月起一律依法抽籤，按序徵召，依其程度，配服兵役，不得予以緩役。」[188]

蔣介石本人亦親自出馬推動知識青年從軍運動，他於1944年元旦檢閱軍訓學生，發表訓詞稱：「夫軍事訓練之目的，一方面在使青年學生獲得軍事上之知識技能，俾成為健全之備役候補軍官；一方面尤在養成整齊、嚴肅、勤勞、機敏之習慣，與服從命令、遵守紀律之德性……軍事化即為現代化，軍事訓練與軍官管理之主旨，即在造成我全國青年為健全之現代國民，諸生欲效忠於抗戰，固須誠懇接受軍事訓練與軍事管理。」[189]8月27日，蔣介石在國民參政會三屆三次會上，以「一寸山河一寸血，十萬青年十萬軍」為號召，鼓動青年從軍。10月14日，他又下達緊急手令：「三月內發動十萬知識青年從軍，必須如期如數完成！」

同年10月21日，國民政府軍事委員會頒佈《知識青年從軍徵集辦法》等法規，規定知識青年（男性）年滿18歲至屆滿35歲者，受中等以上之教育或具有相當知識程度者，體格標準符合條件者，均得志願參加；數額暫定為十萬人；

---

[188] 〈學生要服兵役了〉，陶百川主編：《中央週刊》第5卷第13期，1943年11月5日，第8-9頁。
[189] 〈蔣主席對軍訓學生致訓〉，《大公報》1944年1月1日。

除照遠征軍之待遇辦理外，副食費酌量增加；服役期間定為兩年，期滿後退伍。十三天後，教育部也出臺《志願從軍學生學業優待辦法》，不僅對從軍學生一律保留學籍，而且還對從軍學生退伍時做出了免試升學、減少學期、優先錄取等優待辦法。

11月5日，軍政部部長何應欽向各省軍、師管區發出了一通重要電令，即著名的《戌徵役募》電。主要內容：轉蔣介石徵集十萬青年的手令；各縣配額為三百名，可抵本年壯丁額，《徵集辦法》另案頒發。四川省政府主席兼軍管區司令張群奉蔣介石指示，與軍管區參謀長徐思平反復商量。徐思平說：「只有先向某一高等院校打開缺口，再圖擴張戰果。」

11月11日，徐思平由成都出發去綿陽。12日，召集該縣士紳、機關、法團等，向中學以上學生作《徵集十萬青年駐印軍出國受訓，提高國軍素質》的講演。徐思平講得有聲有色，當晚就有綿陽中學學生丘永森等十五人志願服役。

徐思平14日到三台縣，他對潼蓬師管區代司令李華駿說：「我要向東北大學學生作一次動員從軍的報告。」學生議論紛紛：「東北大學是國立大學，不屬地方政府管轄。」李華駿對學生代表說：「徐先生就是學者從軍，到日本學過軍事，又到過歐洲諸國考察。連東大有些講師、教授，都是他的學生。」學生代表說：「那就請他講人生觀吧！」

次日晨，徐思平出席東北大學的「總理紀念周」，即於會上演講《學生於民族存亡應有之認識與責任》。他詳述亡國將是民族消滅的慘禍，列舉歷代名人和當代各國領袖多是文武兼備的人才，從軍是無比光榮的事業。說到這裏，他振臂激奮地說：「貴校是張漢卿（張學良）先生創辦，自東北淪陷，搬遷北平，再遷西安，最後遷四川三台，川中同胞殷勤相待，諸君得在抗戰烽火之中，弦誦不輟，未感『黃鳥』之痛，……貴校當前的時代任務，應當是在戰時必須支持抗戰、收復東北！戰後必須建設東北，否則，東北大學將失其存在意義。」徐思平這篇演說詞成為抗戰史上一篇重要文獻，全文除在東北大學校刊載出外，曾由軍政部印發各省軍、師管區及各縣、市，列為必讀之文件。時人把內遷三台的東北大學作為知識青年從軍的發源地，原因就在這裏。

當晚七時，徐思平又到校作《我的人生觀》的專題講演。聽講的還有國立第十八中學、省立潼川中學、三台縣中師生和各界人士，共2800餘人……禮堂擠不下，佇立窗外聽講之人太多，途為之塞。當晚雖大雨滂沱，聽眾仍堅持到

十時以後，氣氛熱烈。他要求青年學生自動服兵役，稱所以如此，「其一因我國對倭抗戰，在國內戰場使用武器簡單，且待遇較次，無須知識分子參加之必要；在駐印軍則恰與此相反，故有要求知識分子參加之理由。再則我國地廣人多，現憑依西南山地之險，以劣勢武器拒抗敵人；如須反攻敵人在黃河平原及長江下流相角逐，則須有較新裝備之補充。……欲求裝備之大量補充，則加強遠征軍，打通滇緬路乃屬切要。」當場報名從軍者就達304人，其中東北大學28人（含助教1人），省立高中35人，十八中135人，縣中105人，還有東北籍女生林霖等30餘人也申請從軍。[190]因《兵役法》規定女子無兵役義務，徐思平婉謝。女生們當場痛哭，質問：「愛國不分男女，女子何以不能加抗戰，共同殺敵？」林霖等女生此後又送上請纓呈文：「生等雖為女子，語云：國家興亡，匹夫有責。今聆徐參謀長傳達政府德音……奈規章有限……泉湧之熱淚，實有不能自已者。伏乞額外通融，務使生等展鴻鵠之志，願效花木蘭、梁紅玉從軍殺敵……以赤膽白骨換取新中華自由之花！」徐思平手捧呈文，激動地說：「此所謂祖國山河興亡淚，中國之不亡，賴有此耳！」[191]

自東北大學學生踴躍報名從軍以後，復有東北大學教授、國民參政員蕭一山，發電報促其在成都的長子蕭樹勳（北大畢業生）回三台報名從軍，第十三區行政督察專員鍾體道也相繼送子從軍，省立三台高中馬先覺原定十一月完婚，毅然推遲婚期，報名從軍。而當時正在重慶的校長臧啟芳也寫了一封勉子從軍的信：「朋年兒知悉：父自到渝極忙，兒近來何如？為念！蔣委員長近來號召知識青年從軍，各地青年多已回應，而我國抗戰到此最後關頭，亦實在需要此最後一舉，吾兒前者有學陸軍之意，如果目前願意從軍，父極為贊成，但父意並不是要兒去出風頭，或者是要社會知道東大臧校長命之從軍，也學那一般人在報紙上發表消息，故事標榜，父只盼吾兒能有此志，既可以自作主張，庶幾盡你自己對於國家應盡的責任，也要強迫兒去的，兒可以把此信的意思告你母親，你母親的意思，必定與父相同……」[192]當年學生回憶說：「等到十萬青年十萬軍運動時，東大師生響應也是最為熱烈，何以稱為『最』熱烈？因

[190] 侯德礎：《略論抗戰後期的知識青年從軍運動》，《民國檔案》2006年第2期。
[191] 參見鄭光路：《被遺忘的抗戰史：四川大抗戰》（成都：四川人民出版社，2013年），第344-345頁。
[192] 《國立東北大學校刊》第五期合刊，1944年12月1日。

校長之長子，教務長，訓導長皆從軍了。教務長的老太太守節撫孤，只有教務長一子，教務長又只有女兒，沒有兒子，但是老太太說：『好小子，你去罷！』訓導長有四女，甫生一男，在襁褓中，都交給年輕的妻子，自己從戎去了。」[193] 然而，東大左傾激進學生，「利用這個機會把三青團及頑固分子送出學校，掀起『歡送校長的公子參軍』、『歡送訓導長帶頭參軍』的熱潮。鬥爭的結果，校長的兒子和訓導長的女兒被迫參加青年軍，並帶走以大批三青團員。與此同時，對報名參軍的一般同學則盡力勸阻。」[194]

截至1944年12月上旬，三台一縣即有大中學生613人報名，錄取213人。而東北大學截至11月底有16人，不僅有學生報名參軍，更有學校教師和職員報名參軍：

姓名	年齡	籍貫	職別
吳希庸	37	遼寧遼陽	經濟系教授
陳光哲	30	遼寧營口	訓導處組員
黨明良	35	遼寧西豐	圖書館館員
鄭恩墀	34	遼寧蓋平	會計佐理員
朱彥威	34	遼寧遼陽	庶務組組員
朱長策	32	四川射洪	圖書館書記
陳心一	28	四川三台	圖書館書記
杜性源	24	四川忠縣	政治系四年級學生
史子裕	30	遼寧安東	政治系四年級學生
王音卿	23	河南新鄉	法律系三年級學生
李中直	23	河北清苑	中國文學系二年級學生
穆仰周	22	北平	外國文學系二年級學生
臧朋年	21	遼寧蓋平	政治系二年級學生
徐達生	19	吉林長春	政治系二年級學生
嚴甸封	22	遼寧瀋陽	補習班學生
崔勇翔	18	遼寧瀋陽	補習班學生

資料來源：《國立東北大學校刊》第五期，1944年12月1日

---

[193] 張吳振芝：〈四川三台未央歌〉，《國立東北大學六十週年紀念特刊》（台北自印本，1983年），第135頁。

[194] 郭靜主編：《中國共產黨三台縣歷史》第一卷（北京：中共黨史出版社，2007年），第128頁。

　　三台各界群眾紛紛捐獻錢物，舉辦各種活動歡送從軍學生。12月7日上午，在縣城公園隆重召開「三台縣各界歡送大中學生參加遠征軍大會」，盛況空前。出征之日，縣城萬人空巷，傾出送行。縣長吳業祥將縣城外麻石橋改名為遠征橋，鑿石紀念。三台縣知識青年從軍熱情特別高漲，聽聽他們的從軍歌，看看他們曾經是多麼地自豪和驕傲：

> 君不見，漢終軍，弱冠系虜請長纓；
> 君不見，班定遠，絕域輕騎催戰雲！
> 男兒應是重危行，豈讓儒冠誤此生？
>
> 況乃國危若累卵，羽檄爭馳無少停！
> 棄我昔時筆，著我戰時衿，
> 一呼同志逾十萬，高唱戰歌齊從軍。
> 齊從軍，淨胡塵，誓掃倭奴不顧身！
> ……

　　國立東北大學從軍青年在部隊表現優秀，從以下從軍同學來信可以看出：「哲先校長道席自違：塵教候已閱月瞻仰之殷褚墨難宣辰維，道履沖和公務篤祜為頌生等已編入青年遠征軍二零一師受訓，營中生活頗為安適可釋垂此間各大學之同志為欲發揚母校之精神無不勤慎學行，嚴守風紀，而尤以生等之各種表現特博官長之嘉許，同輩之欽服此不獨自身之幸亦東大之光……學生：楊念祖、徐達生、陳祖冀、方漢棟、穆仰周、杜性源、李鎮亞。」[195]

　　11月25日，徐思平回到成都，賡即又奔赴成（都）茂（縣）師管區宣傳鼓動。29日在成都各電影院召集大中學校學生講演。由於徐思平在三台鼓動學生從軍，為全川、全國起了宣導作用。「迄至12月8日，報名從軍者，計有中學生及公教人員5094名，女生795名，大學生267名。經體檢合格者2229名。」[196]

　　歷史應當記住這一場轟轟烈烈、在中國兵役史和抗戰史上均留下了深深烙印的知識青年愛國從軍運動。

---

[195] 《國立東北大學校刊》第七八期合刊，1945年2月1日。
[196] 萬金裕：〈抗戰八年四川人民在徵兵服役上之貢獻〉，《四川文史資料集萃》第二卷，第359頁。

二十二、學潮催生學生自治會

1944年，艱苦的抗戰步入第七個年頭。在反法西斯各個戰場高奏凱歌的時候，中國戰場卻在難堪的敗退。夏秋之際，長沙陷落，衡陽危機，內政不力對軍事的影響已經充分暴露，蔣介石的威望也降到低點。史迪威將軍對重慶政府大失所望，而將目光投向了中國共產黨的軍隊，引得蔣介石大為不滿。共產黨的強大已經成為了不爭的事實。

隨著抗戰形勢的惡化和人心動亂，後方學校日益加強對壁報的檢查和控制。是年春，東大《合唱群》、《菩提》等壁報牽頭，發出成立壁報聯合會通知，要求願意參加者簽名。肖盈光說：「通知放在收發室，我代表新生代簽名。過了不幾天，我同郭秉箴、劉流等同學一起，登上東門外東山寺，參加壁報聯合會成立大會，會址在一個破廟裏，到會的近三十名各個壁報的負責、或代表，多數都是幾天前就簽名參加壁報聯合會的，少數是剛聽到消息就趕來的。大會決定壁報聯合會今後的日常事務，由郭秉箴、劉流和我負責，並推舉我為壁報聯合會主席，同時決定由我負責同吳希庸訓導長交涉，取消了學校提出的壁報稿要提前並全部送審的規定。」[197]

這年的冬天，東大掀起了一場爭取言論出版自由的鬥爭浪潮，聲勢浩大，迅即席捲全校。學潮的直接起因，是校方領導人袒護撕毀壁報的學生，把大家平日鬱結在心中的不滿，引發成一團怒火。據肖盈光回憶，事情的來龍去脈是這樣的：

> 一天[198]晚飯後，我同郭秉箴、劉流等同學在南門外散步，鐸聲壁報
> 負責人姜××，氣衝衝跑來告訴我們，鐸聲被學校強令停刊，原因是鐸
> 聲這期刊登一條消息：經濟系畢業同學欒××[199]，在重慶稅務局工作期
> 間，貪污稅款，被判×年徒刑。這條消息被欒××的弟弟欒成津看到，

---

[197] 肖盈光：〈民主與獨裁的鬥爭——1944年東北大學學潮〉，唐宏毅主編：《東北大學在三台》
（成都：四川大學出版社，1991年），第64頁。

[198] 據《東北大學八十年》記載，具體日期為1944年11月19日。

[199] 欒××：即欒成勳，與其弟欒成津均系三青團成員。

立即動手撕毀壁報，還強詞奪理向學校告了鐸聲的狀。校長臧啟芳去重慶開會，當時不在家。代理校長白世昌，不問是非曲直，親手摘下壁報，並給鐸聲負責人扣上「有辱校譽」的罪名，揚言要處分他們。

任意撕毀壁報，在東大還是從未發生過的事。我懷著氣憤心情，以壁報聯合會主席的名義，向白代校長提出：欒成津隨便撕毀壁報，違反政府法令，要給他處分；欒××貪污稅款、觸犯刑律，鐸聲的報導應該支持，不該責令鐸聲停刊。白世昌聽不進。我把鐸聲收到的重慶來信，送給白世昌，說明鐸聲的報導並非捏造，但他不看。鐸聲決定給重慶去信，詢問消息來源，要他們提供證據，並向學校保證，如事實有出入，鐸聲負責更正，並賠禮道歉，白世昌仍然不理。

……

經鐸聲一再要求，一天晚飯後，我同鐸聲負責人在一起，走進校長辦公室，向學校明確提出：「立刻讓鐸聲復刊，保證有關人員不受處分。」白世昌坐在辦公桌前，板著鐵青的面孔，長時間一言不發。冬天，天氣漸短，吃完晚飯的同學在校長室門外，探聽消息，天已經黑了，同學們按捺不住內心的憤怒，門外開始嘈雜起來，我也有些急了，便對白世昌說：「同學們急著要聽回信，再不答復，我只好辭去代表職務，讓同學們直接和你談。」這時，門外出現敲門聲和喊叫聲，白世昌立刻由傲慢變得慌張起來，嘴裏不斷地說：「我同意……我同意。」這時，還有人提出，要成立學生自治會，白世昌也滿口答應，我走出校長室，向大家宣布：「我們的三項要求，白代校長全都同意。」人群裏喊出：「我們要白世昌出來，當面給我們說。」我轉身回校長室找他時，他已跳出窗戶，從女同學宿舍溜走。大家一聽白世昌溜走，更是氣憤，頓時有人大喊：「走，到大禮堂開會。」黑壓壓的人群，一齊擁向大禮堂，煤氣燈把大禮堂照得通亮，許多人在會上發言，訴說白世昌壓制民主的事。我在會上被推選為學生自治會臨時主席，同政治系、歷史系兩名同學一起，起草學生自治會章程，會上還通過了趕走白世昌、吳希庸的提議。[200]

---

[200] 肖盈光：〈民主與獨裁的鬥爭——1944年東北大學學潮〉，唐宏毅主編：《東北大學在三台》

選舉產生東大的學生自治會，先要競選各系班代表，然後產生領導機構。1944級外文系的姜丁銘回憶說：「杜嘉又為此事在各系同學間進行活動，杜嘉與我和劉豐年商量後，決定由杜黎均代表外文系，由於我與外文系的同學有較多的聯繫，這事很快辦到了。一個團結的局面帶來豐碩的成果，東大學生自治會遷到四川三台以來第一次以選法形式掌握在進步同學的手裏。以演戲為人熟知的文藝人郭秉箴以多數票，當選為學生自治會主席。全校局面急轉直下，氣氛為之一變，一切好像都充滿光明和希望。」[201]在自治會主席的選舉大會上，還通過了學生自治會章程和罷課的決議。11月21日，學生開始罷課。然而，學潮的進程卻朝著大家始料未及的方向發展：

> 鬥爭的形勢出人意料，出現了反對校長臧啟芳和「東北五老」（金毓黻等）的運動。停課局面延續著。其實，把矛頭指向校長臧啟芳，據瞭解，不過是國民黨派系矛盾和各地方勢力之間矛盾的公開化，他們企圖把爭取民主的鬥爭，變成驅逐東北籍的學校當權派的鬥爭。當時，風傳江浙派推舉潘公展來取代臧啟芳。這種局面出乎進步同志的意外，感到這種局面發展下去不可預測，認為完全打倒臧啟芳，就可能是把多年已爭取到的民主進步局面斷送掉，但因經驗不足，無法控制局勢，乃去重慶尋求黨的指示。經研究，定出瞭解決辦法。他們回來後，通過自治會代表的研討和辯論，同意白世昌等五人離校，取消壁報審查即展開擁戴臧啟芳校長進校執政和驅逐臧啟芳校長出校讓權的爭奪戰。維護臧啟芳校長的大多是東北同學，驅逐臧啟芳校長的多半是江浙同學和部分四川同學。東北的同學較多，臧啟芳校長終於進校視事，於是反對臧啟芳校長之爭告一段落，學校進入正常學習。此後，從趙紀彬傳來的資訊是，對走上進步軌道的東北大學，不應由江浙派中代表國民黨中央特務派系來操縱，而應以占多數的東北師生為主體，堅持抗日團結進步的這面旗幟。[202]

（成都：四川大學出版社，1991年），第64-66頁。
[201] 姜丁銘：〈憶四川三台東北大學〉，魏向前等主編：《東大逸事》（瀋陽：東北大學出版社，2003年），第86-87頁。
[202] 姜丁銘：〈抗日、團結、進步的旗幟——憶四川三台東北大學〉，《東北大學建校65周年紀念專刊》（自印本，1988年），第211頁。

最終，教務長白世昌等五人離校，調來許逢熙任教務長，持續近三個月的東大學潮告一段落。當年千辛萬苦才讀上大學的政治系學生郭衣洞（柏楊）晚年回憶此次罷課，說：

> 入學不久之後，學校突然發生罷課……以我的性格，應該非常贊成罷課才對，而且罷得越久越好，最好一罷兩年，當罷課結束之日，也就是畢業之時。不過，我是千辛萬苦才進大學之門的，瞭解到讀大學之不易，和大學生涯的可貴，認為能讀大學是一種福分，不應糟蹋，而應珍惜，所以我並不支持罷課。每天到大街上游蕩，只在心中暗暗希望罷課早日結束。[203]

殊不知，當時的郭衣洞乃是中國國民黨黨員、三民主義青年團員，能有此「純真想法」委實難得。領取國家貸金的學生們，像郭衣洞這樣內心真希望上課學習而非罷課的還有多少？爭取言論自由的同時，學生們是否想過讀書機會的難得，光陰的寶貴？

二十三、抗敵國劇社與實驗劇團

抗戰時期物資匱乏，物力維艱，乃至通貨膨脹，經濟崩潰，起碼的衣食住行都難以保住，東大學生是在生活中掙扎，然而他們卻過著豐富的文化生活、健康的精神生活，如此豈不矛盾？其實不矛盾。僅從他們創辦劇團，不亦樂乎地唱戲就可窺一斑。

東大在1938年春遷來三台之前，就已成立了一個「抗敵國劇社」，在西安時期便頗受重視，人才輩出。但由於歷屆學生畢業的變動，所以便沒有固定的班底了。1941年夏，曹韻波到東大當軍事助教時，除部分教職工社員較穩定外，其餘所謂名角名琴師已逐期出「科」了。從這一年起，大家推舉曹韻波擔任社長。他並非科班出身，但從中學到軍校，唯一愛好就是京戲，並且還不斷

---

[203] 柏楊口述、周碧瑟執筆：《柏楊回憶錄——看過地獄回來的人》（瀋陽：春風文藝出版社，2002年），第102頁。

地演出，也算是有些實踐經驗吧。他說：「叫我當社長，除了我能演青衣、花旦、小生等行當外，其他我還可以當聽用。也許最現實的是，能解決當時京戲活動的組織及聯繫等問題。這樣，在我與抗敵國劇社接觸的五年時間裏，還算起到協助劇社發展的作用。」[204]曹韻波1942年考入東大政治系，1946年畢業。

　　曹韻波擔任社長期間，定期或不定期地排練、上演大小京戲節目，既活躍了當時的校園生活，又走向了社會，甚至在寒暑假期間到外地去，如遂寧、綿陽、射洪太和、江油中壩等縣鎮。當時劇社的固定成員，演生角的有劉國瑞、閔宗恒、蘇鴻俊、王琪、丁聲等；演旦角的有劉玫、濮思華、蔣伯庚、曹韻波等；演其他行當的有趙如璋、劉謙、孫霏、高雲等；文場操琴的主要是李家靜。當時有些教授和家屬也常參加演出，如專攻程派青衣的吳希庸教授，樊哲民教授的夫人和兒子也經常登臺表演。

　　此外，每次公演還邀請社會上的京戲愛好者參加。如省銀行的王世鑾、鄧夫人，鹽務局的孫潤、羅興亞、孟秘書等。這些人都是藝有專長，不同凡響，在當時當地有一定的知名度。至於演出時的文武場面，除劇社本身有固定成員外，也經常與社會同行合作。與當地的京戲愛好者同台表演，加強了同地方群眾的聯繫，也擴大了東大在地方的影響。和他們聯合演出的有當地的專業演員，如周盛芳；有當地的名票友，如周西烈等。可以說，在當時的三台，只要正式上演京戲，實際上是匯合了社會上這方面的人力和物力，不過始終是以東大抗敵國劇社為主體。

　　至於物力方面，國劇社是沒有分文基金的，每次演出的必要開支都是臨時請校方資助。有時為了募捐或紀念性的公演，都是由發起者採取售票、開支等臨時措施，劇社從不插手。所以，劇社沒有獨立的財務機構。劇社有一套簡陋的衣箱，但只能演出中小型劇碼。如遇演較大劇本，登場人物較多，還要求助於地方上的川劇團體。故當時的行頭已突破了京川劇的界限，而是綜合利用，因陋就簡。譬如給旦角包頭，根本沒有水發貼鬢，於是便採用了川劇化裝方式，用固定的漆紙片來插鬢；川劇的莽和靠都與京戲有異，但也不能不利用川劇的行頭來壯大京劇的聲威。這些演員和觀眾都是一清二楚的，能做到互相諒

---

[204] 曹韻波：〈東大的抗敵國劇社〉，唐宏毅主編：《東北大學在三台》（成都：四川大學出版社，1991年），第88頁。

解，從不抱怨。由於角色的唱做過硬，表演態度認真，所以並不影響演出的品質和效果。可以說，每次演出都是頗得好評的，有時甚至轟動一時。

當時能上演的劇本，除角色較少的一般傳統摺子戲，如《武家坡》、《汾河灣》、《別窯》、《女起解》、《寶蓮燈》、《三娘教子》、《桑園會》、《烏龍院》、《殺惜》、《玉堂春》、《黃鶴樓》、《徐策跑城》、《追韓信》等幾十個劇碼外，還能上演較完整的大幕戲，如《四郎探母》、《木蘭從軍》、《法門寺》、《甘露寺》、《群英會》、《鳳還巢》、《四進士》、《瀟湘夜雨》等。金毓黻教授有則日記云：「（1940年1月4日）夜觀王佩衡演《汾河灣》及某君等演《玉堂春》、《黃金臺》，此為在潼第二次觀舊劇。課餘遣興，亦為雅事。」[205]

演出條件的確很差，就連起碼的燈光都不能解決。那時，三台還沒有電燈，學校宿舍裏靠煤油燈來照明，只有圖書館到晚上才點幾盞煤汽燈來供學生閱讀。這樣，每次演出時，最好的照明設備便是煤汽燈了。但有時這種燈又常出毛病，那就只有在忽明忽暗的光線下來進行表演了。三台沒有影劇院，在校內演出，只有在食堂內搭臺子；在外面演出，唯一的場所是破舊的華光廟。這個廟就是利用它還沒倒塌的社戲舞臺，經過美工人員的裝飾打扮，還真像大舞臺呢。但廟堂院內連一把椅凳都沒有，那就有勞觀眾自帶椅凳了。就是在這樣簡陋的演出條件下，每次上演都比傳統的廟會還熱鬧。這也是當時三台居民頗為樂道的一件盛舉。

三台實驗劇團，是東北大學進步師生成立的另一具有影響力的知名劇團，成立時間在1944年底。由郭秉箴、高而公、劉黑枷負責，董每戡、張艾丁任導演。據負責人之一的劉黑枷回憶：「我們組織了三台實驗劇團，每學期都演劇，一學期能排演兩個。演劇都在縣城內的華光廟戲臺上。每次賣票，一場戲至少演三天。我們演過老舍和宋之的合寫的《國家至上》，講的是漢回兩個民族團結抗戰的故事。我扮演一個回教老拳師張老師，劇本要求光頭，我把頭髮都剃掉，滿腮粘上用黑白毛線做的長鬍鬚，一出臺，即得了一個滿堂彩，內心極為興奮。接著又演了宋之的的《草木皆兵》、夏衍的《祖國在召喚》以及

---

[205] 金毓黻：《靜晤室日記》第六冊（瀋陽：遼瀋出版社，1993年），第4449頁。

《寄生草》、《處女的心》、《正在想》。演得最多的是曹禺的作品，如《日出》、《家》、《北京人》等。我經常扮演老年人，如固守著一手造成的大家庭做著五世同堂美夢的高老太爺（《家》），如一個衰落腐朽大家庭的家長曾皓（《北京人》）。」[206]這些戲劇深受民眾歡迎，觀眾絡繹不絕，場內座無虛席，收入也很多。他們將得的一部分作為川北文協分會活動經費，如鉛印《文學期刊》，還一部分捐獻給前方抗戰。

劉黑枷又說，「通過演劇，我們團結了許多同學，爭取了一些中間偏右但人品較正派的同學。和他們真誠相處，有事共同商量，不向他們提出他們一時接受不了的口號。他們幫我們搞燈光、舞臺設計，做道具、借服裝。有一個工商管理系的同學，當初並不愛好文學，對『左傾分子』持懷疑態度，最後竟和我們密切合作，每次演劇都拿著鑼擔任『舞臺監督』職務，很盡職。」[207]正是由於該劇團的政治傾向，引起了國民黨特務的關注：「（1944年12月12日）據報：三台東大實驗劇團現在國內各大學中為最具規模之劇團，在川北各地公演數次，成績斐然，近為援助貧病作家及三台文協分會籌募基金公演，《日出》由董每戡教授導演，演員有胡蒂子、佟（樞）慧等。」[208]

很多資料都不約而同地記載，當年演出曹禺先生的《日出》，不但譽滿三台縣城，也驚動了四鎮八鄉。劉黑枷回憶：「那次演《日出》時，董每戡教授當導演，郭秉箴為執行導演，並扮演李石清，鄧光扮潘經理。我搞劇團的行政工作，兼演黃省三一角。當時，反動學生撕毀壁報，引起了學潮。由於各派力量都想爭奪群眾控制學潮，學潮處於僵持階段。演最後一場前，郭秉箴作為學生會主席，根據大家的決定，趕赴重慶曾家岩找南方局青年組的同志，請示如何解決學潮問題。而為了籌集劇團基金和出版刊物的印刷費，戲票都已賣掉，演出又不能停。大家臨時商量，由我代替郭秉箴扮李石清一角。黃省三這個角色沒有人扮演怎麼辦？決定由一個沒上過臺的政治上中間的同學扮演。由於排劇時每天都『釘』在那裏，對導演意圖、舞臺調度和演員步位十分熟悉，所以，扮演起來是有條件的。整日突擊臺詞，靠後臺提詞，我們兩個人居然也頂下來了，沒有『砸鍋』。最後，劇散場了，大家清理完舞臺吃宵夜擔擔麵時，

[206] 劉黑枷：〈涪江歲月〉，《帶露的鮮花——劉黑枷紀念文集》（瀋陽出版社，2002年），第30頁。
[207] 劉黑枷：〈涪江歲月〉，《帶露的鮮花——劉黑枷紀念文集》（瀋陽出版社，2002年），第30頁。
[208] 唐宏毅主編：《東北大學在三台》（成都：四川大學出版社，1991年），第223頁。

高興得把陳白露在劇中最後一段臺詞改為：『太陽升起來了，黑暗留在後面。
但是太陽不是他們的，他們要睡了。』『太陽是我們的，我們就是太陽，永遠
照耀在中國土地上！』大聲地朗誦著，以表達興奮的心情。」[209]還說：「我們
考慮《日出》的第三幕『三等妓院』（所謂寶和下處）一場不好演，也擔心
小城裏某些封建衛道者會有說辭，打算把這幕略去，但董老師說：『這怎麼好
呢！要知道曹禺寫這幕，花費多少心血，曾深入妓院調查過。我們要忠實於原
著，這是對藝術家的尊重。況且不演這幕，不足以在本質上揭露罪惡的社會制
度。』於是按劇本照演這幕。」[210]董每戡曾有書札與劉黑枷談《日出》演出事
宜：「（1944年10月27日）今晚有事者僅我和陳祖翼二人，對詞可照常舉行。
聞胡博有演小東西意，望與白素蘭接洽一下，她如肯演顧八奶奶，則胡演小東
西，臧肯演翠喜，更好，否則，白露兼演。聞劉玫又有演意。」[211]另據1944級
中文系謝宇衡回憶當年的一些主要人員：「中文系還有個『實驗劇團』，董每
戡先生任團長，具體工作由張艾丁先生負責。曾在三台公演《日出》（董先生
導演，董師母胡蒂子飾陳白露和翠喜，郭秉箴飾李石清，石開基飾潘經理，體
育教師高心安先生的愛人黃麗文飾顧八奶奶，胡宗南的一個念中學的堂妹飾小
東西），轟動了那個縣城。」[212]

外文系1944年級的姜丁銘提到，「在東大劇團活動的女演員中，以美貌
和演技著稱的要數劉玫了，演戲的女主角，她占多數。給我印象最深的是上演
《萬世師表》時，她扮演的女主角最後以『要說的都說了⋯⋯沒有什麼可說的
⋯⋯』以示感謝，卻極為打動人們的心靈，至今我還記得這種沁人肺腑的詞句
和獻身教師的形象。著名的女演員還有王淑靜、董每戡教授的夫人胡蒂子，以
演陳白露而名噪三台。張艾丁老師的夫人郭一寧也是活躍的演員。無獨有偶，
郭一寧的妹妹郭二寧也在東大讀書，熱愛戲劇，與姐姐同台演出，真是並蒂
蓮花，傳為美談。」[213]趙紀彬夫人李慎儀澤回憶，「記得演巴金的話劇《家》

[209] 劉黑枷：〈潼川四載奏戰歌〉，丁義浩、韓斌主編：《情緣東大》（瀋陽：東北大學出版社，
2013年），第24頁。

[210] 劉黑枷：〈涪江歲月〉，《帶露的鮮花——劉黑枷紀念文集》（瀋陽出版社，2002年），第31頁。

[211] 董每戡：〈書信輯存〉，陳壽楠等編：《董每戡集》第五卷（長沙：岳麓書社，2011年），第
495頁。

[212] 謝宇衡：〈東北大學文藝活動瑣憶〉，唐宏毅主編：《東北大學在三台》（成都：四川大學出版
社，1991年），第105頁。

[213] 姜丁銘：〈憶四川三台東北大學〉，相樹春等主編：《我們走過的路》（北京：今日中國出版

時，除劉玫外，東大女生都擔任了角色，一個教員的妻子也被吸收參加了。足見在東大爭取大多數人的工作是很有成績的。」[214]

值得一提的是，四川的地方劇川劇也興起來，川籍學生組織了「川劇社」坐唱和採排大戲。東大外文系還向全校上演過英文話劇，那是莎士比亞《漢姆雷特》的片段，由剛從緬甸遠征軍當過翻譯而復員的鮑鴻年演男主角，唐汝仁演過一個諷刺英國紳士的短劇。可以說戲劇演出活動不僅為東大在三台增輝生色，搞得生氣勃勃，也團結了更多的學校師生振奮精神，拓寬了多種多樣的文化生活領域。

二十四、文協川北分會

抗戰爆發後，國民政府西遷重慶，武漢暫時成為全國抗戰的中心。聚集在武漢的文化界人士，為「聯合全國文藝作家共同反對日本帝國主義的侵略，完成中國民族自由解放，建設中國民族革命的文藝，並保障作家權宜」，積極籌組全國文藝界的統一組織。〈中華全國文藝界抗敵協會發起旨趣〉說：「我們應該把分散的各個戰友的力量，團結起來，像前線將士用他們的槍一樣，用我們的筆，來發動民眾，捍衛祖國，粉碎寇敵，爭取勝利。」

經過數月籌備，1938年3月27日在武漢正式成立了「中華全國文藝界抗敵協會」（簡稱「文協」），並通過了《中華全國文藝界抗敵協會宣言》、《中華全國文藝界抗敵協會簡章》、《告全世界的文藝家》等重要文獻，選舉周恩來、孫科、于右任、陳立夫等為名譽理事，郭沫若、茅盾、夏衍、胡風、田漢、許地山、鬱達夫等45人為理事，著名作家老舍為總務部主任，主持日常工作。1938年8月，隨著武漢會戰的臨近，文協遷到重慶。

1944年秋天，川北地區的文藝戰線成立一個有集中統一領導的組織機構的條件已成熟。「有德高望重的教授智力集團；有執著追求真理並願為之獻身的實幹者，他們在同學中享有威信，如徐放、劉黑枷、郭秉箴等；有大量的追求

社，1993年），第109頁。
[214] 李慎儀：〈趙紀彬參與東大學運的點滴回憶〉，唐宏毅主編：《東北大學在三台》（成都：四川大學出版社，1991年），第151頁。

進步渴望光明憎恨黑暗的熱血大學生。可謂有把舵的，有劃槳的，有拉縴的，有護航的。一條乘風破浪的文學大船可以下水開船了，這就是『中華全國文藝界抗敵協會川北分會』誕生時機已成熟。」[215]

文協三台分會的籌備情況，可從三台縣檔案館藏國民黨「致情字第60號」（1944年12月15日發）情報瞭解清楚：

> ……三台文協分會為東大文學研究會（中文系全體師生）、三台實驗劇團、合唱團三單位組成，由陸侃如、董每戡等發起，先得文協分會許可，於十一月中旬在陸侃如家開籌備會，三團體人員為基本會員，另外由四個以上之會員介紹得為新會員，由三團體各推出理事、監事各三人，共理事九人，監事九人，組織理監事會，另推編輯委員五人，理事多為教師，有陸侃如、馮沅君、董每戡、遲念方、霍玉厚；臨事有姚崇懋、羅麟、胡文舉、劉志鴻等，編輯委員有劉志鴻、徐放等，定於元旦正式成立，出版月刊一種，不久即可印出，該會除出版刊物外，並援助貧苦作家等語。[216]

文協三台分會正式成立時間並不是元旦，而是幾天之後。據《中華全國文藝界抗敵協會大事記》載：「（1945年1月6日）『文協』三台分會假東北大學禮堂舉行成立大會，到四五百人。」[217]又據三台縣檔案館存國民黨「致情字第6號」檔：「查三台文協已於（1945年）1月8日成立，該會所編文學期刊於1月10日發表……」[218]

分會會址設在三台東門內陳家巷陸侃如馮沅君夫婦家中。幾乎每個星期六晚，大家都要在他們家聚會，討論現實政治，氣氛非常熱烈。分會主辦會報《文學期刊》，馮沅君為主編。第一期上有陸侃如的《中古文學系年》，馮

[215] 馬牧邊、張展：〈抗日戰爭後期川北文學活動概貌〉，相樹春等主編：《我們走過的路》（北京：今日中國出版社，1993年），第150頁。

[216] 〈陸侃如等積極籌備成立三台文協分會〉，唐宏毅主編：《東北大學在三台》（成都：四川大學出版社，1991年），第222頁。

[217] 文天行：〈中華全國文藝界抗敵協會大事記〉，文天行等主編：《中華全國文藝界抗敵協會史料選編》（成都：四川省社會科學院出版社，1983年），第447頁。

[218] 〈三台文協分會成立〉，唐宏毅主編：《東北大學在三台》（成都：四川大學出版社，1991年），第224頁。

沅君的《元雜劇和詠史詩》，還有趙紀彬、董每戡、葉丁易等先生的文章。可惜，這份川北分會的機關刊物，只出了一期。第二期的目錄雖已發過預告，但終因為中文系幾位教授被解雇而停刊。

文協三台分會成立之後，經常不斷舉行形式各樣的活動。國民黨特務認為，「文協分會活動異常激烈，頗有代表奸偽活動之疑」，所以時時盯梢。比如，中文系聘請的姚雪垠教授於3月28日到校，文協分會於3月31日在東大禮堂開歡迎會。馬上就有特務向上級報告：「會名雖為文藝晚會，然亦寓有奸偽活動作用在內，於其表演之節目中，有朗誦《火把》全本一節，系郭秉箴領導，董樞慧、臧慕蓮（校長女兒）等五人，以對話形式進行，於火把照耀之下，故作慷慨激昂之狀，其內容有贊美火把世界，引人入火把隊伍之詞，無異以奸偽之主張宣布於人眾，吸引千餘青年學生之注意，頗為猖獗不羈，理合將經過情形具之呈報。」[219]4月25日，文協分會又假東大禮堂舉行過一場文藝晚會，參加者有陸侃如、馮沅君、董每戡、趙紀彬、姚雪垠、黎丁、謝梓文等一百五十餘人。[220]

趙紀彬夫人李慎儀有一段回憶：「1946年【案，應為1945年】春，趙紀彬介紹姚雪垠、楊榮國來東大文學院任教，楊帶來兩個口信：一是杜國庠代表組織問候他，並肯定他在東大的工作成績；一是老舍要他在三台組織川北抗敵協會分會。為此事他先找郭辛白商談發展學生會員問題，後為主席人選問題又與董每戡、鄒勇策商量。他們認為他做主席最合適。趙說：『抗協主席應由文藝界知名度高，平時少問政治的人做最合適。這樣既能爭取中間派教師參加，也可使當局少找麻煩。』結果選了馮沅君做主席，李堯東為秘書。」[221]按，主席應為陸侃如，馮沅君實為副主席。宋懷編〈陸侃如年表〉云，陸侃如「任川北分會主席」。[222]許志杰《陸侃如和馮沅君》：「陸侃如當選為川北分會主席，馮沅君和

[219] 〈文協三台分會歡迎姚雪垠來校任教〉，唐宏毅主編：《東北大學在三台》（成都：四川大學出版社，1991年），第212頁。

[220] 文天行：〈中華全國文藝界抗敵協會大事記〉，文天行等編：《中華全國文藝界抗敵協會史料選編》（成都：四川省社會科學院出版社，1983年），第449頁。

[221] 李慎儀：〈趙紀彬參與東大學運的點滴回憶〉，唐宏毅主編：《東北大學在三台》（成都：四川大學出版社，1991年），第151頁。

[222] 宋懷：〈陸侃如年表〉，江蘇政協文史委、南通市政協文史委編：《文海星光——南通文化名人（一）》（內部資料1999年），第68頁。

哲學家趙紀彬當選為副主席。」[223]

文協分會發展迅速，很快由三台一縣擴展到川北地區。據三台檔案館藏國民黨（5月10日）「致情字第30號」情報：「三台文協分會在5月4日舉行聚餐。並改三台文協分會為川北文協分會，由姚雪垠、董每戡主其事，正式接辦合唱團、實驗劇團，並伸展其勢力至綿陽及太和鎮，綿陽由國立六中教務主任李東約負責，太和鎮印有青年月刊……陸某自代東大文學院長以來，文學分會之負責人，名為董、姚負責，實際上還是陸某暗中計劃，查文協分會日益擴大，似有控制東大各文化團體之情形。」[224]

「致情字第34號」情報：「……該陸侃如、董每戡、趙紀彬、楊季野、姚雪垠等前於6月24、25日之夜間在青年旅行社茶館開過一次會，其任務擬將川北文協分會組織擴大，並控制東大各文化團體，以作文協基礎，以射洪、鹽亭、蓬溪、川北各縣發展，現董每戡、姚雪垠已於7月6、7日乘車赴成都文協會恰談……」[225]

7月12日，國民黨特務又發「情寒字第26號」密報：

> 奉悉三台文協會改為川北文協會，其原因乃陸侃如代理文學院長，名義不能負責，所以改為姚雪垠、董每戡二奸偽負責，因川北學校關係，文協可以擴展至太鎮及綿陽，太鎮由楊序負責，並辦有《文學青年》雜誌，綿陽由李束綺（國立二中教務主任）負責。文協會所以擴大，一方面在擴展其組織至各地中學，籠絡一部分中學學生作幹部；一方面可以伸其活動半徑，奸偽等可以公開自由活動，更可因其人多而造威脅。如東大當局要檢查壁報，結果因奸偽反對而取消，即為證明奸偽活動方案，乃利用三台實驗劇團及合唱團，收羅大部學生。《文學季刊》為文協向外發表文字之代表刊物，陸侃如、姚雪垠等乃利用學生組織，許辦壁報，擴充力量，其活動情形大致為斯，特此呈複。[226]

---

[223] 許志杰：《陸侃如和馮沅君》（濟南：山東畫報出版社，2006年），第105頁。

[224] 〈三台文協分會擴大為川北文協分會〉，唐宏毅主編：《東北大學在三台》（成都：四川大學出版社，1991年），第238頁。

[225] 唐宏毅主編：《東北大學在三台》（成都：四川大學出版社，1991年），第242頁。

[226] 〈特分會密報文協三台分會情況〉，唐宏毅主編：《東北大學在三台》（成都：四川大學出版社，1991年），第213頁。

文協分會搞得十分紅火，座談、演講、辦刊物、演藝活動都開展得有聲有色。李堯東回憶：「記得1945年端午（紀念屈原稱作『詩人節』），由『全國文協三台分會』和『實驗劇團』等有影響的文藝組織，發起組織了一次大型的詩歌文藝晚會，地點就在陳家巷口茶館內，師生各泡清茶一碗。由陸侃如、馮沅君、趙紀彬等和同學們暢談朗誦詩作。姚雪垠朗誦了他的名作《紅燈籠的故事》。這個晚上，茶館內外聚集著黑壓壓一片人群，附近的老百姓和愛好文藝的青年朋友成了圍觀者，直到深夜不散。」[227]不久，6月24日，茅盾五十壽辰，也是創作二十五周年紀念日。分會在陸侃如的主持下，為茅盾舉辦了慶祝會，馮沅君在會上發表了演講。[228]所以楊向奎先生對那段生活十分懷念：「在三台東北大學時，每逢星期六晚，我們經常在馮陸家喝茶談天。參加者有趙紀彬夫婦，楊榮國夫婦，董每戡夫婦，葉丁易夫婦等，無話不談。談到政治，總是對國民黨政府不滿。」[229]

文藝演出是分會工作的重點，他們組織起了各類隊伍，利用各種宣傳形式，抓住一切機會，對廣大群眾宣傳抗日，為戰爭盡力。當時的宣傳樣式有：街頭演活報劇，定期出專欄壁報，向群眾教唱抗日歌曲，講前線抗日英雄故事，組織募捐，製作慰問品，到軍營勞軍等等。分會的同仁們把三台這個小縣城的抗日工作，搞得生動活潑熱火朝天。

二十五、學習社與祖國社

日本投降以後，國內兩種命運和兩種前途的決戰，反映到東大內部，則是堅持獨裁、內戰與堅持民主、和平的兩種政治主張的鬥爭。具體表現形式，則是左派社團學習社與右翼社團祖國社的鬥爭。

1945年9月，東北問題研究社理事會改選，左派的學習社決定參加競選，同企圖奪取東研社領導權的右翼人員楊德鈞、高造郡人展開鬥爭。選舉結果，楊德鈞方面失利。於是，他四處呼籲說：東研社被共產黨分子掌握，我們不能受

---

[227] 李堯東：〈抗戰時期流亡三台的東北大學學生生活素描〉，政協四川省綿陽市文史委編：《綿陽市文史資料選輯》（1995年）第十三輯，第112頁。

[228] 許志杰：《陸侃如和馮沅君》（濟南：山東畫報出版社，2006年），第105頁。

[229] 《山東大學校友通訊》1985年試刊一期；轉引自嚴蓉仙：《馮沅君傳》（北京：人民文學出版社，2008年），第205頁。

共產黨分子的利用，並採取簽名的辦法鼓動退社，把東研社解散了。楊德鈞不甘失敗，試圖拉制東大的東北同學會，競選結果，楊德鈞方面控制了幹事會的多數，而左派同學朱廷芳卻以得票最多而直接當選為主席。這樣，雙方制約，誰也不能利用這個組織進行符合自己政治主張的活動。三台縣檔案館現存一份國民黨「致情字第68號」（1945年11月20日發）文檔：

> 據孫時齋報稱：東北大學東北籍高造郡、楊德鈞、張興武、石鐵軍等180名聯名發起成立東北大學東北籍同學會，該會通告稱「民主團結」，於（1945年）10月27日在本校新生院教室開成立大會。由高造郡、郎人俊任臨時主席，高報告開會意義暨籌備經過，出席人數約250餘位，情緒異常熱烈，當場選舉，以三分之二表決通過選舉出總幹事，副總幹事，及各組負責人（曰幹事）：
>
> 總幹事：朱廷芳　副總幹事：田華倫　總務組：張興武、呂文達
> 會計組：高造郡　宣傳組：馬承車　康樂組：王化琴、馮慧嬡
> 文書組：郎人俊　通訊組：楊德鈞　出納組：劉志達

經過兩次競選鬥爭，東北同學的陣線分明了，傾向共產黨的左派同學加入了學習社，而楊德鈞等受國民黨影響的右翼學生則組成了祖國社。著名作家柏楊當時就是祖國社成員之一，據他回憶：

> 那時，我們幾個志同道合的同學在學校組織了一個「祖國學社」，是一個專門和左傾同學對抗的學生組織。我們都擁護比我低一年級、叫楊德鈞的同學，當我們的「大哥」。楊大哥是三民主義青年團東北大學分團的幹事，一批青年，包括我在內，每天圍繞著他，出壁報，開筆戰。有時候左傾同學把祖國學社的壁報半夜裏砸毀，祖國學生的同學也用同樣的手段，半夜裏把他們的壁報撕爛。祖國學社擁有五六十個同學之多，自以為形成一種力量。[230]

---

[230] 柏楊口述、周碧瑟執筆：《柏楊回憶錄——看過地獄回來的人》（瀋陽：春風文藝出版社，2002年），第111頁。

　　祖國社相關人員有楊德鈞、陳健（社長）、王征、熊鎮、張占一、呂文達、趙唯綱、陳世宗、陳遠、肖漢臣、李實、曾昭鴻、姚漢、刑國治、林伯流、莊騰祖、夏正石、郎人駿、張興武、王德昌、林豁青、廖衡、王正心等。祖國社的輿論陣地是《祖國論壇》，充滿了反蘇反共，堅持獨裁內戰的內容。後來這個壁報改成鉛印小報。其經濟實力，超過國民黨的三台縣政府，因為三台沒有本地的報紙。

　　學習社早於祖國社，成立於抗戰勝利前夕的1945年5月中旬。其宗旨是：學習、團結、進步。成員都是東北籍學生，絕大多數曾生活在偽滿洲國，他們因反滿抗日，流亡到關內大後方，開始對國民黨抱過幻想，但現實又使他們失望。對共產黨及其領導下的革命鬥爭知之不多。他們渴求真理，關心中國的命運和前途，想通過自我教育和參加校內的進步活動，尋求救國救民的道理。最初的成員有朱廷芳、田華倫、高桂林、于學謙、任正餘、熊福旭（守金）、李葆家（北開）、安民、李寶善（李勤）、王立夫、侯明捷（照玉）、周桂芬、丁淑媛（丁塞）、白廣文（張展）、高柏蒼等。東研社解散後，其成員發展到三十多人。

　　學習社剛成立時，尚未同中共發生聯繫，1945年6月，共黨派金沛霖從重慶來東大工作，才開始聯繫。金沛霖在東大畢業後，在重慶工作期間參加了「新民主主義小組」。1945年3月，中共南方局青年組組長劉光在重慶《新華日報》營業部二樓辦公室，組建了南方局直接領導的東北進步青年的「新民主主義小組」。當時參加小組的，有楊覺勇、趙家實、王國琴、金沛霖等。小組成立時，南方局青年組成員張佛翔（張黎群）也參加了會議。

　　金沛霖在三台工作期間，建立了兩個「新民主主義小組」據點，一個是東大法律系畢業的劉光炎家，一個是剛剛成立的學習社。金沛霖通過他的老同學、學習社負責人朱廷芳和學習社建立了聯繫，但在學習社建立「據點」一事，只有朱廷芳、高桂林知道，沒有向其他成員公布。

　　回重慶前，金沛霖與朱、高兩位約定：按《百家姓》姓氏的順序為收件人的通訊聯繫暗號，即他從重慶寄給學習社第一封信的收件人為趙××，第二封信的收件人為錢××，依此類推，凡是用同一發信地址、同一筆跡按上述姓氏順序寄來的郵件，都是組織上寄來的資料，可以收受。

　　「新民主主義小組」的據點在學習社建立起來後，經過學習社成員對東北籍學生的接觸和影響，根據他們的思想覺悟、進步要求、實際表現，日本正

式簽字投降前夕，又陸續吸收了彭萬年、姜成德（江南）、王立邦（王庚）、王化琴、王鴻胤、關宇輝、姚志學、戰師媛、于惠潛、金素蘭、汪玢玲、陳夢菲、欒均林等為社員。

學習社在三台期間，其實是接受中共南方局青年組兩個不同線索的領導，除了「新民主主義小組」外，還有南方局青年組領導的「民主青年社」，也稱為「民主青年同盟」（簡稱「民青」）。1945年7月左右，東大中文系丁易（葉鼎彝）教授去重慶，會見了南方局的劉光，向他彙報了東大的學生運動情況。劉光向丁易提出在東大建立「民青」的問題。丁易根據劉光的委託，回三台後，在左傾激進學生中組建了「民主青年社」（「民主青年同盟」）。這是南方局青年組領導的革命組織。東大「民青」的領導者是趙紀彬、丁易和郭辛白，骨幹成員有高擎洲、張子勳、朱廷芳、高桂林等。學習社的成員中參加「民青」的有：白廣文、李寶善、熊福旭、安民、任正餘、李葆家、田華倫、侯明捷、周桂芬等人。

學習社在三台時期的主要活動和鬥爭主要有以下幾點：

1.開展系統的讀書活動。為了使全體成員提高認識、提高覺悟，學習社始終抓緊對中國革命的基本問題和黨的方針政策的學習。建社不久，系統地學習了毛澤東的〈論聯合政府〉、〈新民主主義論〉、〈在延安文藝座談會上的講話〉，劉少奇的〈關於修正黨章的報告〉，朱德的〈論解放區戰場〉等。其次，是對時事政治的學習。重慶的「新民主主義小組」按照約定的通訊辦法，不斷地把《新華日報》、《群眾》、《民主周刊》、《世界知識》等多種革命報刊寄給學習社。再次，是學習馬克思主義的基本知識，如：《列寧選集》、《聯共黨史》、《政治經濟學》（列昂節夫）、《大眾哲學》（艾思奇）等社會科學著作。此外，還有《鐵流》等蘇聯小說，魯迅、茅盾、蕭軍等進步作家的文藝作品。

除了自學，學習社還採取各種靈活的討論會、座談會、與其他進步社團的聯證會。學習上的心得體會，則在學習社的壁報《學習園地》上發表。

2.爭奪東北問題研究社和東北同學會領導權的鬥爭。「東研社」是東大最大且最有影響的社團，幾乎所有的東北籍學生都是它的成員。這個社領導機構是理事會，由九名理事組成。如果左傾同學能獲得理事會的多數席位，這個社團組織就會掌握在左傾同學手中。在1945年9月，「東研社」理事會改選期間，

學習社決定參加競選，與企圖奪取「東研社」的領導權、把它引向反對方向的楊德鈞、高造郡等人展開鬥爭。理事會選舉的結果，左傾學生朱廷芳、高桂林、李葆家、安民、田華倫五人當選，楊德鈞方面僅得四席。後來，學習社與楊德鈞等人又展開了第二次競選鬥爭。選舉結果，朱廷芳得票最多直接當選為同學會主席，楊德鈞一方則控制了同學會的「幹事會」多數，雙方互相制約，誰也利用不了這個社團進行符合自己政治主張的活動。

3.與祖國社的反蘇反共活動進行針鋒相對的鬥爭。在日本投降後，祖國社反對蒙古人民共和國的獨立，認為是蘇聯割去了中國的領土。1946年2月間利用所謂「東北來信」進行反蘇反共宣傳，說張莘夫是共產黨殺害的；八路軍是扒路軍；蘇聯紅軍在東北強姦婦女、拆運東北工廠設備等等。祖國社先後搞了三次活動：第一，在東大禮堂為張莘夫開追悼會。第二，發起組織東大和三台其他學校學生舉行反蘇示威遊行。第三，公開號召東大組織「赴渝請願團」，要求國民政府用武力接收東北。他們搞的追悼會因參加者寥寥，貼在禮堂門口的對聯又被人貼上很大的問號和驚嘆號，結果草草收場。對於後兩個活動，事先東大「民青」領導召集骨幹成員在三台城外一家茶館開會研究對策。反蘇遊行由於得到校方的支持，「民青」不能公開阻攔，要盡力爭取中間派和右派學生不參加遊行。遊行的那天，進步社團的成員和爭取到的學生一起去坐茶館或郊遊。學習社只派李寶善參加，是為了瞭解這次遊行的動態。

對於組織「赴渝請願團」，「民青」決定通過各班級選舉代表進行辯論的方式，進行反擊。辯論結果通過決議：「少數人組織的請願團，不得用東大或東大學生的名義。」同時，擔任學生伙食部主任的高擎洲用學生自治會伙食部名義宣布：凡無正當理由離校者，一律不發給伙食費。就這樣，祖國社所倡議組織的「赴渝請願團」瓦解了。[231]

4.保護進步教授，對祖國社又一次有力的還擊。1946年春，東大舉行教授會成立座談會。會上，訓導長葉叔良要求教授會對時局表態，發表反蘇反共宣言，當即遭到進步教授的反對，會場內唇劍舌槍，鬥爭激烈；會場外，祖國社的學生阻止進步教授的發言，甚至向會場扔石頭，使會議無法再進行下去。當

---

[231] 高桂林、張展、朱廷芳：〈1945～1947年東北大學「學運」中的「學習社」〉，相樹春等主編：《我們走過的路》（北京：今日中國出版社，1993年），第176頁。

晚，「民青」骨幹成員開會決定動員全校進步力量予以回擊。一夜之間，受「民青」影響的各個社團，以「尊師重道」為話題，紛紛發表宣言或抗議書，大字報鋪天蓋地，從校長室貼到校門口，祖國社顯得非常孤立和狼狽。

5.在時局問題上同祖國社的鬥爭。1946年2月上旬，中國政治協商會議勝利閉幕，重慶爆發較場口事件。祖國社在東大校內張貼《中央日報》的報導：校場口事件是「群眾互相鬥毆」。學習社的成員採取剪報形式，張貼《新華日報》、《民主報》、《華西晚報》等報導，揭明「事實真相」。同年4月，共產黨軍隊自國民黨軍中奪取長春，重慶《大公報》寫了社論〈可恥的長春之戰〉，說共軍「破壞和平」。祖國社抄錄和張貼了這篇社論，並加按語說：這是中共首先挑起內戰的鐵證。學習社則抄錄和張貼了《新華日報》的社論《可恥的〈大公報〉社論》，指明蔣軍首先進攻解放區，發動內戰。

6.支持女生飯廳的鬥爭。東大學生飯廳歷來是男女分開，1946年2月份學生伙食團姚漢等人，為給學生中黨棍和三青團成員追求女學生創造條件，取消女生飯廳，全校男女生混合編桌，引起女生的不滿。學習社成員丁淑媛、汪玢玲、戰明媛被推舉為代表，向姚漢和東大校方交涉無效，發起搶占女生飯廳，又張貼〈告全校同學書〉，爭取廣大學生支持。為了抵制三青團的破壞，又發起絕大多數女生簽名，宣布絕食。終於迫使伙食團和校方恢復原來的女生飯廳。這一鬥爭，對於團結和爭取廣大女生起了積極作用。

7.除了在校內參加爭民主，反內戰的鬥爭，學習社還注意把工作引向社會。成員任正餘、熊福旭、李寶善、李葆家、白廣文及左傾學生張蔭芳等人在1945年8月出版了名為《民報》的小報。八開，油印，每月一期，共出四期。對像是三台市民和農民。文章通俗短小，以小故事、謠諺等形式，每期有一個中心內容，如：反對徵兵、拉壯丁，反對苛捐雜稅，實行「二五減租」等等。每期由李寶善、熊福旭、周桂芬等人在街上以一二分錢出售。

1945年10月，中共南方局青年組組長劉光在重慶《新華日報》營業部宿舍約請「新民主主義小組」負責人趙家實、孫序夫前去談話，劉光向他們指出：「由於日寇統治東北長達十四年之久，東北人民對國內政治情況知之甚少，盲目正統觀念頗重。加以國民黨反蘇反共的宣傳影響，東北地區亟需瞭解國民黨內幕的東北進步人士前去工作。因此，重慶小組的全體成員和三台東大『據點』的成員要千方百計迅速去東北地區工作。」趙家實寫信給學習社負責人朱

廷芳、高桂林等傳達劉光的指示，還向當時在重慶的學習社成員于學謙作了口頭傳達，讓他回東大時把黨的指示轉告給學習社。

　　根據上級的指示精神，學習社經過會議討論，決定了以下事項：第一，學習社成員不等待學校的統一安排，每個人根據自己的條件，採取各種途徑儘早地返回東北（在此之前，田華倫、侯昭玉已經起程了）。第二，到瀋陽立即找趙家實接頭，通過他找共黨組織。第三，到瀋陽後，出刊《學習》雜志，宣傳自己的政治主張。第四，把歷屆左傾同學積留下來的和組織上給學習社的革命書籍集中起來，委托與學校一道復員的高柏蒼、金素蘭等同學設法運回瀋陽。[232]此次會議之後，學習社的成員分別取道北上。

二十六、學聲社與民青社

　　學聲社肇始於1944年秋季的學潮之中，正式成立1945年日本投降前夕的春夏之間，負責人有李秀劍、陳微塵、田華倫等人，其他成員還有許行、杜孔嘉、冉欲達、鄒勇策、杜黎筠、邢元彭等56人。[233]當時，大後方的中國共產黨、各民主黨派和一切愛國人士正為實現國家的政治民主和人民的自由而與國民黨作鬥爭。廣大青年學生特別對政治敏感的大學生，是這場反獨裁、爭民主的一支蓬勃的力量。東北大學僻處三台，與當時的鬥爭中心距離較遠，但國內形勢、民主思潮、各派的政治觀點、學生運動的情況等等，還是通過各種報刊、各種路徑傳播到校內來。東大當時的各種社團和壁報為數不少，學聲社則是為了與重慶、成都、昆明等地的高等院校溝通聯繫，交流學生運動的情況等等應運而生的。學聲社擁有來自各個院系的不少成員，一般都關心時事和國家前途，當然也不免魚龍混雜，但起骨幹作用的是一批要求民主進步的左傾學生。

　　學聲社的主要活動，一方面是通過閱讀書報和座談等方式推動大家關心時事，參加校內的進步活動；另一方面則編輯出版《學聲》壁報，「以反映

---

[232] 高柏蒼：〈隨東北大學復員回瀋陽〉，齊紅深編著：《流亡——抗戰時期東北流亡學生口述》（鄭州：大象出版社，2008年），第293頁。

[233] 范如富：〈東北大學在三台〉，唐宏毅主編：《東北大學在三台》（成都：四川大學出版社，1991年），第13頁。

和報導各地學生運動，評論時事為主要內容，有東北大學的《新華日報》之稱」。[234]一般是半月左右出一期。

前面說過，日本投降以後，國內兩種命運和兩種前途的決戰，反映到東大內部，就是各進步左派社團（以「民主青年社」成員為骨幹）與右傾社團祖國社的鬥爭。祖國社出版的《祖國論壇》，充滿了反蘇反共的論調。對於左傾社團和激進學生，其中個別人則採取暗中監視和盯梢以及公開恐嚇的態度。有一次，天剛發亮，東大校內突然貼滿了標語：「史達林的子孫們，留神你們的腦袋！」「趙善吾，留神你的腦袋！」（「趙善吾」，是進步學生李葆家所作長詩的篇名，祖國社有些人用來代稱李葆家）。其次，對左傾壁報的毀壞，《學聲》有一期在頭版頭條摘要轉載了《新華日報》一條新聞：「民主同盟副主席羅隆基發表談話：要求駐華美軍撤出中國，要求國民黨當局停止內戰。」引起廣大師生的注意。不料，過了一夜，壁報的這條新聞被人塗抹，整個壁報也被人用又粗又黑的筆劃上一個大杈子，無法看清。又有一期，《學聲》在頭版發表一篇社論，「我們反對內戰」。壁報早上掛出去，傍晚，祖國社的負責人就氣勢洶洶叫嚷：「我教你們反對內戰」，一把將壁報撕毀。這兩次事件，學聲社都公開發表聲明，抗議這種粗暴行徑。

外部高壓的手段沒有嚇倒學聲社，於是，祖國社又策劃從內部瓦解學聲社。一天，學聲社的編委們正在準備出刊，學聲社的一個社員送來一份題為《東北來鴻》的稿件，要求本期一定刊登。這篇《東北來鴻》的內容是國民黨報刊反復過多次的內容：「蘇軍在東北，強姦婦女，搶劫財物」；「共產黨在東北實行共產共妻」。這一要求，當時遭到在場的李秀劍、田華倫、李葆家、白廣文等婉言拒絕。李秀劍說：「這些所謂消息，並不是什麼新聞，而且與《學聲》的宗旨不合，不便刊登。」田華倫說：「我也接到東北家裏來信，沒聽說有這種事。」這個社員說不出什麼理由，一定堅持要登。最後看到無望了，就叫嚷：「人家早就說了，《學聲》是共產黨辦的。」說罷，捧門而去。第二天，《學聲》出版了，那個社員就在旁邊張貼了一張「聲明」：「本人已退出『學聲社』，今後，該社發生任何事件，本人概不負責。」與這個聲明相

呼應的，則是「『學聲』是共產黨辦的」說法四處傳播。一些不明真相的學聲社社員也紛紛聲明退社。一時形成軒然大波。此即所謂的「學聲事件」。[235]

三台縣檔案館藏有一份1945年11月24日的國民黨情報，其中〈關於學聲社社員退出之查報〉云：

> 近來情況，本期該刊出版過三次，第一、二期都轉載新華日報消息，並宣揚姚雪垠、陸侃如等之言論行為。第二期轉載成都十八個文化團體致美國人士書及綏遠靖之在渝。言論諷刺，但被他人塗污，第三次則轉述新華日報上之消息，此期登載遂有其中之社員反對，尤其之三編輯委員臧慕蓮、姚漢、張瑤及李陵等均持反對意見，但其余認為非登不可，於是在內經全體同意，遂登載出來，結果將一天全被撕去，為該社登出一正義評論。認為撕毀之人實為不法，望全體文化團體共鳴不平。
>
> 社員紛紛退社之原因：①意見不一致，該刊之出第三次刊轉載新華日報消息，未經全體編輯委員之同意，並有李陵等認為該社被少數人把持，深持不滿態度。②神經過敏所致：星期一學校過道牆上有「×太太的徒生們，當心你們的腦袋」之紙條，因此使一般奸偽分子精神恐怖，並該學生社之壁報屢經塗污，顯系被人注意，為人不滿。再有學聲社集團甚為龐大，又為左傾分子之集團，目標太顯著，並且最近學校流傳一謠言，說中央派有特務多人來三台，並教育部也有人來作調查工作，並學校有三台縣黨部查得共黨分子二百多名，及陸侃如、馮沅君等均是，因此有許多奸偽分子心不穩定，神經過敏即先後退出。③臧慕蓮乃校長之女，該社目標太大，伊父又是國民黨之忠實分子，認為要鞏固伊父之名，表面上不能作相反之言論，於是借意見不一致而退出。
>
> 關於最近奸偽之動態。奸偽分子為了減少目標，而將東北研究社解散，為了恐懼心理之驅使，退出學聲社。[236]

---

[235] 張展：〈回憶「學聲社」〉，唐宏毅主編：《東北大學在三台》（成都：四川大學出版社，1991年），第69頁。

[236] 轉引自唐宏毅主編：《東北大學在三台》（成都：四川大學出版社，1991年），第247-248頁。

學聲社採取沉默態度，在背後作了工作，穩定了未退出的社員人心。在「事件」發生後的第二天下午，集合學聲社的骨幹和其他進步社團的負責人，在三台大十字街一個茶樓裏，研究了加強內部團結、堅持出版《學聲》等問題。

學聲社的骨幹成員後來大都成為中共南方局領導的東大民主青年社的成員。

民主青年社（也叫民主青年同盟），簡稱「民青」。它是中共領導下成立的革命組織，聯繫人就是南方局的劉光。

東大民主青年社成立於抗戰勝利前夕，組織領導人是葉丁易教授。葉丁易在到東大任教前就與張友漁、黎樹等中共領導人有密切聯繫。到東大後，他熱情支持學生的進步活動。1945年暑假前，他去重慶中共南方局彙報了東大的學生運動，並遞交了東大特務分子名單。南方局的劉光作了關於國統區青年運動的經驗總結和今後意見的談話，並特別提到，國統區學生運動的組織形式有兩種，一種是有名義的，一種是無名義的。根據東大的情況，建議左傾同學討論一下，是否建立一個有名義的組織。如果同意，可以成立「民主青年社」。高擎洲回憶說：「葉丁易先生返回三台，召集東大民主運動骨幹學生開會，地點是城北野外，到會者有郭辛白、朱廷芳、高桂林、張子勳、于學謙、王允中等約十餘人，我也參加了這次會議。會上，葉丁易先生傳達了劉光同志關於大後方學生運動的經驗總結和今後意見……葉丁易先生傳達完了以後，要大家討論有名義好還是無名義好，可否建立民青。與會同學紛紛發表意見，都贊成建立民青小組。」[237]會上還初步確定了成員名單，決定由到會學生分頭通知，個別談話，如果被提名的同學願意，就算作民青成員。這是在當時政治鬥爭尖銳的情況下所採取的祕密、穩妥的辦法。組成人員的名單，由葉丁易轉告了南方局。

7月中旬，由郭辛白在涪江東岸東山寺主持召開了成立大會。成員有郭辛白、朱廷芳、高桂林、鄒永策、高擎洲、張子勳、李治彭、白廣文、馬驥、陳乃義、歐克純、田華倫、李秋平、施澤鑒、黃肇清等二十餘人。核心成員是郭辛白、高擎洲、高桂林等。[238]

在談到民青的組織機構時，高擎洲回憶說：「東大進步學生搞民主運動原有個核心小組。郭辛白任組長，但他很快就要畢業，後來經過進步骨幹學生商

[237] 高擎洲：〈東大「民青」組織的成立及其活動〉，唐宏毅主編：《東北大學在三台》（成都：四川大學出版社，1991年），第80-81頁。

[238] 范如富：〈東北大學在三台〉，唐宏毅主編：《東北大學在三台》（成都：四川大學出版社，1991年），第10頁。

討，推我擔任組長，核心組有高桂林、朱廷芳、張子勳、郭辛白等人。設有分片聯絡員。另外，如高桂林、朱廷芳等負責聯繫東北籍學生。民青的領導機構就是這個核心組。民青成立後不久，為迷惑敵人就以《時事萃報》的名義在三台東北召開了一個會議，實際上是全體民青成員的大會，郭辛白講了民青的宗旨和成立的意義，並進行學習討論，研究如何開展工作，民青成員又劃分為兩個小組，我與郭辛白、張子勳、劉棟忱為一個小組，還有一個以《時事萃報》名義進行活動的小組，實際上也是民青的一個小組，成員有高崇樸、李治彭、趙愈之、李秋平等人，我也是這個組的成員。」[239]

《時事萃報》是民青社的宣傳陣地，是當時東大唯一的最有影響的時事政治壁報。它密切配合民主鬥爭，及時報導解放區情況，宣傳政協決議，揭露國民黨的統治和發動內戰的行徑。例如反對馬歇爾來華干涉中國內政，揭露美帝陰謀。又如針對國民黨瘋狂鎮壓民主運動的事實和東大教授會事件，《時事萃報》訪問了許多進步教授和中間派教授，全部刊登了他們的民主呼聲，並配以社論、雜文等，對國民黨予以抨擊。又如國民黨利用張莘夫事件製造反共輿論，《時事萃報》就從多方面澄清事實真相，駁斥反共言論。東大訓導長楊炳炎曾領著陸侃如去看《時事萃報》等反對教授會事件的專刊，持反對態度。《時事萃報》因其影響較大，被三台國民黨作了記錄，列入黑名單。

民青社的成立，增強了左傾同學的凝聚力。各進步社團以民青社為中心，積極投入民主運動。民青社通過各左傾社團，團結激進學生，發展激進力量。利用壁報、學生會、同學會等陣地開展民主鬥爭，在三台東大後期學生運動中起了重要的作用。特別是領導學習社等進步社團同反動的祖國社進行針鋒相對的鬥爭，打擊其反蘇、反共活動。如前面「學習社」章節所述，民青社在爭取學生自治會和東北籍同學會的領導權，支持左傾教授的活動等鬥爭中，都得到了一個又一個勝利，有力地打擊了三青團分子的氣焰。

1946年5月，東大開始復員，民青社成員一部分畢業離校，大部分回到瀋陽繼續開展活動。

---

[239] 高擎洲：〈東大「民青」組織的成立及其活動〉，唐宏毅主編：《東北大學在三台》（成都：四川大學出版社，1991年），第82頁。

二十七、抗戰勝利了

1945年7月26日，中、美、英三國發表《波茨坦公告》，敦促日本必須立即無條件投降。8月6日，美國在廣島投下了第一枚原子彈。8月8日，蘇聯對日宣戰。9日零時剛過，蘇聯百萬紅軍以迅雷不及掩耳的凌厲攻勢，向盤踞在中國東北的日軍發起了全線總進攻。

8月9日上午十點半，日本首相鈴木貫太郎召開最高戰爭會議。鈴木簡要講了議題，然後由外務大臣東鄉報告蘇聯參戰及原子彈爆炸後各方面的反映，建議日本接受投降協議，會場展開了爭論。會議中間又傳來消息，「美國飛機在長崎又投了一顆原子彈」，四座驚愕。但是投降派與主戰派各執一詞，爭論不休。內閣會議開到深夜十點鐘，以不了了之宣布散會。夜半時分，兩派商議：奏請裕仁天皇召開御前會議裁決。

裕仁的聲音顯得脆弱，「我已經嚴肅地思考過，繼續戰爭意味著民族的毀滅，意味著世界上流血的增多和殘忍。」他繼續講著：「我們必須忍辱負重的時刻到來了。我同意接受盟軍的宣言，宣言要建立在外交部勾劃的基礎上。」講完，裕仁轉身離去，沒人再反對了。[240]

8月10日黎明，內閣成員們都簽署了意見，接受《波茨坦公告》——條件是，天皇的最高權力不容更改。

消息很快傳到了三台東大校園，政治系四年級學生郭衣洞若干年後記憶猶新：

> 1945年8月10日，天氣晴朗，學校正放暑假，校園顯得清靜寂寞。刺耳的蟬聲把人聒噪得發呆，街上幾乎沒有什麼行人，同學們除了睡覺，還是睡覺。睡覺後鬼混一陣（青年時代好像有用不完的光陰），晚飯時候，懶洋洋去餐廳，重複一次「見飯愁」，接著就半饑半餓到街上壓馬路，有幾個零錢的同學，甚至還到茶館泡茶，或者到茶館後院打麻將。

可是，那天傍晚時分，氣氛有點異樣。大概六七點鐘，由縣政府收音室（全城大概只有縣政府有個收音機，據我所知，東北大學師生，從來沒有想到買一架，因為那東西貴得可怕）收聽、抄寫、油印，並分送有關機關的新聞簡報，只有十六開那麼大的一小張，這時候，在東北大學走廊的布告欄上出現，第一條消息是這樣的：

「美國投下原子彈，日本宣佈投降。」

先看到的同學，像瘋子一樣，跑到街上，招呼大家快回去慶祝，全校一片歡騰。日本投降，簡直不可思議，比今天——二十世紀九十年代，忽然聽到美國向古巴投降，還不可思議，理由很簡單，那是不可能的。日本的崛起和傲慢、武力的顯赫，加上他們一再宣稱全國戰死。簡直不能想像竟然也會屈服，尤其向包括中國在內的同盟國屈服，這真是歷史上最震撼的一頁。同學紛紛議論的是：如何遷校和如何返鄉？東北大學原址在瀋陽，當然是遷回瀋陽，同學不管是哪一省人，當然全隨學校遷往瀋陽上課。瀋陽和三台直線距離二千二百公里，就在這個時候，滿洲帝國依然存在，這對封閉在內陸已久的青年學生來說，更是最大的刺激。

天已入夜，大喜若狂的同學們，在東大唯一的廣場，燃起營火，找了很多木柴，甚至把學校的破板凳、破桌子都投擲進去。熊熊火舌舐向天際，舌影忽亮忽暗地掠過每位同學的面頰，看得出內心的喜悅，那是一百年之久所盼望的喜悅。可是，大家卻像修築埃及金字塔法老王墳墓的一群被割掉了舌頭的奴隸，只呆呆地站在那裏，沒有語言，沒有聲音，圍著營火，像一大堆參差不齊、剛出土的兵馬俑和木乃伊。這景象敲打我的大腦，想到德國投降時，美國人和英國人的高歌狂舞，我心裏懷疑起來，這些大學生為什麼沒有一個人高歌？為什麼沒有一個人跳舞？我幾乎是立刻就找到答案：我們是一個沒有歌聲的民族、沒有舞蹈的民族。傳統文化真是一個大醬缸，不要說不識字的小民，即使是高級知識分子的大學生，一個個也都被醬成乾屎橛、醬蘿蔔。反傳統文化的思想，被這次營火啟蒙。

什麼是原子彈？一顆原子彈竟然能使一個龐大強悍的帝國投降，它一定可怕得不可想像。但它是怎麼製成的？沒有一個同學追問，在以後

的日子裏，也沒有一個教授向我們解釋。而日本雖然戰敗，但他們在原子彈投下後，立刻就知道它是原子彈。我心中有一種感慨：日本仍是一個一流的強國。如果投在中國，恐怕三年之後，也不知道我們遇到了什麼。[241]

原子彈確實為中國幫了大忙。曾在延安中共中央政治研究室、中宣部工作的曾彥修（嚴秀），在《陳獨秀與中國》中有一段話直截了當地傳遞了共產黨人當時的真實感受：

> 千萬不要忘記，美國投擲原子彈時，日本還有一百幾十萬人（一說二百萬以上，包括東北在內）強大的軍隊，占領著中國的領土……日本投降之前的整整兩年，田家英和我就在胡喬木的耳提面命下，主要編了兩年高中語文教科書，專供根據地農村使用，精神上已準備好還要在山溝裏待一二十年，我從未聽說過要準備大反攻的半句話。原子彈一丟，便一切都變了，忽然如夢一般，日本投降了。單靠中國的力量要把日本打到無條件投降，是很難的。因此，美蘇對日本的致命打擊，我們都應該同樣的感謝。[242]

當然，為迫使日本投降，中國軍隊也起了相當的作用。臧啟芳在1946年夏天東大學生畢業典禮上說：「我們終於勝利了，八年抗戰是國民黨打的，全世界人都知道，共產黨再也無話可說，再沒有辦法號召人民反抗政府。」坐在台下的學生郭衣洞後來回憶說，「（臧校長）這段話引起雷動的歡聲，師生們都深具這樣的信心，因為這是事實。」[243]

8月14日12時整，日本廣播裕仁天皇《終戰詔書》，宣布向同盟國無條件投降。當日晚九時得知這一消息後，東北大學學生們手持火把涌向街頭遊行，並高呼：「東北父老苦難的日子到頭了！」

---

[241] 柏楊口述、周碧瑟執筆：《柏楊回憶錄》（台北：遠流出版公司，1996年），第148-150頁。

[242] 轉引自胡平：《情報日本》（香港：三聯書店有限公司，2008年），第19頁。

[243] 柏楊口述、周碧瑟執筆：《柏楊回憶錄》（台北：遠流出版公司，1996年），第153-154頁。

　　8月15日凌晨，東北大學師生在大禮堂舉行了臨時慶祝大會。「老校長臧啟芳很早很早跑來學校，樂得閉不上嘴的大聲急呼『日本無條件投降啦』，住校師生不顧洗臉吃飯，群去街市及各個胡同敲鑼打鼓的宣傳，使家喻戶曉。尤其外省籍的人們聽了激動得聲淚俱下！」[244]高柏蒼回憶：是日傍晚，「日本無條件投降的喜訊傳到三台，小縣城立即沸騰起來，東北大學同學很快就組成火炬隊伍，走過十字街，走到西門外，再返回新生院，一路高呼：慶祝抗日戰爭的偉大勝利！打倒日本帝國主義！釋放張學良！等等，情緒激昂。最後開了焰火晚會。」[245]另據臧啟芳次子臧英年回憶，當天晚上，他正在一家露天電影院看電影，突然，大屏幕上的電影停止了播放，取而代之的是五個大字：「日本投降了！」露天電影院隨即散了場，包括臧英年在內的所有觀眾迅速都跑回了家中，當晚，三台縣放光了所有的鞭炮。隨後，在三台縣街頭出現了一幅使用四川成語編寫的對聯，上聯是：「格老子朗個不喜」，下聯是：「鬼兒子硬是要降」，橫批是：「硬是要得」。[246]

　　同一天正午，日本關東軍十九名高級將領在新京（長春）的關東軍總司令部地下室，靜靜地收聽了日本天皇的所謂停戰的投降詔書，一致仰天大哭。8月16日半夜，召開了決定關東軍命運的幕僚會議。會議就抵抗和停戰問題，展開了激烈的爭論。由於徹底抵抗的主張占了上風，會議氣氛顯得十分緊張，充滿了沉痛和悲哀。聽完了與會者的爭論後，總參謀長秦彥三郎表了態，他說：「我們作為軍人，除服從陛下，別無忠節之道可言，否則，將永世成為亂臣賊子。那些頑固堅持抗戰的人，最好是先把我的頭砍下來，然後再進行。」這時，全場肅靜下來，只有哭泣聲在室內回蕩。總司令官山田乙三大將接著說：「諸君心情我十分理解，可是聖斷已下達，軍隊只能遵奉聖旨，為結束戰爭而竭盡全力。進也好，退也好，只有一條奉公之道，照參謀長的意見辦，服從聖斷。」

　　歷經二十六年「威名顯赫」的日本關東軍，在這次終戰會議後便結束了它的生命。當初發動「九一八」事變而趾高氣揚的「英雄」們，絕沒想到十四年之後，會有如此凄慘的下場。

---

[244] 關井貴：〈東北大學由四川遷返瀋陽北陵〉，東北大學瀋陽校友會：《東北大學校友通訊》東大建校六十五周年專刊，1988年8月編印，第54頁。

[245] 高柏蒼：〈隨東北大學復員回瀋陽〉，齊紅深編著：《流亡──抗戰時期東北流亡學生口述》（鄭州：大象出版社，2008年），第293頁。

[246] 賈學龍：〈訪《進攻日本》譯者臧英年：一位美籍華人對日軍侵華史實的深思〉，中國青年網。

9月2日九時，日本政府代表在東京灣內的美國戰艦「密蘇里」號上簽署了無條件投降書，為第二次世界大戰畫上了句號。東大校方決定，自5日至7日舉行盛大慶祝活動，校門口用柏樹枝高紮起勝利牌坊，上掛慶祝聯語。其中中文系主任陸侃如教授撰寫對聯曰：

> 萬里流亡嘗膽臥薪緬懷黑水白山此時真個還鄉去
> 八年抗戰收京降敵珍重禹時舜壤來日無忘守土難

表達歡慶勝利的心情。另一副對聯是文書組張老先生作的：

> 漂泊西南回首遼天歡若是
> 支離東北捫心家國快如何

張先生勤勞直爽，年花甲，他高興地說：「回到遼東，便可以死而瞑目了。」

9月4日，全校師生在新生院舉行了歡天喜地的大聚餐，儘管前些天學校遭受水淹，大厨房、校醫室淹沒了三分之二，卻毫未影響慶祝抗戰勝利的活動。

9月5日，東大師生參加三台縣慶祝抗戰勝利大會。晚上，由東北問題研究社演出自行編排的話劇《勝利進行曲》。

9月6日，全校師生參加慶祝抗戰勝利火炬遊行。當晚仍演出《勝利進行曲》。為了配合這次慶祝活動，東北問題研究社的壁報出了勝利特刊，《東大校刊》出了勝利特號。校刊在獻詞中說：「現在，抗戰勝利了！東北收復了！流亡幾年的東大也可以高高興興地回到她的故鄉了」。

9月末，東北大學舉行擴大校務會議，決定成立「東大復員委員會」，並推舉許季康、李孝同、張德居、葉淑良四位教授草定組織規程，其要點為：

1. 復員委員會以全體院處長系主任為當然委員，另由校長就職員中聘請若干人為委員共同組織之，負責本大學復員之全部計劃事宜。
2. 委員會下設常務委員會，由校長就委員中聘請五人為常務委員組織之。
3. 委員會設總幹事一人，副總幹事二人。總幹事以本大學總務長兼任，負責執行復員計劃之總責；副總幹事由本會就熟悉東北情形之委員推

選之，擔任協助行復員計劃。

4.總幹事、副總幹事之下分設總務、運輸、聯絡三股，各股設幹事一
人，助理幹事若干人，承總幹事之命辦理本股各項事宜。[247]

當年參與復員工作的總幹事樊哲民回憶說：「1946年【案，應為1945年】
秋，東北大學成立復員委員會。我即以總務長職務代行校務並擔負起復員總
責。派人分別前往渝、宜（昌）、南京等地設聯絡站。王子佩為重慶站長。胡
顯東為宜昌站長。後聞在宜昌換船時胡組織得有條不紊，頗受群眾擁戴和贊
揚。我於1946年10月離開客居八年的三台，前往重慶籌畫船隻。為了確保上千
人性命、圖書、檔的安全，鑒於教育部前舟之覆，我沒有同意王子佩與臧校長
議定租賃拖駁木船的措施，而是租賃國營公司的輪船出川。由王錫藩向招商局
租好新生輪船。我即飛往南京，安排食宿並交涉下一步的海船。到南京後，即
向有關部門交涉住處並奔走於莫德惠、于斌、丁貴堂等東北元老之間，請求協
助。無奈當時南京所有部門均在忙於復員，房屋緊張，一籌莫展。幸10月南京
並不算冷，東大員生到達南京後只有暫住帳篷安身。南京救濟分署主任盧廣綿
大力支持（盧是我三中同學），並派孫亢曾（中山大學教育系教授）與我同往
上海，向救濟總署交涉海船，很快就辦妥了美齡號登陸艇。11月在南京上船。
行前由李德成等裝運充足的麵包、罐頭，以供食用。大家都不辭辛苦，積極奔
走，一個共同的心願，就是一切都是為了能夠迅速而順利地回到老家。」[248]

1946年春，東大校方正式宣布復員回瀋陽，不料發生了一系列事情。首
先，校方借復員之機，以「異黨分子」罪名一舉解聘了六位左傾教授，即葉丁
易、趙紀彬、楊榮國、陸懋德、姚雪垠、董每戡。當時學校已停課處於復員狀
態，什麼抗議活動都無法進行。

其次是復員費被盜案。在校部院內的女生宿舍外間寢室，發現有同學的復
員費全部被盜，關係重大，全寢室動員要連夜搜查。半夜有人要上廁所必須拉
個同伴。不多時說是在水池邊發現一紙包現款，與丟失的相符。錢歸失主而案
未破，失主次日離校了。

---

[247] 楊佩禎等主編：《東北大學八十年》（瀋陽：東北大學出版社，2003年），第152-153頁。

[248] 樊哲民：〈在東北大學工作的年代裏〉，《東北大學建校65周年紀念專刊》（自印本，1988
年），第180頁。

第三件是學生會主席胡子高被殺案。據高柏蒼回憶：「一天早晨見校部院內三五成群，小聲敘說著胡子高被人殺死，身上刺了十三刀躺在東大街。我便去看看，只見關門的店外大街上圍著一圈人，正在議論：『昨夜店裏有人聽到求饒聲，誰也不敢出來，真可憐啊！這個凶手也太狠了，說是為了一個女的……』我擠進圈裏看見一具男屍，不敢近前。回到學校，見有人站在遠處暗指著一個與胡子高女友站在一起的男子輕聲說：『兇手就是他，特務！』我回到宿舍，見和我住一個寢室的胡子高的弟弟在哭：『哥哥，我怎麼辦哪？』聽說是湖北同學會出面處理胡子高後事，據說三台縣公安局都知道凶手是誰卻不能破案。」[249]

後面這兩件事發生後，人心惶惶，大家感到特務橫行，生命財產毫無保障。學校也抓緊組織復員，加快工作速度。

二十八、東大對三台的影響

抗戰期間，高等院校內遷後方西南地區，可謂我國文化教育史上的一次大遷徙，也是我國科學、文化、思想上的一次大交流。東北大學在三台辦學八年多，不僅對地方政治、思想、文化產生了廣泛而深遠的影響，而且對地方教育事業做出了積極的貢獻。

東北大學遷到三台，正是三台全民抗日救亡運動蓬勃興起的時候。而該校是抗戰開始後東北青年集中的地方，來自東北各地的青年們雖然生活階層不同，接受革命思想的程度不同，卻都有一個共同特點，就是愛國抗日，不願當亡國奴，顛沛流離來到大後方，希望做一個自由的中國人。他們一到三台，即投入了轟轟烈烈的抗日救亡運動。除在「七七」紀念日，「九一八」紀念日，「雙十節」集會中開展宣傳活動外，還利用課外時間到街頭、茶館，開展演講活動。飽受流離之苦的青年學生，以自己親身遭遇和所見所聞，控訴日本帝國主義在淪陷區的罪行和人民生活的痛苦，字字血，聲聲淚，聽眾無不泣下，場景十分感人。這些血淚事實，加深了後方人民對日本帝國主義的認識，激起了

---

[249] 高柏蒼：〈隨東北大學復員回瀋陽〉，齊紅深編著：《流亡——抗戰時期東北流亡學生口述》（鄭州：大象出版社，2008年），第294-295頁。

人民群眾強烈的愛國熱情。文學院的同學們，還經常在城內的廣東館、華光廟和校內上演《鳳凰城》等抗日戲劇，觀眾常達千人以上。演出的收入大部分捐獻給前方抗戰。

　　除對社會各界進行抗日救亡的宣傳活動外，東北大學還努力協助地方推進社會教育。學校設立了社會教育推進委員會的專門機構。先後在城區舉辦學術講座、職業補習教育、民眾識字教育、合作指導、民眾法律顧問、地方自治指導、防空防毒知識技能傳習、公共衛生指導及各種展覽會等九種業餘教育，受到民眾的歡迎，收到良好的教育效果。

　　東大到三台後在校部東北隅租佃農田七十餘畝，修了一個有四百米跑道的標準田徑場。內設有足球場、籃球場、排球場、器械場、武術場。不僅供校內使用，而且為城區各中學生和市民提供了運動場所。東大的體育活動開展得十分活躍，除正常的體育課外，經常舉行各種中小型比賽和運動會。1942年5月，東大舉辦第一屆川北聯合運動會，邀請川北各縣大、中學校數十個單位參加。這是川北體育史上第一次規模宏大的運動會，歷時三天，觀眾達數萬人次。1943年2月，東大為慶祝建校二十周年，又主辦了第一屆川北聯合運動會。除上屆運動會參加單位外，還邀請了成、渝兩地的各大學代表隊參加競技。其規模和氣氛都遠勝第一屆運動會。這些運動會給地方體育運動的發展帶來了重大的影響。

　　東大的戲劇活動也很活躍。音樂、歌咏、舞蹈組不定期地排演，話劇社不時上演進步話劇；川劇社也與地方玩友坐唱及彩排，抗敵國劇社也經常上演一些京劇，還有川北文協分會的實驗劇團，不定期地排演進步話劇，大大豐富了三台民眾的精神生活。有的劇社還到太鎮、遂寧、綿陽、中壩等各縣鎮演出。演出的劇碼，除角色較少的一般傳統摺子戲，如「武家坡」、「寶蓮燈」、「玉堂春」等幾十個劇碼外，還能上演較完整的大幕戲，如「四郎探母」、「木蘭從軍」、「法門寺」等。東大的戲劇吸引了大批的觀眾，也培養了一批愛好者，每晚上演都比傳統的廟會還熱鬧，是三台市民頗為樂道的盛事。

　　抗戰以前，在三台這片幅員廣闊地區，沒有一所大專院校。直到1938年4月，東北大學由陝西遷到三台縣，始有大專院校。東北大學遷到三台第二年，便有不少東大的教授、教師在三台潼高中、縣初中、女中等學校兼課、代課，或利用假期補習。同時東大編的《東北集刊》、《志林》等刊物和各教授的學

術論著在城區廣為發行，這對三台教育是一筆很大的投資，起到了積極的推動
作用。

　　東北大學到三台不久，便於1939年暑期創辦了「國本中學」，大約在1941
年合併成立了「國立第十八中學」。國本中學首任校長是張起運。該校由招收
初中直到招收高中學生入學。多數教師都是東大畢業學生或大學助教。少數教
師就是東大的教授（如中文系霍純璞先生，多年來一直為國本中學、十八中兼
教語文課）。學生中最初入學不少為東大教工子女（如校長臧啟芳之女臧慕
蓮，之子臧英年姐弟；教務長白世昌之女白及碧），或是屬東北籍有關知名人
士的子女（如抗日義勇軍馬占山部的軍長邰斌山之女邰昭林）。後來大量招收
三台及其附近的鹽亭、射洪、中江各縣的地方學生，使得國本中學由幾百名學
生，發展到國立第十八中學上千名學生的完全中學。其中也有不少人畢業升入
東大先修班、東大本科繼續攻讀。

　　國立十八中學成立後，蒼寶忠任校長。「正籌建初期，由教育部派一督學
——復旦大學心理學系教授許逢熙來三台兼任。許的口音像是江南人，他與東
北、四川籍貫無關，故來到三台在東大亦兼任教職，主要是合併國本中學，東
北中山中學（原在四川自貢市）而成立國立第十八中學。他曾深入班級中，與
學生見面講話，乃至代上一兩次課。」[250]十八中學的學生仍是東北籍與四川籍
為主。

　　1942年，東大文學院諸教授為蜀中學子就學，擬在當地倡辦一所書院，得
到三台地方人士的贊同。1943年秋，以東大教授丁山、高亨、孔德為創建人，
並得到四川大學蒙文通教授襄助，始名「草堂書院」，分別在三台、成都錄取
高中畢業學生150餘人。書院設在三台北門外袁家花園內，後改為「三台草堂國
學專科學校」。

　　三台草堂國學專科學校以李宏錕（三台人）為董事長，楊向奎教授代理
校長，趙紀彬教授任教務長，楊榮國教授任訓導長。趙紀彬、丁山、楊向奎、
楊榮國、陸侃如、馮沅君、董每戡、葉丁易、姚雪垠、陳述、孫道升諸教授和
一批教師擔任教學工作。1944年春，校董事會邀請著名史學家蒙文通來校任校

[250] 袁海餘：〈國立東北大學遷川為地方辦學的重大貢獻〉，相樹春等主編：《我們走過的路》（北
　　京：今日中國出版社，1993年），第136頁。

長，次年又請四川著名學者謝無量擔任董事長。三台草堂國學專科學校，為地方培養了一大批人才，後來遷至成都改為「成都尊經國專」。

1945年秋，東大教授趙紀彬、教師李慎儀和學生郭辛白、鄧石瀾、周慶立商籌，在鄧石瀾的家鄉鹽亭安家場創建了「為公初級中學」。學校董事長是鹽亭縣參議長程子立，校長徐德明、教務主任周慶立，教師先後有劉流、許嘉本、郭辛白、郭一帆、侯為詳等。除侯為詳是燕京大學畢業學生外，其餘都是東大左傾激進學生。學校繼承和發揚抗大精神，在教學中傳播馬列主義，宣傳革命思想，引起了縣政府注視，於1946年8月被勒令查封。學校辦學時間雖短，但造就了一批革命人才，在鹽亭產生了廣泛的影響。

抗戰勝利後，東北大學準備遷回瀋陽。三台縣參議會議長龍杰三、參議員譚衛根和鹽商代表劉覲侯、劉雲鴻等人，決定利用東北大學遺留的人力、物力做基礎，為川北地區培植專業人才，發起創辦地方私立性質的高等學校——川北農工學院。龍杰三等人聯合當時遂寧專區的射洪、鹽亭、中江、遂寧、蓬溪、安岳、樂至、潼南八縣參議會和川北各鹽場負責人組成董事會為權力機構。推舉國民黨財政部長徐堪為董事長，龍傑三為代理董事長。1946年6月，東北大學搬遷完後，川北農工學院決定當年秋季招生。由董事會聘請東北大學工學院教授李季偉為校長，以四川大學農學系教授楊志農為教務長，以東北大學未遷走的教師蘭蔚豐、王定伯、沈君誠和其他知名人士為教職員，於當年九月初開學。但是由於校名「農工」二字犯了政府的忌諱，這個學校直到國民政府垮臺時，都未被批准立案。[251]1948年11月，董事會決議將校名改為（私立）川北大學，後遷南充[252]。

四川八年，東北大學對三台的影響是深遠的，尤其是在思想文化方面，在三台歷史上留下了光輝的一頁。

[251] 王朝義：〈川北大學在三台創辦的始末〉，政協四川三台縣文史委編：《三台文史資料選輯》第一輯，第70-71頁。
[252] 1950年川北行署決定，私立川北大學遷址南充，並與川北文學院合併組成公立川北大學；同年9月更名為川北大學。1952年在全國高校院系調整中經拆分重組，改為師範性質的高等學校並遷入川北行署原址（今西華師大老校區），更名為四川師範學院（今西華師範大學和四川師範大學共同的前身）。

第四章　復員瀋陽（*1946.6-1948.6*）

　　抗戰勝利之後，舉國上下無不歡欣鼓舞，特別是大批身處後方的青年學子與教職員工們更是欣喜萬分，在經歷了多年顛沛流離的苦難後，他們終於看到了回鄉的希望。在此決定戰後全國教育發展走向的關鍵時刻，國民政府教育部決定召開一次全國性的教育會議，以共同商討如何將戰時教育體制儘快轉為平時教育體制的政策方略，這就是1945年9月下旬在陪都重慶舉行的全國教育善後復員會議。這一決定戰後教育發展走向的會議，不僅奠定了戰後國民政府教育復員的指針，同時也極大影響了1945-1949年間甚至中共建國以後全國整個教育發展的布局。但是遲至1946年春，教育部才在千呼萬喚之中公布了國立專科以上學校的調整地點方案，國立東北大學屬於遷回瀋陽之列。

　　說到東三省，自九一八事變以後，逐漸淪於日本的間接統治之下。在偽滿統治時期，日本帝國主義通過偽滿政權之手，在東北建立了與台灣地區同樣的日式教育體系，向東北同胞灌輸「王道樂土、共存共榮」的愚民思想。因此，東北地區教育復員同樣面臨著消除敵偽奴化教育遺毒與轉換教育體制的艱巨任務。另外，由於戰後初期東北政治軍事局勢動盪，東北教育復員因此受到嚴重影響。到1947年東北教育復員結束之時，東北地區的教育事業仍處於一片蕭條之中。

一、三千公里回鄉路

　　抗戰勝利了，流亡在四川三台的東北學生歡騰無比，歸心似箭。但是復校與反復校的鬥爭又在學校裏開展了，從1945年新學年開始，持續了半年多。1946年3月15日，東北大學校方終於貼出布告，宣布放假，決定遷校回瀋陽，並通知學生、教職員工於本年10月在瀋陽東大北陵校園報到。學校給每名學生發放一筆復員費，自己走或跟學校一起走都行，不過學校走要等待時間。於是不願到東北去的紛紛轉到四川大學或其他大學，也有願回東北早到家看父母的。

　　東大學習社的學生商定，要儘早趕回東北開展學運活動。「5月間，東大胡志高同學遭暗殺後，學校氣氛十分緊張。『學習社』同學緊急召開會議，決定立即出發，北上西安，通過山西、河北轉赴東北。作為第一批復校瀋陽的社團，並在校內開展活動。學習社朱廷芳、李葆家、白廣文、王鴻胤等十幾名同

學在全校尚未行動之前，就從三台出發，星夜兼程趕回瀋陽。」[1]作為其中一員的地理系于學謙，曾經回憶當年復員的經歷：

> 從地圖上看，四川三台在祖國的西南，瀋陽家鄉，遠遠地坐落在東北，算起來大約有三千公里的距離。從1941年離開家鄉，已是六個年頭了。漫長的歲月，漫長的路途，恨不得一下子飛回去。現在，開始故鄉行了。
>
> 1946年的五、六月間，正是國共談判停戰協定的開始階段。在川陝公路上，好像那劍門關和秦嶺都要成了平地一般，汽車和我們的心在一齊飛奔。現在，我一點也想不起是怎樣順利地到達西安的。但是從西安到潼關的一段火車行程，卻使我記憶深刻。
>
> 在抗戰時期，內地唯一的一條鐵路，恐怕就剩隴海鐵路寶雞到洛陽這一段了。復員的人流從四川涌向長江，涌向西北。隴海路上僅有兩列客車，一列叫「綠鋼皮」，另一列叫「小紅快」。當時能搭上這樣的客車就算十分幸運了。西安車站月臺上已是滿滿的人群，秩序已無法維持。真像「文化大革命」時期的火車一樣，列車裏人們擠得嚴嚴的，車廂之上也坐滿了人，車門上扒著人，廁所裏也站著人……。可笑的是我們同伴的同學正趕上拉肚子，可怎麼也無處可動，只好忍著。車徐徐的開動了，然而不久，便停在半途中。原來前面一列車廂頂上由於人坐的太多、太重，頂棚被壓塌了，人們掉到車廂裏，一片混亂。後來，才知道，當車子鑽進山洞時，由於車棚上的東西太大太長，人又坐在上邊，以致連人帶東西被刮掉車下的死難者每趟車都有。車子終於在華陰車站停了下來，我們這批同學算結束了復員列車之苦，開始向黃河岸邊走去。
>
> 按照原訂計劃，我們搭上馬拉轎車，向陝西韓城進發。這條路十分偏僻，也是土匪不斷出沒之地。我們雇的兩輛車尾在一個馬戲班子的三輛車後。車子從山溝裏向上爬，同學們都紛紛下車從小道上山，我坐在車中押車。只聽山下五聲槍響。有經驗的馬戲班的人知道事情不好，便

---

[1]　于學謙：〈東北大學學習生活片斷〉，相樹春等主編：《我們走過的路》（北京：今日中國出版社，1993年），第167頁。

跟著車。正好在半山腰有一夥人等著。還是戲班的人上前搭了江湖幫會的話，才免於難。當車隊到達旅店後，戲班人講了這事，大家才大吃一驚。其實，我們這些窮學生什麼也沒有，車上裝的是一些帶回的書刊。當然同學身上帶的一些路費，如果被搶了去，在回去的路上也是要麻煩的。

韓城是靠黃河岸邊的一個縣城。我們就準備從這裏渡過黃河，再從山西的臨汾搭車赴北京。為了防國民黨沿途的盤查和匪徒的搶劫，同學們徑直找到縣政府。正巧，這裏的縣太爺是個東北人，一聽說東北大學的一批同學「駕到」，非常高興，熱情歡迎。那天晚上還專門擺上了晚宴招待一番。有縣太爺的保護，我們渡黃河就沒有發生什麼麻煩。……

渡過黃河的龍門險灘，進入山西，我們步行到臨汾，又搭上山西的小火車到了太原，後往石家莊轉至北平。在這裏，我們兵分兩路，一路是經田華倫介紹給北平地下黨組織，派任正餘、李寶善、熊福旭、王立邦、丁淑媛、周桂芬等同學去華北解放區張家口參加工作；其餘的同學立即回到東北大學所在地——瀋陽。[2]

同年9月間，東大文學院歷史系學生胡史路和同學正式開始從水路返回瀋陽：

離中秋節前幾天，我接到學校通知後，即和樂山同鄉、東大法律系二年級同學稅永書結伴離家乘車經成都去三台會合。不久，我們乘坐學校包雇的卡車從三台南下，經遂寧直達重慶市區。未經停留，就在朝天門碼頭登上民生公司的客輪，順江東下，日夜兼程，經萬縣、三峽、武漢直駛南京下關碼頭。上岸後，學校安排我們住在太平路附近的東北同鄉會館。這是一座有高大風火牆的建築，從闊大的石庫門進去有院落廂房等。我們每天的伙食多是米飯饅頭加沙丁魚罐頭。在等待學校聯繫北返交通工具的一個月裏，學校只組織過一次天主教中國教區大主教于斌[3]專門到會館看望同學，于是東北人，高挑的個子，很平易近人。其

2　于學謙：〈我的東大之路〉，《東北大學建校65周年紀念專刊》（自印本，1988年），第192-194頁。

3　于斌（1901.4.13-1978.8.16.）：字野聲，洗名保祿，黑龍江蘭西人。曾任天主教南京總教區總主教、第二位華人樞機、天主教輔仁大學在台復校後首任校長等。抗戰爆發後，于斌隨政府西遷重慶，主持難民教濟工作，又發起百輛救護車運動。抗戰期間，他曾前後八次前往歐美國家，爭取

餘大部分時間，同學們都結伴遊遍金陵城內外新街口、夫子廟、玄武湖和中山陵、明孝陵等名勝古蹟，增加了不少見識。

十月下旬，深秋的南京仍然天氣晴好，到處綠樹成蔭。我們接到出發通知，到達下關登上一艘巨大的美國二戰時用過的登陸艇。甲板下是寬大的統艙。我們住進艙後，只見艙內早已住著約有千餘扶老攜幼、流落關內多年的東北老鄉，他們都懷著返回老家的喜悅心情，用草席被單鋪在艙內休息。在暮色蒼茫下，不知不覺船艇離開南京向上海駛去。

不久，急駛的登陸艇經過上海已駛出寬廣的長江口外，向北駛進碧波蕩漾的東海。我們這些從未見過大海的人都興高采烈地擁上甲板觀賞那海鷗翻飛、水天一線的大海美景。我們回到艙內睡覺，不知過了多久，忽然，人們被暴風雨掀起的如山巨浪撞擊艇首大鐵門發出的轟響驚醒。在艦艇激烈的左右搖晃中人們無法站立，原來平底的登陸艇比尖底的海輪顛簸搖晃得更加厲害，只見船舷與海平面幾乎搖晃成45度傾角，人們在事先沒有得到這不小於八級颱風暴雨襲擊的預報下，愈顯驚恐萬狀。只見艙內此起彼伏的大人呼喊，小孩哭叫，一片暈船嘔吐聲、呻吟聲、叫罵聲，還有船頭的嘭嘭撞擊聲，船尾輪機轟鳴聲……使艙內空氣更加悶熱混濁不堪，幾乎令人窒息。不少人日夜昏睡，不吃不喝，胃內食物殘渣吐盡了，連黃綠的膽汁也吐出來了。我們當時年輕體壯雖無暈船不適感覺，但看著人們在痛苦中煎熬無助的場景，也是枯坐無眠，盼望早登平安彼岸。

經過海上日夜折磨，艦艇開足馬力，迎風破浪，昂首奮進，終於駛進風浪稍小的渤海灣。十一月初，安抵葫蘆島碼頭。

船到葫蘆島那天，天氣晴好，卻是寒風凜冽，山嶺大地一片從未見過的冰雪世界，又覺精神一振，忘卻了旅途勞頓，踏上碼頭不遠處停靠的一列火車車廂，車上雖沒有火爐取暖，但也不覺怎樣寒冷，只顧趴在車窗邊觀望沿途城鄉景色，不久到達瀋陽北站。[4]

國際上的同情和援助。中國得到的第一批美援就是于斌的功勞。1938年被國民政府聘為參政會參政員。1943年，于斌赴美在華盛頓創辦中美文化協會。抗戰結束後，于斌返回自己的教區南京。

[4]　胡史路：〈東大憶舊〉，魏向前等主編：《東大逸事》（瀋陽：東北大學出版社，2003年），第92-93頁。

作為東大復員負責人之一的關井貴也是在秋季走的水路：

> 1946年暑假學校停課，準備作最後全部遷校（以前已逐步將校中應遷物
> 質先運送到重慶了）。外有東北及其他省籍很多流亡老鄉，隨校遷返沿
> 途回鄉。到秋季某日，雇乘多輛汽車，第一天宿遂寧，第二天到達重
> 慶，住了幾天候船啟程。由重慶途徑豐都、萬縣後，進入三峽地帶，因
> 該航路多礁，只得曉行夜宿，多在船上住宿。三峽航線，兩邊陸崖遮蔽太
> 陽，中間急浪多暗礁，危險萬分，奔波而出。到湖北界的宜昌市，住了約
> 一星期，等候換乘大船……換船啟行後，經武漢市停了幾小時，有人去市
> 內買物和觀光。經江西省九江市，船停半天，多人去市內買瓷器。到南京
> 住了十八天，等待換直達東北船。多人拜謁中山陵，遊了莫愁湖與夫子廟
> 等處。校方又答謝于斌主教，因他對東大的遷校，多方面聯繫與扶助一
> 切，遺憾的是他忙而沒到歡宴席上來，臧校長也沒到場，我們路途十多
> 負責人（我是負責路途發放臨時用費）只陪同于主教的代表人，這一次
> 延化了國民黨逐漸貶值紙幣二十四萬元（一般飯館一個包子一百元，一
> 大碗麵條一千元）。由此換乘美軍登陸艇由救濟總署發放旅途足夠的麵
> 包與罐頭。經上海市停一宿即起錨，晝夜兼程。經旅順口附近，遠來一
> 軍艦偵察，經電訊聯繫全船人登上甲板亮相，確認是中國百姓才放行。
> 至葫蘆島下船，分批隨路過火車到錦州車站，等候了兩天，乘專列火
> 車，於1946年11月底，安全抵達闊別十五年多的原校址瀋陽北陵。[5]

二、方永蒸籌辦先修班

東北大學尚未復員瀋陽之前，方永蒸籌辦的東大先修班（相當於大學預
科）已在1946年6月24日正式開學了。

方永蒸（1893.7.6-1994.8.9），字蔚東，遼寧鐵嶺縣熊官屯村人。1917年畢
業於北京高等師範學校英語部，1922年畢業於北京高等師範學校教育研究科第

---

[5] 關井貴：〈東北大學由四川遷返瀋陽北陵〉，東北大學瀋陽校友會：《東北大學校友通訊》東大
建校六十五周年專刊，1988年8月編印，第54頁。

一班，曾受業於我國著名教育家李建勛、張耀翔和美國教育家杜威博士，1931奉派赴美考察教育，同時入哥倫比亞大學研究院專攻教育，1933年回國。

　　自幼目睹了東三省慘遭日俄侵佔，備受蹂躪之慘況，方永蒸胸中沉痛的民族恨未嘗一日去懷，後來逐漸明白「振作圖強莫如以教育喚起民魂」的大道理，因此，在青年時期便決心以教育定終身，以教育救中國。早年他參加了中華教育改進社和中華平民教育促進會並被推為遼寧分會董事。歷任遼寧省教育廳視學和第二任科長駐美教育調查員等職，更多時間則從事學校教育工作。曾在遼寧省創辦實驗中學、預科中學，先後在北平高等師範學校附中、遼寧省立甲種農林學校、省立第三師範學校任教並擔任過遼寧（奉天）省立第一中學、第三高中等校校長。1933年歸國後，出任東北大學教育學院院長兼教育系主任，次年又兼任東北大學分校主任和文學院院長。1936年轉任北平師範大學教育系教授。1937年抗日戰爭爆發後，8月離平赴津轉陝任教於西安臨時大學。因北平師大內遷西安，附中原主任姬振峰因故中輟西來，方永蒸臨危受命，接受了臨大高中部主任之職。1938年3月臨大南遷城固，改為西北聯合大學，高中部改為附屬中學，後又改為西北師範學院附中，1943年西遷蘭州十里店，到1945年8月抗戰勝利，方永蒸一直擔任教育系教授兼附中校長。治校八年，成績卓著，重慶教育部曾頒發「啟迪有方」匾額以資嘉獎。取意雙關，謂先生之功不可泯。

　　1945年9月，方永蒸被國民政府教育部任命為東北區院校接收委員，調赴東北接收偽高等院校。1946年2月由渝飛平，5月赴瀋陽籌設東北大學先修班。由於瀋陽當時沒有校址，因而有眾多偽滿國民高等學校畢業生，蜂擁般的進入方永蒸辦公室請求入學。他看到這些學生久失祖國教育，異常同情，便儘量准其入學。因此短短時間，竟招收3400多名學生。他又日夜奔走，千方百計籌畫經費，接收日產，聘請教師，改進教室和宿舍。由於工作抓得緊，早起晚睡，四處奔波，終於把規模龐大的東北大學先修班在很短的時間內辦起來了。不久，東北各地學生紛紛來瀋要求就讀。但入學條件是：①具有偽滿國民高等學校畢業證書。②另外找兩名以上，具有政治地位和相當職業的介紹人。③經校方審查方准入學就讀。[6]

---

[6]　方景文：〈方永蒸接收東北偽高校紀實〉，政協遼寧省鐵嶺市銀州區文史委編：《銀州文史資

　　1946年6月1日，東北大學先修班正式成立，開始學生登記，相繼實行口試，於24日正式開學。地址在瀋陽市北陵原東北大學舊址，占用教室是理工樓、漢卿南樓、漢卿北樓、化學樓及實驗室、圖書館等地，學生宿舍在新開河南岸偽滿鐵路學院舊址宿舍。「文理兩科分別編制：文科16班，計甲組2班，乙組7班，丙組7班；理科34班，計甲組7班，乙組18班，丙組9班。文理二科共計50班，招收學生3495名。」[7]方永蒸說過：「我辦教育數十年，這是第一次人數之多有六十（案，應為五十）個班級。師資品質也比較高，有來自全國各地的大學教授，尚有留學日、美、英、德、法國之名流學者，不乏其人，並有教學經驗。」[8]姚公虞回憶先修班時說：「當時的講師和教授的品質也比較高，例如知名教授有榮甫，化學教授郎俊章和傅蔭波任英文教授，桑毓英經濟學教授。周恩來少年時代的老師張敬軒教授也在這裏講過數學。歷史教授李慶澤和中文教授華鍾彥除授課外，還先後擔任過先修班的教務長。東北臨時大學補習班主任陳克孚教授也曾兼任過先修班的總導師，開學典禮之日，臧啟芳校長還特向全體師生做了介紹。」[9]

　　東北大學先修班，因為學生來自四面八方，生活條件不一樣，有的經濟無來源，為了讀書，請求善後救濟總署的救濟物質。學校當局原想不分貧富，一律造冊申請救濟，但因學校開學時間短，學生太多，職員又少，實在無法調查清楚。於是方永蒸便將全體同學集合在漢卿南樓前大操場上，講明不可冒領救濟物質的大義，並且耐心地說服同學應以集體利益為重，不困難的同學應該發揚風格，自動放棄，要幫助真正有困難的同學就學。話剛說完，便有七十多人，當場舉手聲明主動放棄，不要救濟。方永蒸欣慰地對同學們說：「很好，精神可嘉！」他還風趣地說：「我也有三千弟子，還有七十多賢人。」[10]

　　當年理科英文甲組第七班的學生閻雪晶在〈回憶東大先修班〉中寫道：

　　　　1946年夏天，經過甄審反甄審一陣熱鬧，東北大學先修班的同學陸續進校。

　　料》（1989年）第四、五輯合刊。

[7]　楊佩禎等主編：《東北大學八十年》（瀋陽：東北大學出版社，2003年），第154頁。

[8]　方景文：〈方永蒸接收東北偽高校紀實〉，政協遼寧省鐵嶺市銀州區文史委編：《銀州文史資料》（1989年）第四、五輯合刊。

[9]　姚公虞、方景文：〈從西北到東北，艱苦育人〉，相樹春等主編：《我們走過的路》（北京：今日中國出版社，1993年），第40-41頁。

[10]　同上。

　　當時，校園內長著一人高的野草，遍地是軍馬的骸骨，顯得很是荒涼，但是日本投降後，青年人想學習的勁頭超過了環境的荒涼。

　　從六月到秋天開學前，同學們分別以同學會，同鄉會的形式組織了些活動，我是「高補同學會」的成員，這個同學會組織了不少活動，例如合唱隊——在體育場練歌，現在還記得有一首〈山在虛無飄渺間〉，前兩年才知道是〈長恨歌〉組曲中的一首。此外還成立了壁報編委會，在編委會裏有葉寧（劉曉泉）黃勃、郭永泰、方敏中、我，大約七、八個人，在頭一期上發表了一首〈大動脈之歌〉。詞、曲都是同學會裏人寫的，歌詞記得有「我們的心在跳動，我們的血在奔流，我們是國家命脈……」

　　這一期壁報在出版前，我們缺這少那，請三台回來的同學于學謙、王利夫、朱廷芳等組織的「學生聯誼社」幫忙，提供給我們圖案色顏料、畫筆等等，我們出版之後，貼在牆上不到半天，就被撕毀了，連夜我們又照樣制做一張貼出去。

　　冬天，成立了「女生同學會」，我被選為宣傳部長，方敏中是副部長，我們出版了個壁報「第一步」，又組織一次晚會，本來要排演胡也頻的《幽靈》，訓導員不同意，於是改演田漢的《南歸》，我扮演詩人，由王利夫導演，孫北幫助化妝，這次還有王鳳歧跳俄羅斯舞，會場在理工樓，男同學來參加的不少，秩序不錯。散會後，我們連夜起草油印小報，對男同志的支持表示感謝，在天亮前把小報貼到了各教室內。

　　我在先修班的理科英文甲組第七班，這一班都是女生，記得課目很多，教數學的老師叫卞福民，很年輕，頭髮上總塗得油亮亮的；教化學的老師動員我們入本科時學化學，原因是如果生活沒著落時，可以做點肥皂、火柴謀生。教生物的老師姓李，講得生動細緻，記得作業要畫鞭毛藻、草履蟲等，塗上顏色很好看，到下學期講社會發展史時，這位老師卻不見了。[11]

　　1946年夏天考入了東大先修班的周紀武，永存記憶中的是「並沒有很大名聲」的王鶴年（王梅村）老師：

11 閻雪晶：〈回憶東大先修班〉，《東北大學建校65周年紀念專刊》（自印本，1988年），第104-105頁。

　　王鶴年老師教我班三角課程。當時王老師約三十五歲左右，清瘦的面龐，留著分髮，戴著近視眼鏡。講話時聲音雖不宏亮但卻十分清晰，疾徐合度、層次分明，總是吸引著同學們一個個肅靜地聽講。

　　我們班裏絕大多數同學由於受偽滿教育的摧殘，初中數學學得很少、很差。但是王老師有很高超而細緻的教學方法，讓大家容易理解並打好開頭的基礎。他在板書上把各個三角函數的關係清楚整齊地表達，講完後，在緩慢擦掉的同時再口述復習一次，這樣就使多數同學課堂上就加深了記憶甚至能記牢。大家普遍感到：王老師講課像冉冉的行雲；緩緩的流水，一點也不覺得快。而下課之後一看書和筆記則講過的頁數卻又不少。從順序細看各部分都像現在的錄影一樣，又重新反映出當時王老師講時的形象與聲音，稍加復習便能鞏固。

　　有兩個使我想起的事例是：當時許多同學對於對數和弧度的數學意義不清楚。王老師則很輕鬆地只用幾句話並寫上關係式就給講的清清楚楚。他把大家都已懂得的指數式寫成對應的對數關係，這樣就很容易明白什麼是「對數」。從圓周長與半徑的關係再說明這一度量法的表示目的，由此歸結到以半徑等長的弧來度量圓心角即為「弧度單位」，於是又講清了「弧度」和一周角是多少弧度。一個學期結束了，同學們普遍稱頌從王老師教學中所得到的教益。[12]

　　方永蒸籌建瀋陽東大先修班，僅僅用了四十多天時間，便完成了建校招生的任務。1946年8月份，接南京國民政府教育部令，赴任吉林長白師範學院院長。在離開瀋陽前夕，東大先修班的同學大多數都戀戀不捨，希望方先生留下不走。方永蒸說：「我也希望和同學長期在一起，也不忍心離開你們，但我去吉林，還是為國家辦教育，培養中學師資，我不能不走，我的接收任務重。」就這樣回東北的半年時間裏，方永蒸先後接收了兩個學校，讓大批學生得以入學讀書。深受學生擁護和好評的同時，他也得到上級教育部門的信任和器重。曾有人感歎他：「別的接收大員們，有的返鄉接收財產，有的接收大權，有的

[12] 周紀武：〈回憶王鶴年老師〉，東北大學北京校友會編：《東北大學校友通訊》（1989年3月）第九期。

接收『勝利夫人』，唯有方永蒸院長回來接收青年人的心。」[13]

1947年5月中旬，東北大學先修班貼出通知：「奉南京教育部諭，東北大學先修班從即日起，改名為東北大學臨時先修班，望全體師生一體周知。」全校學生反對更改校名，從5月22日開始罷課，向教育部請願，歷時二十八天，迫使教育部撤銷更改校名的決定。

三、回到母親的懷抱

在抗戰勝利的興奮情緒鼓勵下，郭衣洞政治系畢業後到瀋陽去求發展了，他很自豪地回憶他見到的東北大學：「和三台的東北大學相比，瀋陽的東北大學雄偉壯麗得像一個獨立王國，僅工學院，就擁有一個修理火車頭的龐大工廠，如果要繞東北大學一圈，步行的話，恐怕要六七個小時。」[14]郭衣洞認為他所在的祖國社擁有五六十個同學之多，到東北可以大有發展。然而搶先半年回到瀋陽的卻是祖國社的死對頭——學習社成員。

1946年6月的一個早晨，于學謙和朱廷芳、白廣文等人第一批從三台回到別離數年的母校校址——瀋陽北陵：

> 北陵是滿清皇朝清太宗的陵墓。在四面蒼松翠柏的陵園邊上，就是廿世紀二十年代建築起來的一所大學樓群。當年以漢卿校長命名的漢卿南樓、圖書館、工字樓、教育樓……等等，雖然幾經滄桑，還依然矗立在校園內。還有一座雄壯的大體育場，當年可以說是高等學府唯一的高水準體育場了。抗戰時期，這裏成了日本軍的兵營，體育場也變成日軍的軍馬場。記得兒童時期我從家鄉北陵玩的路上就經過這座體育場，日本軍上了刺刀在把守著，我們都不敢靠近。
>
> 在北陵校址隔河的對岸，是一大片白色的住宅群。那是日寇統治時期修建的日本官僚們的別墅住宅。我們到達瀋陽的時候，這裏的住宅是

---

[13] 方景文：〈方永蒸接收東北偽高校紀實〉，政協遼寧省鐵嶺市銀州區文史委編：《銀州文史資料》（1989年）第四、五輯合刊。

[14] 柏楊口述、周碧瑟執筆：《柏楊回憶錄》（台北：遠流出版公司，1996年），第159頁。

一片空寂。據說日本人剛剛被遣送回去，屋子裏鍋碗盆勺、被子、破爛，到處散在，像被搶劫了的現場一樣。我和朱廷芳、白廣文等同學就像占領了一個新的荒島一樣，搜尋了各個住宅，選一間屋子住下了。當時，我們想：從「九一八」事變當亡國奴後，十幾年，東北的土地上沒有我們中國人的自由，如今真的把日本鬼子趕走了，我們成了這塊土地上的主人了，這房子這家具，這裏的一切，今天都屬於我們了。好像以一個勝利者的姿態，我們在這裏住了幾日。但是，當我們在校園裏選好我們的「陣地」以後，對那裏的破破爛爛我們絲毫也沒動地離開了。現在，終於回到了我們真正的母親懷抱了，回到了我們的故鄉，回到了我們名符其實的東北大學校園裏。我們學習社的幾位同學，能夠第一批開進這個校園，心裏有說不出來的高興。

六月瀋陽，春意將濃，雖然草地青青、柳條長垂，北陵和東北大學校園裏仍然是一片寂靜，空曠無人。日寇已投降快一年了，人們還在動蕩不安之中。我們這批青年學子卻昂首挺胸，行走在校園裏，「巡視」了校園的各個角落，彷彿此時此刻我們成了這學校的唯一主人。[15]

東北大學遷回瀋陽之前，國民政府教育部於1946年3月在瀋陽特設成立了「東北臨時大學補習班」，收容的是偽滿時期十四個大專院校的在校生，補習後編入正規大學。東北教育特派員臧啟芳給臨大委派了「一位文弱的老先生陳克孚來主管」，「這陳老夫子據說是研究莎士比亞的學者，無論德、才應該說是一位好教授，但是叫他管這個『亂攤子』，卻無能為力了。」[16]有人記得他給學生講話時說：「臨大剛剛籌辦，桌椅板凳都要重新製作，只能教室裏準備椅子，食堂裏先準備桌子。」[17]如他所說，上課時學生就坐著，「用一隻手托著厚紙板寫筆記。吃飯時則圍著圓桌站著吃。」[18]

---

[15] 于學謙：〈我的東大之路〉，《東北大學建校65周年紀念專刊》（自印本，1988年），第194-195頁。

[16] 姚公虞：〈黎明驟雨到朝暉——抗戰勝利後東北大學生的動向〉，政協遼寧省鐵嶺市銀州區文史委編：《銀州文史資料》（1986年6月）第二輯。

[17] 趙耀：〈天亮前後〉，楊超主編：《永恒的烙印》（長春地方史志編纂委印製，1988年），第70頁。

[18] 趙耀：〈天亮前後〉，楊超主編：《永恒的烙印》（長春地方史志編纂委印製，1988年），第70頁。

　　「這個東北臨時大學補習班就設在原南滿醫大旁邊一所破舊的師道學校裏，學生生活很苦，食宿安排勉強湊合，至於學習，根本談不到，而門庭若市，學生們終日出出入入非常雜亂。怎麼會造成這局面呢？那是因為通過人情賄賂，一些官僚的子弟、親屬，鄉親和一些有錢人的紈絝子弟，都混進『臨大』，甚至有的『吉普女郎』也以取得『臨大學籍』為時髦。在這種情況下，東北原各大學學生，開始自治，都成立了自治會。這個自治會是用來證明來校同學的學籍的。逐漸發展成為自己管理自己，自己安排一些生活的組織。」[19]補習班共有文、法、農、理、工、醫六個組（相當於學院的臨時編制），每組都有學生會，各設有主席。

　　臨大補習班於5月14日正式開始上課，9月23日起舉行結業試驗，10月4日舉行畢業典禮。[20]結業學生除一少部分去瀋陽醫學院、長春大學和吉林長白師範學院就讀之外，全部並入東大，按志願和專業分別編入相應的院系和班級。資料記載，11月17日，分配到東大文學院265名，法學院473名，理學院88名，工學院437名，農學院233名，共計1496人，開始入學。[21]東北師大古籍整理研究所原副所長、《古籍整理研究學刊》原主編高振鐸教授就曾在補習班學習，半年結業後進入三台遷回的東北大學。

　　12月25日，東北大學在原北陵校址的圖書館舉行了復員開學典禮。[22]除了由三台返瀋之學生，東大又在瀋陽、北平招收部分插班生四五百人，這時全校約有學生2500餘名。[23]然而，大部分都是由臨大分發而來，復員學生只有很少的比例。據學生反映：臨大學生與復員學生雙方鬧得水火不相容，吃飯都分開，有復員飯廳，吃的是白米；臨大飯廳則吃的是高粱。復員學生程度較高，臨大學生因十四年來所受的「統制教育」，程度稍差，許多人的英文幾乎從字母學起，一年級的英文有的是採用初中三年級的讀本。彼此程度不齊，在一塊相處，鬧鬧意氣在所難免；同時有一小部分復員同學稍帶傲氣，輕視臨大同學，

---

[19] 姚公虞：〈黎明驟雨到朝暉——抗戰勝利後東北大學生的動向〉，政協遼寧省鐵嶺市銀州區文史委編：《銀州文史資料》（1986年6月）第二輯。

[20] 參見賀金林：《抗戰勝利後國民政府教育復員研究》（北京：社會科學文獻出版社，2010年），第213頁。

[21] 楊佩禎等主編：《東北大學八十年》（瀋陽：東北大學出版社，2003年），第154頁。

[22] 據王恩德主編：《延闊飛香——東北大學圖書館建館九十周年紀念集》（瀋陽：東北大學出版社，2013年），第29頁。

[23] 據楊佩禎等主編：《東北大學八十年》（瀋陽：東北大學出版社，2003年），第154頁。

於是雙方鴻溝更深，幾乎隨時有打架的可能。校方卻根本無暇顧及，視若無睹。學生們為此發出感嘆：「九一八以後，我們就嚷著收復東北，復興民族。東北的教育情形如此，如何復興民族，誰能作答。東北的教育正患著慢性的潰爛症，下一代的健康失去了保障，那麼我們又何必收復東北！」[24]眾所周知，東北教育復員是在相當複雜的背景下展開的，當時國共兩黨在東北戰場上的內戰加劇，而教育卻成了「比內戰還可怕的一個問題」。

1947年4月11日，已在金陵女子文理學院任教的董每戡教授致劉黑枷信：

> 文彙報說臧已離職照準，確否？又載〈傳奇的學校東北大學〉一文，知東大已為國內最糟之大學，真糟蹋了歷史！趙先生[25]住上海狄思威路505號，任東吳大學教授，兼武訓專校課，生活極好，趙太太都穿六七十萬元一件的大衣，足見比東大好；丁易在北師大，楊榮國在桂師院，凡離東大者都不錯。[26]

其實，臧啟芳並未離職，而是向教育部請假六個月，校政由劉樹勳代理。總務長是羅雲平，教務長是傅築夫，訓導長是侯家驌，文學院院長陸侃如，法商學院院長傅築夫，理學院院長楊曾威，工學院院長劉樹勳，農學院院長郝景盛，圖書館館長王一之，生活管理組組長鄭鐵。東大於1947年3月初開學時，設有五個學院，二十七個系（科），文學院設有文學、中文、外語、歷史、教育、哲學六個系，俄文、體育兩個專修科；法商學院設有政治、經濟、法律、工商管理四個系；理學院設有數學、物理、化學、氣象、地理、地質六個系；工學院設有土木、建築、化工、機械、電機、礦冶六個系；農學院，設有農藝、畜牧、森林三個系。文法理工四院設在瀋陽北陵原校園，而農學院設在瀋陽塔灣地區。

經過長達十五年輾轉遷徙的流亡辦學，東大何以復員就具有如此規模呢？原來，在1946年1月國民政府的「東北教育復員方案」中就提出，「擬將國立

---

[24] 賀金林：《抗戰勝利後國民政府教育復員研究》（北京：社會科學文獻出版社，2010年），第218頁。原載張高峰：〈東北教育的潰爛症〉，《觀察》第3卷第18期（1947年6月28日），第18-19頁。

[25] 趙先生，指趙紀彬。曾於1943-1946年任東北大學文學院教授。

[26] 陳壽楠等編：《董每戡集》第五卷（長沙：岳麓書社，2011年），第496頁。

東北大學遷回瀋陽，除原有文理學除外。分別將偽奉天農業大學、奉天工業大學、私立奉天商科學校、奉天藥劑師養成所等，併入東北大學，改為農、工、法商、醫四學院」。[27]

10月21日，國民政府行政院第26次會議議決，任命劉樹勳為國立東北大學校長。11月20日，劉樹勳正式就任校長職。

12月17日，校方向國民政府主席東北行轅委員會呈報東北大學概況，主要包括有：

（1）學校行政及設備概況，學校設五個學院（文、法商、理、工、農），兩個研究所（歷史、地理），另設總務、訓導、教務三處，林場兩處，果園飲料製造場、制果廠各一處，機器實習工廠、體育場各一處。

（2）共有教師328人，其中專任教授135人，兼任教授8人，專任副教授48人，兼任副教授5人，專任講師56人，助教76人。本校職員170人。

（3）本校有本科生共2493人（其中一年級378人，二年級1100人，三年級587人，四年級428人）。

四、包圍朱家驊

抗戰勝利後的兩年間，國內形勢可以說是，恐怖事件一個接著一個，民主運動一浪高過一浪。

1946年2月10日，國民黨特務在重慶搗毀了各界慶祝政協成功大會，製造了「較場口事件」。6月23日，上海群眾十萬人舉行集會遊行，歡送各界人民團體代表團去南京請願。以馬敘倫為首的代表團抵達南京下關車站時，遭到預伏的國民黨特務圍攻毆打，造成「下關慘案」。6月26日，蔣介石終於撕毀了停戰協定，向各個中共佔領區發起進攻，內戰全面爆發。7月11日、15日，民主同盟中央委員李公樸、聞一多在昆明先後遇害。11月底至12月初，上海發生攤販鬥爭，形成為全市性的反蔣群眾運動。12月24日「沈崇事件」之後，從北平開始，天津、上海乃至全國各地爆發了共有五十萬學生相繼參加的抗議美軍暴行

---

[27] 轉引自王恩德主編：《延閣飛香──東北大學圖書館建館九十周年紀念集》（瀋陽：東北大學出版社，2013年），第29頁。

的遊行活動。

東北大學就是在這樣形勢下遷回瀋陽的。1947年1月，東大在東北臨大並入進行學生會改選，選出李世安為主席，張慶臣和齊覺生為副主席。齊覺生是佩戴手槍的特務，而李世安和張慶臣是傾向國民黨的學生，他們完全控制了學生會的領導權。

1月底，國民政府把青年軍復員兵約兩三百人分配到東北大學學習，同時還有從國民地方政府各部門派出的一批人到東大入學。這些人反共氣焰甚高，其中王昆山、米珍等人是軍統特務，齊覺生和杜慶毅等是中統特務。當時，各系都有國民黨黨團骨幹分子。左傾學生就是在這樣情況下進行鬥爭的，如發動了1947年春季的大罷課，持續了一個月之久。

2月份，學校發生一起轟臧啟芳下臺的事件。主要是由從三台遷回的左傾學生發動的。當時在圖書館大樓召集同學開會，說臧啟芳貪污遷校經費云云，要求撤掉他的校長職務。這一事件雖然有其國民黨內派系鬥爭的成分，後來竟不了了之。但卻成為東北大學學生運動的先聲。

4月25日，正當東大校慶來臨之際，在左傾激進學生的倡議下又舉行了三天罷課，要求釋放張學良校長並通電全國，由此揭開了東北大學民主左傾學生運動的序幕。

5月13日，由於物價上漲，教育經費短缺，教師不能正常發薪，在部分教授宣導下，東大全體教師宣佈罷教三天，要求增加教育經費，提高工資待遇。先修班教師立刻回應，學生自治會召開緊急會議，宣佈罷課，支持教師罷教運動。

5月20日晨，中央大學學生和滬蘇杭學生代表五千餘人在中大操場集合出發，並與金大學生匯合。當天是國民參政會四屆三次大會開幕之日，當局在首都南京布下重兵，嚴陣以待。隊伍到達珠江路口，有五百餘名武裝憲兵和員警強行阻止通過。憲警搶奪、撕毀旗幟和標語，用皮帶、鞭子、木棍等毆打學生。這場反動鎮壓，學生重傷19人，輕傷104人，遭毒打的500餘人，被捕28人。同日，天津南開、北洋兩校的遊行學生，遭到特務的毆打，許多人受傷。此後，在中共領導下，學生們提出了「反迫害」的口號，運動向著「反飢餓、反內戰、反迫害」的目標發展，並迅速擴展到六十多個大中城市，同工人罷工、教員罷教等各階層人民的鬥爭匯合到一起。

6月2日，由東大工學院學生自治會發起，全校學生回應，在校內舉行示威

遊行並罷課（因杜聿明在北陵地區實行戒嚴），聲援全國各地「五二〇」反飢餓、反內戰、反迫害（簡稱「三反」）的民主運動。對此，當年俄文系學生、東大易幟前最後一任中共黨總支書記王常友回憶說：

> 六月二日，在敵軍警武裝封鎖學校大門的情況下，在校內組織了大規模的抗議示威遊行。隨即展開了罷課鬥爭。這時，校內一些特務學生在其主子指使下，大肆破壞學生運動。在罷課期間，曾兩次在漢卿南樓，用汽油瓶放火燒教室。並貼出：「焦土抗戰，罷課到底」、「共產黨萬歲」等大標語。妄圖嫁禍於所謂「共匪」學生所為。演出了一場伎倆卑劣的醜劇。對此，我和同班同學于浚，在吳宗基的鼓勵下，基於氣憤和正義感，以親眼所見系幾個小特務學生所為的鐵的事實，給予了無情的揭露。把反動分子破壞學生運動的醜惡嘴臉，暴露在光天化日之下。使一些受騙的同學，大白真相。[28]

當年的學生于學謙也有過回憶：

> 不久全國性的「六二」學潮起來了。來勢之猛，範圍之廣，是過去所沒有的。瀋陽市全市罷工、罷市、學生罷課遊行。學校裏的壁報、小傳單、標語口號，到處都有。國民黨特務機關——瀋陽警備司令部出動了坦克車、機槍，橫陳在東大校門口，學校裏一片混亂。就在這萬分緊張的時刻，序夫在深夜裏叫我妹妹家門，祕密地通知我：「國民黨特務機關已開列了黑名單，開始逮捕學生，其中有你，要趕快隱蔽起來，不能回學校」。說完匆匆地走了。序夫經常是深夜裏來找我，那些次都是比較鎮靜地向我傳達情況或是部署工作，或是聽聽我的彙報。記得有一次和我談了整整一夜，最後讓我寫一份自傳交給他。在我和他相處的日子裏，像今晚這樣緊張的局面還是頭一次，我領會了他的意圖，預感到我們的工作將要遇到更大的困難了。

---

[28] 王常友：〈關於解放戰爭時期東北大學地下黨及學生運動的回憶〉，《東北大學1946-1949年學運資料彙編》（內部版，1988年），第9頁。

　　「六二」那天，學校裏的確抓去了不少的同學。由於我沒有在校，倖免於難。[29]

　　東大「六二」上街遊行的計劃雖然泡湯了，但是為「三反」而舉行的罷課卻一直堅持了下去。罷課期間，為了打破國民政府的新聞封鎖，中文系學生歐克純和羅克聞、李治彭走訪了《大公報》駐瀋陽辦事處（地址在太原街）主任呂東潤。歐克純後來回憶說：「我們向他介紹了東大罷課的情況，表明了自己的態度，請他派記者去東大採訪。呂東潤比較客氣地接待了我們。不虛此行。幾天以後，《大公報》上登了東大罷課的消息。但只提了我們反飢餓，沒有提我們反內戰，反迫害。」[30]

　　罷課堅持到了暑假。校園裏住進了許多安東省的中學生。他們大多是被騙來的，在東大寄食、寄宿。這時，歐克純等人得知教育部長朱家驊要來瀋陽視察，還聽說他在北平時被要求恢復北京師範大學的學生包圍過，後來是跳窗戶逃走的。歐克純說：「在同學中經過串聯醞釀之後，我們向學生自治會提出要向朱家驊請願。因為是假期，自治會的成員多已離校，只有副主席陳世宗還留在學校裏。我們向他建議把各系學生會負責人召集起來，吸收他們參加請願籌備工作。陳世宗接受了這個建議。於是我以中文系文學研究會主席的身分進入了籌備組，並被推選為秘書，掌握學生自治會的公章，負責起草請願書。這下我可大權在握了。旋即找了羅克聞、何家昌、馬驥等同學商討請願書的內容。經過商議，我們確定請願書的主要內容為：要求民主，要求自由，要求人身安全，增加教育經費，提高教師待遇，提高學生公費金額，增加學生細糧供應，派名流學者來長東大（這一條曾使劉樹勳校長大為惱火，但它是同學們的普遍呼聲，所以把它寫上了）等。何家昌提出的約束三青團、取締特務一條，由於政治色彩太濃，恐怕在籌備組通不過，因而沒有採納。請願書比較溫和，提出的要求關係到廣大師生的切身利益，得到了絕大多數同學的支持。」[31]

　　六月中旬的一天，國民政府教育部長朱家驊來東大視察工作了。當天上

---

[29] 于學謙：〈我的東大之路〉，《東北大學建校65周年紀念專刊》（自印本，1988年），第198頁。

[30] 歐克純：〈我們包圍了朱家驊──校園生活回憶〉，《東北大學1946-1949年學運資料彙編》（內部版，1988年），第46頁。

[31] 同上，第46-47頁。

午，歐克純和嚴則民、鍾世德等幾位學生，撕掉了訓導處以學生自治會名義張
貼的「歡迎青年導師──朱部長」之類的標語，換上了蓋有學生自治會公章的
與請願書內容相一致的標語。

　　午後兩點多鐘，朱家驊帶著一幫身佩手槍的軍警來了。陪同他的除了隨從
人員外，還有前東大校長、當時的東北教育特派員臧啟芳。抗戰勝利後，國民
政府要接收淪陷區中旳文化教育機關，成立了京滬、平津、東北、武漢、廣州
及台灣六個區的教育復員委員會，東北區包括原遼、吉、黑、熱四省，由臧啟
芳負責。

　　朱家驊先在圖書館出席學校為他組織的教師歡迎會。會剛結束，歐克純和
幾個同學以學生自治會代表的名義向他遞交請願書。朱家驊接過請願書漫不經
心地翻閱了一下便往口袋裏一揣，接著說：「你們的要求，我在講話時答復你
們。」

　　朱家驊在校園廣場上發表了一篇徹頭徹尾的反共講演，並對學生們進行
訓斥，說什麼「你們的苦難，完全是共產黨造成的」，「民主自由不是無法無
天」。對學生請願書上提出的要求並沒有正面答復，朱家驊講完就想離開會場。
正當大家不滿、氣憤而又一時不知怎麼辦的時候，何家昌從人群中高呼：「朱家
驊要溜。」頓時，有兩個同學拔腿向校門跑去。當學生們關好校門背門而立時，
朱家驊的轎車停在了他們面前。朱家驊被截住了。頃刻，大批學生先後趕到。臧
啟芳出面為朱家驊解圍。羅克聞大喊：「臧啟芳貪污。」在校門前對峙了十幾分
鐘，朱家驊被迫回到了校長室。學生們就近臨時推出了韓彤等幾個人和朱家驊談
判。其餘的學生一起在門外對朱家驊施加壓力，為談判的同學助威。歐克純回憶
說：「朱家驊訓話時的威風沒有了，時坐時起，坐立不安，汗流浹背，狼狽不
堪，劉校長和龐（英）訓導長，急得像熱鍋上的螞蟻，走來走去對同學們進行勸
說。教育部長在東大受委屈，他們是不能辭其咎的。」[32]

　　正在談判的時候，忽然來了一卡車全副武裝的憲兵。氣氛立刻緊張起來。
馬驥大呼：「保衛人權！」學生們把憲兵團團圍住，不讓他們下車。憲兵隊長
從駕駛室出來解釋說：「我們是路過這裏，見到校園裏圍了很多人，順便來看

<hr>

[32] 歐克純：〈我們包圍了朱家驊──校園生活回憶〉，《東北大學1946-1949年學運資料彙編》
　　（內部版，1988年），第48頁。

看發生了什麼事情，沒有別的意思。」其實，他們是朱家驊的隨員打電話叫來的。他們沒有解除朱家驊的包圍，倒被學生們包圍了。學生們說：「我們在這裏向朱部長和平請願，不幹你們的事。」迫使憲兵隊長下令讓憲兵回去。隊長下令了，憲兵走了，但他本人卻被扣留著。

為了脫身，朱家驊答應了請願書上提出的要求。學生們明知這是不能兌現的，但也只好放他走了。走時，學生們沒有異常的舉動。那位憲兵隊長，是經過龐訓導長的再三說情才讓他最後離開學校的。

黃昏時分，校園的廣場顯得空曠而寂靜，好像剛才什麼也沒有發生過似的。學生們回到宿舍裏，以各式各樣的語言，談論著各自的想法，描繪著朱家驊、憲兵隊長被圍時的狼狽相，情緒激越而高昂。歐克純說：「不知此時的朱家驊是怎想的。如果他把自己在北平被包圍與在瀋陽被包圍的事件聯繫起來，如果他把戰場上的軍事形勢與全國範圍內的學生運動聯繫起來，會有一種什麼樣的預感呢！」[33]

五、從冬令營到集中營

歷史沒有論功行賞，抗戰功臣國民黨在東北戰局最初還占優勢，但是很快就翻了盤。1947年底，中共領導的東北解放戰爭從戰略防衛轉入戰略進攻。翌年初，共軍在冬季攻勢中解放了鞍山、法庫、昌圖等城市，國民黨退守到瀋陽及其近郊城鎮，瀋陽已成孤島。為了控制學生，防止學潮發生，國民黨瀋陽當局決定在寒假期間舉辦大中學生冬令營，與中共爭奪東北青年。

1948年1月末，也就是學校放寒假之前，國民黨當局以「東北剿總」的名義公布了在瀋陽舉辦大學生冬令營的命令，要求所有學生都得參加。於是，在中共地下黨領導下東北大學內又掀起了一場反對冬令營的鬥爭。據東大易幟前最後一任中共黨總支書記、俄文系學生王常友回憶說：「當時，吳宗基回了解放區。俄文系的幾個黨員交由韓復興領導。為慎重起見，每次由我到工學院以看幾個反動陣營中的老同學做掩護。與韓復興接頭聯繫，接受指示。在整個反

---

[33] 歐克純：〈我們包圍了朱家驊——校園生活回憶〉，《東北大學1946-1949年學運資料彙編》（內部版，1988年），第48-49頁。

對冬令營及罷營鬥爭期間，韓復興都隨時做出部署，隨機應變，指導工作。國民黨反動當局，當時把東北大學做為重點，妄圖首先攻下這個堡壘。因此，便大動干戈。」[34]除由校方出面反復動員，國民黨、團、特學生煽動和威脅外，警備司令楚溪春[35]還親自出馬，來校召開學生大會，進行宣傳動員，還限定2月1日前必須入營。結果遭到學生們一片噓聲。有的當場高喊「我們要讀書，不要軍訓」、「我們不當內戰炮灰」的口號，最後會場上只剩下寥寥幾個學生。弄得他狼狽不堪，不得不草草收兵。很快，校園和宿舍就大小字報、大標語接二連三揭露國民黨當局舉辦冬令營集訓學生的別有用心，號召大家進行抵制。同時，中共地下黨員，地工人員及左傾同學又逐個串聯大家拒絕入營。後來當局和校方又採取利誘和威脅軟硬兼施的手法。一是每人發給一個月伙食費，受訓期間免費食宿；二是軍訓期間，學校停伙、停電、停水、停暖氣，無故不參加者，開除學籍。根據這一情況，中共地下黨和各地工人員，便採取疏散的辦法。動員同學有家的回家，附近無家者儘量去投靠親友或找個臨時工作，離開學校。對左傾激進同學則動員他們到解放區去。力爭把入營的同學人數減少到最低限度。警備司令部天天派卡車到校園接人。復員青年軍聽命令首先登車，有的學生為省一個月公費也去了，這樣陸續有人登車。直到冬令營开營幾天後，住校同學才被迫入了營。周克回憶說：「這時礦冶系二年級學生韓復興（韓光、北京市委組織部）來找我，我和組織重新接上頭。韓通知我，反對入營難以堅持，要隨學生到營裏去，以免暴露。我是二月四、五日進的冬令營。」[36]其他左傾學生呂英寰、李棟、陳延式、高繼恒等人也同時入營。

　　冬令營分大學隊、中學隊。各校學生均打亂編隊。大學營在瀋陽國際體育場附近的中正大學，2月2日開營，為期一個月。參加的學校除了東北大學外，還有瀋陽醫學院、中正大學、遼東師專和中山中學部分學生。冬令營主任是國

---

[34] 王常友：〈關於解放戰爭時期東北大學地下黨及學生運動的回憶〉，《東北大學1946-1949年學運資料彙編》（內部版，1988年），第12頁。

[35] 楚溪春（1896-1966）：原名河，字晴波，河北蠡縣人。保定軍校第五期步兵科畢業。閻錫山部晉軍將領，閻的「十三太保」之一。抗戰爆發後，先後任第二戰區參謀長、第八集團軍副總司令、第二戰區北區軍總司令。抗戰結束後，任大同日軍受降主官。1947年9月，任國民政府主席東北行轅總參議兼瀋陽防守司令官。同年12月任河北省政府主席，並兼任北平督察總監及保定綏靖公署主任。1949年隨傅作義起義。後在文革中服毒自殺。

[36] 周克：〈生活在東北大學〉，《東北大學1946-1949年學運資料彙編》（內部版，1988年），第38頁。

民黨瀋陽警備區司令楚溪春，副主任是國民黨遼寧省黨部和三青團頭子崔垂言、王中興。中隊長以上軍事人員、政工人員都是從國民黨軍隊中調來的。全營兩千多學生編為四個大隊，十六個中隊，每個中隊又編為十多個小隊，每個小隊有十五人左右，小隊正副隊長由指定的國民黨或三青團骨幹分子擔任。

　　冬令營訓練的核心內容是反共宣傳。以講大課的方式講授，也請了些所謂名流學者，並由南京請來兩名反共專家，講些共產主義是理想但不適合中國，共產黨共產共妻等老調。周克回憶說：「我們在營裏的活動受到很大限制，一間教室住幾十人，在地板上睡連鋪，來自各個大學互不相識，不便深談，無法形成統一的行動。中隊是基層單位，設有指導員，入營後找每個人談話，內容是家庭、經歷、愛好、政治傾向，是否已參加國民黨。這個活動遭到同學們抵制，大家共同研究如何應付。針對國民黨的反共宣傳，在大家議論中，只能提些問題，做適當啟發。鼓動學生怠課，泡病號等消極對抗的辦法。」[37]結果，弄得偌大的「勱志社」（現瀋陽市體委）每次聽課者寥寥無幾。同時，又利用一切機會進行合法鬥爭。當時吃的飯是糙米摻砂子，大家就去找指導員，找事務長說理，要求改善伙食。遭到他們蠻橫拒絕後，學生們便在一怒之下，掀翻飯桶。不去出操、不去上課。有一次，一個學生在打開水時，由於發生口角，被國民黨警衛連的一個排長毆打。此事更加激起了學生們的公憤，自動齊集大禮堂，聽取被打同學的控訴。會場上，口號聲此起彼伏：「要求營方當局懲辦打人凶手！」「保障學生人身不受侵犯！」「保障言論和行動自由！」群情沸騰，當場決定組成抗議委員會出面交涉。劉樹棠和王特山被選為東大的代表。在代表會議上，劉樹棠被推選為大會執行主席。根據大會的發言擬定了抗議書，之後，即把楚溪春找來。劉當面向他宣讀了抗議書，內容是：一、嚴懲打人凶手；二、保證不再發生類似事件；三、立即把被打學生送進醫院，一切費用由營方負責；四、保證學生言論和行動自由。楚溪春假意接受學生們的要求，仍想借此機會進行欺騙宣傳。但是，大會主席宣布，根據大會通過的決議，除上述四項要求外，舉行罷課一天，以示抗議，旋即散會。楚溪春也無可奈何。

---

[37] 周克：〈生活在東北大學〉，《東北大學1946-1949年學運資料彙編》（內部版，1988年），第38-39頁。

　　又一次，部分同學則感到無聊，溜號外出看電影、逛大街。負責看管學生的憲兵與溜號同學發生了衝突，並毆打了同學。許多同學聞訊後，決定去找大隊長範玉樞中將討個說法。抗議同學齊聚大隊長辦公室門口。大隊長聞聲出來，東大政治系學生柏嘉興當時衝上前去，質問：「同學不來冬令營，你們用停夥、停電、停暖氣相威脅。如今入營了，人身安全無任何保障。憲兵怎能敢於毆打同學？」大隊長問柏嘉興是哪個部分的？沒等回答，又命令憲兵把他帶進來。柏嘉興後來回憶說：「我當時剛二十出頭，體壯如牛，反抗憲兵的拉扯，加上許多同學援救，使我掙脫出來，跑回區隊。區隊同學正在鬧退營。逼得營方採取迂迴政策，由大隊長在大會上宣佈賠禮道歉！退營風波始告平息。」[38]這時瀋陽警備司令換王鐵漢，兼冬令營營長，於2月24日召部分區隊代表去參加座談會。會上，一、徵求意見；二、王司令官願交青年學生為友，冬令營結束後，倘有事可找他。

　　就在冬令營即將結束的前幾天，國民黨當局又搞出了大動作。2月25日，按規定日程，晚飯後為夜行軍。柏嘉興所在的區隊長通知他，不參加夜行軍，要去參加座談會。他後來回憶說：「晚飯後由區隊長護送我到了中山公園對過勵志社大樓。一時人未到齊，我想去一樓便所，當我走到一樓時，見布滿了武裝人員。見我下來時立即圍上數人，問我到此幹什麼？我答：來參加座談會的，我想去便所。一個軍官模樣的人對我講：我們在此執行任務，你走進我們防區。你可去便所，然後不要再回樓上。你從正門出去，然後再從別的門進入，再上二樓參加座談會也不遲。我見這個架式，爭執也沒用，從正門走出，見樓外全是武裝人員，配短槍，大卡車整齊地排成一行，這時有人告訴我上車吧！這時，我才反應過來，已經被捕了。稍候片刻，見一個個同學陸續從正門走出，見此架式也都明白了。被指令上車。車開到東北剿匪司令長官部，第一偵察連連部所在地，下車後進院，進入一座獨樓，好像是沒人住的舊倉庫、門窗無玻璃是新釘的鐵皮，室內外溫度是一樣的冷。這就是臨時關押我們的監獄。又過了一些天，王鐵漢前來一次，宣布這是委員長手令是全國統一行動。經過幾個機關偵查，你們都是『共匪分子』。有的經常奔走張家口、佳木斯之間

[38] 柏嘉興：〈1948年國民黨瀋陽冬令營大逮捕〉，《東北大學1946-1949年學運資料彙編》（內部版，1988年），第50-51頁。

（指解放區）。你們在這裏，聽候處理！這樣一講之後，中山中學被捕同學連哭帶喊：『我怎麼成了共匪分子了？』東大一名同學說：我爸爸是四平城城防司令，我怎會成為『共匪分子？』」[39]

　　26日全市報紙公布，昨夜在全市搜捕「共匪分子」260人，其中東大有三十多人被捕。學生回校後雖然醞釀營救被捕同學，但在當時形勢下，沒有形成聲勢。這次國民黨要抓人，事前是知道的，捕人前幾天也有消息，如王特山等人就事先離營。被捕的學生大致可分為兩類，（一）是學運中的積極分子，多是相信校園民主敢說敢講的人，如政治系的崔天奇、柏嘉興等人；（二）曾是國民黨、三青團的骨幹，但表現有離心傾向，如歷史系三年級學生姚凜。抓捕學生三天之後，2月28日冬令營結束。

　　卻說那批學生被捕幾天之後，在一個漆黑的夜裏，憲兵連將他們轉移到大西城門裏女子同澤學校院內的一個獨樓裏。不久，經過一整天的審訊，是按準備好的表格一問一答，由審訊人員填寫。過了數日，發下名簽印有東北第四訓導大隊第二十中隊。學生們後來才明白：凡是訓導隊均是國民黨集中營。二十中隊長是一名少校，下有數名中尉，負責集合跑步下操、起床、作息事宜。內有特工人員兩名，雖身著便裝，可出入樓經過憲兵崗哨時，通行無阻。這時瀋陽警備司令又換了梁華盛。不久就增添了「長官訓話」的活動，前後共來過十五六個人。其中最小的是少將，最高的是中將。遼瀋大戰時的兵團司令廖耀湘也曾到過這裏對大家訓過話。訓話內容，不外是灌輸反共的一套。接著就是出牆報，發動學生投稿。柏嘉興回憶說：「這時出頭張羅牆報事宜的同學，我很熟悉，被捕前是位嚮往解放區，傾向革命的同學。但在牆報上發表文章時卻與『長官訓話』，一個調門。另一個東大被捕同學，在獄友間閒聊時講過：國共兩黨根本區別，記得他說過：國民黨從核心到核皮全都爛掉了，不是革命的。而共產黨核心不爛，是革命的。至於核皮不純，遲早會被清洗掉。這論點在當時夠激進的了。但在牆報投稿時，也唱與『長官訓話』是同一腔調。東大先修班有個壁報『大動脉』，專門介紹辯證唯物主義哲學刊物，其主編同學也被捕進集中營裏。在獄友間聊天時，他還教唱過：高爾基『牢獄之歌』。投稿時也

---

[39] 柏嘉興：〈1948年國民黨瀋陽冬令營大逮捕〉，《東北大學1946-1949年學運資料彙編》（內部版，1988年），第51頁。

是同『長官訓話』同一口徑，在『長官訓話』後集中營就出現這樣一種局面，出牆報時寫文章時，與『長官訓話』是同一口徑的言論，獄友間議論時卻是與此完全相反的一種言論。於是集中營內就形成了該說假話時，就說假話。該說真話時，許多獄友間還是敢講真話的。」

　　數日後，獄友間盛傳一個消息，一部分被長期監禁，一部分被釋放。大夥兒一時都墜入五里霧中。某日，正在吃晚飯時，宣布一個名單十人左右，立即被憲兵押上車，車臨開動時，車上獄友高呼，同學們，來生再見吧！剩下來的同學也沒心吃飯了。集中營內氣氛變得近乎凝固。當天深夜，這些同學又被拉回來了，立即緊急集合。他們說：「同學們，我們沒有被處死，我們還受了梁司令官接見了，並讓我轉告大家，不久我們就可得到自由，我們將獲得釋放。」這番講話是很鼓舞人心，感覺梁華盛就成為集中營中遭磨難同學的大救星式的人物了。哪裏知道他們的新陰謀正在悄悄逼近。

　　一天早上，突然緊急集合。由特工李中偉講話：同學們經過這個過程，有部分同學在進步，表現為要求加入國民黨，我看這是大家的唯一出路。還有部分同學無此要求，在今天不論在國內或國外，不革命就是反革命，不打「共匪」，就是「共匪」。我不希望這些同學還當「共匪」。我不知道大家是否同意我的看法?!於是不少同學齊聲答：願意！說完立即開進大卡車、將學生們拉到中山公園，下車後立即舉行入黨宣誓，梁華盛主持儀式，就這樣將集中營關押學生變成國民黨。實際上，這些同學連個入黨申請書從來沒寫過，連入黨介紹人也沒有。第二天瀋陽報紙頭版頭條新聞：昨日中山公園一幕盛典，68位大學生英勇參加國民黨決心剿共。接著把學生姓名、校別、系別登的十分明白。這天早上，學生正在放風，李中偉從外邊走來，將這份報紙給學生們看，當時工學院被捕學生劉景嶽看後破口大罵：「誰他媽的願意加入國民黨！」這時李中偉全聽到了也裝作沒聽到，揚長而去。

　　又關押一段時間，集中營提出履行打保手續。需找三個保人，三份保證書，在一天晚飯前發給同學讓過過目看後收回去了。保證書內容如下：

> 保證×××確系善良公民，今後不得在言論上、行動上有違背國家民族利益的行為，並志願參加戡亂建國委員會。本人以身家性命保證之。

開始時，保人條件需三位國民黨少校以上軍銜的。有學生說：誰家也不開司令長官部，誰家會有那麼多少校。實際上也行不通。後來又降低了標準，家住瀋陽殷實富戶也可。每個人寫好保人姓名、地址，由集中營來完成打保手續，又過一些天，學生們才被釋放。

東大校史資料載：3月初，冬令營結束後不久，東大就開學了，學生自治會強烈要求國民黨東北行轅釋放被捕學生。3月9日國民黨瀋陽城防司令部羅織罪名，報國民黨東北行轅政委會批准，將東北大學85名，先修班13名學生開除學籍。[40]

3月下旬，東大經濟系主任、進步教授盧伯毆同夫人投奔解放區，參加革命。同時，東大許多左傾激進學生也陸續去了東北解放區。

六、從大學生宿舍到政治犯監獄

1948年春節來臨之前，東北大學的大部分學生被逼進入了冬令營。剩下極少的一些抗拒入營的同學，每當夜幕降臨，就在寒得刺骨的北國夜風中，躲進了宿舍。他們當中，有的人在關注國家大事；有的人在關心著個人的學業和前途；有的人在談古論今；也有的人在伏案寫讀⋯⋯無不珍惜這「冬令營」狂飆方過之後難得的片刻寧靜而寶貴的時光。

2月15日（農曆正月初六）晚上八點半左右，北陵校園已變得一片漆黑，文法樓宿舍二樓，歷史系學生姚凜臨時避居的一間學生宿舍，響起了輕輕的敲門聲。室內的同學還以為是其他房間的同學來串門，於是就習以為常地開了門。

不料闖進來的人卻是全副美式戎裝手持衝鋒槍的國民黨軍隊的官兵，其中還有個戴著大口罩短槍在手的彪形大漢。這一群不速之客的突然出現，把同學們都給弄懵了。但是，姚凜卻明白了幾分，估計這些人可能是衝他來的。

這群不速之客入室之後，立即封鎖了門戶，其中的那個「大口罩」講：「因為外面發生了一些事情，我們奉命來查看一下，請你們都把學生證拿出來！」室內的同學們只好出示證件。當他們接過姚凜的學生證時，端詳一番，乃以命令的口吻說：「請你跟我們到訓導處去一下，訓導長有話要和你談。」

---

[40] 據楊佩禎等主編：《東北大學八十年》（瀋陽：東北大學出版社，2003年），第158頁。

姚凜為了蒙混他們的視線，爭取時間以利逃脫，乃從衣袋裏掏出備用的三民主義青年團團證，並講：「請不要誤會！都是『自己人』。」這時，接過團證的頭頭冷笑一聲說：「這個東西現在不頂用了，叫你走，你就必須馬上走。」姚凜對抗說：「我就是不走，如果有事，你們可以讓東大的訓導長到這裏來談。」氣氛一下子緊張起來。同室的一位左傾學生，歷史系二年級的別炳藩義憤填膺，挺身而出：「你們怎麼可以到學校裏隨便抓人，誰給你們這樣的權力？還講不講法律？」此語激怒了他們。那個戴大口罩的頭頭竟大發淫威，對別炳藩吼道：「你敢管我們的事？」他回顧持槍的兵卒一眼，接著說「那就把他也一齊帶走！」在此節外生枝的多變事態下，姚凜唯恐株連到別炳藩同學，乃當機立斷地對那位「大口罩」說：「這根本不關他的事，不必小題大作。既然你們是來找我的，那我就和你們走一趟吧！」就這樣平息了「大口罩」的火氣，給別炳藩同學解了危。可是他又擔心如果別炳藩硬是衝上來阻攔，將會釀成不必要的損害。姚凜邊走邊說：「請同學們不必激動和擔心，沒有什麼大不了的，我去一下，就會回來的。」[41]

「大口罩」們如獲「獵物」，擁姚凜出門後，僅派兩個兵卒持槍押他下樓，而他們一大群人又向別的房間奔去。

下了文法樓，在微弱的燈光下，姚凜發現路邊停著一輛十輪軍用大卡車，心想：怎樣逃出他們的魔掌呢？兩個持衝鋒槍的看押者，叫姚凜停在車前。此時此刻，姚凜咬了咬牙關，準備好了入獄後的對策，下定了接受生攸關的嚴峻考驗的決心。

在車邊足足等了約半個鐘頭，繼姚凜之後的被捕同學先後被押到車邊。有歷史系四年級的何家昌、中文系四年級的金在熔、法律系二年級的姚傳舜、政治系的陳祖翼等四人。

五位同學被押上大卡車後，每人的雙眼被蒙扎一條黑布。大卡車兜著午夜的寒風，不知繞了多少路程，終於把他們押送到一個完全陌生的祕密地方，也就是瀋陽火車南站白雲街81號——國民黨劫收東北後特設的關押、審訊重要政治犯的監獄（其前名是戰犯監獄）。其中有共產黨員、八路軍、民主人士，還

---

[41] 姚凜：〈記蔣幫潰逃前迫害東大同學二三事〉，《東北大學1946-1949年學運資料彙編》（內部版，1988年），第51頁。

有背叛國民黨的人和「通匪分子」。

同時被捕的東北大學五位同學，經一路顛簸，被押送到這個祕密監獄之後，方被解除了眼上的黑布，經過搜身，進行登記、編號（在獄中不准喊姓名，只呼編號），然後分別投入牢房。牢房裏條件惡劣，囚徒擁擠。通道上站著荷槍實彈的憲兵。大小便桶、飯桶、飲水桶放在一起，圍牆上布滿了蒺藜鐵網。

審訊慣例是入獄後二十四小時之內初審，然後自我「反省」並寫〈自白書〉，半個月進行二審（刑訊）。所以，東大學生入獄第二天，就開始接受初審。據姚凜回憶：

> 看守憲兵在我的牢門外喊「108號（按，姚凜獄中編號）出來！」我想，這就是對我的「初審」時候到了。於是，我被帶到樓下的一間狼藉不堪，陰沉沉的大房子裏。在這裏還有先我來此的與我同夜被捕的四位東大同學。面對我們的「審訊官」是一個三四十歲其貌不揚（小瘦子）但滿臉殺氣的少校。他以嚴厲的目光，掃視我們之後，先不多講話，卻帶著我們五人「參觀」了這間刑訊室內的諸多刑具，其中有我從未見過的「老虎凳」、「釘刺棒」、「鋼鞭」、「夾指鋏」、「刺指竹簽」、「烙鐵」和寬厚笨重的長木板，堆放板前紅塊磚等等。這一切，使我聯想到我小時候，跑到縣城的城隍廟玩耍時，所看到的壁畫《十殿閻羅》。我又想：為什麼「小瘦子」先讓我們看這些刑具而不先問話呢？顯然他意思是讓觀者望而生畏，先解除被審訊者的思想武裝。由此可知其用心何其奸詭，險惡了。「小瘦子」得意得像動物園裏的「馴獸師」領著一群羔羊，走過虎口。邊走邊說：「你們先見識見識，看一看，受得了嗎？」「參觀」之後，他厲聲說道：「我是幹什麼的？你們看過這些傢伙，就會懂得了。只要到了我這裏，哼！」講到這裏他的話就打住了。他的意思顯然是讓聽他講話的人，自己去推想下面的血淋淋的嚇赫之言了。這就是他採用的慣伎——「攻心為上」的戰術。我們面前的「小瘦子」比起城隍廟裏壁畫上的閻王還厲害，因為他略懂些《孫子兵法》。但是，他不懂在一個革命青年的心目中，理想和節操比起自己的軀體和生命更為重要。
>
> 「小瘦子」帶著我們看遍了還擴散著血腥氣味的多種刑具之後，好

似完成了他精心設計的「第一個教程」，在室內慢悠悠地踱了幾步，落坐在一張放著戒尺的長條桌案背後的椅子上，陰沉沉的面孔上減淡了幾分殺氣，貌似關懷、「勸導」地說：「不過，你們都是一些學生，是受不起這些苦頭的。何苦自找苦吃呢？誤入『歧途』，只要坦白交待，悔『過』自新，就可以不受皮肉之苦了。我在期待你們的悔過自新！現在，先給你們反省罪過寫〈自白書〉的機會。」「小瘦子」擺出了「先禮後兵」的架式。等於告訴我們：若動真格的「十八般兵器」，已經擺在你們眼前了。何去何從？君自擇之！[42]

　　每天早上起床後，是監獄的「放風」時間，給囚徒到四周嚴布崗哨的庭院裏洗盥和活動一下腿腳。五名從東大被抓來的同學，在水龍頭邊，偶然相遇時，往往遙相送笑。入獄後，姚凜最擔心的難友是同學何家昌，因為他在被捕前神志失常跳過樓，而且他以前又和東大中共地下黨員羅克聞、任正餘，民盟盟員歐克純有過來往。所以，姚凜唯恐當不久即將來臨的刑訊時，他挺刑不過而把這些同學抬供出來，給革命帶來嚴重的損失。碰巧有一次「放風」時，姚凜與何家昌同在水龍頭前，而又四周無人，便向何家昌低聲叮囑道：「你在跳樓自殺時，可以說將死生置之度外了；那麼，就必須有勇氣和決心經受得住這裏的刑訊，千萬不能供出你所接觸過的革命同志，一定要經得起這場考驗！」何家昌聞後坦然一笑。姚凜的懸慮之心，方得放下。

　　又一次「放風」中，姚凜驚訝地發現在遠處走動的一位青年女學生打扮的人，這不是東大中文系的孫冰輪嗎？再經仔細瞧望，果然是她。她是何時和因何故也被抓進來的呢？還有沒有其他同學被捕？

　　過了幾天，姚凜在牢房裏，聽到從刑訊室裏又傳來一陣陣受刑者的慘叫聲，間或夾雜著對施刑者的怒斥、咒罵聲。從音階尖細來辨別，顯然遭受酷刑的人是位女強人。間或，這一切聲音寂沉下來；過了一段暫短時間又沸騰起來。「我在推想：不知這位堅強的受刑者被折騰得幾個死去活來了。很可能她終於熬過來了，她定會讓施刑的魔鬼們一無所獲束手無策的。過了一陣，刑庭裏又喧騰起來。這裂人肺腑的淒厲之聲，震撼了幾層囚房，它使弱者因之駭

然;使強者為之震怒。這場不尋常的刑訊,終於結束了。可是人間的苦難和獄中待審訊者的苦難並沒有結束。」[43]繼而從女囚的牢房裏,發出一聲聲狂笑和一曲曲壯烈的歌聲:「我要學那刑餘的史臣,盡寫出人間的不平,我只要一息尚存,誓和那封建的魔王抗爭……」姚凜回憶說:「這不是我最熟悉的感人肺腑,催人淚下,勵人向黑暗勢力作不屈抗爭的名曲〈夜半歌聲〉嗎?當年,它道出了敢於『向封建魔王抗爭』的頑強意志,展示了『真正的男子漢』宋丹平的光輝形象,揭露了封建軍閥的滔天罪行,因而引起了幾代人的同情與共鳴;而今天,在暗無天日的蔣管區,在關押革命者的祕密監獄裏,在經歷嚴刑拷問,雖幾次死去活來,但仍堅貞不屈,一息尚存的刑餘女囚的口中唱出這支歌,真乃頗不尋常的事。她在人們可以理解到的極度痛楚和死神即將降臨的危境中,還能慷慨高歌,咒罵窮凶惡極的反動統治者,並表達她抗爭到底的自信和決心,這是何等的堅貞啊!當我從聲音中辨識到這位憤不欲生,刑餘高歌的女強人、女同志是不久前,在監獄『放風』時,我偶然發現的孫冰輪同學時,不禁隨聲同吟,肅然起敬。孫冰輪學長是好樣的,她不僅是東北大學的驕傲,也是中華民族的驕傲,更是新中國的希望。她的歌聲,震撼了監獄,震撼了長空。在我所在的牢房裏,難友們莫不側耳諦聽,莫不為之動容。她的歌聲,使受難者因之鼓舞,堅定者更加堅定。她的歌聲,唱出了我們這一代東大人的民主思潮和時代使命。表達了全國解放前夕廣大進步青年的共同心聲。」[44]

在監獄放風時,姚凜注意觀察過周圍的環境,總想能發現一個越獄的有利地形和機會。可是,這個願望自然一再落空了。

十三天後,東大幾位同學被轉移至專為「瀋陽冬令營事件」而設置的集中營。同年四月,他們集體獲得釋放。

---

[43] 姚凜:〈記蔣幫潰逃前迫害東大同學二三事〉,《東北大學1946-1949年學運資料彙編》(內部版,1988年),第62-63頁。

[44] 同上,第63頁。

七、學習社的活動

東北大學學習社成員于學謙、朱廷芳、李葆家、白廣文、王立邦、丁淑媛等人，最早於1946年6月從三台回到瀋陽。車站上迎接他們的是中共地下黨組織的接頭人趙家實、孫序夫。四十多年後于學謙回憶說：

> 我們匆忙地出了車站，很快趕到早已約定好的東北救濟總署小西關的辦公樓上，這裏就是地下黨瀋陽社會部領導我們的趙家實同志的辦公地方。從重慶一別不到一年，我們終於按照組織上的意見在這裏會師了，心裏有說不盡的高興。家實同志在瞭解了我們一路的情況之後，便把我們安置在二樓上，不讓我們隨便露面。在這裏，朱廷芳、白廣文、李葆家和我等開始籌備創刊《學習》雜誌。朱廷芳日夜奔跑集資、印刷，我們則盡力在編輯設計。就這樣，在我們回到瀋陽的短短日子裏，《學習》雜誌終於誕生了。它介紹了抗日時期國民黨大後方的狀況，宣傳了民主革命活動，揭露了國民黨腐敗墮落的醜聞和東北大學學生運動的形勢等等。如果說，在三台時期我們的學運活動只限在學校之間的話，那末，這時，我們第一次踏上了社會，從壁報發展到鉛印的刊物。我們的工作開始有了新的飛躍。在刊物出版的那天，我們都高興得跳了起來。到現在還記得那印的是紫色封面，封面是我設計的兩個藝術字：「學習」。這是「學習社」在地下黨組織領導下到瀋陽後開展的第一件事。當時我們都為高速度、高效率地完成任務而欣慰。因為我們在三台時就決定要第一批趕到瀋陽，要第一個開創我們東北大學的學運活動。這樣的願望在黨的關懷下實現了，怎麼會不高興呢！[45]

按，《學習》第一期在1946年秋末出刊，載有國民黨元老諶小岑論時局主張的文章，歐光純介紹東北大學鬥爭歷史（如參加「一二九」運動等）的文章，趙家實的文章，羅克聞（筆名白蘭）論戀愛觀的文章，汪玢玲的一首詩，

---

[45] 于學謙：〈我的東大之路〉，《東北大學建校65周年紀念專刊》（自印本，1988年），第194頁。

等等。《學習》第一期出版後，採取推銷出售等方式擴大影響。正在準備的第二期，因國民黨瀋陽當局不允許登記被迫停刊。

卻說于學謙、朱廷芳、白廣文等幾位同學甫一回到空曠寂靜的北陵校園，選擇了一座環形建築的幾間空屋子落了戶。接著在這裏擺起攤子，把從大後方帶來的進步書刊陳列出來，在門口掛起一個牌匾：「學生聯誼社」。於是，東大第一個學生活動的園地就這樣誕生了。「學生聯誼社」，顧名思義是聯繫學生的一個群眾性組織。這是學習社到瀋陽後研究決定的一個名稱，用以團結東北廣大青年學生，進行民主革命宣傳。領導他們工作的就是中共地下黨社會部的趙家實和後來的城工部孫序夫。于學謙回憶說：

> 「學生聯誼社」的設立，吸引了許多同學。先修班的韓淑穎、桑威靈、閻雪晶、方敏中……等都成了我們聯誼社的積極分子，他們提出了許多問題讓我們答疑。由於我們的宣傳、講解，並且借給他們一些進步書籍閱讀，這些同學很快都有了進步要求。我們組織的學生聯誼活動是多種多樣的。我們也仿照三台時期「學生公社」的那些辦法，舉辦各種遊藝活動吸引同學參加。譬如我們也搞捉迷藏，跳牛角舞，舉辦聖誕節晚會。但是我們在聯歡會後不是講亞當夏娃，而是組織讀書會。在學生聯誼社裏我們組織了《論聯合政府》、《在延安文藝座談會上的講話》、《鋼鐵是怎樣煉成的》、《大眾哲學》等許多次聯歡會形式的討論會。大家從中學到了不少革命的道理。記得那年冬天的聖誕之夜，我們也舉行聯歡會，每個同學都帶了一件禮品，掛在我們弄來的一棵「聖誕樹」上，大家抽籤交換禮品，玩得十分熱鬧，就在這樣的聯歡會上，我們秘密地學習了地下黨給我們的文件，研究了怎樣配合解放戰爭開展學生運動。……
>
> 為了擴大進步勢力，學習社的同學們又在瀋陽的臨時大學補習班、瀋陽醫學院和中山中學等一些學校裏開展了活動，聯繫了一大批同學。在黨的地下組織領導下，我和朱廷芳、白廣文、王立夫等同學被派到私立的建白中學去開展工作。建白中學坐落在瀋陽惠工區，地方比較偏僻，地下黨城工部孫序夫同志親自到這裏主持建點。就這樣，我們幾個人在學校裏開闢了民主革命運動的新陣地。……[46]

---

[46] 于學謙：〈我的東大之路〉，《東北大學建校65周年紀念專刊》（自印本，1988年），第196-

　　從三台復員到瀋陽的各進步社團，在新的條件下，改變了過去的活動方式。在中共地下黨領導下，採取「讀書、交友、作一點一滴的工作」的方針。學習社和其他進步社團不再使用自己的名稱公開活動，打破各自的社團界限，聯合起來，分編為三個學習小組，哲學組成員有安民、高桂林、于學謙、王化琴、關宇輝、任正餘、羅克聞、陳夢菲等人；政治經濟學組有朱廷芳、于惠潛、嚴則民、喬正仁、強士衡等人；文學組有白廣文、高擎洲、歐克純、王立夫、劉丕琛、高柏蒼、金素蘭、李海帆等人。文學組討論過《白毛女》、《鋼鐵是怎樣煉成的》，其他兩個小組的人也參加了討論。這三個學習小組的活動，是在東北大學到瀋陽未開學之前。開學以後，左傾學生或單獨或自由結合地分別閱讀《聯共黨史》、《簡明社會史教程》、《辯證唯物論》、《列寧選集》等書籍。

　　開展普遍的、深入的交友活動，是學習社成員另一項活動內容。利用大量的新生入學的時機，學習社成員和其他左傾同學分散到他們中間去，通過同系同班或同鄉、同宿舍等多方面關係，和他們交朋友，介紹革命書刊，談對時局的看法，談在大後方的見聞等等，逐步地點滴地進行啟發教育和爭取工作。這樣，每個學習社的成員都聯繫了若干個新生，使他們逐漸擺脫國民黨的影響，傾向進步，傾向革命。不少新生成了學運中的骨幹，成了地下黨依靠的力量，有些參加了共產黨和新的「民青」（P.Y）有些先後奔赴解放區。

　　1946年12月的一天，東大在圖書館舉行慶祝復員勝利和開學典禮大會。會場劃分的座位，復員學生在前面中間，新入學的學生（占學生的絕大多數）在後面和兩側。新生提前入場，占了復員學生的座位。復員學生入場後向會議主持人提出質問，主持人命令新生讓座後退，引起他們的不滿，喊出「東北大學是東北人的東北大學」（復員學生中有半數是非東北籍的）。會場立馬發生混亂，復員學生相繼退出會場。一個外省籍的學生扯下了掛在圖書館門上的橫幅，導致會議終止。

　　東大當局把這件事定性為「學潮」，開除了朱廷芳、高桂林、李葆家、田華倫等學習社負責人和左傾學生李海帆、趙愈之，「罪名」是「鼓動學潮」。校方早已把這些學運中的骨幹上了黑名單，開除他們是為了打擊東大的左傾力量。

197頁。

　　朱廷芳、李葆家、高桂林、田華倫等學生被張榜開除，他們很快要面臨被捕的危險。趙家實於是設法將他們轉移到解放區。臨行前夕，朱廷芳等同學藏在于學謙妹妹家，第二天清晨，于學謙偷偷地送他們上了火車奔赴解放區首府——哈爾濱。

　　東大當局的打擊，並未使學習社屈服，在校的學習社成員與左傾同學緊密地團結在一起，一方面繼續深入進行讀書交友，發展進步力量的工作，一方面參加了校內的重要鬥爭。這主要有：

　　第一、1947年春，與左傾學生共同努力，從右傾學生手中，奪回了學生自治會的領導權。

　　第二、1947年5月回應北平學生發起的全國學生「六二」反內戰反飢餓反迫害的示威遊行，與左傾激進學生一道，發動和組織了東大「六二」的示威遊行。

　　第三、1947年6月，東北共軍發動夏季攻勢時，學習社成員按照中共地下黨提供的調查提綱，開始對瀋陽一些大中學校的政治情況進行調查，以便準備迎接瀋陽易幟（後因瀋陽未能易幟，此項工作暫停）。

　　于學謙回憶說：「就在朱廷芳等同學走後的第二年春天，東北戰場上的炮火越打越猛，校園裏人心慌慌，國民黨特務的鎮壓更加劇了。王立夫、侯明杰等學習社的同學不得不離開學校，在趙家實同志的協助下第二批投向解放區。在學校裏，剩下的同學在孫序夫同志的領導下，繼續開展學運工作。春季攻勢是那樣的緊張，國民黨每天從北陵機場起降幾十架次的軍用飛機，四平戰役進入了白熾化的階段。記得那時序夫不辭辛苦地從城內跑到城外，從白天到深夜，把我軍進展的情況和對我們工作的要求及時地做了傳達和部署。有一次，專門要求我們調查北陵機場周圍國民黨飛機起降的情況。我和白廣文等幾個同學都為此奔跑了多日。」[47]

　　1947年「六二」學潮期間，國民黨警備司令部將于學謙列上黑名單，並逮捕了一批學生。學習社的成員又紛紛離校。七月份，于學謙和李秋平、佟丁立、劉由等將遭逮捕的東大同學，帶領醫大的葉卓如，中山中學的韓淑穎、桑威靈、華永莊、華永正、林召棠等十幾名同學，一起逃離瀋陽踏上新的征程。

---

[47] 于學謙：〈我的東大之路〉，《東北大學建校65周年紀念專刊》（自印本，1988年），第197-198頁。

第五章　再遷北平（*1948.6-1949.2*）

1947年5月中旬，中共領導的東北民主聯軍（後改東北人民解放軍）轉入戰略性反攻，在長春至瀋陽段和瀋陽至吉林段鐵路兩側地區發動了夏季攻勢。9月中旬，東北民主聯軍又集中九個縱隊的兵力發動秋季攻勢，攻克城市十五座，進一步掌握了東北戰場的主動權。

1947年12月15日至1948年3月15日，林彪率領的東北野戰軍（1949年3月改稱第四野戰軍）冒著嚴寒，發動了為期九十天的冬季攻勢作戰，殲滅國民黨軍十五六萬人，收復城市十八座，將國民黨軍壓縮於長春、瀋陽、錦州等幾處互相不能聯繫的孤城裏，東北解放區的面積擴大到全東北的97%，解放區人口占東北的86%，為全殲東北地區的國民黨軍奠定了基礎。至8月止，東北共軍總兵力已發展到一百零三萬人。

1948年9月12日，東北共軍主力南下北寧線舉行遼瀋戰役（國民黨稱之為遼西會戰），至11月2日結束，歷時五十二天，殲滅國軍四十七萬餘人，佔領了東北全境。若干年後齊世英總結說：

> 從三十四年十月戰後我們第一批到東北，到三十七年十月丟掉東北，前後整整三年。在這三年當中換了三個行營（轅）主任，熊式輝任期最長，近兩年，陳誠只有五個月，衛立煌是八個月。熊式輝時代是該做不做，或做得不妥，讓共產黨坐大；陳誠任內形勢完全逆轉，損兵折將最多；到衛立煌收拾惡果，丟在共產黨的手中。
>
> ……俄國扶持中共固然是促成東北淪陷最主要原因，而政府用人不當、方法不對，也須承認。尤其勝利後，東北人民不分男女老幼皆傾向中央，只要中央給點溫暖或起用他們的話，他們一定樂意為國效勞。可惜中央處置不當，事與願違，給共產黨以機會，利用東北的富源、人力、物力組成第四野戰軍，一直打到廣東。[1]

1948年11月下旬，東北野戰軍奉命入關，進軍華北。11月29日至1949年1月31日，與華北軍區及地方武裝一部舉行平津戰役，歷時六十四天，殲滅和改編

---

[1] 齊世英口述、林忠勝記錄：〈東北接收的經過〉，《齊世英口述自傳》（北京：中國大百科全書出版社，2011年），第192頁。

國民黨軍五十二萬餘人，占領了除綏遠一隅和太原、新鄉等少數孤立據點以外的華北全境。

一、鐵獅子胡同和光明殿

1948年初，東北局勢急轉直下，國民黨在東北戰場的敗局已定，當局為了裹挾東北青年進關，令將東北大學遷到北平。他們一面放出謠言說，中共進城後將徵集所有青年去當兵，並對青年如何虐待；一面施放誘餌，騙取青年上鈎。例如，教育部就放出風聲，說政府在平津設有招待所負責食宿，已設立臨大、臨中收容東北學生。《中央日報》也正式加以報導，說「到北平後可以公費讀書」。實際上，當時在平津既沒有招待所，也沒有臨大、臨中。但是，國民政府的這種宣傳卻產生了很明顯的影響，很多學生心存幻想，總想找個「世外桃源」安靜地讀書；而號召到北平去更富有吸引力，因為北平是文化古都，中國人特別是中國的文化人對它有一種特殊的感情和偏愛，是大家嚮往的地方。因此，遷校之風，一時甚囂塵上。

東北大學當局最初對遷校問題並不熱衷，可是，那時瀋陽已被中共的軍隊包圍，成為孤城，對外聯繫只有空中通道，國民黨大員的家屬紛紛乘機外逃。在這種形勢下，回北平度假的外省籍學生均不準備回校，於是，東大乃有遷北平之議。1948年4月間，東大當局雖進行遷校準備，但卻舉棋不定：既怕把大量知識分子留給共產黨，又怕影響軍心。農藝系畢業的肖毓秀說：「由於我黨的反對，東北大學學生內部展開了遷校與反遷校的鬥爭。當時校部爭論得相當激烈，我們農學院在塔灣，也是大字報滿牆，校內國民黨特務叫囂，『誰反對遷校，誰就是共產黨』！但這種叫囂並未阻止住反遷校的大字報。我們當時因對共產黨不瞭解，加之國民黨的宣傳，個人主見是為了讀書，哪也不去，學校全體遷，我們也隨著。」[2]

1948年5月28日，國民政府主席東北行轅政務委員會，發出「立務文字第三二五四號辰儉代電」，要求「東北國立各院校應變將逐步內遷飭速造各項清

---

[2] 肖毓秀：〈我們這一代墾荒人〉，相樹春等主編：《我們走過的路》（北京：今日中國出版社，1993年），第227頁。

冊」。遵奉此電的要求，東北大學於5月31日，以新東動字第一五四七號代電，向國民政府東北行轅政務委員會呈報「國立東北大學教職員學生人數清冊」「國立東北大學圖書儀器數量清冊」「國立東北大學疏散費用預算表」請鑒核，並報告說「查本校為適應目前情勢，分別緩急擬分三期逐步疏散，經初實估計共需流通券肆百捌拾柒億柒千肆百玖拾陸萬元，現在各項籌備工作亟待積極展開，需款至為迫切，謹填造疏散費用預算標，電請鑒賜核撥費款以應急需為禱。」

為遷校事宜，東大所呈報之本校圖書儀器清冊及教職員學生清冊：檔案（文卷、賬簿、學生冊籍、會計、統計、人事表冊等）6噸；圖書（共計20餘萬冊）52噸；儀器47噸，合計105噸。其中教職員學生人數清冊如下表：

	教員	學生	職員	共計
校本部	321	2128	164	2613
先修班	87	1398	77	1562
俄文先修班	15	85	10	110
附屬小學	11	288	1	300
合計	434	3899	252	4585

東大當局包租了國民黨由北平向瀋陽運糧回空的美式軍用運輸機，分批把學生送往北平。在此情況下，中共地下黨領導決定，除少數黨員留瀋堅持鬥爭外，大部分黨員和盟員隨校去北平，以便團結廣大學生繼續同國民黨進行鬥爭。又，依照教育部的訓令，東北大學將在瀋陽的全部校舍、校具，借給在瀋陽的國立長春大學，「以資搶救長春大學員生來瀋應用」。

來到北平後，國民政府許諾的臨大臨中遙遙無期，學生們的熱切希望落空了，他們的生活陷入了極度困難，他們的精神更深深陷入了苦惱之中。這裏摘引幾段當時一個東北學生偶然留下的日記，可以略見當時學生們的遭遇。

「6月2日　清氣喘喘地跑到我家裏來，興奮地告訴我一個消息，說學校在瀋陽不再辦了，可是教育部在平津即將籌辦東北臨大臨中，收容東北流亡入關學生。雖然要跑這麼遠，但讀書是毫無問題的，而且關內時局要安定得多，一切物質方面的需求都要好多了。我問他消息來源如何，他從口袋裏抽出一份《中央日報》給我看，就在這上面登載著這樣的一段消息。這當然是千真萬確的。於是我和媽、哥哥商量，都認為這是政府對東北青年的關注，是一點問題也沒有的，力力贊成我們去。

「6月15日　今天寫了一封信回去，告訴媽，我已經平安地到北平了。雖然住的破廟，睡的走廊，吃的每頓兩個窩窩頭、幾顆鹹蘿蔔，但是我沒有寫，只說一切都很好。每頓兩個窩窩頭，實在不夠，精神有點不好。出去也沒意思，沒錢什麼也引不起興趣來。躺在走廊上成日看天，望著屋檐，想家。謠言很多。臨大籌辦還杳無消息。同學們要求保送平市其他學校就讀，沒有確切的答復。同學們心情不安極了，成日聚在一起談論著這件事。談來談去也都得不出要領，最後總是自己安慰自己說：不要緊，政府一定會想辦法的。這是唯一的希望，也是最大的安定力量。

「7月2日　昨天晚上，可真弄慘了。半晚上，下起大雨來。從夢裏被鬧醒了。趕緊起來，鋪蓋卻已濕了一半，慌忙往裏卷，雨卻像故意似的，也跟著向裏面噴來。同學們鬧哄哄的，也顧不得身上腳上濕漉漉的，挾著鋪蓋卷緊緊地貼著牆站著。有的向大廟裏撤退，也不過只能站著躲躲雨而已。雨下得特別大，剛停下也就天亮了。我們就這樣挾著鋪蓋卷站到了天明。累極了，但不成，還得弄幹走廊呀！同學們在盡力掃、洗，我卻偷偷地倒在昌的床位上睡了。醒來剛好吃午飯。同學們啃著窩頭，望著陰沉的天，相對地苦笑了。」[3]

東北大學於1948年六月份遷到北平時，先派員到燈市口設辦事處，待全體員生到達後，總辦公處設在武王侯，原辦事處撤銷。除工學院單獨在棉花胡同外，文、法、理、農四學院駐東單鐵獅子胡同（即今天的張自忠路）四號宋哲元故居公館。[4]「這座公館是中國古式的建築群，屋頂是灰瓦飛簷，房間是出廊抱柱，並有金龍盤柱，銅匾橫懸，院內是亭臺池榭，曲徑欄杆，穿過東西月亮門，後花園景色更美。」[5]不禁要問，學生們怎麼有資格住在這裏呢？原來，這個公館是一些激進學生非法強行佔有的。學生們對於暫時棲身的佛堂黑屋擁擠不堪，怨聲載道，聽說宋公館很多房子閒置著，便有了去看看的想法。大概是在六月十日左右的一天早上，經濟系林承棟等四五個男生相約前往的：

到那裏以後，只見沿著街巷是一座高大的院牆，大門兩側蹲著一對石獅子，在為主人壯威。寬大的鐵門緊緊關著，足有一丈多高，為了防人扒

[3]　徐康編著：《青春永在：1946-1948北平學生運動風雲錄》（北京出版社，2004年），第107-108頁。
[4]　據楊佩禎、丁立新：《東北大學史蹟畫卷》（瀋陽：東北大學出版社，2011年），第137頁。
[5]　林承棟：〈從光明殿搬進宋哲元公館〉，東北大學北京校友會編：《東北大學校友通訊》（1996年10月）第五期。

越，上邊滿是鐵制箭頭。我們這幾個身強力壯的年輕學生，滿沒在乎，手攀腳蹬，一蹴而上，毫沒費力，翻身跳下。這時，住在門房的管家，聽到有人跳進院內，就急忙走出來責問道：「你們是什麼人？隨便跳進來，想幹什麼?!」我們泰然回答說：「是東北大學的學生，遷校到北平後沒有住處，聽說這裏有好多房子閒著，想借住借住。」管家依仗權勢，大翻臉皮。我們正在圍著他搭話時，有一名同學眼急手快，從他背後的腰帶上把一大串鑰匙揪了下來。他去開了頭一層院的各房門，接著又開第二層院和東西跨院的各房門。沒想到這時驚擾了住在後花園的兩位小姐，她們以為是那裏來的強盜，氣衝衝地來到前庭，開口就聲言屬色地質問，我們用和藹的態度講明來意。當她知道是東大的學生後，又斥問說：「你們承認不承認中國現在是私有制，這個院是我家的，不能隨便搶占！」我們說：「承認是你的財產，我們根本不要，只因現在沒處住，不能露宿街頭，這裏有這麼多房子閒著，暫借我們住住。」兩位小姐又說：「這絕對不行，你們不走，我們就到市裏告你們狀！」我們又正言說：「去告吧，我們不怕！」氣的兩位小姐沒有辦法，告狀已來不及，兩三層院的各房門都已打開，她也奈何不了我們。[6]

學生們一面留此看守，一面派人急回住地召喚其他同學火速搬來。當大家拉著隊伍擁進來時，都感到喜出望外。同學們雖然置身於如同大觀園一樣的漂亮庭院裏，只不過是有了安身求存之地而已。當時中文系女生于吟梅回憶說：「我們剛到鐵四號時，沒有床，就打地鋪，像穿糖葫蘆似的一個挨一個地睡在草席的水泥地上；沒有食堂，像粥場裏討飯似的吃在露天下。即使是這樣，我們也沒有一句怨言，為的是將來能在這裏讀上書。」[7]當時的北平雖然同屬國民黨的天下，但對剛剛從東北來的學生來說，卻像是換了人間，一切都那麼新鮮。然而北平給這群關外學子的好感只是曇花一現，讀書的幻想很快就破滅。

1948年7月5日，一群手無寸鐵的東北學生遭受國民黨憲兵的機槍掃射，發生了駭人聽聞的「七五」慘案，引發學生罷課。8月下旬，在學生自治會的積極

---

[6] 同上。

[7] 于吟梅：〈「東大人」不會忘記〉，丁義浩、韓斌主編：《情緣東大》（瀋陽：東北大學出版社，2013年），第5頁。

要求下開始復課。9月，東北大學文、法、理、工、農學院及歷史、地理研究所皆集中到光明殿中央警校第四分校為校址，先修班則在國子監和文廟。[8]于吟梅對光明殿時期的生活也有著深情的回憶：

> 東大遷到北平後的第二站是光明殿（新中國成立後曾一度為香山慈幼院佔用，後改成國務院參事室）。在這裏，我度過了東大時代最難忘的日日夜夜：有如饑似渴地追求真理的記憶；有無所事事侃大山、閒蕩馬路的記憶；也有夜宿鍋爐房躲避魔爪，與各種黑暗勢力進行鬥爭和送戰友奔赴解放區的記憶。黎明前的光明殿以濃重的色彩為我留下了廣角鏡頭的畫面。
>
> 東大遷到光明殿以後，終於復課了。我也從一個被開除的學生與教室隔絕半年多以後，又重新在這裏回到課堂。在這裏聆聽過游國恩、馮至、吳恩裕等北平名教授的專業課，也聆聽過隨校來平的本院教授們的各種專業課，霍玉厚老先生每天風塵僕僕地從西直門徒步趕到光明殿上課的情景至今記猶新。然而，在這裏我更多的時間是在北京圖書館度過的。我們遷到光明殿不久，時令已交嚴冬，這裏的教室和宿舍都沒有暖氣，去北京圖書館不僅可以自由地博覽群書，還可以避風禦寒，因此這就成了我的第二課堂。
>
> 光明殿的地理位置得天獨厚。出前門過馬路就是北京圖書館，它與北海隔欄相望。看書看累了，還可以到院子裏眺望北海風光。當時的北海，使我們最感興趣的與其說是秀麗的地上景物，倒不如說是無可奈何花落去的國民黨從北海上空空投物資的狼狽相。我們常常為國民黨拙劣的空投技巧——投下的物資掛在樹上，上不著天、下不著地的「絕妙景色」——笑得前仰後合、拍手稱快。從光明殿的後門出去，往東幾步，就是中南海的西便門，裏邊雜草叢生、破亂不堪，出入也無人過問。我們常常坐在裏邊的回廊上交讀書心得、交流思想收穫。出後門，往南穿過小胡同就是西單大街，在黃昏時刻或夜幕降臨以後，我們幾個形影不離的窮學生有時也在這條大馬路上閒蕩。一天，望著琳琅滿目的商店櫥窗，我們當中平素語言極少的一位老兄打破了沉寂：「別著急，要不了

8　楊佩禎、丁立新：《東北大學史蹟畫卷》（瀋陽：東北大學出版社，2011年），第137頁。

多久，這些全是咱們的。」他說出了我們每個人的內心祕密，道出了幾個人的共同信念，那就是我們堅信：黑暗即將過去，曙光就在前頭！[9]

二、「七五」慘案

到1948年五月間為止，遷來北平的東北大中學生已逾萬人，除東大外，還有長白師範學院、長春大學、瀋陽醫學院、瀋陽私立中正大學、遼寧醫學院、女子文理學院、瀋陽師範專修科、中山中學、省立四中、文會中學、松北聯中、安東聯中等校。東北學生大批來平，地方當局卻無人過問。東大校長劉樹勳、長春大學校長黃如今、瀋陽醫學院院長徐誦明、長白師範學院院長方永蒸等，因向南京請示不得要領均避不出面。學生向北平社會局請願，答稱「難民已滿，愛莫能助」。當時，幸有遼寧省同鄉會出面組成「東北旅平學生同鄉會」，協助尋找住地，募集款項衣物等。經過遼寧同鄉會的交涉，國民黨市政當局只允許東北流亡學生每人每天用東北流通券兌換法幣一千萬元。國統區貨幣貶值，一千三百萬元法幣方能購買一斤玉米麵。後來，幾經交涉，市社會局才答允每人每天發給小米十二兩六錢（當時，每斤為十六兩），由遼寧同鄉會領取分發，並由該會負責償還，同時還附有條件，不發給「反動」分子。當時，幾個國立的大學還可以靠公費勉強糊口，最苦的是私立大專院校和中學，學生們每天都掙扎在飢餓線上。國民黨監察院發表的一份調查報告云：「東北自永吉撤守，長瀋孤立，糧價奇昂，一般人生活咸感困難，均紛紛入關，而學生集結至平者日眾，自教育部公佈在平津兩市辦東北臨大臨中後，大中學生蜂擁而來，以無準備，食宿均成問題，散居廟宇及公園廊下，甚至有宿於城牆洞內者，流離失所之狀，殊堪憫惻。」可謂真實之寫照。[10]

6月底，東北學生不堪迫害，飢餓難忍，自動結隊到北平市政府請願，要求增發口糧，停止迫害，從速成立臨中。市政府調集大批軍警將學生們包圍。北平各院校學生得訊後紛紛起來支援，但府右街以及各胡同口都已被封鎖。

---

[9] 于吟梅：〈「東大人」不會忘記〉，丁義浩、韓斌主編：《情緣東大》（瀋陽：東北大學出版社，2013年），第6-7頁。

[10] 轉引自廖風德：《學潮與戰後中國政治（1945-1949）》（台北：東大圖書公司，1994年），第400頁。

市長何思源（已辭職，由劉瑤章接替，尚未交接），請遼寧同鄉會理事長王化一出面調停。學生派出八名代表提出四點意見：（1）先撤軍警，然後商談；（2）堅持增糧，保證吃飽；（3）釋放被押同學，停止迫害同學；（4）迅速成立臨中，正式上課。經過談判，雙方達成協議：（1）軍警實行後撤（但尚未撤走）；（2）糧食從十二兩六錢增至十六兩；（3）由吳鑄人負責通知三青團，此後不得隨便檢查、逮捕、侮辱學生；（4）由王季高負責向教育部電催火速開辦臨中。遂由代表當眾宣布了商討結果。學生們高呼口號，散隊歸去。但是當局卻認為這次行動是受共產黨的鼓動，隨即逮捕三十多人，嚴刑逼供，追問背後主使人。

7月3日，由北平市參議會議長許惠東主持，召開了參議會第一屆第三次大會，討論關於東北學生的問題。國民黨中央通訊社北平分社主任、參議員丁履進，秉承上司的旨意，提出了所謂《北平市參議會關於救濟東北來平學生辦法案》，這一被列為第104號的議案在參議員們的支持下通過了，全文如下：

（1）本會電請中央，對已到平之東北學生，不論公私立學校，凡確有實學籍及身分證明者，應請傅總司令予以嚴格軍事訓練。在訓練期間，予以士兵待遇，並切實考查其身分、背景、學歷等項。確有學籍及思想純正之學生，暫時按其程度分發東北臨大或各大、中學借讀，俟東北穩定時，仍令回籍讀書。其身分不明、思想背謬者，予以管訓。學歷不合格者，即撥入軍隊，入伍服兵役，期滿退伍。

（2）申請中央停發東北各國立、公立學校之經費及學生公費，全匯交傅總司令，會同省市政府審核發放，補貼東北來平學生費用，或改匯東北臨大作為經費。東北各校一律暫行停辦，以免其一面派遣學生進關，一面另招學生，並套取經費、公費。

（3）東北國立公立學校停辦，停發經費，令教職員一律進關以原薪（照平津指數）在學生軍訓班或東北臨大工作。[11]

這一議案試圖達到一箭三雕的目的，一來可以用東北學生補充國民黨軍隊的兵員，並對激進的學生進行穩定；二來可將東北的教育經費全部充作軍費；

---

[11] 張大中等主編：《解放戰爭時期北平學生運動史》（北京出版社，1995年），第228-229頁。

三來用薪水控制東北的大中學教職員，令他們撤入關內，阻礙中共解放區教育的恢復和建設。

議案經祕密會議通過，想用迅雷不及掩耳手段付諸實施，以免學生鬧事。但參議會內派別複雜，反對許惠東的議員會後立即把這個議案全文抄送《益世報》等報社發表。

7月4日早晨，東北流亡北平各校住宿地牆上，貼出了刊登這一議案的報紙，學生輿論大嘩，奔走相告，憤怒像火山似的爆發了。在各校駐地學生們用粉筆在牆上寫下各種標語：「我們不是來當兵的！」「我們要讀書！」「我們不能再沉默了！」「我們要行動！」

當天下午七時，東北大學、中正大學、長春大學、長白師院、瀋陽醫學院、松江大學、錦州先修班、遼寧水產學校、東北臨中、吉林高中、松北聯中等十五所東北院校學生會代表，齊集長白師範學院住地開會，決定7月5日聯合到市參議會抗議。當時，遷校尚未結束，決定來平的中共地下黨員有的尚在瀋陽，到平的黨員也剛剛開始工作，所以各校學生會除中正大學外領導權均尚未掌握。東大地下黨緊急決定，黨員、盟員都參加到遊行隊伍中去，因勢利導，必要時參與領導。同時派人去聯繫北大、清華等北平各校戰友予以支援。

由於有共黨激進分子參與其中，故請願隊伍一開始就有強烈暴力傾向，監察院的調查報告曾記述東北學生在市參議會的請願經過：「七月五日上午七時，平市東北學生由各處紛至中南海門前集合，至八時餘，約十餘單位學生四千餘名，蜂擁衝入北平市參議會內以磚石木棒搗毀辦公室及宿舍，並呼『反飢餓』、『反迫害』、『打死參議員』等口號貼標語，以疊羅漢方法爬上大門楣，將北平市參議會門額改為『土豪劣紳會』、『三老四少會』，並有北平學聯學生數十人，高舉綠色紅字之『要生存』、『要自由』之旗幟，向東北學生慰勞，作煽惑之講演，歡迎東北學生參加學聯，並搗毀『平市戡亂建國動員委員會』與『平市民眾清共委員會』（此二機溝均與市參議會在一樓中）員工及維持秩序之警憲，略受微傷，此時學生席坐馬路中，要求該會負責人出面答覆，但無人接見。」[12] 學生們便唱起自編的〈打垮參議會之歌〉，歌詞印入每一個學生的心坎：

12 《七五事件調查報告》，南京《中央日報》1948年8月28日。

> 參議員哪壞良心，硬叫我們去從軍，
> 停公費，受軍訓，調查思想加拷問，
> 兄弟們，快起來，一定把它打垮臺，
> 參議員哪壞良心，不該輕視東北人，
> 不讀書，去參軍，建設東北用何人，
> 兄弟們，快起來，一定把它打垮臺。[13]

十時半，東北臨大籌備主任陳克孚被當局指派趕來了，他要求學生回去，聲稱：「一切由我負責交涉。」但他的講話很快被「你能負責嗎？」、「反對教育騙子」的指責聲所打斷，最後不得不悻悻離去。

東北學生的行動，得到了北平廣大學生的聲援與支持。十一時許，北大、清華等八院校派代表來慰問，送來一幅「要自由，爭生存」的旗幟，大大鼓舞了東北學生的士氣。

鑒於到議會請願毫無結果，東北大學等十五個東北院校組成的主席團經過會商，決定帶隊到行轅主任李宗仁的住地去請願。這時已過中午，饑腸轆轆的學生們又整隊向北長街進發。

大隊到達李宗仁官邸後，顧問甘介侯、秘書黃雪村出面說：「李副總統不在。」讓學生留下請願書轉呈。請願代表要求「向李副總統面陳一切」。同學們忍著饑渴，冒著烈日，站在馬路上，直到兩點多鐘，李宗仁才驅車回府。請願代表陳向遠等同學向李宗仁訴說了東北同學處境，提出三點要求：「一、撤銷參議會議案，並向東北學生道歉。二、解決讀書問題。按原建制來北平的，撥給校址，早日復課。建制不全的，立即成立臨大臨中，無條件地收容所有東北來平學生，並一律發給公費。三、徹底解決東北學生食宿問題。」李宗仁對東北學生處境表示同情，對三項要求，他說：「參議會是民意機關。我這個副總統無權干涉民意機關之事。關於成立臨大臨中和解決食宿問題，可以轉致中央和地方當局設法解決。」這個不解決任何問題的答復，使學生們大失所望。在群情激憤下，有人號召：「同學們！許惠東就住在東交民巷一號，走呀！找許惠東算賬去！」

---

[13] 瞿作君、蔣志彥：《中國學生運動史》（上海：學林出版社，1996年），第391頁。

學生們來到東交民巷許惠東宅前，等待他們的是槍擊事件。大致經過是這樣：「當日二時許，徒手警察二百餘人，憲兵一排，有二十餘人帶槍者，均已到東交民巷裡口一號許宅門內佈防戒嚴，少時學生代表三人先到，聲稱要求見許議長或負責之參議員向學生答覆。許未接見，學生大隊跑步到一號門前，向門內直衝，經警憲在門內阻擋，大門被擠裂。憲兵見情勢緊急，乃向空鳴槍，學生稍退。內七分局局員張乃仁，因勸阻被學生群眾以磚擊傷頭部，昏厥於地，經救護送入醫院，其佩帶之手槍，亦於當場遺失（翌日方由學生王大有手中收回，失去子彈一粒）。學生既不得入正門，遂在一號之圍牆東南角拆毀一缺口闖入，以磚石亂擲憲警。嗣經憲兵對空鳴槍，始又退去。學生分為兩部分，集於門之東西，席坐地上，叫囂不已，雙方僵持至五時許，二〇八師搜索營營長趙昌會，奉警備總部命令，率部隊兩連到達，不久快速部隊裝甲車開來四輛，停於門前兩輛，門西兩輛，搜索營兵士佈防一號門前東西，警戒哨兵持有衝鋒槍、輕機槍，分向東西，槍口指向學生群中。斯時學生推代表十八人，入院內與憲警交涉，當經現場指揮官警察局副局長白世維告以明日負責答覆，並要求學生代表為清查張局員失落之手槍，如今日不能查得，明日亦可，並謂已奉陳總司令命令，於七時宣佈戒嚴，勸導學生暫時回去，一切明日解決，學生亦因飢渴疲勞過度，允即散去。此時學生麕集東部者，在牌樓外，西部者，在一號門以西，相距約六十公尺，中間為裝甲車與搜索營士兵佈防。七時餘白副局長出門西往向學生勸導歸去，學生多起立整隊之際，忽聽槍聲一饗由東傳來，旋即槍聲大作，約三分鐘稍停，嗣槍聲又響一二分鐘，白副局長頓足大呼不准開槍，但無人理會，此時學生聞槍一發，即行伏地，槍停之後，由保警隊陳大隊長偕同二〇八師搜索營連長出門制止時，然已死傷多人矣。」當時因槍聲一響，士兵遂相繼開槍，但第一槍究竟是從何處而來，成為爭議的焦點。根據監察院的調查，第一槍似由學生群中發出，但學生則堅持第一槍係由牌樓內一穿馬靴之軍官發出，各執一詞，莫衷一是。[14]

在這次慘案中被屠殺的共有九人，其中東北學生有：吳肇泰、韓德林、孫德馨、楊雲龍、卜鴻勳、李維福、徐國昌、賀守志，另有一人是北京市民張鳳嶺。他們中年齡最大的二十八歲，最小的只有十六歲，慘案中受傷人數達一百

---

[14] 《七五事件調查報告》，南京《中央日報》1948年8月28日。

三十多人。[15]這便是震驚全國的「七五血案」（又稱「七五事件」、「東北學生事件」）。這是自1926年北洋軍閥製造「三一八」慘案以來，中國歷史上又一個黑暗的日子。

　　各校同學懷著滿腔悲憤回到各自的住地。各校學生自治會連夜互相聯繫，並聯絡了更多的東北來平學校。7月6日，東北二十二院校學生代表在鐵獅子胡同東院東北大學駐地開會，成立了「東北學生抗議七五血案聯合會」。韓復興、張雷、曹雷、高興嶽等地下黨員和盟員被選為執委。會後發表了〈東北學生為抗議「七五」血案告家鄉父老書〉。其中寫道：「在泣別你們長涉來平的今天，我們以含淚沉痛的心，向你們寫出你們子弟在異地被屠殺的經過。為了你們的期待，為了祖國的未來，為了青年人自身的責任，我們掙脫了你們牽扯著的手，離開了你們溫暖的懷抱，到這裏來漂泊流浪，茹苦含辛，我們相信政府會早成立臨大臨中收容東北所有一切流亡苦難的學生，而加以慰藉教導。所以我們一直來了兩個月在與食宿無著的搏鬥之中，我們依然艱苦地維持著，竭誠地期待著。但是，不幸的事件竟如霹雷般地降臨在我們的頭上。」在詳述「七五」請願遭到屠殺經過後接著說：「如此慘絕人寰之暴舉，若我家鄉父老同胞目睹自己子弟，長街乞憐，又遭殘殺，此情此景誰能不哀？而當局又於當晚藉詞逮捕同學三十多人。各校同學分竄逃回之後，學校周圍再受重重封鎖。像這樣狠毒手段，較之過去倭寇更甚。可謂過去中國史上所未嘗有之大屠殺案。故我們同學惟有北望雲天，涕泣長流而已。但已再准一死之決心，誓給死者復仇，傷者求償。所以縱令部分同學已異地羈魂，總可瞑目九泉，而我等來日歸鄉也該有面重見東北父老。」[16]

　　《華北日報》刊出的中央社通訊說：「不料是時突有暴徒開槍射擊，警方白局長險被擊中，僕地受傷。前列徒手員警憲兵受傷六名，是時暴徒一面放槍射擊，一面蜂擁向前奪取槍支。戒備部隊為自衛計向空放槍，警告制止。雙方發生衝突，互有死傷。計軍警死傷二十餘人，暴徒死三人，受傷十餘人，至八時暴徒呼嘯而去。」北平市參議會7日發出通電竟稱5日東北學生請願是「自稱東北學生之群眾」，「事前即有詳密布置之預謀」，「此輩學生一無請願代

[15] 張大中等主編：《解放戰爭時期北平學生運動史》（北京出版社，1995年），第235頁。
[16] 徐康編著：《青春永在——1946-1948北平學生運動風雲錄》（北京出版社，2004年），第111頁。

表，二無請願書，進門後見人即打，遇物輒毀，本會負責人員除準備挨打受死以外，並被搗毀之原因，尚不自知，更何從出面答復」。並說學生的口號標語「不僅侮辱本會全體同人，亦是侮辱全市180萬市民」。這些文字不僅激起廣大同學憤慨，也為廣大師長和各界人士所不齒。北平各大學404位教授講師助教為「七五」血案發表抗議書。一些素來不問政治的老教授金岳霖、梁思成、劉仙洲、陳夢家、羅常培、楊宗翰、余冠英等鄭重簽上自己的名字。書中說：「天真無邪的青年，既由憤激而行動，華北軍政當局複變本加厲，視青年如寇仇，調動軍隊，機槍掃射，死傷枕藉，遂使學術文化中心的千年古都，重演段祺瑞時代屠殺學生的慘劇。我們為人師表的人們，除對政府當局提出抗議以外，並要求立即履行下列數事：（一）徹底追究大屠殺之責任，嚴懲主謀及兇手。（二）立即交出所有被殺者之屍體，由政府從優安葬撫恤。立即醫治所有傷者，由政府負擔一切藥費及損失，殘廢者由政府負擔終身費用。（三）立即釋放被捕東北學生，以後不得再行逮捕，並取消對東北學生住處之包圍及封鎖。（四）撤銷北平市參議會對東北學生之無理議案。（五）從速切實救濟東北學生，使其有住處，有飯吃，有書讀。（六）確實保證今後不再發生同樣事件。」[17]

並且指出，華北軍政當局「視青年如寇仇，調動軍隊，機槍掃射，死傷枕藉，遂使學術文化中心的千年舊都，重演段琪瑞時代屠殺學生的慘劇。」[18]

北平各校還分別舉行了追悼會，祭文、悼詞、挽聯都很悲壯，感人肺腑。如：「為讀書諸君獻出先驅血；爭生存我輩繼澆革命花。」「烏呼哀哉！荒塚枯骨思親淚；噫嘻悲夫！倚門白髮望兒歸。」「比法西斯暴政，青出於藍，希氏九泉有知應含笑；較段祺瑞屠殺，後來居上，國父在天之靈當一哭。」東北大學有名的「謝絕齋」中幾位不問世事的「老夫子」，也從血泊中覺醒過來，把「謝絕齋」改稱「何苦來齋（哉）」，並在房門口貼上了一副對聯：

技盡露黑心，上當受騙，險矣哉做了刀下鬼；
圖窮現匕首，槍聲炮語，嗚呼呀喚回夢中人。

[17] 徐康編著：《青春永在：1946-1948北平學生運動風雲錄》（北京出版社，2004年），第112頁。
[18] 王振乾等編著：《東北大學史稿》（長春：東北師範大學出版社，1988年），第172頁。

三、「七九」大遊行

　　「七五」血案發生當晚，中共北平地下黨學委立即召開緊急會議，認真分析了形勢，決定再組織一次示威遊行。會議認為：（1）國民黨血腥鎮壓學生，必將激起全國人民的反對，應抓住有利時機，進行有力的反擊。國民黨在全國抗議浪潮前，處境十分不利，不敢再次逞兇。（2）李宗仁在北平，他和蔣介石有矛盾，可以利用，以取得運動的成果。（3）東北來平學生大都從血泊中覺醒，但是也還有一部分人產生了悲觀失望情緒，乃至冒險復仇的心理，要加以正確引導，使他們振奮起來，投身到民主運動中去。會議決定，於7月9日舉行以北平學生為主的示威遊行。學委明確規定，這次鬥爭的目的，主要是揭露國民黨的暴行，爭取社會輿論的同情，進一步孤立國民黨當局。此外，還規定了遊行路線、口號，以及在出現緊急情況時的應變措施。學委還決定派人隨隊遊行，及時加以指導。

　　北平各大學同學得知七五慘案消息後，紛紛前去東北同學住地表示慰問。7月6日，華北學聯召開緊急會議，北大、清華、師院、燕京、中法、鐵院、朝陽、藝專等校出席，成立了北平八院校學生抗議「七五」慘案後援會。隨後，北平華北學院、天津南開、北洋、河北工學院、唐山工學院要求加入，組成「華北十三院校學生抗議七五血案後援會」，並發表宣言。在敘述「七五」慘案真相後，指出：「我們謹向東北父老、全國同胞、全世界人士呼籲：讓我們一致起來，反對屠殺學生，抗議華北剿總暴行。華北剿總此舉，實是剿民。我們堅決反對這種『剿民』政策。讓我們一致起來，主持公道，為死者伸冤，為生者雪恨！……我們華北十三院校學生謹以鋼鐵般意志申言，無論在任何迫害下，誓和全國同學全國人民一起，永為東北同學的後盾。」7月8日，華北學聯整日開會研究當時形勢，為了有力支援東北同學，決定在7月9日和東北同學聯合舉行控訴大會，會後舉行請願遊行。當時正當「七五」大屠殺之後，華北剿總又連日戒嚴，封鎖東北各校駐地，接連逮捕學生。但北平各校同學抱定和東北同學生死與共的決心，堅決參加這次請願遊行。北平各院校和東北各院校同學都以昂揚的鬥志，連夜做好各種緊急準備。

7月9日清晨，北平、東北各校同學迅速集合好隊伍，從全市各處，以急行軍速度，奔赴北大民主廣場。上午九時，民主廣場已聚集了萬餘同學，臨時搭起的主席臺莊嚴肅穆。「東北華北學生抗議七五慘案哀悼控訴大會」白底黑字的橫幅，吸引著萬人的目光。大會開始前，清華代表郭德遠臨時動議：先去李宗仁處請願，回來再開控訴大會。由東北華北同學代表組成的大會主席團認為這一建議很好，如先開控訴大會，可能耽誤時間，被軍警包圍封鎖，無法出去請願。大會主席宣布主席團決定：為了爭取時間，先去李宗仁官邸請願。話未說完，全場同學即以熱烈掌聲表示贊同。於是各校同學立即整隊出發。遊行隊伍由清華大學率先，北京大學殿后，東北各院校在中間，兩側有糾察隊保護。北大醫學院同學還組成了救護隊。

大隊繞民主廣場一周後，在「反剿民要活命大請願」一面大門旗引導下，萬人請願隊伍像奔騰的怒濤衝出北大東校門，突破校門口和沙灘兩道員警封鎖線，一路跑步前進，直奔李宗仁官邸，長長的隊伍擠滿了整個北長街。東北華北同學共同組成的請願代表團進入李宗仁官邸。各校同學嚴整地坐在馬路兩邊，一隊東北同學捧著烈士的畫像，舉著花圈挽聯，緩緩走在馬路中間狹小的通道上，所到之處，兩旁的同學立刻默默站起，低頭志哀。一幅高大的挽聯道出大家共同的心聲：「希烈士穩坐雲端壓陣腳；看生者索還血債慰英靈。」一路上，貼滿了標語，呼喊著「反剿民」、「反屠殺」、「要活命」、「要生存」、「嚴懲凶手」、「血債要用血來還」等口號，街道兩旁觀者如堵。

十時許，隊伍到達北長街李宗仁住處，請願代表團于淑靜、曹雷、張雷、吳宗基、呂英寰、郭德遠、王金鑄、范德欽、張雨霖等向李宗仁遞交了請願書。請願書提出十項要求：

一、嚴懲殺人主凶傅作義。

二、交還死難同學屍首，由同學自行安葬。

三、無條件釋放「七五血案」被捕同學。

四、撤銷醫院的封鎖和監視，認真治療受傷同學。

五、撤銷包圍東北同學住處的封鎖。

六、撤銷戒嚴，並保證今後不得濫施戒嚴令以剝奪人民集體遊行請願的自由。

七、拒絕北平市參議會的「救濟東北難生緊急辦法」的建議。

八、立即設立臨大臨中，收容所有東北來平公私立大中學生，並一律給予公費。

九、立即解決並改善東北來平同學食宿問題。

十、厚恤死難同學家屬，負責傷者醫藥費，死者治喪費。[19]

李宗仁說：「我雖是副總統，但實際上有職無權，管不了什麼，關於此次血案，我事先毫無所知，事後也無人報告。對同學的境遇，我也同情。凶手問題，當然該追究，如此項問題解決，其他亦有辦法了。至於其他各項我可向上轉呈或轉交地方當局。」在外邊馬路上的同學焦急地等待著，請願遲遲沒有結果。主席團又派出二批請願代表，兩批代表共同促請李宗仁回答同學要求。

兩小時過去了，仍然沒有結果。大街上包圍學生的軍警越來越多。忽然四輛裝甲車隆隆開來，停在北長街南口，裝甲車上的機槍對準街道上靜坐的學生，原來街道上的員警開始撤退。「七五」大屠殺的慘劇可能又要重演，各校嚴陣以待，巋然不動。主席團根據情況變化，立即派出第三批請願代表，集中提出三點要求：（一）立即釋放被捕同學。（二）立即撤回裝甲車。（三）如發生血案，由地方當局完全負責。李宗仁終於表示：「東北學生如無罪，即令釋放，如有罪證，移交法院。」並當時給陳繼承打電話說：「我不怕學生，你派裝甲車幹什麼？你要擔保今天不出事故。」主席團在得到以上答復後，決定結束請願，開始遊行。

警備司令部已經宣佈全城戒嚴。大街兩側軍警密佈，荷槍實彈，如臨大敵。遊行隊伍在一片槍林中行進。為避免東北同學再遭迫害，各校隊伍的排列由清華、燕京領頭，北大、師院殿后，東北和北平其他院校相間排在中間，糾察隊排在行列兩邊。同學們邁著堅實的步伐，走過天安門，走過東長安街。大隊緩緩地行進著，為了讓北平的父老兄弟姐妹們多看一看那些含冤而死的東北子弟的遺容，多看一看這群威武不屈的祖國兒女的面貌。萬人一腔悲憤化作震天的怒吼：「反剿民、要活命！」「反屠殺、要生存！」「嚴懲七五血案凶手！」「反對逼迫東北同學當兵！」「立即釋放被捕同學！」下午四時許，遊行隊伍勝利回到北大民主廣場。

下午五時，控訴大會開始。祭臺上擺放著死難烈士的遺像，兩旁排列著成百的花圈和挽聯，大會在沉痛的〈七五慘案挽歌〉聲中開始。默哀後，宣讀祭文，表達了東北、華北同學的無限哀思。接著，大會主席說道：「今天，我

---

[19] 徐康編著：《青春永在：1946-1948北平學生運動風雲錄》（北京出版社，2004年），第115頁。

們東北華北的同學在這裏開會，我們除了哀悼死難的同學外，我們要控訴，要向全中國，向全世界控訴這慘無人道的暴行。我們有一個共同的任務，就是要為死難者復仇，為生者謀活命！」接著宣佈為死難烈士默哀三分鐘。默哀後，宣讀祭文：「兄弟們，你們沒有死在日本人的刀槍下，你們沒有死在飢餓貧困的壓迫裏，你們卻死在祖國的大地上，死在統治者的屠刀下。殺你們的就是你們所依靠的政府呀……！」肅穆的會場上，不斷響起輕輕的抽泣聲。接著東北同學代表高興岳講話，他站在祭臺上咬著嘴唇，緊握著拳頭，好久說不出話來，突然他揮動拳頭大聲地說：「血淋淋的事實教訓了我們，使我們知道，今後我們只有靠我們自己的力量，才能爭取我們自己的生存權利。這次血案，不只是東北同學的事情，也不只是華北同學的事情，而是全國同學的事情。為了替死者復仇，為了要讀書，要活命，我們要團結起來，向統治者堅決地抗爭到底！」這番話引起萬餘同學的共鳴，廣場頓時激蕩起來。

大會主席團宣布成立「東北華北學生抗議七五血案聯合會」（以下簡稱「抗聯」）。曹雷同學激昂地朗讀「抗聯」成立宣言：「七五血案是一個空前的慘無人道的大屠殺，是開封濫炸的繼續，是更進一步殘殺人民、殘殺青年的大陰謀的開始。我們決不能僅此於怯懦的相對哭泣，僅止於軟弱的相對歎息。我們已經沒有眼淚，我們有的只是憤怒。東北死難同學的鮮血，受傷同學的呻吟，洗亮了我們的眼睛，給我們以光明，打碎了我們對政府所懷著的一點點可憐的幻想和希望，啟示我們衝破黑暗，擊退反動逆流，獲得生存與學習的基本權利，只有依靠我們自己緊密結合，堅強團結。團結就是力量，分離則只有滅亡。」他最後幾乎是在吶喊：「同學們！讓我們團結得更堅強，鬥爭得更英勇，目的不達，誓不甘休！」隨後，全場萬餘同學一齊舉起右手，同聲宣誓：「為了求活命，爭取生存，我們東北華北學生，堅決地站起來，齊心合力，團結一致，來保衛我們的基本人權。我們決以鋼鐵的意志和堅強的決心，來堅持我們的鬥爭！謹誓。」[20]

7月10日，國民黨中央社發表關於「七九」遊行請願的所謂真相報導，說「東北學生聚眾搗毀平市參議會事件，因奸匪職業學生的操縱煽動，今已變質，演出超乎法令範圍之行動」，還說：「昨日請願已非要飯吃、要書讀的單純行動，而為與政府在城內作戰之狀態。」還有一個所謂〈東北遼寧學院等十

---

[20] 徐康編著：《青春永在：1946-1948北平學生運動風雲錄》（北京出版社，2004年），第117-118頁。

單位學生代表的聲明〉，說「關於『七五』不幸事件，東北各院校學生正在靜候東北老鄉與當局作合理合法解決中，不幸7月9日又有所謂北平各院校學生大遊行事件發生，此一事件與東北各院校學生絕對無關系，即使有同學參加，也是為參加追悼會而去，並無參加遊行之意圖。」當天下午，「抗聯」發表緊急文告，鄭重地否認中央社的所謂聲明，並要求追究這篇聲明的法律責任。

為了嚴懲「七五」血案凶手，妥善安排東北學生的生活和學習，「抗聯」不斷派出代表向北平當局請願，從7月11日至8月7日，向北平行轅和北平市政府去了六次，要求他們實踐諾言，取消戒嚴令，釋放被捕學生，解決東北學生的食宿，賠償一切損失等。為了爭取全國人民的同情和支援，「抗聯」還派出「南下請願團」和「北上訪問團」，分別到國民黨政府所在地南京和東北同學的老家瀋陽等地，揭露當局屠殺學生的暴行。

國民黨當局的所作所為，激起了社會輿論的強烈譴責。12日，瀋陽暨東北各地的四十八所大中院校萬餘名師生，在瀋陽中山體育場（現人民體育場）為「七五」慘案罹難的東北學生舉行追悼大會。抗議的橫幅、旗幡鋪天蓋地，其中一副挽聯如下：

> 民意安在？數千東北學生流浪異鄉，求生存、爭自由，慘遭毒殺，死者何能瞑目！真理猶存。億萬中華兒女痛哭斯地，保人權、護學府，索還血債，活的惟有鬥爭。橫額：怎麼死的？[21]

14日，全國學聯發表慰問信，告訴東北學生已把「七五」血案報告給全世界各地學生。信中說：「所有的同情，都在你們這方面。」並且勉勵東北同學：「時刻不忘三十年來中國學生在鬥爭中所獲得的寶貴經驗：團結就是力量，團結必能戰勝一切。」

27日，瀋陽學界在市府廣場舉行了五萬人的「控訴七五慘案大會」，並決定8月1日舉行全市性的罷課、罷工、罷市活動。會後舉行示威遊行。學生們組成宣傳隊到各地農村、工廠進行宣傳。這一切使瀋陽市政當局及瀋陽警備司令部大為震驚和恐慌。

---

[21] 劉迎初、呂億環主編：《瀋陽百年1900-1999》（瀋陽出版社，1999年），第59頁。

　　北平各個大學和一些中學還成立了後援會，以實際行動支援東北同學。首先發起募捐，僅7月份，募集到現款法幣17億元，麵粉3540斤，衣服2084件，鞋子502雙，交給東北同學抗聯，分給東北同學。北大、師院、中法、清華、燕京等校，開辦了文化補習班，為東北各中學同學補習文化課程。北大醫學院組織醫療隊到東北同學住地巡迴義務看病。各個大學還和住在附近的東北同學舉辦聯歡會，演出各種文藝節目，舉行各種座談會、交流心聲。

　　「七九」大請願大長了東北同學志氣，促進了東北華北同學的團結，但是請願所提要求仍然沒有得到任何解決。廣大東北同學要求到南京請願，要求嚴懲「七五」血案凶手，撫恤傷亡同學，解決東北同學求學和生活問題。於是「東北華北學生抗議七五血案聯合會」決定組成代表團南下請願。代表團成員包括：東北大學周奕林、中正大學李之、長春大學劉鎮東、遼寧大學先修班邢鳳輝、長白師院韓文炳、瀋陽醫學院黃文龍、遼東學院劉景護、北大華惠珍、清華鄧德群、師院郭明月、燕京謝道淵。

　　7月31日晚，東北華北學生五千餘人在北大民主廣場舉行了晚會，歡送請願代表團。為提防國民黨軍警特務盯梢，翌日，代表團成員作為普通旅客，祕密赴津，乘船南下。

　　請願代表團首先到達上海，獲得上海同學和各界人士支持。代表團在交大舉行了控訴「七五」血案彙報會，展出遇難同學相片和血衣。代表團又分頭拜訪了陳叔通、盛丕華、包達三、蔡尚思等各界知名人士，他們都對東北同學深表同情。盛丕華先生當場捐助了法幣一億元作為代表團活動費用。代表團還舉行了記者招待會，東北同學李之控訴了「七五」暴行。第二天，《大公報》《新民報》等做了報導。

　　代表團到南京後，首先住進中央大學學生宿舍。當時中大正有兩位同學被捕，但中大同學仍然盡力掩護他們。他們先去「總統府」請願，無人接待。又去行政院請願，副院長張厲生、秘書長李惟果接見了他們。但這兩位大員並不想解決什麼問題，只是想分化東北華北同學的團結。張厲生說：「七五、七九性質不同。七五事件與東北同學出於誤會，我們對東北學生深表同情，也可答應他們的合理要求。七九遊行有共黨參加，欺騙東北同學，借機鬧事，對不軌之徒應嚴加懲處。」又指著北平各大學代表說：「東北學生的事與你們北平學生有什麼關係？」當時郭明月回答：「東北華北同學都是國家青年，本是一

體，迫害東北學生和迫害華北學生是一回事。」鄧德群說：「對東北同學無辜遭到慘殺，我們華北同學怎能坐視不顧？」

代表團分頭訪問了中央大學和金陵大學的知名教授，又拜訪了幾位東北籍國大代表，得到他們支持，在「國民大會堂」召開了全體東北籍的「國大」代表會。會上，李之聲淚俱下，講述了「七五」血案經過，感動得不少人流下同情的眼淚，還有人當場站起來痛罵蔣介石。

南京政府對代表團請願要求沒做一項肯定答復，卻又陰謀對代表團加以迫害，他們對代表團說：「你們到南京來，生活也會有困難。你們可住到國立圖書館館內，派人照顧你們的生活。」代表團住進國立圖書館後，實際上被監視起來，難以繼續活動。北大華惠珍藉口自己是女生和男生一起住不方便，說住在一個同學家中，實際上仍住中大，以便和南京學聯聯絡。隨後從南京學聯聽到將要大逮捕的消息，於是代表團便離開南京前去上海。到上海時，正趕上「八一九」大逮捕開始，代表團便乘坐一艘貨船匆匆北返了。代表團回到北平，把請願經過傳達給東北同學，東北同學對南京政府所抱的最後的一點幻想也消失了。

8月間，行政院長翁文灝指定秘書長李惟果召集會議，研究「七五」慘案問題。軍政部長何應欽派鄭介民出席，教育部長朱家驊和社會部長谷正綱到場，糧食部次長關吉玉亦參加。會商決定：（1）設立五所臨時中學，北平兩處，天津三處；大學能復校的復校，不能復校的借讀，由教育部撥發開辦經費。（2）伙食一律由社會部用救濟名義向北平市社會局借用補助，每人每天一斤糧，另發菜金。由天津存放的救濟物資中撥發毯子、衣服、鞋襪等物，補助貧苦學生。（3）關於撫恤問題，由行政院轉飭北平市從優處理（後對每名死者家屬發法幣十億元，傷者按輕重每名發一億至五億元。按：當時玉米麵每斤為1700萬元）。（4）關於懲凶一事，鄭介民表示了何應欽的意見，認為涉及華北高級將領，須「委員長」由濟南回京以後決定。[22]

8月26日，監察院表發谷鳳翔、胡文暉二委員對「七五血案」中措置失當官員之糾舉書，認為北平警備司令陳繼承、第二〇八師搜索營營長趙昌言暨北平市警察局副局長白世維等，對事件之措置顯有失當及縱屬殺人情事，依法提

---

[22] 王振乾等編著：《東北大學史稿》（長春：東北師範大學出版社，1988年），第168頁。

案糾舉，移送行政院辦理；趙昌言縱屬殺人應交軍法審判，以明責任，而慰輿情。8月31日，華北剿匪總司令傅作義電呈蔣介石和行政院長翁文灝，陳述四點理由，表示願意負擔所有責任。然而輿論與民意則認為「七五血案」係負責治安之軍憲警依法擔當警戒職務，不應負失職處分。北平市商會、工會、教育會、律師公會等民眾團體聯銜致電蔣介石，云：「東北學生，不堪奸匪壓迫，間道入關，繼續求學，人數眾多，臨時湧集，主管機關未能適時安頓，致使流離失所。市參議會關懷殷切，通過議案，建議救濟，詎為同學誤解，釀成『七五』事件。所有善後事宜、肇事責任，正由傅總司令督飭地方指派專人妥為處理間，監察委員谷鳳翔、胡文暉蒞平調查，日前發表報告及糾舉書，對於治安當局課以失職之責。傅總司令虛懷引咎，自請處分，全體市民深為詫異。查谷胡兩委員之調查報告，敘述事實與當日情形大致相符，對於事件之責任，擬議則似欠縝密之考慮。」[23]他們認為首先開槍出於學生方面，且槍擊發生時間係在宣佈戒嚴之後，軍警可不必負任何責任。南京《中央日報》的社論亦認為事件的責任應由「組織暴動製造慘案的共匪間諜負其責任」，傅作義是沒有法律上任何責任的。社論云：「民主國家沒有特殊階級，學生不是特殊階級，學生與其他國民同為國民，即同受法律平等的待遇。七五事件決不能因其為學生群眾所製造，而超越國家法律以外，單獨以感情觀點加以處理。」「如果學生群眾製造了暴動，不受制裁，而彈壓暴動的軍警反受處分，其結果將使學校都成了為共匪製造暴動的據點，學生都成了共匪暴動的資材。這在戡亂時期，實足以危害國家的生存與社會的安定，政府決不能聽任其如此。」[24]

四、社團活動

　　「七五」慘案發生後，東北各院校均展開爭奪學生自治會領導權的鬥爭。中共地下黨抓住廣大同學聲討國民黨之機，提出立即改選學生自治會以適應鬥爭需要的主張。這一主張，深得學生們的贊同。7月7日，東大學生自治會改選結果，學生會基本上由中共地下黨員和左傾激進同學組成。周克當選為學生代

23　南京《中央日報》1948年9月8日。

24　《法律觀點與感情觀點》，南京《中央日報》1948年9月2日。

表會議主席團主席，高繼恒（紀民）為副主席，崔天寄也為副主席。法學院周長玲為學生自治會執委會主席，曹雷（江流）為宣傳部長，張雷（沙青）為聯絡部長，劉樹棠（江放）為福利部長，劉志學為代表會議的常任代表。其他東北院校，也都在改選中獲勝。於是，共黨迅速地掌握了學運的領導權。

中共北平地下黨決定徹底揭露國民黨的暴行，團結教育廣大東北學生，引導他們到反對國民黨的民主運動中來。七月中旬，北平地下黨學委負責人沈勃召集東北大學地下黨員韓光、周克、呂英寰開會，在北海公園船上成立了東北大學地下黨支部，由韓光任支部書記，周克、呂英寰為支委，以便更好地開展反對國民黨反動派的鬥爭。十月間，因東大住地分散，加之黨員數量多，乃分為文法和理工農兩個支部。文法支部周克為負責人，後周克返解放區，改由王常有任支書。理工農支部由韓復興負責。上面由北京市學委張大中領導。在運動中涌現出的積極分子，許多人被吸收入黨，到1948年底東大中的中共黨員已發展到一百五十多人。

8月初，周克與呂英寰商議，為了團結、擴大左傾同學的力量，並在左傾同學中發展地下黨和盟的組織，應成立一些公開的社團。首先成立的是「心聲歌詠團」，最初有二十人左右，後發展到四十餘人。其中，主要成員有周克、呂英寰、竇秀英（石虹）、郭楓、于培之（于方）、王慶斌、王效祖、張遠、陳延武（江風）、侯佐魁、劉志學、劉風聲、謝景隆、李夙樓、高林、金乃文、姚桂蘭、張秀珊、楊淑雲、盧淑貞、陳光琰（陳光）、郭寶環、陳槐慶、王蘭英、王世雲、劉之穎、閔玉林、闞殿嘉、鹿懷寶、陳嘉炎、沈亨理、李棟、白廣熙、馮銳等。呂英寰為歌詠團團長兼指揮。後來由於文法學院和理工農學院不在一地，歌詠團平時乃分兩處活動，演出時再合起來。理工農部分由閔玉林指揮。

歌詠團演唱的歌曲主要是鼓舞同學們鬥志、團結奮進的革命、進步歌曲，如《光明讚》、《小麻小兒郎》、《團結就是力量》、《跌倒算什麼》、《游擊隊歌》、《山那邊有個好地方》、《你是燈塔》、《茶館小調》以及《牧羊調》、《生產大合唱》、《黃河大合唱》等。曾多次與北大「大地歌咏團」聯歡並在校內外演出。歌咏團的出現，打破了東大長期的沉悶氣氛，進步歌聲迅速在同學中傳播，成為推動東大民主化的有力工具。

為了團結更多的同學，不久又相繼成立了「東大劇團」和「民舞社」。「東大劇團」曾以「東大藝術社」的名義，在校內演出過話劇《萬世師表》、

《夜店》，主要演員有：劉志學、宋宇、張秀珊、馮銳、張松亭、鹿懷寶、郭寶環、劉賢華等人，陳光、史效增做後臺工作。劇團成員有四十餘人。「民舞社」由陳濟忠（杜江）領導，成員主要是「心聲歌詠團」和「東大劇團」的部分同學，以及侯錫玲、張庸、馮銳、趙允文等。其他社團還有喬正仁領導的「新文化服務社」、白運泰等人領導的「七五圖書室」、高繼恒領導的「沙丁社」等。壁報社有史效曾和喬正仁一起創辦的「瀋平社」，喬正仁和先立志創辦的「時代論壇社」，喬正仁和楊黛等一起創辦的「春雷社」等。

東大經濟系系會則是個學術團體，系會的領導機構是由經濟系各年級選出的一名代表組成的幹事會。九月進行改選，左傾同學喬正仁、張善濡等均進入幹事會，喬正仁當選為系會主席，張善儒任學藝部長。系會創辦了「經濟園地」壁報，刊登了一些宣傳革命的經濟理論文章。系會還請北大進步教授焦菊隱到東大經濟系作過學術報告。

1、七五圖書室

「七五圖書室」，顧名思義，是為紀念「七五慘案」而成立的，是東北、華北左傾同學間的一個圖書流動站，是東大文法兩院同學的精神食糧的源泉。在中共東北大學地下黨的領導下，成立圖書室目的是公開地傳播革命思想。

圖書室的組織機構十分健全，設幹事會，幹事會負責人白運泰（白浩）（正）、喬正仁（副）、周長清（副）。幹事有白運泰、喬正仁、周長青、賁純、張善儒、田文通等。此外，還有對外借還組，負責人田文通、吳秉林；對內借閱組，負責人喬正仁、陳興泰、葛崇峰。成員有陳明道、趙春芳、荊顯文、王守謙、金淑貞、孫淑姒、富增慧。讀書學習組負責人為張善儒、賁純。

圖書室本身藏書不多，只有兩三書架，約二三百冊，但參與流通的則數倍於此。因為圖書室的圖書來源有三種：（1）由對外借還組田文通、吳秉林等人，到北京大學孑民圖書室、朝陽大學圖書室、青年會圖書室等院校挑選進步圖書，在「七五圖書室」對外借閱，定期借定期還。（2）由圖書室開展募書活動，動員同學捐贈進步書報雜志，其中有《共產黨宣言》、《新民主主義論》、《論聯合政府》、《中國革命與中國共產黨》、《大眾哲學》等。（3）圖書室訂購《世界知識》、《文彙報》、《文萃》等進步報刊。圖書借閱方

式，有公開在圖書室陳列借閱與祕密借閱（包括送圖書到學生宿舍借閱）兩種。毛澤東的《目前形勢和我們的任務》等革命書籍，便是通過祕密傳閱方式進行的。圖書室在星期日、節假日都不休息。

東大學生所住鐵獅子胡同四號院內有一座中心亭，圖書室負責的同學就把當時北平出版的一些報紙張貼在亭子供同學們閱讀。喬正仁回憶說：「經辦閱報亭閱報這件事的是白運泰同學。約在七月中下旬的一天，史效曾同志要我和白運泰同學一起經管閱報亭的工作。我倆一起經辦了十多天。史效曾同志通知我：『白要走了！』（意是去解放區）。一兩天後白就不見了。我繼續經管閱報亭的工作。約在八月中旬，史效曾同志要我和周長清倆去武定侯胡同造紙廠（東大辦公處）與龐英老師（當時東大代理負責人）交涉同學閱報事：（1）東大遷入光明殿后，閱報亭的報紙仍要我們經管閱報亭的人經管；（2）讓我們用光明殿院內游泳池南邊的房子作為閱報室。龐英老師表示有些為難，並說三青團也想用那些房子。但卻出我們意料的答應了我們的要求。隨著東大遷入光明殿，我和周長青就根據我們和龐英老師交涉的結果展開工作。這時史效曾同志又通知我，說是圖書室組建由我負責，暫時讓周長青，于連珂二人分別到北大『子民圖書室』和北師大『四一二圖書室』借書放在『七五圖書室』流通。記得『七五圖書室』的名字也是這時定的。」[25]

自成立之日起，「七五圖書室」就和「民舞社」、「合唱團」一樣作為一個公開的學生社團展開工作。它除以其擁有的報紙、雜志、書籍聯繫、團結、啟發幫助同學進步外，還組織了一些壁報社、讀書討論會，時事學術報告會、重大事件座談會等。王亞南著《中國經濟原論》，《新人生觀》等書流通後，均組織過討論會。時事學術報告會也舉辦過幾次，一次是請北大經濟系主任潘洪講「金元券」的出籠與其前途；一次是在張家口解放的消息傳到東大後請吳希庸先生作的時事報告等。此外，圖書室還舉辦《圖書與學習》壁報（半月刊），主編是張善儒、高振鐸（從第三期起）。主要撰稿人有張善儒、高振鐸、田文通、賁純、崔春華、孫冰輪（里揚）、馬德超、宋紹英、李嘉友等。

---

[25] 喬正仁：〈回憶東北大學「七五圖書室」的一些情況〉，《東北大學1946-1949年學運資料彙編》（內部版，1988年），第96頁。

2、沙丁社

　　東大學生由鐵獅子胡同遷到棉花胡同後，於1948年9月初，在中共地下黨員高繼恒（紀民）的領導下，以原「心聲歌咏團」的成員為骨幹，團結平日比較接近，要求進步的部分同學，成立了「沙丁社」，開展進步活動。參加的有土木系學生高繼恒、李棟、趙九江、張世光、趙本立、王紹宗、闞仲愚（閔喬）、于畔池，電機系學生顧鎮鐘、楊國藩，礦冶系學生白廣熙、沙裕珍（沙寧），建築系學生閔玉林、鍾正學，機械系學生陶永祥、鄭洪恩，化工系學生龐殿英等二十餘人，由高繼恒為社長。

　　「沙丁社」的主要活動是出刊壁報。壁報的主要內容是爭民主、要自由，配合學運，評論時事，探討一些較深層次的問題。壁報編輯由龐殿英負責，每期內容根據形勢的需要，在高繼恒的主持下，經主要骨幹討論確定，然後組織社員起草文稿，經編輯們定稿，有時也轉載一些進步刊物的文章。壁報用一個長約1.5米、寬約0‧6米的木板作底板，文稿用16開或32開的精白紙繕寫，字跡工整，插圖精緻，在半祕密狀態下製作，懸掛在院內顯著位置。局外人只知道有「沙丁社」，而一般人不知由何人組成。「沙丁社」的壁報引起了工學院廣大同學的重視，成為當時工學院內較有影響的進步刊物。當然也引起一些右傾學生的仇視，不時引起一些筆戰，但由於當時工學院進步力量較強，得到正義者的支持，右傾學生不敢動武破壞，壁報一直出刊到東北大學離京遷東北時才停刊。[26]

　　「沙丁社」除出刊壁報外，還是個閱讀進步書刊的集體。在成員中傳閱《新民主主義論》、《目前形勢和我們的任務》、《大眾哲學》、《新年獻詞》（1948年）《將革命進行到底》等書刊文章。有時也適時組織大家交流學習心得體會，借此機會也宣傳共產黨的主張和方針政策，進行思想教育，使社員們提高了思想認識和革命覺悟，增強了團結，激勵了鬥志，鼓舞了士氣。

　　1948年10月，已是深秋時節，「沙丁社」組織成員到盧溝橋野遊，憑吊抗日戰爭爆發舊址，在宛平城內和盧溝橋附近，走訪勞動群眾，向社會學習，在盧溝橋旁進行野餐聯歡，並攝影留念。月底，東北全境即將易幟，北平形勢緊

---

[26] 龐殿英、李棟：〈憶「沙丁社」〉，《東北大學1946-1949年學運資料彙編》（內部版，1988年），第96頁。

張，東大的少數教職工和國民黨學生骨幹串通一氣，又在醞釀鼓動遷校福建長汀，「沙丁社」堅決反對遷校，和其他左傾學生社團緊密配合，展開了針鋒相對的鬥爭，取得了反遷校的鬥爭勝利。

11月初，由於形勢的需要，高繼恒、沙裕珍、闞仲愚、陶永祥，分別經天津至泊鎮和昌平進西山兩路回東北解放區。此時，「沙丁社」在中共地下黨的領導下，由李棟主持工作，繼續開展活動。

12月初，「沙丁社」適時地在內部組織了「關於淮海戰役形勢」的討論會。通過這次討論，進一步提高社員們對革命形勢的認識，增強了革命勝利的信心，做好了北平和平解放或武裝解放的思想準備。北平易幟前夕，根據上級指示，為了防止社會混亂，「沙丁社」多數成員參加了護校隊。北平和平解放時，「沙丁社」成員，有組織的走上街頭進行宣傳，向市民講目前的形勢，宣講共產黨的城市政策，散發傳單。

1949年3月，「沙丁社」成員團結盡可能團結的同學，一起乘火車返回瀋陽。不久在中共的領導下完成了它短短七個月的歷史史命，隨之宣布解散。

五、城頭變幻大紅旗

1948年9月8日至13日，中共中央在西柏坡村召開政治局擴大會議，提出建設五百萬軍隊，用五年左右時間（從1946年7月算起）從根本上打倒國民黨統治的戰略任務。

9月12日至11月2日，林彪、羅榮桓率東北野戰軍進行遼瀋戰役，殲滅國民黨軍四十七萬餘人，佔領東北全境。

10月，國民黨當局在東北難保、華北危機的形勢下，當局決定「凡外埠遷平各院校師生及流亡到平之中學生，應一律他遷，藉以減輕戰時糧食消耗。」[27]並藉口「保存文化、免遭蹂躪」，在報紙上大造輿論，計劃把大專院校遷往南方。中共北平地下黨發動民眾針鋒相對，反對南遷。《北大清華聯合報》11月11日刊登了兩篇文章，一篇介紹了解放區的新大學的新氣象，新的大學生活使

[27] 孫鵬越：〈滿腹心酸話遷校〉，《國立東北大學六十週年紀念特刊》（台北自印本，1983年），第21頁。

學生們精神振奮，不再受飢餓和失學的痛苦；另一篇描繪東北流亡學生在平的不幸遭遇。[28]鮮明的對比，幫助大多數同學、教授作出了抉擇，群起反對北大校長胡適的南遷主張。美國教會和國民政府圖謀將燕京大學南遷，也遭到了校長陸志韋和多數教授的抵制。

教育部欲將東北大學南遷到福建，劉樹勳校長親赴福建永安、長汀等地勘察校址。當時的福建省政府主席李良榮為歡迎東北大學遷閩，於1948年12月8日致函教育部：

> 騮公部長勳鑒：接奉十一月二十五日惠書敬悉一是，東北大學遷閩至表
> 歡迎。劉校長景異先後蒞府面談後，已親赴永安、長汀等地勘察校址，
> 當經分別電飭該處專員縣長代為照料矣知。注特復並頌勳祺。

東北大學的部分教職員和國民黨骨幹學生串連一起，醞釀遷校福建長汀，目的是方便下一步轉往台灣。以青年軍復原兵為骨幹，組織了「遷校委員會」，負責人是米珍、王昆山、齊覺生等人。這時，學生自治會的代表是由劉志學負責，理事會由劉樹棠和馬德超負責。於是，左傾激進學生便以學生會這一合法組織領導同學們堅決反對遷校，同國民黨骨幹學生展開了激烈的論戰和鬥爭。

此時的校內形勢，對於學生會特別有利。因為「七五」慘案的血腥教訓使很多同學擦亮了眼睛，投入了倒蔣的學生運動，而持中立態度的同學也大部分靠近左傾同學。其次，遷校的主張本身很不得人心。東大學生歷經顛沛流離，深知寄寓他鄉的痛苦，人人都在思念故鄉。當時，在東北的大專院校中廣泛流傳著的一首歌曲很能代表大家的心聲。這首歌的歌名是〈母親的召喚〉，歌詞如下：

> 遼河的水呀，松花江的浪呀，
> 那樣的沉痛那樣悠長，拖載千萬個母親的哀傷。
> 母親的心像烏雲遮蔽的太陽，母親的雙眼常被淚水洗蕩，
> 母親的心中失掉了希望。
> 孩子們喲，孩子們喲，母親在召喚著你呀。

---

[28] 董世桂、張彥之：《北平和談紀實》（北京：文化藝術出版社，1991年），第166頁。

孩子們喲，孩子們喲，母親在等著你回到身旁。

家鄉的月亮分外的光呀，家鄉的流水分外的長呀，

家鄉的土地要你耕種，家鄉的寶藏要你開發……

所以，學生會一聲號召，反對遷校的社團便大量出現，一夜之間，最多的時候貼出一千多張壁報和大字報。其中最活躍的壁報社是李公綽同學主編的《孔乙已》。國民黨學生也貼出主張遷校的大字報。但是，反對遷校的大字報鋪天蓋地而來，壓得他們根本抬不起頭來。他們在大字報上辯論不過，就轉而採用武力。他們手持棍棒，在校區巡邏，不准左傾同學貼大字報，還偷撕反對遷校的大字報。學生會則以保護民主權利為由，安排夜間巡視，保護進步壁報。中文系學生于吟梅回憶說：「蔣家王朝覆滅前的北平，兩種勢力的較量特別激烈，東大所在的光明殿自然也不例外。到了後期，就連夜深人靜時，躲在空屋子裏打著手電寫出的壁報都不能及時地貼出去，不得不拖到第二天白天，搶在開飯的時間張貼。因為當時學生們都終日填不飽肚子，饑腸轆轆的人們每頓飯前都必須早早地擠在食堂門口，門一開，就都擁進去搶飯吃。特務、打手們當然也不肯餓著肚子去替主子賣命，所以，開飯時間便成了張貼壁報的最安全、最佳時間。」[29]

為了反擊國民黨學生的遷校活動，學生自治會召開了全體代表大會，討論遷校問題。經過十分激烈的辯論之後，通過了劉志學提出的兩點建議：

（1）以自治會的名義，呼籲全校同學尊重民主權利，支持全校同學以大字報的方式表達對遷校問題的態度。

（2）自治會立即籌備全校同學總投票，表決對遷校問題的意見，並在三天後進行。

會後，反對遷校的大字報貼滿了民主牆，占了壓倒的優勢。

11月初，進行全校總投票，結果，反對遷校的票數占絕對多數，如文法學院，表決的結果為440票比44票。遷校的主張完全被否決了。

後來，左傾激進學生大做爭取教職員的工作。代校長劉樹勳始終表示「遷校事宜並沒有任何決定」。有東大學生赴台後獲悉，正當大家進行遷校鬥爭

---

[29] 于吟梅：〈「東大人」不會忘記〉，丁義浩、韓斌主編：《情緣東大》（瀋陽：東北大學出版社，2013年），第7頁。

時，「在台王文華學長等，曾在高雄市準備十餘座大倉庫作為母校遷台校舍。並由王學長數度函告母校，而校方不但不函覆，並且對此事秘而不宣，坐失良機……」[30]這一反遷校鬥爭一直堅持到平津易幟。

11月下旬，根據中共華北局城工部長劉仁[31]的意見，周克、韓光在東大傳達北平準備易幟的指示，說明共軍即將攻占北平，為了防止占領北平時發生混亂及文物古蹟遭到破壞，地下黨組織要領導左傾同學組成「護城隊」。東大文法學院重點保護地是國立北平圖書館。黨支部對這一指示非常重視，為了完成好這一任務，全部交由地下黨員和盟員負責。

另一項任務，是祕密進行迎接易幟的準備工作。主要是組織一些中共黨員和盟員於夜間祕密刻制蠟版，印刷黨的宣傳檔，如《入城布告》、《告全市人民書》、《解放軍三大紀律八項注意》等，準備共軍入城前後張貼、散發；同時組織各社團排練慶祝易幟的文藝節目，如《放下你的鞭子》等街頭劇、《解放區的天》等歌曲。另外，由共黨支部負責，收集整理了一份「東北大學文法學院反動黨團分子名單」，以便今後對這些人進行審查、處理。

1948年底，中共與傅作義的談判尚未達成最後協議，北平城郊不時炮聲隆隆，氣氛十分緊張。東大校內的特務學生焦急萬分，仍企圖作遷校的打算。為了減少阻力，他們給領導社團活動的同學寫匿名信，脅迫他們停止活動，否則「將對其不利」等等。共黨支部經過分析，認為傅作義正與共黨進行談判，估計國民黨不敢大規模逮捕學生，但仍不能不防。所以一些地下黨員白天在校內堅持活動，夜間則不住在校內。

此種形勢下，東北大學的一些教師也在做激烈的思想鬥爭，是走？是留？有人曾勸劉樹勳校長攜帶校印，偕同部分在校教授與若干同學前往台灣，「乃因共黨早已高呼：『火燒重慶，血染台灣』，前者既已實現；劉校長夫人深恐

30 孫鵬越：〈滿腹心酸話遷校〉，《國立東北大學六十週年紀念特刊》（台北自印本，1983年），第24頁。
31 劉仁（1909-1973）：原名段永鷟（段永強），四川酉陽（現屬重慶市）人，土家族。1924年到北京，入師範大學附中讀書。1927年加入中國共產主義青年團，同年轉為中國共產黨。解放戰爭時期，任中共華北局組織部副部長、城工部部長，組織平、津、唐等城市廣大地下黨員和國民黨統治區民眾，有力地配合了北平的和平解放。1949年之後，歷任中共北京市委組織部部長，中共中央華北局書記處書記等職。

到台遭遇『血染』的危害，堅決反對來台。劉校長曾對人說：『我平生沒有對不住旁人的事，僅僅是對不起我的太太』，劉夫人既已不肯來台，劉校長受其牽制，遂亦不能成行。」[32]文學院長陳克孚決定不走了，「不能走，走了，對不起張公校長！」[33]令人意外的是，臧啟芳在1948年秋離平赴台前夕，授意兩個北大畢業的子女（長子臧朋年和長女臧慕蓮），「不必隨他南下，應該留在新中國開闢天地」。後來他的小兒子臧英年回憶其父，「下這個決定在當時是很痛苦而困難的。」[34]

1948年11月29日至翌年1月31日，林彪、羅榮桓、聶榮臻等率東北野戰軍和華北軍區第二、三兵團以及華北、東北軍區地方部隊進行平津戰役，殲滅和改編國民黨軍五十多萬人，華北全境基本一片紅。

1949年1月，在中共地下黨領導下，成立了「東北駐平十三院校學生聯合會」（簡稱東北學聯），選出劉志學為常駐會主席，江放為常委。東北學聯的主要活動是：安排護校，迎接共軍，協助軍管會接收學校，動員同學參加革命，推動各校返回東北。

年初，國民政府將東北大學在平的2.5萬餘冊藏書（其中線裝書1.26萬冊）運往台灣，其後台灣教育部門將這些書籍撥給台灣省立師範學院。[35]

1月14日至17日，傅作義派全權代表鄧寶珊、周北峰，到通縣西五里橋平津前線司令部，與林彪、聶榮臻、羅榮恒等進行談判，雙方簽訂了《北平和平解放的初步協議》十四條。

1月19日，東北野戰軍前線司令部代表蘇靜與傅方代表王克俊、崔載之正式簽定了《關於北平和平解決問題的協議書》。

1月21日上午，蔣介石在總統官邸召開國民黨軍政界高級人員參加的緊急會議，他本人宣告「引退」，其「總統」職務由李宗仁代理。

1月22日，國民黨華北「剿總」司令傅作義率領22萬部隊投共。

---

[32] 曹樹鈞：〈回憶並懷念母校創辦人及歷任校長〉，《國立東北大學六十週年紀念特刊》（台北自印本，1983年），第40頁。

[33] 陳秀梅：〈父親的回憶和回憶父親〉，東北大學北京校友會編：《東北大學校友通訊》（1989年3月）第九期。

[34] 臧英年：〈憶先父〉，東北大學北京校友會編：《東北大學校友通訊》（1989年3月）第九期。

[35] 據王恩德主編：《延闊飛香——東北大學圖書館建館九十周年紀念集》（瀋陽：東北大學出版社，2013年），第30頁。

　　1月31日，北平和平解放，東北大學成立了慶祝北平解放委員會，呂英寰任主席。張善儒、高振鐸為宣傳部負責人。在宣傳部下組成宣傳隊，分為三個大隊。每個大隊設戲劇組、歌詠隊、秧歌舞組、國樂伴奏組、講演大隊、張貼組（大字報組、漫畫組）和刷牆組。此外，還有出版組，翻印各種革命宣傳資料，供給東北十三個院校之用。宣傳隊每天分三路到北京街頭宣傳，講目前形勢，中共的城市政策，包括工商政策。

　　北平軍管會教育組接管東北大學後，在東單廣場召開大會，號召學生參加軍隊南下。會後有120名學生參加「南下工作團」，隨軍南下，開闢新區工作。

　　2月3日，共軍在北平舉行了轟動世界的盛大入城儀式，片片紅旗在古城飄揚。

　　2月中旬，北平軍管會派文化教育接管委員會主任錢俊瑞和東北組組長徐放，到東北大學文法學院（西四光明殿）召集在平東北各院校全體師生開會，正式宣布：在平東北各院校一律返回東北解放區。事實上，不少在平師生都沒有隨遷回瀋。臧啟芳在〈國立東北大學〉一文中說：「應屆三十八年畢業之學生隻身逃入台灣者頗多，教育部曾於三十九年與四十兩年兩度為該生等補行畢業考試，及格者皆發給證書。今東大先後畢業生在台者逾五六百人，教職員亦逾百人。」（張其昀等著《中華民國大學誌》）

　　4月1日，傅作義向全國發出了《北平和平解放》的通電。

尾章　中共建國前後

　　盼望著，盼望著，東北大學左派師生終於盼到了國民政府的覆滅，盼來了
中共領導的新政權。然而1949年2月28日，中共中央東北局大學委員會、東北行
政委員會教育部發布《對於在平東北各校學生處理辦法的規定》，對東大師生
來說無異於晴天霹靂。該規定內容如下：

一、根據東北現有各專科以上學校的情況以及回東北的學生就學要求，
　　特將回東北的專科以上學生作如下的分配：
　1、原錦州大學先修班學生九十八人分給冀察熱遼聯合大學。
　2、原遼海商船學校學生二〇九人及長大土木系學生五十八人分給交通
　　　部所屬之交通專門學校。
　3、原東大長大東大先修班長大先修班機械、電機、採冶、化工、建築、
　　　東大土木系及地理研究院學生共一二五〇人交工業部所屬之農學院。
　4、原東大長大農藝、農經、森林、畜牧、獸醫、氣象六系，學生共六
　　　〇七人交農業部所屬之農學院。
　5、原東大長大之醫學系學生（先修班在內）三八五人交衛生部所屬之
　　　醫科專門學校。
　6、原東大長大東大先修班長大先修班之經濟系，工商管理系學生
　　　五三三人，交商業部所屬之商業專門學校。
　7、原東大長大長白東大先修班及中正大學先修班之教育系學生二七七
　　　人交遼北省之遼北學院。
　8、原東大長大長白校之英文俄文兩系學生三五六人交哈市外國語專門
　　　學校。
　9、原長白校之音樂美術兩系學生一百十七人交魯迅文藝學院。
　10、原東大長大長白三校及東大先修班長大先修班之中文、歷史、地
　　　理、數理化動植物博法政家政體育書記官專修科及歷史研究生等
　　　學生共二千一百八十六人交東北大學。
　11、在天津大中補習班千餘人交松江省，在天津之長大之工農醫三部
　　　學生分別交工農衛三部所屬之學校。
二、原東大、長大、長白、商船學校以及各先修班之教職員隨同所屬之
　　學生分配。

三、原東大、長大、長白、商船學校以及各先修班之圖書儀器設備先集中瀋陽，然後按照所屬之學系合理分配。

四、各校接收後必須進行短期政治訓練，初步的甄別審查根據各部工作需要及學生程度，或分配工作或留下學習。

五、大學委員會及教育部，得以工作需要隨時至各校選調學生分配工作或調他校學習。

六、大學委員會及教育部得以工作需要調整各校教職員。

七、由平津回東北撥歸各校之學生待遇暫依照各校待遇辦理，俟大學委員會統一規定學生待遇辦法後，再依新規定辦法辦理，必須之接收經費由財政部審發。

八、各部委所屬學校，對接收後教職員學生的處理，如有涉及政策問題或帶有原則性問題者，應事先向大學委員會及教育部請示。

從上述文件標題不難看出，中共不是接管國立東北大學等院校，而是「處理」學生，和關內整體接管學生的方針是完全不同的。河南大學趙希鼎教授一次在東大校友會上說過這樣一番話：「四九年我們回東北，在瀋陽住在中蘇聯誼社，當時東北教育部負責人講：處理東北國統區的大學，我們是根據馬列主義，砸爛舊國家機器的原則處理的。」[1]一語闡明了《處理辦法》的實質。方針很明確，中共要把國立東北大學、長春大學等東北院校全部拆散，學生按系分給東北解放區已有的部屬大學校。國立東大的文學院、法商學院、理學院一部分、東北大學先修班和歷史研究所等，全部並入中共1946年2月創建的解放區東北大學（當時校址在吉林市）。至此，張學良、張學思[2]兩將軍、兩兄弟先後擔任過校長的兩個東北大學，也就合二為一。

[1] 周克：〈1949年東北大學解體〉，《東北大學1946-1949學運資料彙編》（內部版1998年），第109頁。
[2] 張學思（1916-1970），遼寧海城人，張學良胞弟。1933年於北平參加「反帝大同盟」，同年4月加入中國共產黨。1938年到延安，曾任抗日軍政大學直屬二隊隊長，後去晉、察、冀、冀中任職。抗戰勝利後率隊挺進東北，任遼寧省政府主席兼軍區司令員、東北行政委員會副主席。1946年2月至1948年6月任中共解放區東北大學校長。1949年後，任海軍學校校長，1953年任海軍副參謀長、參謀長。

　　國立東北大學僅剩的理（部分）工學院，又將何去何從呢？1949年2月，東北行政委員會決定，在瀋陽東北大學工學院基礎上建立瀋陽工學院（院長閻沛霖），隸屬東北工業部，以位於瀋陽鐵西地區的偽奉天工業大學和市第二工科學校的舊址為校舍。

　　學生們怎麼處理呢？《辦法規定》：「各校接收後必須進行短期政治訓練，初步的甄別審查根據各部工作需要及學生程度，或分配工作或留下學習。」就是說學生也不承認原來的學歷，而是根據「程度」重新處理。東大理（部分）工學院的775名學生從北平回東北後，即到吉林市參加政治學習後返回瀋陽。龐殿英、李棟在〈憶「沙丁社」〉中說：「（1949年3月）在瀋陽市太原街一影院召開學生大會，在會上東北人民政府文教處處長閻沛霖講話，歡迎同學們返回東北，同時宣布：工學院學生繼續北上吉林市學習，對這一決定，不少同學沒有思想準備，包括『沙丁社』不少成員，本想著回北陵復課，對繼續北上吉林市一點思想準備都沒有。經說服教育，很快思想通了，並深入到同學中進行工作。團結同學一同乘火車抵達吉林市，到吉林市北郊吉林工專，安定後政治學習班開學。」[3]

　　3月，國立東北大學農學院由北平回到瀋陽後，原一、二年級學生留在新成立的瀋陽農學院繼續學習，三、四年級學生除少數被分配到東北農業部工作外，其餘全部轉入哈爾濱東北農學院。至此，張作霖、張學良父子創建的瀋陽東北大學分崩離析。

　　4月23日，共軍佔領中華民國首都南京，宣告國民政府破產。

　　7月，中共佔領區東北大學從吉林市遷到長春市。

　　8月中旬，在吉林工專第二期政治訓練班的原東北大學、長春大學四年級學生由工業部分配工作。其他年級學員與安東科學院學員一律進行甄別考試，合於大學生標準者，編入瀋陽工學院學習，重新調整班級。

　　9月17日，瀋陽工學院舉行首屆開學典禮。

　　9月21日，中國人民政治協商會議第一屆全體會議在北京召開，會議選舉產生中央人民政府，毛澤東當選為中央人民政府主席，會議通過起臨時憲法作用

---

[3]　龐殿英、李棟：〈憶「沙丁社」〉，《東北大學1946-1949學運資料彙編》（內部版1998年），第101頁。

的《共同綱領》。值得一提的是，會議決定的國歌是東大師生在抗戰期間經常演唱的《義勇軍進行曲》。

10月1日，三十萬軍民在北京天安門廣場集會，舉行開國大典，毛澤東正式宣告：中華人民共和國中央人民政府成立了。換言之，中華民國政權僅在台灣地區延續。

中共建國時，毛澤東曾經感慨地對周恩來說：「沒有張漢卿（張學良）當年發動西安事變，我們哪有今日……」周恩來接口道：「如果漢卿在，得給他一個副主席的位子。」毛澤東笑道：「你也太小氣了吧，給漢卿國家主席的位子，都不為過！」

12月10日下午，蔣介石飛到台灣，國民黨在大陸二十二年的統治就此徹底結束。然而有人提出一種觀點，說國民黨在大陸之潰敗，應當歸咎於張學良和楊虎城。他們認為，1936年底，如果蔣委員長以數十倍於共產黨的軍隊，三面合圍西北共產黨的計劃能夠實現，那麼紅軍早就被趕到長城以北的沙漠地區，且因無法生存而不復存在了，國民黨現在又何言失敗，何言被趕出大陸？[4]但是，歷史沒有假設。不過後來，國民黨秘書長張其昀把這種論調寫進了他所主編的國民黨《黨史概要》中。而此時此刻幽居於台灣新竹山中的張學良，作夢也沒有想到他所發動的「兵諫」，在十幾年後還要承擔國民黨丟失大陸政權的「罪責」。

1950年4月1日，位於長春的東北大學改名東北師範大學。至此，東北大學名實皆亡。

---

[4]　唐德剛記錄、王書君著述：《張學良世紀傳奇》下卷（濟南：山東友誼出版社，2002年），第976頁。

・附錄一・

「我們也辦東北大學」
──中共解放區東北大學

　　「烽烟滾滾,雪海茫茫,東北群英融匯一堂,越過松江,智慧的大隊在戰鬥中成長。燃燒著青春的火焰,沐浴著黨的陽光,揚起那科學的風帆,泛遊知識的海洋。」這是著名詩人公木寫給中共創辦的另一個東北大學的詩,生動的反映瞭解放區東北大學的生活風貌。

　　抗戰勝利後,中國正處在「兩種命運、兩個前途」的歷史轉折關頭,為了建立鞏固的東北根據地,爭取解放戰爭在全國取得勝利,為新中國建設培養人才,中共中央和東北局決定發展文化教育,建立鞏固的東北根據地。1945年8月,毛澤東到延安大學,向校長周揚和副校長張如心傳達中共中央決定,要求抽調一批骨幹力量去東北,創辦「我們自己的大學」。9月2日,周恩來在延安歡送以舒群、沙蒙為正、副團長的東北文工團全體成員時說:「東北大地,出產大豆、高粱,你們可以在那廣闊的土地上馳騁。」10月25日深夜,毛澤東又在陝甘寧邊區政府,接見了周揚、張如心等延安大學中層以上領導幹部,指示說:「你們去創辦的東北大學,是新型的東北大學。因為東北青年受日本帝國主義統治十四年,奴化教育的影響很深,要進行中國近代史、現代史的教育,使他們瞭解在中國共產黨領導下的解放區人民和軍隊,堅持八年抗戰,最後取得勝利;現在要建立一個無產階級領導的、人民大眾的新中國。」[1]

　　這支派往東北建校的隊伍,行軍編號是「松江支隊第四大隊」,周揚任隊長,張如心任副隊長,劉呈雲任副隊長兼政治部主任。這樣,延安大學的部分幹部、教師,便告別延安,開赴東北。同年年底,到達張家口市。中共中央電令暫停張家口,參加華北聯合大學工作。周揚任華北聯合大學副校長,張如心

---

[1] 張松如、劉呈雲、武強:《戰火中的東北大學》(1985年1月),第2頁,現存東北師範大學文書檔案室。轉引自《東北師範大學校史1946-1996》(長春:東北師範大學出版社,1996年),第2頁。

任教務長，劉呈雲任黨委副書記。

　　1946年元旦前後，中共東北局宣傳部部長凱豐指示當時在宣傳部工作的著名作家舒群創辦東北公學，並指示他聘請當時任本溪市委宣傳部部長的著名詩人張松如（即公木）和當時任瀋陽市市長、中蘇友好協會會長的著名病理學家白希清[2]教授，參加籌備工作。1月10日前後，東北局決定由白希清任東北公學校長，舒群任副校長，張松如任教育長。經過短期籌備，張松如教育長親自起草的〈東北公學招生廣告〉，首次刊於1946年2月20日《東北日報》（遼東版），開始招生。當時是到遼東、遼南及本溪、遼陽、撫順等地，一個一個動員，一個一個招收。經過考試，預科和研究室錄取了學生七十餘名，行政訓練班錄取了兩百餘名學生。據當年的學生張力果回憶：

　　　　約一個月後（按，指1946年初），趙曙光同志找我談：「現在成立了綜合性的東北大學正在招生，你願不願意去念大學？。」我表示：「一直盼望上大學，願意去念書，但要爭取父母同意。」父母信任趙曙光同志，同意去東北大學。於是趙曙光同志開了介紹信，我和《西安新報社》的李世義（偽滿工大學生）於農曆年初五剛過約2月7日出發坐火車到東豐縣東北大學招生處報到。接待我們的是一位穿黃棉襖扎著皮帶的很精神的中年女同志——呂潔，招生處的負責人是老幹部肖岩同志。在招生處看到〈東北公學招生簡章〉，上寫辦學宗旨：依照民主政府建設新東北的方針，本校廣集各級學員，以造就行政、技術及師資等實際工作人才。……

　　　　約2月12日坐著三輛馬拉膠皮軸轆大車，二十來名學生和幹部由東豐向海龍進發。一路上興高采烈的拉歌子、看風景、悠哉悠哉！一輛車上坐不了幾個人，又要把好位置讓給女同學，我坐在車尾走著走著不小心掉了下去，車停下來，同學們把我扶上車，大車又前進了。同學們互相謙讓互相幫助發揚著集體主義精神，受到幹部們的讚揚！很快到了海龍

---

[2]　白希清（1904-1997），滿族，遼寧省新民縣人。病理學家。1923年考入奉天醫科專門學校，1930年畢業留校任教。1933年赴英國格拉斯哥大學皇家醫院進修病理學。1935年歸國後，先後任職於奉天醫科專門學校、北京協和醫學院和盛京醫科大學。抗戰勝利後，出任瀋陽市市長。1946年4月起，赴長春、哈爾濱、佳木斯等地籌建東北大學並任副校長。1947年7月起任東北人民政府衛生部副部長。1949年之後歷任中央衛生研究院副院長、中國醫學科學院副院長等職。

火車站，海龍招生的同學，記得的有曹宏民、李東育等三十幾名已在車站等我們了。我們坐上火車安排好又等了好久才啟動向撫順進發了。

坐了一天多火車到了撫順，在車站上歡迎我們的是東北大學教育長張松如同志和撫順的新同學，記得新同學中有在偽滿建國大學念過書的耿殿生，大家都對這位念過大學的新同學投以欽佩的目光。又一起坐上汽車約2月15日到達本溪校址。[3]

不久，中共遼寧省委書記江華指示：「國共兩黨要談判，國民黨有東北大學，我們也辦東北大學。」東北公學遂於1946年2月，改為東北大學。張力果回憶裏說：「我曾問過肖巖同志為什麼由東北公學改為東北大學？他說：這是由國內形勢決定的。當前，國民黨在全國人民要求和平民主的壓力下，同意在重慶召開有國民黨、共產黨、其他黨派和社會賢達參加的政治協商會議，會議是1月10日召開的，通過了關於政府組織、和平建國綱領、國民大會、憲法草案等問題的決議，看來有和平民主建設國家的希望了。為了團結教育東北廣大知識青年，共同建設新東北，領導決定辦綜合性的東北大學。」[4]校址設於本溪，以張作霖別墅舊址作為校舍。[5]上級任命遼寧省政府主席張學思兼任東北大學校長，白希清、舒群任副校長，張松如任教育長，張東川任秘書處長，黃耘任校長辦公室主任，李先民任研究室主任，許法任預科主任，肖巖任預科副主任。至此，這一所共產黨領導的人民的大學，迎著紛飛的戰火在東北大地上誕生了。學校主要任務是培養「為人民服務的，獻身於新中國、新東北建設的政治、經濟，文化、藝術、教育、實業、醫學等的專門人才」[6]。學制先定普通班為一年、預科為半年，研究班不限。

建校初，校方從遼寧省東豐、安東省海龍、遼南行署撫順、遼陽各地招來七十多名學生。另有二百餘名的行政幹部訓練班學員，學校北上時交給遼寧省人民政府。張力果回憶說：「（本溪校舍）規模不大，看不到圖書館，看不到實驗室，覺得不象個大學，同學們有些失望。記得有一個晚上睡不著覺，唱起了『九一八紀念歌』，我還唱了『夜半歌聲』，氣氛淒涼。」「本溪的學習、

---

[3] 張力果：〈憶東北大學在戰火中創建與成長——初建在本溪〉，老陳工的網易博客。
[4] 同上。
[5] 據東北師範大學黨委宣傳部編：《文蘊東師‧印相（一）》（長春：吉林人民出版社，2010年），第5頁。
[6] 武強：《戰火中誕生的東北大學》（長春內部版，1984年），第2-3頁。

生活安排和正規學校一樣，按學時按鈴上課下課，只是不嚴格遵守。老師做報告常常拖長，同學們討論激烈時也不管時間如何。張松如教育長給大家做報告講『九一八事變和抗日戰爭』。學生聽後覺得很受教育，學到了不少歷史，討論起來也很熱烈，也提出不少問題，老師又針對問題給以解答。一個專題大討論之後，就開展文藝活動，老師教唱革命歌曲，在這裏學的第一首歌是《解放區的天》，還學了《團結就是力量》，學合唱還學輪唱，大家唱的非常起勁。一次參加本溪全市批鬥大會，大會開始前各單位唱歌，我們想唱沒敢唱。回校後座談討論，一方面恨那些漢奸惡霸，覺得鬥爭他們槍斃幾個完全應該，可是，沒唱歌沒和參加會的比一比很遺憾，這又推動了我們多練歌，宿舍裏經常可以聽到歌聲。一次參加全市大會，會場歌聲此起彼伏，我們齊唱了《解放區的天》，一下子就把他們壓下去了，他們不服氣又拉我們，接著就二部輪唱《解放區的天》，大獲全勝！回校後大家非常高興，學唱革命歌曲的勁頭更足了。」[7]

　　好景不長。學校剛剛在本溪市集中沒幾天，由於國民黨軍迫進，形勢徒變，乃整隊遷往安東（今丹東）。張力果回憶說：「2月22日記得是白希清副校長動員，指出國民黨蔣介石背信棄義，撕毀了政協決議，向東北大舉進攻，我們這裏已經不具備辦學條件，決定向安東遷校，不願和學校一齊走的可留下，來去自由，希望大家成為邊學習邊建校的革命的新青年。在路上的行動要學習八路軍艱苦奮鬥，三大紀律八項注意，不拿群眾一針一線，行動聽指揮的作風。動員後，大家非常痛恨蔣介石不容我們學習，表示堅決作個革命者，跟學校走。可是，還是有幾人掉隊了。2月23日一大早，部分師生帶著圖書和鍋碗瓢盆，坐著四輛四噸型載重汽車沿公路向安東進發了。」[8]

　　1946年3月13日，東北大學借用當時安東省安東聯中校舍，宣布開學。學習內容是國際形勢、國共問題、社會發展史，以及人民詩歌等。開學後不久，由於國民黨部隊向解放區進攻，全校師生再次長途跋涉，向北轉移。師生們從安東途經通化、吉林，於4月26日到達長春，新校址設在偽滿的海上大樓（今長春市立醫院）。張力果回憶：「根據一些現象大家議論可能不再走了，東北大學就在長春辦下去了。校領導安排：一部分人整理破壞不堪的海上大樓；一部分

7　張力果：〈憶東北大學在戰火中創建與成長——初建在本溪〉，老陳工的網易博客。
8　張力果：〈憶東北大學在戰火中創建與成長——初建在本溪〉，老陳工的網易博客。

人接收撥給東北大學作為教學設備的偽滿『大陸科學院』和『新京氣象臺』的全部儀器設備;一部分人招收新生。校長張學思曾到校看望師生,並講話勉勵大家共同努力辦好東北大學。東北局又給學校派來陳靜波、張天恩、黃耘等多名幹部。部分日籍研究人員及氣象臺長等都自願參加東北大學的建設工作。錄取新生工作很活躍,有兩百多人報名,加上從營口、海城等地趕來長春入學和原有學生已達三百餘人。學校的建設形勢非常喜人。」[9]

5月22日,共軍撤出四平,國軍迫近公主嶺。校方突然接到上級通知:務于翌晨二時以前撤出長春。當時部分師生已經就眠,臨時鳴笛集合,進行動員。沒有火車,只好急行軍北撤。學校三百多名學生,由十多名老幹部帶領,連夜行軍,到達德惠縣米沙子,天已大亮。適有列車北駛,經與列車長交涉,師生分批擁上車廂。當23日火車開到哈長路德惠縣丁家園時,兩架美式戰機從高空俯衝下來,先炸毀了機車,接著炸彈、達姆彈輪番向所有車廂傾瀉下來。因是「悶罐」車,人貨密集,頓時廂內起火,傷亡不少。

5月29日至6月1日,東北大學全體師生分批經哈爾濱,到達北滿根據地合江省佳木斯,學校又逐步恢復正常活動。當時,佳木斯市被稱為東北革命根據地的「延安」,校址在偽滿佳木斯醫院、紅赤會醫院和佳木斯市中學。學校下設四個學院:社會科學院、文學院、自然科學院和醫學院。郭春華是這一年8月初在哈爾濱市考入東北大學的,據其回憶:

> 我們入學的時候是實行供給制,每人發給一套制服和一件襯衣,到冬天還發給一套棉衣和一件大衣,我還記得發給我的那件大衣是活面的,穿上還很漂亮呢。每天吃的以粗糧為主,經常吃的是苞米楂子,菜則是大蔥大醬和蘿蔔、白菜、土豆。節假日則改善生活,吃大米,白麵和豬肉白菜粉或豬肉酸菜粉,吃的也滿好。住的則是木板通鋪,既是宿舍,又是課堂。
>
> 我到校後開始是醫學院,當時院長是白希清兼,以後醫學院遷到興山即現在的黑龍江省鶴崗市。我沒去,被編到二屆一班,班主任是當時的社會科學院副院長李先民兼。上課的內容還記得是《中國歷史》、

9 張力果:〈可紀念的「五二三」〉,老陳工的網易博客。

《解放區建設史》、《九一八以來的中國》和《新民主主義》等內容。學習的方法是集體上大課，分小組討論為主，輔以問題解答。在學習討論中理論聯繫實際，互相啟發，互相幫助。從早到晚，每個同學都充滿著青年的朝氣。

我入學不久，就看到了由舒群主編的《知識》和由張如心、蕭軍、姜君辰、塞克、呂驥主編的《東北文化》。這兩種刊物在當時產生了巨大的影響，它給學生和廣大青年提供了豐富的精神食糧。如張如心的「社會觀與人生觀諸問題」；白希清的「蔣介石與袁世凱」；舒群的「日本鬼子留下些什麼？」；張松如的「新民主主義與共產主義」等文章對我樹立革命的人生觀都產生深刻的影響。[10]

8月7日，由黃耘、陳靜波、張天恩等人，帶領二百多名學生，停課去哈爾濱。與哈爾濱工業大學、省一中、省二中、省三中、省女中、市二中及兆麟學院的學生，共同組成五個中隊，參加遣送北滿日僑工作。張學思校長為學生做了東北戰爭形勢的報告，遣僑辦事處長李敏然（即李立三）做了遣送日僑工作的國際主義教育，以及有關政策的報告。在報告中，特別強調要分清日本軍國主義分子和日本勞動人民的界限。當時提出的口號是：「不放走一個戰犯，不漏掉一件禁品。」在一個多月的工作中，學生們的情緒高漲，到處是歡歌笑語。

10月11日，東北大學在佳木斯市東北電影院補行開學典禮。學校已正式上課兩個多月，去哈市遣送日僑的學生回來了，在哈市演出《白毛女》的文藝工作團也回來了。修建了校舍，充實了設備，規模日益擴大。新生先後報到已達六百餘人，教師增聘二十餘位。郭春華回憶說：「1946年10月末，學校根據東北局的要求，開設了《群眾工作課程》，並集中一段時間，組織了有關土地革命問題的研究和學習。印發了毛澤東同志《湖南農民運動考察報告》，編印了有關東北農村經濟特別是農民分地前後變化情況的參考資料，還聘請當時的合江省委書記張平之（即張聞天）給同學們作了《農民土地問題》的報告。在學習過程中，還組織同學到市郊進行實地考察研究，初步明確了地主剝削農民的本質和農民窮困的原因，從而提高了覺悟。二屆一班同學提議下鄉幫助農民解決土地問題，並在這

---

[10] 郭春華：〈憶母校〉，《東北大學建校65周年紀念專刊》（自印本，1988年），第217-218頁。

個新的課堂鍛鍊增長為人民服務的本領。這個倡議得到二班和全校廣大同學的回應，掀起了下鄉的熱潮，並得到學校的批准。11月23日，學校召開了歡送下鄉參加土改運動的大會。學校黨委書記張如心在會上作了『知識分子與勞動人民結合起來』的重要講話。他指出：同學們下鄉是一件大事。他希望：東大的同學應加緊學習，努力鍛鍊改造自己成第一批革命的知識分子，去完成東北人民解放事業的光榮任務。他還說：知識分子要幹革命，最主要的要學會兩條，這就是堅定不移的為人民服務的政治方向與艱苦奮鬥的工作作風。我們二屆一班的部分同學於11月24日到鶴立縣（即現在的黑龍江省湯原縣）參加了縣裏土改工作團。在那一段時間裏，白天同農民一起生產勞動，晚間則走家串戶，同農民促膝談心，宣傳革命道路，啟發他們的階級覺悟，發現和培養積極分子，組織農民訴苦，清算，挖窮根，開鬥爭會，建立村政權，組織生產運動，組織民兵，組織參軍，並配合部隊進行剿匪，所以當時我們都帶著槍。」[11]

為了適應新形勢的需要，這時學校由原來的社會科學、魯藝（原為文學）、自然科學、醫學四個學院，又增加了教育、經濟學院（未成立）。學生共編五個短期政治訓練性質的普通班，各院堅持政治思想教育與業務知識教育並重，先後招生達千餘人。在此期間，張如心任第一副校長，白希清、舒群任副校長。社會科學院院長姜君辰、副院長胡炎、李先民；魯迅文藝學院院長蕭軍、副院長呂驥，下設文學系、美術系、戲劇系、音樂系；醫學院院長白希清（兼）；自然科學院院長閻沛霖、副院長吳錦，下設土建系、應化系、農業系、電機系。有蕭軍、呂驥、姜君辰、張松如、張庚、吳伯簫等名作家、名教授三十餘人任教。學校辦了《東北文化》刊物，張如心任主編，吳伯簫任副主編。

1946年冬，國民黨軍隊繼續全面地向解放區進攻，東北解放戰爭正處於困難階段。這時，解放較早的地區已開展土地改革運動，急需大批幹部。但是，當時東北知識青年大部分集中在中學裏。辦好中學，幹部有了來源，師資有了來源，發展國民教育有了前提，其他幹部學校，也就有了基礎。這時東北知識青年的思想動向是非常複雜的，由於敵偽十四年的奴化教育，國民黨的黨化教育，思想上較為普遍地存在嚴重盲目正統觀念，大批跑向國統區。特別是許多中學缺乏領導人，大部分領導權旁落。為此，中共中央東北局於1946年12

---

[11] 郭春華：〈憶母校〉，《東北大學建校65周年紀念專刊》（自印本，1988年），第218頁。

月30日做出《關於東北大學的決定》，明確指出，東北解放區內知識青年主要是中學生，教育工作的重點必須放在中學方面，指示東北大學必須改變現在的方針，將現有的教職員大多數動員去辦中學。學校除辦一個教育學院外，其餘學院暫時不辦。社會科學院一、二班下鄉參加土改，三、四、五班到各機關工作；魯迅文學藝術學院分四個文工團到合江、牡丹江、松江及南滿開展文藝運動；醫學院全部轉移合併到興山醫科大學；自然科學院歸財經辦事處領導。

經過一段時間的籌備，學校成立了教育學院，張松如任院長、吳伯簫、智建中為副院長。1947年4月，學校把第二屆三、四、五班中文化程度好、年齡適當的270餘名學生，編入教育學院，分設政治、國文、史地三個班，培養中學師資。學院於5月4日開學。

1948年7月，東北全境易幟的前夕，東北大學遷往吉林，與中共吉林省委創辦的吉林大學合併，中共中央東北局決定仍稱東北大學。任命張如心為校長，呂振羽、張德馨為副校長，何錫麟為教務長、張松如、劉惠之為副教務長、劉呈雲為副秘書長。校址在吉林市八百壟（即現在的吉林電力學院院址）。學校於10月1日正式開學。當時設二部，學校有助教以上的教師155人，行政幹部123人。佳木斯東大老生225人，吉林大學學生347人，原長春大學來的學生674人，國統區來的學生378人，共1654人。第一部設三個系十一個科，文藝系設有國文、俄文、音樂、美術科。社會科學系設有政治經濟、史地科。自然科學系設有物理、化學、數學、博物、體育衛生科。修業年限：文藝系、社科系為三年，自然科學系為四年（體育衛生科三年）。主要任務是培養中學師資及新民主主義各方面建設人才。學生約九百人（合校後曾分配工作180人）。第二部是1948年9月間成立的，張松如兼主任，李冀為班主任。主要是由原長春大學來的八百名學生組成，經過短期的政治教育和歷史審查，於1949年2月，大部分分配到各系學習。1948年10月長春易幟後又成立了第三部，張松如兼主任，李先民任副主任，黃耘任教務主任，陳靜波任第一副教務主任，李冀任第二副教務主任。學校派人參加接收原長春大學學生，亦進行短期的政治教育和歷史審查，1949年8月結束，大部分吸收到各院、系學習。學校另設預科三個班，學生90人，以提高一般文化水準，作為升入各系學習的準備。[12]

---

[12] 武強：《戰火中誕生的東北大學》（長春內部版，1984年），第26-28頁。

　　張振義是三屆二班學員，曾在1949年秋季選為東大學生會第一副主席兼文學院主任委員。他在擔任校學生會職務期間，參加過幾次有意義的活動，數十年後都記憶如新：

　　　　有一天傍晚，學校派大汽車將我們臨時組成的宣傳隊送到街裏，然後化整為零，各自為戰。我們分別深入到指定的居民委，對剛剛獲得解放的市民進行時事政策宣傳。談報紙、講形勢、講政策、回答問題，安定民心，號召團結「支前」。由於當時敵情複雜，社會秩序混亂，工作結束後，街道居民委幹部親自護送我們到集合地點，返校時已夜深人靜。
　　　　那時，從長春逃出來的學生、教師很多，他們蹣跚而來，個個餓得面黃肌瘦，一見到吃的就狼吞虎咽。後來我們接待的經驗多了，就先給他們喝小米粥，等他們適應時再給乾糧。從佳木斯來的學員，叫做從老解放區來的，雖然伙食標準不高，但精神飽滿，都穿二尺半黃棉襖，全部過供給制生活。背後被人稱為「土八路」。原長白師院的學生大都是西裝革履，伙食標準也高，每天還能吃上過油豆腐。當時，對這種團結知識分子，實行「一校兩制」的做法，老解放區來的大多數同學完全理解，但也有個別怪話，說他們是「少爺、小姐」。互相都有看法。後來，忽然有一次學生會號召給前線下來的人民子弟兵輸血。結果出乎預料，凡屬O型血型的同學幾乎都報了名，就連那些所謂「少爺、小姐」們，也都要求進步，爭先恐後地輸血。從那次活動以後，特別是學生會召集學生家長座談以後，大家的心緊緊連接在一起，再也沒有任何隔閡了，每當音樂教室的悠揚歌聲，樂曲聲回蕩在校園時，人們感受到的是和諧、優美與舒暢。
　　　　到了入冬時節，我們接受了與「解放團」座談的任務。記得在一個大車店裏，南北兩舖大炕，擠滿了被俘的國民黨軍官及其家眷。每隔兩步用席子或床單掛起來一個間壁，就是一戶人家。男的戴大蓋帽，有的穿美式棉襖，有的披著軍毯；女的多是穿著毛皮上衣，細腿高吊，有的還抹著紅嘴。但他們個個都好像驚魂未定，十分狼狽。我方一位河北口音的老幹部向我們簡要介紹了這個「解放團」的情況，然後，我們就開始與他們進行座談，主要是向他們宣傳形勢、政策，解除疑慮。他們大

多數表現老實，低著頭認罪，但也有個別的人像電影《南征北戰》裏那個軍官一樣，竟提出「想吃只難！」

那時，學生會活動很多，編版報，組織學習問答，時事討論，慶祝前線大捷等等，每次都行動迅速，說幹就幹。記得有一次在吉林北山舉行群眾大會，東北大學學生把隊伍拉去，將兩臺敞蓬汽車對在一起就代替舞臺。那次演出了《反對美軍暴行》、《放下你的鞭子》等活報劇，受到觀眾贊賞。後來，這種宣傳隊伍越來越活躍，成為團結進步青年紐帶和橋樑。參加活動的人數越來越多，我們便在吉林一個挺大的劇院組織演出了《黃河大合唱》、《受苦人翻身大聯唱》、《血淚仇》等大型節目，最後發展到演出《保爾‧柯察金》。那時，我們都是年輕人，可沒想到現在再見面時都已經是老頭、老太太了。年輕人的心是火熱的，年輕人的友誼是赤誠的，是最值得珍貴的紀念。有一次我病了，一位女同學將三八節分得一份蘋果送給我。沒等我說話，她已經跑了。後來她也許知道，我從佳木斯到吉林三次參加輸血身體需要補養，竟傾囊將她家中寄來的二十五元，全部給了我。去年，當我去信表示要回報一下時，卻收到了這樣的一封回信「像你這樣念舊這樣保有赤子之心的人，現在已不可多得了。咱們青年時代的情誼，不管過多少時間，仍然帶有聖潔的馨香，帶有『革命』的芬芳和深度。只記得你養病，但過分地關心和支援都記不得了，也許那時都是那樣，一切出乎自然……如果我們病了，你也會一樣的關懷。」[13]

1949年3月間，流亡平津的國立東北大學、長春大學、長白師院，文、理、法、農、工、醫六個學院的教職學員和家屬，經中共中央東北局大學委員會、東北行政委員會教育部批准撥給東北大學。學生在長春編三個班進行短期的政治教育和歷史審查，學習結束後，於同年九月，也大部分吸收到各院系學習。全校學生增至兩千三百餘名。從國立東北大學、長春大學、長白師院來的教授29人、副教授24人、講師35人、教員4人、助教24人，共116人（其中留美、

---

[13] 張振義：〈革命的芬芳——當年學生活動剪影〉，《東北大學建校65周年紀念專刊》（自印本，1988年），第220-222頁。

英、法、日等國家的28人）。形成了以老幹部為骨幹，以原東大、長大、長白師院為主體的教師隊伍，對東北大學的建設和發展起著重大作用。

1949年6月，東北大學由吉林市遷到長春市，開始向正規化轉變。學校機構經中共東北局和政委會批准，三個系改為院，科改系。社會科學院，自然科學院下設各系依舊，文藝系改為文學院，其中音樂、美術科劃歸魯藝，俄文科劃歸哈爾濱外國語學校，另成立一個文工團由文學院領導。當年12月，又辦政治學院，招收東北失業知識青年二千六百人，進行短期政治教育，1950年春季結束。

根據中共中央東北局和東北政委會的指示，東北大學於1949年八、九月間，集中力量進行了整頓。調整後的領導成員是：校長張如心、副校長張德馨、教務長何錫麟、副教務長張松如、副秘書長劉呈雲。下設校長辦公室、教務處、總務處、圖書館、醫務所等。群眾團體有新民主主義青年團、學生會、中蘇友好協會、教聯會等。社會科學院、文學院、自然科學院三個學院為學校教學實施的基本單位。社會科學院下設政治經濟系、歷史系、地理系；文學院下設中文系、音樂系、外語系；自然科學院下設數學系、物理系、化學系、生物系、地質系、體育衛生系。學制為三或四年。專修科學二年。理科預科學制一年。

經過整頓之後，東北大學共有學生1848人，教職員工421人，教室43個，實驗室33個，圖書30萬冊。根據新型正規化大學的辦學方針，加強了中共的領導，精簡了機構，制定了新的教學計劃與課程設置，整頓了教員隊伍，提高了教學和工作效率，為學校今後的發展打下了良好的基礎。

1950年4月1日，東北大學改為東北師範大學。

· 附錄二 ·

東北大學的人物蹤跡
──也紀念臧啟芳先生

朱學淵

> 2011年初應盛雪女士之請參加了她的祖父臧啟芳先生逝世五十周年的紀念活動，會前我作了很仔細的準備，寫下了這篇文章。作文過程中臧英年先生，家姐朱學文女士對史實和人物有許多指教。

　　教育家和經濟學家臧啟芳先生是中國早期的留美學者，他從1937年到1947年擔任了東北大學校長，其中八年是在四川三台度過的。這個離亂的八年中國高等教育卻很有成績，那是因為中國有了一批學貫中西的人才，他們專心致志於將中國教育與西方接軌，胡適之、梅貽琦、臧啟芳等就是這些人中的傑出者。抗戰期間西南聯大總共畢業了二千名學生，東北大學在校學生也達八百名，因此東北大學是很有規模而且很有地位的學校，當時的教育部長陳立夫還說它是辦得最好的大學。

　　西方語言裏「大學」University與Universal是同根的字，本身就有「包容」的意思，先行者蔡元培靠「兼收並蓄」把「京師大學堂」改造成一所接近西方形態的學府。其實，西方社會形態的核心就是「寬容」，惟寬容能達至穩定，惟寬容能創意無窮。中國要變成穩定而有創造力的國家，就必須建立有制度保證的寬容。胡適之、梅貽琦、臧啟芳、吳有訓等人是中國西化的繼行者，他們沒有機會在中國主政，但是他們把持了幾所著名的大學，推行以寬容為核心的西化事業，東北大學是張作霖、張學良父子初創的，他們是軍閥，但是辦學很有誠意，是放手讓知識分子當家做主的。臧啟芳是東北地方不多的留美學生之一，他比張學良只大六七歲，兩人很早就認識，而且輔導過張學良讀書，但是關係並不好，因此臧啟芳就進關在蘇北鹽城當專員。而張學良好走極端，反共

的時候殺了李大釗[1]，親共的時候又鬧出了西安事變。西安事變後東北大學需要
整頓，教育部派東北人臧啟芳去當校長，當時教育部部長先是王世杰，後來是
陳立夫。有人說臧啟芳是CC，大概就是這層上下級關係。

臧啟芳不認同共產黨。六十年代我在四川一間縣城中學教書，學校裏有
幾位很有學問涵養的川籍的老教師，他們都是在抗戰期間內遷的大學裏受的教
育。東北大學畢業的屈義生老師還有一段「叛徒」歷史，他是臧啟芳親自授
業的學生，讀書時參加了共產黨，臧校長聞訊找他談話說：「屈君，你很有才
幹，參加這些過激活動非常可惜……」屈義生說他很崇拜臧啟芳，因此接受了
校長的勸告，畢業後臧啟芳為他介紹了工作，還想把他帶到東北去，但是屈義
生拖家帶眷沒走成，留在家鄉教書。

三台校園裏的共產黨活動很活躍，後來國民黨的東北政要高惜冰的兒子高
而公就是一個非常左傾的學生，臧啟芳是張作霖時代東北大學法學院院長，高
惜冰是工學院院長，兩人的關係極好，所以共產黨組織的許多活動是由高而公
出面領頭，臧啟芳對子侄輩的執迷不悟當然是無奈的。後來高而公還去瞭解放
區，成為共產黨的新聞廣播事業的一個積極而傑出的工作者，寫有許多著名的
報導，但是因為家庭成分而不得重用，1960年又向黨交心，批評三面紅旗和反
修鬥爭，結果在文革中受到慘烈的鬥爭而英年早逝。

那時東北大學教授不到五十人，名人卻很不少，一代宗師蒙文通、金毓
黻，五四健將陸侃如、馮沅君，史學新銳丁山、陳述、楊向奎，作家姚雪垠，
戲劇家董每戡都很令人注目；而思想前衛哲學家趙紀彬、楊榮國還是真名實姓
的共產黨，共產黨及其周邊組織也很活躍，馮沅君、趙紀彬、姚雪垠、董每戡
都是所謂「中華全國文藝界抗敵會三台分會」的積極分子。

趙紀彬，1905年生，1926年加入共產黨，組織農民運動，參加武裝鬥爭，
在河北大名監獄裏服刑三年期間自學成才，精通中國古代哲學、邏輯學、倫理
學，大學者顧頡剛非常器重他，長期任用他，1943年把他介紹給臧啟芳，在東
北大學教授哲學。1946年後趙紀彬轉去東吳大學，山東大學，1949年後任山東
大學校委會副主任兼文學院院長，平原大學校長，開封師範學院院長，中共中
央高級黨校哲學教授兼顧問。

---

[1] 李大釗實為張作霖所殺。

　　楊榮國，1909年生，畢業於上海群治大學，1938年加入共產黨，在武漢、長沙、桂林參加左翼抗日救亡運動，1941年流亡到四川，與左派學者剪伯贊、侯外廬、吳澤等人過從甚密，發表了不少反對傳統的文章，1944年去東北大學教書之前生活非常拮据。1949年以後長期擔任廣州中山大學歷史、哲學兩系的領導，畢生以馬克思主義的立場觀點方法批判儒家學說。

　　抗戰勝利，民族鬥爭一告段落，階級鬥爭就重新開張了。馬克思列寧主義在中國盛行，是因為中國有仇富的傳統。「打富濟貧」是公義，「殺富濟貧」是美德，有這樣的文化依託，中國的共產革命就變本加厲。臧啟芳和他的東北大學就成了它的犧牲品。

　　流亡西南的學校大都是在1946年復員的，西南聯大也是在那年解散的，那時國共兩黨在校園裏的鬥爭也非常激烈，一件典型的歷史事件是昆明左傾教授李公樸被殺，聞一多在1946年7月15日的〈最後一次演講〉中說：

　　　　一九四六年四月，西南聯大宣佈解散。走了，學生放暑假了，（特務們）便以為我們沒有力量了嗎？特務們！你們錯了！你們看見今天到會的一千多青年，又握起手來了，我們昆明的青年決不會讓你們這樣蠻橫下去的！

　　當天下午聞一多也被殺了，國民黨做了非常愚蠢的事情，中國歷史發生了悲哀的轉折，中華民族沒有區別利害的原則，更沒有「兩害權其輕」的智慧，亢奮的學生們不知道，十年二十年以後中國會是什麼樣？事實上，連劉少奇、彭德懷、林彪這樣的共產黨人也不知道：「勝利」對於他們自己最後意味著什麼？

　　東北大學最出名的校友大概是柏楊，柏楊幼年失母，環境惡劣，初中時因不敬師長而曾被開除，1944年冒名「郭衣洞」插入東北大學政治系，在三台圓了他的「大學夢」，他回憶1946年夏天的畢業典禮：

　　　　……地點在大禮堂。我和那一屆的畢業同學坐在前排，由校長臧啟芳先生致辭，臧校長神采飛揚的在臺上宣布說：「我們終於勝利了，八年抗戰是國民黨打的，全世界人都知道，共產黨再也無話可說，再沒有辦法號召人民反抗政府。」這段話引起雷動的歡聲，師生們都深具這樣的信

心，因為這是事實。（《柏楊回憶錄》，遠流出版公司，台北，頁153-154）

如果梅貽琦在西南聯大大禮堂講這樣的話，台下可能是一片倒彩，三台的政治情緒顯然比昆明溫和多了。在國民黨領導抗戰勝利的興奮情緒鼓勵下，郭衣洞也到東北瀋陽去求發展了，他很自豪地回憶他見到的東北大學：

> 和三台的東北大學相比，瀋陽的東北大學雄偉壯麗得象一個獨立王國，僅工學院，就擁有一個修理火車頭的龐大工廠，如果要繞東北大學一圈，步行的話，恐怕要六、七個小時。（《柏楊回憶錄》，頁159）

青年柏楊是何其熱愛東北和東北大學啊！

臧啟芳帶了東北大學的隊伍回到瀋陽，陸侃如、馮沅君夫婦跟臧校長去了東北，陸侃如在那裏當教務長。金毓黻到北京圖書館去當館長，姚雪垠到上海大夏大學去當文學教授，趙紀彬去了東吳大學教了一年哲學，因為支持學生鬧事而被解聘。楊榮國到桂林師範學院去教書，他到了廣西就被抓進了監獄，坐了十個月的大牢，乃至今天的廣西師範大學對這位名氣非常大的「馬克思主義哲學家」竟沒有任何的記憶。若是他去了東北，或許是可以免了這場牢獄之災的。

但是，當了十年校長的臧啟芳自己卻倦怠了，回到瀋陽就請辭，國民政府改任他為「東北九省教育特派員」，那時東北是被分成九個省的。

歷史沒有論功行賞，抗戰功臣國民黨在東北戰局最初很占優勢，但是一年就翻了盤。1947年上半年，在松花江以北站住了腳的林彪部隊開始南下出擊。六月，共軍攻打四平，軍事形勢開始逆轉，鄉間清算更動搖了城裏的人心，瀋陽的人口開始向北平流失。七月，學年結束後，陸侃如、馮沅君就去了青島，東北大學的骨幹鳥散了。十月，臧啟芳去南京轉任財政部顧問兼中央大學教授。1948年，共產黨的農村包圍了國民黨最後的兩個城市——瀋陽和錦州，東北大學無疾而終。

那時，中國彌漫著改朝換代的氣氛，連堅守傳統的陳寅恪和馮友蘭（馮沅君的長兄），也都留了下來等待共產黨的改造。那年，馮友蘭五十五歲，才

從美國講學回來，在清華大學當文理學院院長兼哲學系主任，以後二十幾年中毛澤東一直注意著他的思想動向，文革時他的立場已經馴順到與楊榮國完全一致了；五十九歲的陳寅恪從北平南下廣州，傅斯年邀他去台灣加入「史語所」（中央研究院歷史語言研究所），但是他留在廣州不願再走了，那至少是認為國民黨死定了，沒有再多搬一次家的必要了。

　　問題是：當初對蘇俄發生過的一切，這些高明學者都一無所知嗎？

　　無知的確是事實。蘇俄的暴行在西方早已傳知，但並不為中國知識分子所普遍關注。我的岳父張錫瑕先生畢業於燕京大學，兩次到美國留學，二十年代那次在衣阿華大學學農業經濟，他的猶太室友的桌上放著一張照片，岳父認為那是室友的家長。二十年後，共產黨讓岳父認識了馬恩列斯，他才恍悟當年在衣阿華似曾相識的是列寧。那個時代的中國人是到美國來見識西方財富，學習西方技能，很少的有人注重西方價值和準則。而中國人把美國大學當作職業教育的格局，至今未變。

　　困難也是事實。有人說陳寅恪先生「學貫中西」，實在是過獎之辭。中國的傳統學問的目的、方法和結論，於西方看來一無是處，因此中國文科學者在西方很難立足，陳寅恪和馮友蘭當然也是慮及了「聘書何來？」才留在大陸聽天由命的。若以我們今天的覺悟問：為什麼不逃到美國去？則無異於問：何不食肉？再說，中國共產黨反人類惡行會嚴重到後來的程度，也很難有人預料，前輩的無知和疏失也就應該原諒了。

　　胡適之、梅貽琦、臧啟芳離去了，傅斯年帶了「史語所」的李濟、凌鴻勛等人去了台灣，一年後他自己累死在台大校長的位上。胡適之、梅貽琦、臧啟芳、傅斯年、陳寅恪、馮友蘭都很有名望，但是都沒有錢財，要他們到美國當小兵去打鬥，也不是現實的事情。胡適之與國民黨的關係並不好，他不要蔣介石的美金，連台灣的邊也不沾就直接去了美國，結果在美國很潦倒。

　　東北大學同人丁山、趙紀彬、楊向奎、陸侃如、馮沅君等異途同歸，都成了共產黨文科名校「山東大學」班底，那時他們都才四十多歲，楊向奎後來還主編了一本很有分量的雜志──《文史哲》，它上面發表的李希凡、藍翎二人聯名批判俞平伯「紅樓夢研究」的文章，被毛澤東贊賞而發展成一場批判「胡適唯心主義思想」的政治運動，那位被毛澤東捧為「小人物」的李希凡正是趙紀彬的內弟。

今天山東大學有人回憶，陸侃如和馮沅君同任一級教授和副校長。其實五十年代他們定的是二級，當副校長還是「改革開放」後的風光，共產黨一進門是要他們「脫褲子割尾巴」的，這種湖南粗話教溫良的馮沅君女士如何上得了口？毛澤東天性刻薄，一九五七年他玩真的，陸侃如先生就當了「右派分子」，而那只是中國知識分子受屈辱的一個里程碑，後面還有「史無前例的無產階級文化大革命」的苦境在等待著他們。

1948年，楊榮國回到長沙老家的湖南大學教書，1953年院系調整到廣州中山大學，開始了三十年大起大落。以他三八年入黨的資格，至少該是個十三級幹部，而在舊社會混久了，又難免沒有這樣那樣的「三朋二友」和「歷史問題」。文革時紅衛兵沒有「歷史唯物主義」的見識，把「反孔」的「走資派」的妻子逼得精神分裂，溺水身亡。後來他總算被「四人幫」捧上了天，當然又被鄧小平打下地。共產黨的事情冤來枉去，常如「大水沖了龍王廟」。

趙紀彬是一個稟悟極高的學者，毛澤東在延安就注意到他的一些立論，後來對他的《論語新探》又備加贊賞，但是他在國民黨反省院裏寫過一篇關於三民主義的心得，黨中央就一直懷疑他有「叛徒」的嫌疑，他與侯外廬等人合著的《中國思想通史》也就很久不能再版。而他的批孔立場久已有之，並非是為「批林批孔」專用，不巧江青曾經向他不恥下問……。既然他可為「四人幫」所用，鄧小平上臺就被清除出黨，還是靠善人胡耀邦幫忙恢復了黨籍。

比起大悲大喜的餘生，東大校長的寬容，三台草廬的淡泊，或許是馬克思主義者趙紀彬和楊榮國悲劇人生中最美好的片斷。

除了長子長女，臧啟芳攜家去了台灣，那時島上名人如雲，經濟又沒有起飛，他為官一生卻潔身自好，在台中東海大學執教經濟學時，清貧到讓次子英年放棄台大機械系，而進了免費的海軍機校；三子凱年先生回憶，高惜冰在美國學的是紡織，去台灣後參與創辦中國紡織建設公司成功，因此常常幫助他們一家。但是，貧困無礙剛直，國民黨政府號召名人獻言，啟芳先生就實話實說「學生勞軍」是形式主義，執掌軍隊政治工作的蔣經國聞之大怒。1960年5月雷震於《自由中國》發表「我們為什麼迫切需要一個強有力的反對黨」，指責國民黨「一黨獨霸」、「操縱選舉」，還進而籌組「中國民主黨」，九月國民黨當局以「煽動叛亂」的罪名逮捕雷震、傅正、馬之驌、劉子英等，雷震被處十年徒刑，這就是舉世震驚的「雷震事件」。時任中央研究院院長的胡適心焦如

焚，呼籲名士連署營救，懾於白色恐怖僅二十餘知識分子敢於出頭，東海大學臧啟芳、徐復觀、藍文徵三人壯士榜上有名，臧啟芳也就與國民黨反目了。是年啟芳先生心肌梗塞故於台中東海校園，當局竟拒發公務員死亡撫恤金，藉口竟可以是「來台後未行登記」。

　　「抗日青年」郭衣洞的人生就豐富多彩了，他從不委屈自己，說盡一切自己想說的話。1948年尾到1949年初，柏楊在遼瀋和平津兩次被「解放」，他追隨蔣委員長，卻也不仇視共產黨，有時還表揚幾句解放軍；但是在「大是大非」的價值觀問題上，他要的是自由和人性，這位東北大學小兵的頭腦醒過了許多大教授。在後來回憶北平「和平解放」時的社會情緒時，他說：「……政府所轄的江山，一半已淪入共產黨之手，全國知識分子的左傾程度，接近宗教狂熱，一個人是不是向共產黨靠近，成為檢查他是不是進步人士的唯一標準。可是，共產黨沒有個人自由，唾棄溫情，標榜黨性，全都使我毛骨悚然，我性格上不喜歡拘束，覺得人性尊嚴和溫情扶持，是人類共有的美德，黨性只是英明領袖鞏固自己權力所加到群眾身上的私刑……」

　　於是他決然從北平出走，經過青島、上海，到了台灣。在他服務於蔣經國的「反共救國團」的時候，竟用最尖刻的文字攻擊黨國的專制，因此被囚禁了九年，其中六年多在綠島度過。四十幾年後，他才回到過曾為頑童的故鄉，見到了心存虧欠的兩個有不同母親的女兒，但是價值勝於親情，他還是確認「我家在台灣」，那裏他曾有牢獄之災，但是他在那裏得到了遲到了自由。

　　共產黨在東北大學地盤上組建了「東北工學院」，那是一所採礦和冶金的專門學校，那時共產黨以為有了重工業中國就強大了，東北是重工業基地，離蘇聯「老大哥」又近，所以東北工學院最初辦得還不能算不認真。但是，後來幾十年「階級路線」、「政治掛帥」，它也打了許多右派，封了更多的左派，所以今天這所學校有不少高樓，卻沒有什麼高人。近年來它又恢復了「東北大學」的校名，但是它與臧啟芳離去時的東北大學的文理（Liberal Arts）傳統，已經毫無干係了。

　　東北大學，如果說它今天還有一個軀殼的話，我們紀念的臧啟芳先生主持的東北大學的人文精神，已經被革命和戰亂剿滅了。

2011年6月2日改成，2011年7月16日修改

直書信史在民間（節選）

──讀《百年不風流：辛亥革命風雲人物學術研討會暨先賢臧啟芳追思會論文集》

楚寒

　　他們是一群元氣充沛的人物，他們是一眾卓爾不群的英靈，他們的人生奇崛精彩而又歷盡磨難。一百年前，當這個古老的東方大國來到「三千年未有之大變局」的歷史關頭，他們接連登場亮相時代舞臺，致力於推進古老民族的革除舊弊、開創新制，有如一顆顆眩目的晨星，在夜空翩然閃爍。在那段風雲振盪、思潮迸湧的年月，這一個個坦蕩蕩的身軀昂起額顱，站在時代的前臺發出呼聲：自由，民主，人權，和平，法治，憲政，現代教育，學術自由……他們用自己的聲音活出了人的尊嚴，他們以自己的行跡昭顯了生命的價值，並且為自己身處的時代──民國時代──增添了一抹絢麗的色彩。但令人遺憾的是，這種種穎脫挺秀、昂然自若的生命形態，在二十世紀中葉拔幟易幟之後的中國大陸幾乎杳無踪影、幾成絕響了。更令人沮喪的是，自上個世紀中葉以降在全能政治的陰霾籠罩之下，他們的名字，他們的言行事功，也隨著民國早期那段歷史的被淡化、被遮蔽、被扭曲、被改篡，而逐漸地湮沒在歷史的烟塵之中，讓後代幾乎茫無所知了。

　　一百年後，在遙遠的西方，在太平洋的彼岸，當時光來到辛亥革命一百周年之際，一百多位專家學者和活動家齊聚辛亥革命的策源地──三藩市，舉行了一場主題為「辛亥革命風雲人物學術研討會暨先賢臧啟芳追思會」的大型學術會議，去重新審視歷史，講述和品評一個個埋藏於歷史深處的辛亥百年早期人物的故事。在這場為期兩天的學術研討會上，經由與會人士對歷史資料的挖掘、鈎稽，一些少有人知的歷史故事從地底浮出地表，一批曾經鮮活而後落寞的民國人物一一清晰地浮現出來，他們是：清末民初女界領袖及女權活動家唐群英、浙江溫州籍的同盟會五位義士（周李光、張雲雷、黃式蘇、蔣叔南、張

翰庭）、被譽為「中華民國憲法之父」的學者及政治活動家張君勱、民國早期
的憲政救國宣導者張耀曾、參與民國法治體系擘劃的法理學家吳經熊、文革中
慘遭迫害而自殺的滬上名醫嚴蒼山、屢建奇功的國民政府抗日名將闕漢騫、同
盟會創會會員及民國法治領域的踐行者李肇甫、文革中遭迫害致死棄尸荒山的
辛亥老人阮藹伯、五十一位因參與辛亥革命被捕入獄而後英勇就義的革命烈士
（饒輔廷、陳甫仁、王燦登、黃忠炳、胡應升、李祖思等），以及本次研討會
的核心人物、集眾學於一身的民國教育家臧啟芳。

　　這群民國人物在清末民初至1949年民國政府播遷台灣期間，各自在自己所
從事和追求的事業上頗有一番建樹，在二十世紀上半葉動蕩的時局中推動了時
代的進步。翻開他們的人生履歷，可以看到，在他們身上有兩個明顯的共同特
徵：其一是，在民國時期，他們大多有留學日本或美國（個別留學歐洲）的經
歷；其二是，他們大多要麼受到過國民政府的表彰，要麼直接就曾在國民政府
中擔任過公職，甚至出任要職。在1949年國祚鼎革之後的中國大陸，這兩個特
徵均是嚴重的「政治污點」，足以讓他們被剔除出「人民」的隊伍，於是他們
理所當然地被新生的「人民政權」所唾棄，直至被二十世紀中葉以後的當代中
國歷史敘述所漠視和棄忘了。

　　這是一場穿越時空的對話，這是一次搶救歷史的行動，這是一次後人向民
族先賢致敬的集體紀念活動，儘管是在萬里之外的異國他鄉，儘管，這份早該
有的紀念已時隔了漫長的一甲子歲月。作為這次三藩市學術會議的研究成果結
晶，大會在會後出版了《百年不風流：辛亥革命風雲人物學術研討會暨先賢臧
啟芳追思會論文集》（聯合作家出版社2011年11月第1版）一書，與會學者陳奎
德就此次學術會議和該書的主旨表示：「這一百年，同時也是大洪荒時代，特
別是其後的六十年，眾多卓絕風華的人物，被滔滔洪荒吞沒了，剩下一些垃圾
在水面漂浮。打撈歷史的真相是不容易的。但是，我們無法躲避倖存者的責任
——彰顯那些逝去的精靈。因為他們已經不能為自己伸張正義了。」是的，通
過後來一群有識之士細心且智慧的努力，穿透時空的霧翳，在歷史與現實的映
照之間，那些遠逝的民國人物終於從長期消失的歷史頁碼中走了出來，而以他
們鮮明的本真面目呈現在世人面前。

　　我是在今年三月下旬收到友人寄來的這本書的。從郵局取到這本厚厚的文
集時，當下就順手翻了翻，看到書裏頭有我所感興趣的史料，不由心頭一陣欣

喜，可轉瞬間又感到心情無比的沉重，思緒翻騰，不能自已。封面上醒目的黑
體「百年」二字，看起來輕若鴻毛，實際上卻重於泰山。回首辛亥革命以來的
一部百年中國歷史，這片古老的東方大地上演了一場接著一場的動蕩和災難，
尤其是，這期間那場「敢教日月換新天」的紅色革命，以及由此建立起來的一
個專權至上的全能政體體制，給中華民族帶來了舉世罕見的苦難和連綿不絕的
人權災難。但令人痛心的是，這部百年中國現代史的真相並沒有被妥當地保存
下來，反而遭到不同程度的或掩蓋或淡化、或歪曲或設為言禁，導致這片土地
成為一個「剝奪人們記憶」的世界。所幸在這種普遍失陷的人文環境之中，還
有一些有尊嚴感且不甘沉默的思考者、書寫者和言說者，在竭智盡力地宣導
「生活在真實中」，並且懷揣著一份歷史責任感去挖掘歷史，記錄歷史，還原
歷史真相。作為一場大型學術會議研究成果的《百年不風流》一書，即是這樣
的一份明證。我想，這些言說者們的努力，就像是黑暗中點燃的一支支微細的
蠟燭，儘管它們發出的光看起來是那麼的微弱，甚至有可能隨時會被大風吹
滅，但有了這些微弱的光，至少黑暗再也無法肆無忌憚地籠罩大地。

　　……

　　走筆至此，現在我想談談《百年不風流》這本書的核心人物——臧啟芳。
說來慚愧，雖然一直以來我對晚清民初的那段歷史，尤其是民國時代的思想文
化史和教育史有著學術上的興趣，但在此之前，「臧啟芳」這個名字對我來說
還是頗為陌生的，僅在腦海中存有一個模模糊糊的印象，以前好像在什麼地方
讀到過，如今已記不大清楚了。等到我閱讀了《百年不風流》一書，並由此搜
索和查閱了一些有關臧啟芳的史料，內心不禁更覺慚愧了：以前在撰寫涉及民
國高等教育的文章時，我竟然沒有關注過這位民國時期的一代教育家。但願這
次的閱讀「補課」，於我能夠是「亡羊補牢，未為遲也」。

　　臧其芳的一生多姿多彩而又顛沛流離，他看到了大清帝國的覆亡和民國的
誕生，經歷了時局的動蕩和連年的戰亂，見證了北伐的成功和國民政府的統一
全國，目睹了外敵入侵和大陸的山河變色，童年時他先後入讀私塾和日本人開
辦的小學，青年時陸續在南京和北京就讀大學，並參加了五四運動，其後遠渡
重洋負笈美國留學，學成歸國後先後在高校、出版機構、政府和雜志社服務。
回眸其大半生的職業生涯，他在戰爭的硝煙中流連於京津滬、東北、江蘇、陝
西、河南、四川和福建等地，幾乎輾轉了大半個中國，在其生命的最後歲月，

又隨著民國政府撤退台灣而舉家遷徙，在兩岸分治的年代裏翹望神州，最後在憂憤和悲嘆中飲恨而終，抱憾離世。

在近代中國史上，臧啟芳可以說是一位呈現出多重面目的歷史人物。身為經濟學學者，他先後執教於中國大學、華北大學、東北大學、中央大學和東海大學（台灣），講授經濟學課程並著有《經濟學》專著，出版譯著《美國市政府》和《經濟思想史》，還擔任過國立編譯館的編譯委員；身為從政者，他擔任過天津市長、東北行政長官公署地畝管理局局長、江蘇行政公署專員兼保安司令、制憲國民大會代表和國民政府財政部顧問、教育部教育委員會委員等職；身為教育家，他於抗戰期間主持東北大學校務，並擔任東北大學校長一職長達十年；身為詞人，他一生創作了大量古體詩詞，並將其中的兩百多首詞作結集為《蟄軒詞草》一書出版；身為媒體人，他擔任過中國第一家現代出版機構——商務印書館奉天分館的經理，遷台後出任了台灣倡言反攻的第一份刊物——《反攻》雜志的主編，並為該雜志撰寫了不少社論和評論文章。在從美國留學後歸國的船上他就下定決心：「自念回國之後必須盡我的力量，以身作則糾正社會的風氣。」自東北大學遷往四川後他發願：「我為鼓舞研究精神，砥礪青年學行，不敢稍有懈怠。在領導學生上我要以身作則。」在天津從政時他表示：「現在是民國時代了，政府是替商、民做事，所以，官吏是商、民的公僕。我對專署及區保安司令部的同人督責甚嚴，凡事以身作則，我自己做不到的事也不責人去做。」這是他的自我期許，也是他的平生抱負。

書中記載了這樣一則故事：臧啟芳在東北大學遷往四川三台擔任校長期間，一家人的生活很是艱苦，為了維持全家人的基本生活，這位曾官至天津市長等要職、當過地畝管理局局長等「肥差」的前政要、現國立大學校長，將家中稍許值錢的衣物陸陸續續地賣掉。在臧啟芳的提議下，臧太太從箱底翻出了她的皮大衣，還有丈夫在天津市長任內購置的燕尾服，轉賣給了重慶的銀行界人士；他們還賣掉了家中的留聲機和大掛鐘，大掛鐘是民國十四年（1925年）購買的，對臧家來講乃是勞苦功高而應當保存的一件紀念品，留聲機在當時抗戰的大後方更是難得的娛樂品。但為了一家人的生計，他們也只好忍痛賣掉了。

這一變賣家產的故事，結合起臧啟芳生平對子女的諄諄教導「堂堂做人，和平處世」，以及他的同事、前東北大學事務長曹樹鈞對其的評價「廉介不苟、安貧樂道」，怎不令人為之動容？這樣的故事、這樣的立身處世，讓長期

被污名化的民國政治情狀回復了原樣，那個遠去的時代並不像後來敘述的那樣昏天黑地、腐敗透頂。在百年中國早期的那段歷史時期，還有著眾多像臧啓芳這樣的一代社會精英，他們少時接受了嚴格的傳統教育、或經歷了早期新式教育的啓蒙，年輕時遠赴歐美或日本留學，逐漸養成了既遵奉傳統道德思想、充滿家國情懷，又具備現代視野和西方民主理念的新型人格，在那個動盪卻又日新月異的時代裏，這些新式人物致力於革舊圖新進而改造中國社會的努力，給這個古老的東方國度帶來了新氣象。數十載歲月走過，他們這些人值得後代的紀念。

在臧啓芳身兼的學者、官員、教育家、詞人和媒體人的多重身分當中，我最感興趣也最為看重的，是他的教育家身分，和他擔任整整十年東北大學校長（1937年2月至1947年4月）期間的作為。這不僅是因為他在抗戰的艱難條件下堅持辦學，為處於危急存亡之秋的民族保存了一支高等學府的血脈，也因為他在擔任東北大學校長的十年間，按照現代大學的理念執掌校務，將東北大學改造成一所契合現代大學原則的高等學府。這一「民國教育家」的辦學情懷和治校理念，對於大學精神淪落、高等教育現狀百弊叢生的今日之中國，無疑是一份應當汲取的民族教育史上的精神養分。今天，身為後人的我們紀念這位民國時期的教育家，我想最應該記取的，莫過於他的辦學情懷、治校理念和他身上彰顯出來的「大學精神」，在我看來，有以下四個方面：

第一，在民族存亡之際力促保存東北大學，在艱難困苦的條件下堅持辦學。「九一八事變」後，東三省迅速淪陷於日軍的鐵蹄之下，幾年後，抗戰形勢日趨嚴峻，中央出現了倡議停辦國立東北大學的聲浪，這時候，曾擔任東大法學院院長的臧啓芳面見負責教育的陳果夫，申說停辦這所東北地區最高學府的不利後果，力主保存東北大學，東大遂得以保存了下來，隨後他被委任為東北大學校長兼文學院院長。1938年3月，東北大學遷往四川三台縣，當時正是抗戰最艱辛的時刻，學校各項設施簡陋，物資匱乏，臧啓芳將杜甫草堂寺改建成圖書館，購置各學系所需要的參考書；他又租下了學校北牆外的幾十畝旱田，修了一個包括田徑賽運動場及各種球場在內的大操場；他看到學校無力購備鉛印機器和紙張，便買了兩套石印機，以印刷教授們的著作；第二，提倡學術自由和思想自由，並盡可能地實現大學自治。與東大的前三任校長均系職業政治人物或軍閥不同的是，身為第四任東大校長的臧啓芳是一位學者出身、擁

有海外留學背景的大學校長，他熟諳現代大學理念，因此他竭力為東大師生營造一個自由研究學術、可持有獨立思想的學術環境。當時東大校園裏師生的思想十分活躍，有親國民黨的，也有親共產黨的，學校圖書館內有國民黨的《中央日報》，也有共產黨的《新華日報》，學校校本部大門入口處張貼有各種觀點的壁報，也經常有各種各樣的演講海報。對於宣揚唯物主義哲學觀的趙紀彬教授和庸俗歷史觀的楊榮國教授，臧啟芳亦不加以干涉；第三，延攬當時中國的一流學者專家來校任教，以提升東北大學的學術水準，營造良好的高校學術氛圍。臧啟芳在校長任內曾表示：「我聘請教授一向無畛域之見，我所求的是學問品格，不問他是哪校出身、哪省人士、哪國留學，這可以從先後在東大任教的教授名冊中看出來。」由於他的吸納群賢，一批飽學之士紛至沓來，造成東大一時間雲集了眾多的優秀學人，譬如中文系的陸侃如、姚雪垠、外文系的殷仲珊、馮沅君、歷史系的丁山、金毓黻、肖一山等；第四，按照現代大學的格局設立了理、工、文、法、教育等較為齊全的學科，重點建設文理法商等學科，做到人文與科學並重。在建設學校院、系、研究所的過程中，臧啟芳對文理兩科尤其重視，他告訴師生們，這是為了在東大樹立「文化學術」的基礎，也即一方面發揚中國固有之文化，一方面昌明世界最新之學術。在這位校長的主政之下，東北大學從抗戰初期的兩院五系，到1943年發展到了五院二十二學系[1]，另外還有兩個研究所，在當時的中國，東大在師資力量、學生人數、學科設置等方面均進入了國內一流學府之列。

　　捷克裔法國作家米蘭・昆德拉在其作品中寫道：「人類對抗強權的歷史，其實也是一部記憶對抗遺忘的歷史。」諾貝爾和平獎得主、南非前任非裔大主教德斯蒙德・圖圖也說過：「沒有真相就沒有和解與未來。」作為世界上保存文字歷史最長的國族，中華民族自古以來就有秉筆直書、堅持實錄的史學傳統，而數千年來「專制之下無信史」的可怕現實，又導致在官方修史之外民間修史的源遠流長。時至二十一世紀的今天，隨著民智漸開的資訊時代和互聯網時代的到來，以各種形式傳承並呈現出來的民間修史的勢頭方興未艾，《百年不風流》整本書就是近年來這種民間修史的一份成果，一本述說辛亥以降百年中國歷史的「真相之書」，一部對於二十世紀中國歷史的「民間重寫史實之

---

[1]　此說有誤。東北大學在最鼎盛時期的1944年，凡三院十個學系廿七個班。

作」。經由對這一個個歷史人物的講述和重新品評，對那一幕幕歷史的直書和重新審視，才在一定範圍內構建出了真實的信史。這種由民間社會來重寫二十世紀中國史的努力讓人欣慰，更讓人期待。對於剛剛過去的二十世紀中國歷史的記憶與講述、挖掘與還原，尚需要民間越來越多的人站出來言說，去對抗遺忘，去揭示真相。唯如此，雲霧重重的歷史才能恢復原貌，苦難深重的民族才會有未來。

寫於2013年9月至12月

主要參考文獻

一、大陸公開出版物

《一二九運動》，人民出版社，1954年

《一二九運動史》，北京出版社，1980年

《一二九運動史要》，中共中央黨校出版社，1986年

《一二九運動資料》（第一輯、第二輯），人民出版社，1981年

《一二·三〇事件始末》，鄭新衡著，遼寧人民出版社，1996年

《人民教育家車向忱》，車樹實、盛雪芬著，遼寧人民出版社，1989年

《「九·一八」抗戰史》，譚譯主編，遼寧人民出版社，1991年

《「九一八」事變·抗日烽火》，遼寧省政協文史委編，遼寧人民出版社，1999年

《「九一八」事變：奉天總領事林久治郎遺稿》，王也平譯，遼寧教育出版社，1987年

《「九·一八」到「七·七」》，馬仲廉編著，中國青年出版社，1985年

《千秋功業：紀念西安事變六十周年文集》，袁閭琨等主編，遼寧人民出版社，1997年

《文史資料選編》第21輯，政協北京市文史委編，北京出版社，1984年

《王卓然史料集》，趙杰、王太學主編，遼寧人民出版社，1992年

《太平洋戰爭史》，[日]今井清一，商務印書館，1959年

《天皇的戰爭責任》，[日]井上清著，商務印書館，1983年

《中華全國文藝界抗敵協會史料選編》，文天行等編，四川社科院出版社，1983年

《中國西部抗戰文化史》，唐正芒等著，中共黨史出版社，2004年

《中國共產黨三台縣歷史》，郭靜主編，中共黨史出版社，2007年

《中國青年運動史》，中國青年出版社，1984年

《中國奧運第一人劉長春》，元文學主編，大連理工大學出版社，2008年

《中國學生運動史》，翟作君、蔣志彥著，學林出版社，1996年

《日本帝國主義對外侵略史料選編》，上海人民出版社，1975年

《日本軍國主義侵華資料長編》，四川人民出版社，1987年

《日本昭和史的最後證人張學良》，[日]臼井勝美著，遼寧大學出版社，1993年

《日本為什麼侵華：從甲午戰爭到七七事變》，馮學榮著，金城出版社，2014年
《世紀學人自述》第四卷，高增德、丁東編，北京十月文藝出版社，2000年
《末代王朝與近代中國》，[日]菊池秀明著，廣西師範大學出版社，2014年
《北平和談紀實》，董世桂、張彥之著，文化藝術出版社，1991年
《北京青年運動史》，北京出版社，1989年
《北京檔案史料》各期，新華出版社
《左承統回憶錄》，左承統著，湖南人民出版社，2010年
《血色殘曆：侵華日軍發動的九一八事變》，徐光榮著，花山文藝出版社，1998年
《百年回首》，寧恩承著，東北大學出版社，1999年
《西安事變史實》，李雲峰著，陝西人民出版社，1981年
《西安事變檔案史料選編》，檔案出版社，1986年
《近代史資料》各期，中國社會科學出版社
《宋哲元研究》，陳世松主編，四川省社會科學院出版社，1987年
《我們走過的路》，相樹春等主編，今日中國出版社，1993年
《我國學生運動史話》，王念昆，湖北人民出版社，1954年
《抗日戰爭時期中國高校內遷史略》，侯德礎著，四川教育出版社，2001年
《抗戰中的中國文化教育》，延安時事問題研究會編，上海人民出版社，1961年
《抗戰勝利後國民政府教育復員研究》，賀金林著，社會科學文獻出版社，2010年
《延閣飛香——東北大學圖書館建館九十周年紀念集》，王恩德主編，東北大學出
　　版社，2013年
《河南大學抗日流亡辦學紀實》，陳寧寧著，河南大學出版社，2012年
《河南大學校史》，張振江主編，河南大學出版社，2002年
《青春永在：1946-1948北平學生運動風雲錄》，徐康編著，北京出版社，2004年
《東大逸事》，魏向前等主編，東北大學出版社，2003年
《東大傳統》，熊曉梅主編，遼寧人民出版社，2008年
《東北大學八十年》，楊佩禎等主編，東北大學出版社，2003年
《東北大學史跡畫卷》，楊佩禎、丁立新主編，東北大學出版社，2011年
《東北大學史稿》，王振乾等編著，東北師範大學出版社，1988年
《東北大學在三台》，唐宏毅主編，四川大學出版社，1991年
《東北大學校志》第一卷，楊佩禎等主編，東北大學出版社，2008年
《東北大學教授名典》，楊佩禎主編，東北大學出版社，1999年
《東北青年運動大事記》，魯雅萍主編，東北大學出版社，1984年
《東北師範大學校史1946-1996》，戴星東等主編，東北師範大學出版社，1996年
《東北救亡七杰》，王連捷編著，白山出版社，1992年
《東北解放區教育史》，蘇甫主編，吉林教育出版社，1989年

《東北解放戰爭大事記》，丁曉純等編，中共黨史資料出版社，1987年

《金景芳自傳》，金景芳著，巴蜀書社，1993年

《姜亮夫全集》第24冊，姜亮夫著，雲南人民出版社，2002年

《柏楊回憶錄：看過地獄回來的人》，周碧瑟執筆，春風文藝出版社，2002年

《南開大學校史資料選》，南開大學出版社，1989年

《流亡——抗戰時期東北流亡學生口述》，齊紅深編著，大象出版社，2008年

《高而公文集》，中國廣播電視出版社，1985年

《記一二九》，子方著，北京大眾出版社，1955年

《被遺忘的抗戰史：四川大抗戰》，鄭光路著，四川人民出版社，2013年

《帶露的鮮花——劉黑枷紀念文集》，瀋陽出版社，2002年

《齊世英口述自傳》，齊世英口述、林忠勝記錄，中國大百科全書出版社，2011年

《情緣東大》，丁義浩、韓斌主編，東北大學出版社，2013年

《張學良口述歷史》，唐德剛著，中國檔案出版社，2007年

《張學良文集》，畢萬聞主編，新華出版社，1992年

《張學良世紀傳奇》，唐德剛記錄、王書君著述，山東友誼出版社，2002年

《張學良年譜》（修訂版），張友坤等編著，社會科學文獻出版社，2009年

《張學良——西安事變主角的命運》，[日]松本一男著，中國青年出版社，1992年

《張學良將軍生活紀事》，劉恩銘等編著，遼寧大學出版社，1990年

《張學良與西安事變》，應德田著，中華書局，1980年

《張學良與東北大學》，丁曉春、魏向前主編，東北大學出版社，2003年

《張學良畫傳》，張友坤著，山東友誼出版社，2005年

《盛成回憶錄》，盛成著，山西人民出版社，2012年

《董每戡集》第五卷，陳壽楠等編，岳麓書社，2011年

《新修潼川府志校注》，何向東等校注，巴蜀書社，2007年

《解放戰爭時期北平學生運動史》，張大中等主編，北京出版社，1995年

《楊虎城將軍傳》，米暫沉著，中國文史出版社，1986年

《蒙文通先生年譜長編》，王承軍撰，中華書局，2012年

《漫遊中國大學·東北大學》，熊曉梅主編，重慶大學出版社，2008年

《漫遊東大》，丁義浩等主編，東北大學出版社，2013年

《鄭澤堰：民國縣長鄭獻徵傳奇》，[法]鄭碧賢，北京三聯書店，2012年

《蔣天樞傳》，朱浩熙著，作家出版社，2002年

《圖說西北大學110年歷史》，姚遠等撰，西北大學出版社，2012年

《論學雜著》，蔣天樞著，中州古籍出版社，1985年

《靜晤室日記》第六冊，金毓黻著，遼沈書社，1993年

《瀋陽百年1900-1999》，劉迎初、呂億環主編，瀋陽出版社，1999年

二、大陸內部出版物

《三台文史資料選輯》各期，政協四川省三台縣文史委編印

《三台中學校史資料選編》第一輯，李宗富主編，1995年

《永恒的烙印》，楊超主編，長春地方史志編纂委印製，1988年

《四川省三台中學校百年史》，柯海生、唐永齊主編，2006年

《年輪——東北大學文學學院歷史概覽》，張雷、楊建春主編，瀋陽，2003年

《抗戰時期東北大學內遷三台研究》（碩士論文），程丕來，四川大學歷史學院，
　　2007年

《東大校友》各期，東北大學校友總會編印

《東北大學1946-1949學運資料彙編》，1998年

《東北大學建校65周年紀念專刊》，東北大學北京校友會、瀋陽校友會合編，1988年

《東北大學校友通訊》各期，東北大學北京校友會編印

《東北大學校友通訊》各期，東北大學長春校友會編印

《東北大學校友通訊》各期，東北大學瀋陽校友會編印

《東北大學校史資料簡報》合訂本，東北大學校史志編研室，2003年

《張學良教育思想研究會專刊》，張學良教育思想研究會編印，瀋陽，1992年

《綿陽市文史資料選刊》各期，政協四川省綿陽市文史委編印

《銀州文史資料》各期，政協遼寧省鐵嶺市銀州區文史委編印

《遼寧文史資料》各期，政協遼寧省文史委編印

《戰火中誕生的東北大學》（修改稿），武強編寫，長春，1984年

《瀋陽文史資料》各期，政協遼寧省瀋陽市文史委編印

三、港台各類出版物

《三台日記》，潘重規著，台灣自印手稿本，1978年

《矢志興中華——王卓然傳》，王太學著，香港中華國際出版社，2001年

《柏楊回憶錄》，柏楊口述、周碧瑟執筆，台北遠流出版公司，1996年

《背影——我的父親柏楊》，郭本城著，台北遠流出版公司，2014年

《秦德純回憶錄》，秦德純著，台北傳記文學出版社，1967年

《國立東北大學六十周年紀念特刊》，國立東北大學旅台校友會編，1983年

《張學良、宋子文檔案大揭秘》，林博文著，台灣時報文化出版公司，2007年

《張學良與西安事變》，傅虹霖著，香港中華書局，2014年

《張學良與遼寧教育》，孫景悅等著，香港同澤出版社，1993年

《學潮與戰後中國政治》，廖風德著，台北東大圖書公司，1994年

後 記

　　如果說我研究武漢大學是鬼使神差，那麼研究東北大學更是有點匪夷所思。

　　前些年在蜀中鈎沉國立武漢大學校史的時候，我發現了這樣一種現象：武大聘請的一些教授如中文系的劉永濟、劉異，外文系的桂質柏，哲學系的黃方剛、萬卓恒，數學系的葉志、劉正經，物理系的胡乾善，土木系余熾昌、丁燮和，農藝系李先聞等十多名教授，都是直接或輾轉從東北大學來的；而從武大離職的一些教授如高亨、馮沅君等人則去了東北大學。東北大學和武漢大學幾乎都在同一時間（1938年春）入川，也幾乎在同一時間（1946年夏秋）復員。兩所國立大學都是在四川的一個小縣城辦學八年，且成績斐然。2001年公布的全國重點文物保護名冊中，四所高校早期建築名列其中，除了北大、清華，就是武漢大學和東北大學。這兩所高校在上世紀二三十年代都曾輝煌一時。

　　當我離開生活八個年頭的四川樂山之後，不久被公司調往東北的遼寧海城工作。我負責的海城項目居然毗鄰同澤中學[1]——張學良在「九一八」事變之前創辦的一所完全中學。令人驚訝的是，校舍至今完好無損，依然發揮著它應有的作用。

　　由此，我開始順藤摸瓜，探究張學良在東北興辦教育的史實，從同澤中學到東北大學，又從瀋陽到了四川。我再次潛入到民國歷史的深處，不能自拔。

　　最初想當然，以為東北大學和武漢大學等其他高校一樣，都是抗戰全面爆發之後才從瀋陽直接遷入四川的，計劃只梳理東大蜀中辦學歷史。後來發現想錯了。東大流亡歷史太長了，抗戰爆發前就開始流亡，抗戰勝利後還在流亡，前後長達十八年。東北大學的這段歷史太傳奇了，太獨特了。遺憾的是，就目

---

[1]　1928年皇姑屯事件後，張學良執掌了東北軍政大權，大力推行新政，積極開辦學校，培養人才。同年夏，他召集省城任職的海城籍人士，商議在家鄉辦學。會議決定以「同澤」（取自詩經「豈曰無衣，與子同澤」）為名在海城興辦一所完全中學，旨在培養桑梓子弟勵精圖治，共報國恨家仇。張學良親任校董，出資四十萬元作為開辦經費。1929年春，學校開始施工。建築考究，樣式新穎，水暖電氣設備齊全，是當時海城唯一的高標準建築。1931年夏，實現了招生十二個班的計劃。「九一八」事變之後，學校停辦。

力所及，相關史著就一本東大校方自己編著的《東北大學史稿》（東北師範大學出版社，1988年版），學位論文僅僅看到四川大學歷史學院程丕來先生的碩士論文〈抗戰時期東北大學內遷三台研究〉。我曾怯怯地詢問東北大學校史編研室主任陳均先生：國內有無哪個學者比較關注東大歷史，並有研究成果？陳先生告訴我，他知道的就只有遼寧省社科院歷史研究所的王春林先生。王先生的博士論文是研究東大，即《國家、政黨與流亡勢力：以東北大學為中心的考察（1921-1949）》，可惜無緣拜閱。

校方宣傳的不夠，學界研究的薄弱，導致了東北大學傳奇而苦難的歷史堙沒無聞。不過這也給了我一個「趁虛而入」的機會，同時又是一個不小的挑戰。竊以為寫東北大學的難度，比武漢大學高出若干倍。零星散失的史料，搜集不易；眾說紛紜的謎團，辨析不易；千頭萬緒的線索，梳理不易。更重要的是，如何客觀地看待一些爭議人物？如何清晰地呈現一個真實的東北大學？我心裏惴惴不安。

為了撰寫本書，這一年我沒能回老家看望父母，也沒能帶小女出去旅遊，還放棄了很多交際應酬。正如魯迅先生所說的，我是把別人喝咖啡的時間都用在寫作上了。醉心於茲，樂在其中。

在寫作的過程中，我感受到了電腦和網絡的神奇力量。網絡讓我搜尋到了不少非公開發行的內部資料，和一些早已絕版的港台圖書。網絡讓我結識了五湖四海的網友，他們熱情地向我提供寫作所需的參考文獻，或寄贈書籍，或郵發文件，或提供線索。我不能忘記這些從未謀面的朋友們，我要借此機會羅列他們的大名：東北大學檔案館校史編研室陳均先生、遼寧台安縣文聯王洗塵先生、遼海出版社尨堂先生、河南大學校史館劉建民先生、廣西交通職業技術學院薛輝先生、樂山師範學院王斌先生、長沙文史愛好者于鵬遠先生等等。

書末附錄朱學淵先生和楚寒先生的文章各一篇，在此向遠在大洋彼岸的兩位先生致謝。我通過臧錫紅（盛雪）女士稟告朱先生，允許我轉錄。臧女士說：「他一定不會反對」，並謬讚道：「知道您在研究民國一批內遷大西南的高校的史實。非常感謝，也非常感慨。這是一段不易梳理的歷史脈絡，查詢和整理史料也一定困難重重。首先向您表示敬佩。」楚寒先生則回信授權說：「這是我的榮幸，我覺得研究民國時期的大學狀況這樣的學術研究和撰著是深具價值的，這正是『直書在民間』、『信史在民間』啊。」

最後，謝謝內人阿霞對我這份業餘愛好的理解與支持，謝謝秀威同仁對我這部「業餘」書稿的賞識與認可。

歲在甲午秋分，值「九一八」事變八十三周年之際

Do歷史30　PC0463

戰亂與革命中的東北大學

作　　者／張在軍
責任編輯／段松秀
圖文排版／楊家齊
封面設計／王嵩賀

出版策劃／獨立作家
發 行 人／宋政坤
法律顧問／毛國樑　律師
製作發行／秀威資訊科技股份有限公司
　　　　　地址：114 台北市內湖區瑞光路76巷65號1樓
　　　　　電話：+886-2-2796-3638　傳真：+886-2-2796-1377
　　　　　服務信箱：service@showwe.com.tw
展售門市／國家書店【松江門市】
　　　　　地址：104 台北市中山區松江路209號1樓
　　　　　電話：+886-2-2518-0207　傳真：+886-2-2518-0778
網路訂購／秀威網路書店：https://store.showwe.tw
　　　　　國家網路書店：https://www.govbooks.com.tw

出版日期／2015年4月　BOD一版　定價／550元

|獨立|作家|
Independent Author

寫自己的故事，唱自己的歌

戰亂與革命中的東北大學 / 張在軍著. -- 一版. -- 臺北
市：獨立作家, 2015.04
　　面；　公分. -- (Do歷史；PC0463)
BOD版
ISBN 978-986-5729-69-1 (平裝)

1. 國立東北大學　2. 中日戰爭　3. 九一八事變

525.82   104003210

國家圖書館出版品預行編目

讀者回函卡

感謝您購買本書，為提升服務品質，請填妥以下資料，將讀者回函卡直接寄回或傳真本公司，收到您的寶貴意見後，我們會收藏記錄及檢討，謝謝！
如您需要了解本公司最新出版書目、購書優惠或企劃活動，歡迎您上網查詢或下載相關資料：http:// www.showwe.com.tw

您購買的書名：＿＿＿＿＿＿＿＿＿＿＿＿＿＿＿＿＿＿＿＿＿＿＿

出生日期：＿＿＿＿＿＿年＿＿＿＿＿＿月＿＿＿＿＿＿日

學歷：□高中 (含) 以下　　　□大專　　□研究所 (含) 以上

職業：□製造業　□金融業　□資訊業　□軍警　□傳播業　□自由業

　　　□服務業　□公務員　□教職　　□學生　□家管　　□其它＿＿＿

購書地點：□網路書店　□實體書店　□書展　□郵購　□贈閱　□其他

您從何得知本書的消息？

　□網路書店　□實體書店　□網路搜尋　□電子報　□書訊　□雜誌

　□傳播媒體　□親友推薦　□網站推薦　□部落格　□其他＿＿＿＿＿＿

您對本書的評價：(請填代號　1.非常滿意　2.滿意　3.尚可　4.再改進)

　封面設計＿＿＿　版面編排＿＿＿　內容＿＿＿　文／譯筆＿＿＿　價格＿＿＿

讀完書後您覺得：

　□很有收穫　□有收穫　□收穫不多　□沒收穫

對我們的建議：＿＿＿＿＿＿＿＿＿＿＿＿＿＿＿＿＿＿＿＿＿＿＿

＿＿＿＿＿＿＿＿＿＿＿＿＿＿＿＿＿＿＿＿＿＿＿＿＿＿＿＿＿＿

＿＿＿＿＿＿＿＿＿＿＿＿＿＿＿＿＿＿＿＿＿＿＿＿＿＿＿＿＿＿

＿＿＿＿＿＿＿＿＿＿＿＿＿＿＿＿＿＿＿＿＿＿＿＿＿＿＿＿＿＿

11466
台北市內湖區瑞光路 76 巷 65 號 1 樓

獨立作家讀者服務部 　　收

....

（請沿線對折寄回，謝謝！）

姓　　名：＿＿＿＿＿＿＿＿＿　年齡：＿＿＿＿＿　性別：□女　□男

郵遞區號：□□□□□

地　　址：＿＿＿＿＿＿＿＿＿＿＿＿＿＿＿＿＿＿＿＿＿＿＿＿＿

聯絡電話：(日) ＿＿＿＿＿＿＿＿＿＿＿　(夜) ＿＿＿＿＿＿＿＿＿＿＿

E-mail：＿＿＿＿＿＿＿＿＿＿＿＿＿＿＿＿＿＿＿＿＿＿＿＿＿